应用型院校财会类专业核心课程规划教材
"互联网+"融媒体系列教材

高级财务会计
（少课时版）

迟甜甜　卜梦洁　主　编
邹　静　副主编

立信会计出版社
LIXIN ACCOUNTING PUBLISHING HOUSE

图书在版编目(CIP)数据

高级财务会计 / 迟甜甜，卜梦洁主编. —上海：立信会计出版社，2023.12
ISBN 978-7-5429-7508-9

Ⅰ.①高… Ⅱ.①迟…②卜… Ⅲ.①财务会计 Ⅳ.①F234.4

中国国家版本馆CIP数据核字(2024)第001450号

策划编辑　　郭　光　　张忠秀
责任编辑　　郭　光
助理编辑　　张若凡
美术编辑　　吴博闻

高级财务会计
GAOJI CAIWU KUAIJI

出版发行	立信会计出版社		
地　　址	上海市中山西路2230号	邮政编码	200235
电　　话	(021)64411389	传　真	(021)64411325
网　　址	www.lixinph.com	电子邮箱	lixinaph2019@126.com
网上书店	http://lixin.jd.com		http://lxkjcbs.tmall.com
经　　销	各地新华书店		
印　　刷	常熟市人民印刷有限公司		
开　　本	787毫米×1092毫米　　1/16		
印　　张	17.25		
字　　数	442千字		
版　　次	2023年12月第1版		
印　　次	2023年12月第1次		
书　　号	ISBN 978-7-5429-7508-9/F		
定　　价	49.00元		

如有印订差错，请与本社联系调换

前　言

　　高级财务会计是会计学、财务管理、审计学等专业的一门专业核心课程，与基础会计和中级财务会计共同构成了财务会计的完整体系。中级财务会计主要是针对大多数情况下企业的基本经济业务进行核算，而高级财务会计则是随着社会经济的发展对原有的财务会计内容进行补充、延伸和开拓，主要是针对财务会计未包括的业务以及随着客观经济环境变化而发生变化的特殊业务进行反映和监督。本教材内容与《中级财务会计》的内容相衔接，适应不断变化的经济环境，对资本市场中特殊领域及难点问题予以关注，主要包括外币折算、股份支付、租赁、政府补助、非货币性资产交换、债务重组、会计变更与差错更正、资产负债表日后事项、企业合并和合并财务报表等专题。

　　本教材以应用型人才培养为宗旨，主要有以下亮点：

　　1. 依据最新《企业会计准则》和税收法律的相关规定编写，与时俱进。继《企业会计准则第14号——收入》《企业会计准则第22号——金融工具确认和计量》修订与实施后，修订后的《企业会计准则第7号——非货币性资产交换》《企业会计准则第12号——债务重组》等相继出台，本教材在编写过程中反映了企业会计准则和税收法律的最新规定，增强了相关内容的时效性。

　　2. 遵循德育育人宗旨，突出课程思政。本教材紧紧围绕党的二十大精神，通过上市公司实例将相关知识点与思政元素融合，全面贯彻党的教育方针，落实立德树人根本任务。

　　3. 增设引入案例、特别提示与课堂结账测试，可读性强。教材中每章前"寓德于教"的引入案例采用资本市场上实际发生的业务，将理论联系实际，可引发学生思考，提高学生学习兴趣；重难点知识以"特别提示"的形式展现，醒目、明了，有助于学生理解和掌握；课堂结账测试可检测学生对每章知识的掌握情况，有助于学生发现知识薄弱点。

　　4. 以理论"够用"为原则，具有少课时性。本教材着眼于方法和能力的培养，避开了高深的理论，简明扼要地介绍学生最需要的理论知识，有利于减少授课课时数。

　　5. 教学资源丰富。本教材提供电子课件、课堂结账测试解析、案例解析等资源，有配套辅导书《高级财务会计学习指导书》，方便教师教学与学生学习。

　　本教材由迟甜甜、卜梦洁、邹静、宿怡、孔令一、朱淑梅、刘燕、李满林编写。在编写过程中，本教材参考和借鉴了大量相关教材成果，得到了立信会计出版社郭光编辑的大力支持，在此表示诚挚谢意！

　　由于作者水平有限，加之近年来会计准则和税收法律变化较快，教材内容如存在疏漏之处，恳请读者提出改进意见，以便我们进一步修订和完善。

编者
2023年12月

目 录

第一章　外币折算 ··· 1
- 第一节　外币折算概述 ·· 2
- 第二节　外币交易的会计处理 ·· 6
- 第三节　外币财务报表的折算 ··· 16
- 课堂结账测试 ·· 21

第二章　股份支付 ··· 23
- 第一节　股份支付概述 ·· 24
- 第二节　股份支付的确认和计量 ·· 28
- 第三节　股份支付的特殊问题 ··· 36
- 课堂结账测试 ·· 43

第三章　租赁 ·· 45
- 第一节　租赁概述 ·· 47
- 第二节　承租人的会计处理 ·· 56
- 第三节　出租人的会计处理 ·· 72
- 第四节　特殊租赁业务的会计处理 ··· 83
- 课堂结账测试 ·· 89

第四章　政府补助 ··· 91
- 第一节　政府补助概述 ·· 92
- 第二节　政府补助的会计处理 ··· 93
- 课堂结账测试 ·· 103

第五章　非货币性资产交换 ·· 105
- 第一节　非货币性资产交换概述 ·· 106
- 第二节　非货币性资产交换的会计处理 ··· 108
- 课堂结账测试 ·· 121

第六章　债务重组 ··· 123
- 第一节　债务重组概述 ·· 124
- 第二节　债务重组的会计处理 ··· 126
- 课堂结账测试 ·· 137

第七章　会计变更与差错更正 ·· 139
第一节　会计变更与差错更正概述 ································ 141
第二节　会计变更的会计处理 ·· 146
第三节　差错更正的会计处理 ·· 152
课堂结账测试 ··· 155

第八章　资产负债表日后事项 ·· 157
第一节　资产负债表日后事项概述 ································ 158
第二节　资产负债表日后事项的会计处理 ···················· 161
课堂结账测试 ··· 169

第九章　企业合并 ·· 171
第一节　企业合并概述 ·· 172
第二节　同一控制下企业合并的处理 ···························· 177
第三节　非同一控制下企业合并的处理 ························ 189
课堂结账测试 ··· 201

第十章　合并财务报表 ·· 203
第一节　合并财务报表概述 ·· 205
第二节　合并范围的确定 ·· 207
第三节　合并财务报表编制原则、前期准备及程序 ···· 211
第四节　长期股权投资与所有者权益的合并处理 ········ 214
第五节　内部交易的合并处理 ·· 246
第六节　内部债权债务的合并处理 ································ 260
第七节　合并现金流量表的编制 ···································· 263
课堂结账测试 ··· 267

第一章 外币折算

知识导航

```
              ┌ 外币与外汇
     外币折算概述 ┤ 记账本位币
     │        └ 汇率与汇兑损益
     │
     │                    ┌ 外币交易的记账方法
外币折算 ┤ 外币交易的会计处理 ┤ 外币交易核算中的两种观点
     │                    │ 外币交易的账户设置和核算程序
     │                    └ 外币交易会计处理的具体方法
     │
     │                 ┌ 境外经营财务报表的折算
     └ 外币财务报表的折算 ┤
                       └ 外币报表折算的其他规定
```

学习目标

1. 知识目标

(1) 了解外币业务的相关概念。

(2) 理解记账本位币的确定方法。

(3) 掌握外币交易的会计处理、外币项目期末汇兑损益的计算和会计处理、我国外币财务报表的折算程序与方法。

2. 能力目标

(1) 能够准确分析、计算并处理外币交易的初始确认和期末计量。

(2) 能够重述外币报表,并将其折算为记账本位币。

3. 素质目标

培养大学生形成宽阔的国际视野,引导学生在学习专业知识的过程中感受我国综合国力的提升和国际影响力的提高。

寓德于教

推动人民币国际化,义乌走在前列

义乌拥有7.5万家商户,被称为中国的小商品城,年交易额高达数百亿美元。随着中国不断寻求加强其在全球金融系统中的地位,义乌也成为10年来人民币国际化试验的关键地带,对于"有序推进人民币国际化"具有重要作用。在义乌的商户表示,越来越多的人在跨境交易中用人民币结算。

中国统计数据显示,2019年以来,义乌的年度人民币跨境贸易结算额增长4倍多,2022年达到约565亿元人民币。"在中国努力使人民币成为国际货币的行动中,义乌走在最前面。"恒生银行中国首席经济学家王丹说。统计数据显示,2022年该出口中心超1/10的交易用人民币结算。

多种因素促使人民币在义乌对外贸易中得到越来越广泛的使用,但并非所有因素都能被轻易复制。在中国,义乌是最早开展个人跨境人民币业务的试点城市之一。鉴于义乌以廉价商品和灵活条款而闻名,再加上个体批发商不用缴纳企业所得税,出口商拥有足够的议价能力要求用人民币结算。

资料来源:环球网,2023-06-21,《英媒:推动人民币结算,义乌很关键》,https://baijiahao.baidu.com/s?id=1769262799791160933,有删节。

请思考:
1. 义乌商品城的商户在确定记账本位币时应考虑哪些因素?
2. 人民币国际化对于中国和世界有什么积极意义?

第一节 外币折算概述

一、外币与外汇

(一) 外币

外币的概念有广义和狭义之分。狭义的外币是指除了本国货币以外的其他国家或地区的货币。广义的外币是指所有以外币表示的能够用于国际结算的支付手段。除国外的纸币和铸币外,广义的外币还包括企业所拥有的外国有价证券,如以外币表示的政府公债、国库券、公司债券、股票和息票等;也包括外币支付凭证,如以外币表示的票据;还包括其他外币资金,如各种外币汇款、进出口贸易的外币性货款等。

(二) 外汇

外汇是外币资金的总称。按照国际货币基金组织的解释,外汇是货币行政管理当局(中央银行、货币机构、外汇平衡基金组织及财政部)以银行存款、国库券、长短期政府债券等形式保有的,在国际收支逆差时可以使用的债权。《中华人民共和国外汇管理条例》(以下简称《外汇管理条例》)所称的外汇,是指以外币表示的用于国际结算的支付手段以及可用于国际支付的特殊债券和其他货币性资产。其具体包括:①外国货币,包括纸币、铸币等。②外币有价证券,包括外国政府公债、外币国库券、外币公司债券、外币股票、外币息票等。③外汇收支凭证,包括外币票据(支票、汇票和期票)、外币银行存款凭证、外币邮政储蓄凭证等。④特别提款权(SDR)。⑤其他外汇资金。

二、记账本位币

(一) 记账本位币的概念

会计以货币作为统一的计量尺度,但随着我国对外开放的进一步扩大,企业的经济活动通常会涉及多种货币,这就要求会计核算选择某一种具体的货币作为记账本位币,并以这种货币来表示和处理各项经济业务。会计主体确定记账本位币后,其他的货币币种即为非记账本位币,即会计概念上的外币。

记账本位币是指企业经营所处的主要经济环境中的货币。其中,主要经济环境通常是指企业主要产生和支出现金的环境,使用该环境中的货币最能反映企业主要交易的经济结果。《中华人民共和国会计法》(以下简称《会计法》)规定,企业通常应选择人民币作为记账本位币,业务收支以人民币以外的货币为主的企业,也可以选定其中一种货币作为记账本位币。

【特别提示】
列报货币是列报财务报表时所使用的货币。同一企业的记账本位币与列报货币可能相同,也可能不同。在我国,企业的记账本位币可以是人民币,也可以是人民币以外的货币;而列报货币应为人民币。

(二) 记账本位币的确定

企业选定记账本位币,应当考虑下列因素:

(1) 从日常活动收入的角度来看,所选择的货币能够对企业商品和劳务销售价格起主要作用,即该货币主要影响商品和劳务的销售价格,通常以该货币进行商品和劳务销售价格的计价和结算。

(2) 从日常活动支出的角度来看,所选择的货币能够对商品和劳务所需人工、材料和其他费用产生主要影响,通常以该货币进行商品和劳务销售价格的计价和结算。

(3) 融资活动获得的资金以及保存从经营活动中收取款项时所使用的货币。即记账本位币的选择视融资活动获得的资金在其生产经营活动中的重要性,或者企业通常留存销售收入的货币而定。

在确定企业的记账本位币时,上述因素的重要程度因企业具体情况不同而不同,需要企业管理当局根据实际情况进行判断。一般情况下,综合考虑前两项即可确定企业的记账本位币,第(3)项为参考因素,视其对企业收支现金的影响程度而定。在综合考虑前两项因素仍不能确定企业记账本位币的情况下,第(3)项因素对企业记账本位币的确定起重要作用。

【特别提示】
企业的记账本位币一经确定,不得随意变更,除非与确定企业记账本位币相关的经营所处的主要经济环境发生重大变化。

【例1-1】 国内M外商投资企业(以下简称"M企业")超过85%的营业收入来自向各国的出口,其中商品的销售价格一般以英镑结算,主要受英镑的影响。因此,从影响商品和劳务销售价格的角度来看,M企业应选择英镑作为记账本位币。

如果M企业除厂房设施、20%的人工成本在国内以人民币计价,生产所需原材料、机器设备及80%以上的人工成本都来自英国投资者以英镑计价,则可进一步确定M企业的记账本位币为英镑。

如果M企业的人工成本、原材料及相应的厂房设施、机器设备等90%都是在国内采购并以人民币计价,则难以确定M企业的记账本位币,需要考虑第三项因素。如果M企业取得的英镑营业收入在汇回国内时可以随时换成人民币存款,且M企业对所有以英镑结算的资金往来的外币风险都进行了套期保值,则M企业应当选定人民币为其记账本位币。

(三) 境外经营记账本位币

1. 境外经营的概念

境外经营通常是指企业在境外的子公司、合营企业、联营企业、分支机构等。当企业在境内的子公司、联营企业、合营企业或者分支机构选定记账本位币不同于企业的记账本位币时,也应当视同境外经营。区分某实体是否为该企业的境外经营的关键有两项:①该实体与企业的关系,是否为企业的子公司、合营企业、联营企业、分支机构等。②该实体的记账本位币是否与企业记账本位币相同,而不是以该实体是否在企业所在地的境外作为标准。

2. 境外经营记账本位币的确定

境外经营也是一个企业,在确定其记账本位币时也应当考虑企业选择确定记账本位币需要考虑的上述因素。同时,由于境外经营是企业的子公司、联营企业、合营企业或者分支机构,境外经营记账本位币的选择还应当考虑该境外经营与企业的关系:

(1) 境外经营对其所从事的活动是否拥有很强的自主性。

(2) 境外经营活动中与企业的交易是否在境外经营活动中占有较大比重。

(3) 境外经营活动产生的现金流量是否直接影响企业的现金流量、是否可以随时汇回。

(4) 境外经营活动产生的现金流量是否足以偿还其现有债务和可预期的债务。

(四) 记账本位币的变更

选择哪一种货币作为记账本位币,是企业的一项重要会计政策。企业记账本位币一经确定,不得随意变更。

1. 记账本位币变更的条件

如果企业经营所处的主要经济环境发生了重大变化,企业可以变更记账本位币。企业经营所处的主要经济环境发生重大变化,通常是指企业主要收入和支出现金的环境发生了重大变化,使用该环境中的货币最能反映企业的主要交易业务的经济结果。

2. 记账本位币变更的处理

需变更记账本位币的企业,应当采用变更当日的即期汇率将所有项目折算为变更后的记账本位币。折算后的金额作为以新的记账本位币计量的历史成本。由于采用同一即期汇率进行折算,不会产生汇兑差额。企业记账本位币发生变更的,其比较财务报表也应当以可比当日的即期汇率折算所有资产负债表和利润表项目。

三、汇率与汇兑损益

(一) 汇率及标价方法

汇率又称汇价,是指两种货币相兑换的比率,是一种货币单位用另一种货币单位所表示的价格。汇率有直接标价法和间接标价法两种形式。

1. 直接标价法

直接标价法是以一单位的外国货币为标准,折算为一定数量的本国货币的标价方法。例如,在我国,1英镑=8.31人民币元。其特点是:外币数额固定不变,本币币值的大小与汇率的高低成反比。目前,包括我国在内的大多数国家都采用直接标价法。

2. 间接标价法

间接标价法是以一单位的本国货币为标准,折算为一定数额的外国货币的标价方法。例如,在英国伦敦市场,1英镑＝1.2636美元。其特点是:本币数额固定不变,本币币值的大小与汇率的高低成正比。只有英国、美国等少数发达国家采用间接标价法。

【特别提示】

在直接标价法下,汇率上升表明本币币值下跌或外币币值上升;汇率下降表明本币币值上升或外币币值下降。在间接标价法下,汇率上升表明本币币值上升或外币币值下降;汇率下降表明本币币值下降或外币币值上升。

(二) 汇率的种类

1. 现行汇率与历史汇率

现行汇率是指企业涉及外币业务时的市场汇率。历史汇率是指企业以前涉及外币业务时所使用的汇率。现行汇率与历史汇率是相对的,前一交易日的现行汇率相对于当日来说是历史汇率,当日的现行汇率相对于次日来说又是历史汇率。

2. 固定汇率与浮动汇率

固定汇率是指一国的货币与另一国的货币的兑换比率固定不变,或者是限制在一定幅度内波动的汇率。浮动汇率是指一国的货币与另一国的货币的兑换比率随着市场供求关系的变动而上下浮动的汇率。1994年人民币汇率并轨后,我国实行的是以市场供求关系为基础的、单一的、有管理的浮动汇率。2005年7月21日起,人民币汇率不再盯住单一美元,而是参考"一篮子"货币进行调节,具体是由中国人民银行根据前一日银行间外汇交易市场形成的价格。

3. 买入汇率、卖出汇率与中间汇率

买入汇率是指银行向客户买入外币时所使用的汇率,即银行收取客户外币时愿意支付的价格,通常简称为买入价。卖出汇率是指银行向客户出售外币时所使用的汇率,即银行向客户出售外币时愿意接受的价格,通常简称为卖出价。中间汇率是指银行买入汇率与卖出汇率之间的平均汇率,即买入汇率与卖出汇率之和再除以2,通常简称为中间价。

【特别提示】

买入汇率与卖出汇率是从银行的角度来讲的。卖出汇率一般高于买入汇率,其差额为银行买卖外汇的收益。

4. 即期汇率、即期汇率的近似汇率与远期汇率

即期汇率又称现行汇率,在我国通常是指中国人民银行公布的当日人民币外汇牌价的中间价。即期汇率的近似汇率是按照系统合理的方法确定的、与交易日即期汇率近似的汇率,通常是指当期平均汇率或加权平均汇率等。远期汇率又称预期汇率,是指外币买卖双方约定在以后的一定期限内交割时所使用的约定汇率。

(三) 汇兑损益

汇兑损益是指企业发生的外币业务在折合为记账本位币时,由于汇率的变动而产生的

记账本位币的折算差额和不同外币兑换发生的收付差额,给企业带来的收益或损失,又称为汇兑差额。汇兑损益的类型,如图1-1所示。

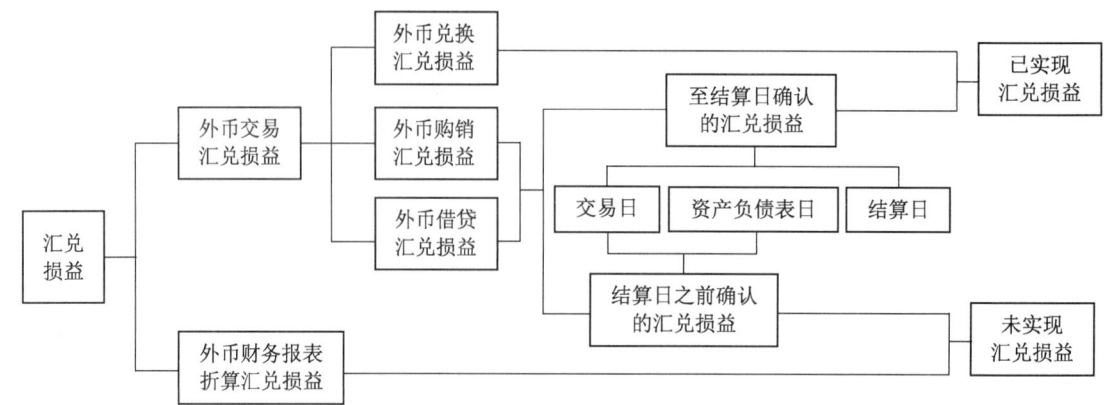

图1-1　汇兑损益的类型

当外币交易已经全部完成,债权债务已结清,产生的汇兑损益为已实现汇兑损益;当外币交易已完成,但债权未收回或债务未偿付,产生的汇兑损益为未实现汇兑损益。

外币交易汇兑损益包括外币兑换汇兑损益和外币购销或外币借贷汇兑损益。其中,外币兑换汇兑损益,是指在外币与记账本位币,或一种外币与另一种外币进行兑换时产生的汇兑损益;外币购销或外币借贷汇兑损益,是指以外币计价的商品赊销、赊购业务或外币借贷业务中,随着汇率的变动,同一笔外币金额采用不同时点(交易发生日、结算日、资产负债表日)的汇率进行折算而产生的汇兑损益。

外币财务报表折算汇兑损益,是指在会计期末,为了编制合并会计报表或为了重新表述会计记录和会计报表金额,在把外币计量单位的金额转化为记账本位币计量单位金额的过程中产生的折算汇兑损益。

第二节 外币交易的会计处理

一、外币交易的记账方法

根据《企业会计准则第19号——外币折算》(以下简称外币折算准则)的规定,外币是指企业记账本位币以外的货币。外币交易是指以外币计价或结算的交易,包括买入或卖出以外币计价的商品或者劳务、借入或借出外币资金和其他以外币计价或结算的交易。

(一) 外币统账制

外币统账制又称为记账本位币法,是指企业在发生外币业务时,应当及时折算为记账本位币,并以此编制会计报表的方法。这种方法主要适用于涉及外币种类少且外币业务不多的企业。从我国目前的情况看,绝大多数企业采用外币统账制。

(二) 外币分账制

外币分账制也称原币记账法,是指在外币业务发生时,直接用原币记入账户,资产负债表日,分货币性项目和非货币性项目进行调整的方法。货币性项目按资产负债表日即期汇率折算,非货币性项目按业务发生时的即期汇率折算;产生的汇兑差额计入当期损益。在这种方法下,企业的本币业务和外币业务分设不同的账户体系来反映,即按币种各设总分类账和明细分类账。对于外币交易频繁、涉及外币币种较多的金融企业,可以采用外币分账制记账方法进行日常核算。

【特别提示】
　　无论采用外币分账制记账方法,还是采用外币统账制记账方法,只是账务处理程序不同,但产生的结果应当相同,即计算出的汇兑差额相同,相应的会计处理也相同,即产生的汇兑差额计入当期损益。

二、外币交易核算中的两种观点

(一) 一项交易观

一项交易观认为,应当将交易的发生与以后相应款项的结算视为一项交易的两个阶段,从交易日至款项结算日汇率变动的影响作为对原已入账的销售收入或购货成本的调整,而不将折算金额的变动作为汇兑损益。因此,企业的销售收入或购货成本在交易日不能确定,需待款项结算时由当日的汇率确定。这与国际上公认的销售收入应在销售成立时确认的原则相违背,且提供的会计信息不能反映外币风险的程度。

【例 1-2】 烟台兴茂机械制造有限公司以人民币作为记账本位币,对外币交易采用交易日的即期汇率折算。2022 年 12 月 8 日从 A 公司进口一批商品,价值 300 000 美元,双方约定 2023 年 1 月 31 日付款。2022 年 12 月 8 日的即期汇率为 1 美元＝6.96 元人民币,2022 年 12 月 31 日的即期汇率为 1 美元＝6.87 元人民币,2023 年 1 月 31 日的即期汇率为 1 美元＝6.76 元人民币。

要求:若你是烟台兴茂机械制造有限公司的财务人员,请采用一项交易观对上述外币业务进行会计处理。

解析:

(1) 2022 年 12 月 8 日,购进商品的会计处理。

借:库存商品　　　　　　　　　　　　　　　　　　　　　　　　2 088 000
　　贷:应付账款——美元(300 000×6.96)　　　　　　　　　　　　　　　2 088 000

(2) 2022 年 12 月 31 日,进行期末调整的会计处理。

借:应付账款——美元(300 000×6.96−300 000×6.87)　　　　　　　27 000
　　贷:库存商品　　　　　　　　　　　　　　　　　　　　　　　　　　　27 000

(3) 2023 年 1 月 31 日,支付货款的会计处理。

借:应付账款——美元(300 000×6.76)　　　　　　　　　　　　　　2 028 000
　　贷:银行存款——美元(300 000×6.76)　　　　　　　　　　　　　　　2 028 000

借:应付账款——美元(300 000×6.87−300 000×6.76)　　　　　　　33 000
　　贷:库存商品　　　　　　　　　　　　　　　　　　　　　　　　　　　33 000

(二) 两项交易观

两项交易观认为，交易的发生与相应款项的结算是两项独立的关联交易，交易产生的销售收入或购货成本在交易日由当日的汇率确定，以后不再因汇率的变动而予以调整，汇率变动的风险由因交易而产生的应收或应付款承担。

在两项交易观下，对于未实现汇兑损益有两种处理方法：一是当期不确认未实现汇兑损益，需递延至外币交易结算的当期确认；二是未实现汇兑损益与已实现汇兑损益均在当期确认。前者是考虑了汇率的反向变动情况，但将产生前后两期净利润的扭曲。而后者则认为，既然存在着会计分期，就应分期反映当期汇率变动的情况，这也与两项交易观的基础是一致的。因此，我国和大多数国家或地区均采用这一方法。

【例1-3】 烟台兴茂机械制造有限公司以人民币作为记账本位币，对外币交易采用交易日的即期汇率折算。2022年12月8日从A公司进口一批商品，价值300 000美元，双方约定2023年1月31日付款。2022年12月8日的即期汇率为1美元＝6.96元人民币，2022年12月31日的即期汇率为1美元＝6.87元人民币，2023年1月31日的即期汇率为1美元＝6.76元人民币。

要求：若你是烟台兴茂机械制造有限公司的财务人员，请采用两项交易观对上述外币业务进行会计处理。

解析：

(1) 2022年12月8日，购进商品的会计处理。

借：库存商品   2 088 000
　　贷：应付账款——美元(300 000×6.96)   2 088 000

(2) 2022年12月31日，进行期末调整的会计处理。

借：应付账款——美元(300 000×6.96－300 000×6.87)   27 000
　　贷：财务费用——汇兑差额   27 000

(3) 2023年1月31日，支付货款的会计处理。

借：应付账款——美元(300 000×6.76)   2 028 000
　　贷：银行存款——美元(300 000×6.76)   2 028 000

借：应付账款——美元(300 000×6.87－300 000×6.76)   33 000
　　贷：财务费用——汇兑差额   33 000

三、外币交易的账户设置和核算程序

(一) 外币交易的账户设置

在外币统账制下，企业对外币交易的核算不单独设置账户，但需要注明外币账户及其种类，如"应收账款——美元"账户，并且采用复币式登记明细分类账；对外币交易金额因汇率变动和外币兑换由于买入价、卖出价和中间价的差额而产生的差额，可在"财务费用——汇兑差额"账户中反映。该账户借方反映因汇率变动而产生的汇兑损失，贷方反映因汇率变动而产生的汇兑收益，期末余额转入"本年利润"账户。

(二) 外币交易的核算程序

企业发生外币交易时，其会计核算的基本程序如下。

(1) 将外币金额按照交易日的即期汇率或即期汇率的近似汇率折算为记账本位币金额,按照折算后的记账本位币金额登记有关账户;在登记有关记账本位币账户的同时,按照外币金额登记相应的外币账户。

(2) 期末,将所有外币货币性项目的外币余额,按照期末即期汇率折算为记账本位币金额,并与原记账本位币金额比较,其差额记入"财务费用——汇兑差额"账户。

(3) 结算外币货币性项目时,将其外币结算金额按照当日即期汇率折算为记账本位币金额,并与原记账本位币金额相比较,其差额记入"财务费用——汇兑差额"账户。

四、外币交易会计处理的具体方法

(一) 初始确认

1. 外币兑换

外币兑换是指企业从银行及其他金融机构买入外币或向银行及其他金融机构卖出外币的业务。

1) 企业买入外币

企业买入外币,即银行及其他金融机构卖出外币。在进行会计处理时,企业取得的外币按照兑换当日的即期汇率折算,支付的本位币按照银行的卖出价计算,两者的差额作为财务费用。

【例1-4】 烟台兴茂机械制造有限公司的记账本位币为人民币。2023年2月26日,烟台兴茂机械制造有限公司从中国银行购入10 000美元,中国银行当日的美元卖出价为1美元＝6.89元人民币,买入价为1美元＝6.77元人民币,中间价为1美元＝6.83元人民币。

要求:若你是烟台兴茂机械制造有限公司的财务人员,请对上述业务中所涉及的外币兑换业务进行会计处理。

解析:企业买入外币即银行卖出外币,因此企业支付的人民币应使用银行卖出价折算。

支付的人民币金额＝10 000×6.89＝68 900(元)

兑换的美元折算为人民币金额＝10 000×6.83＝68 300(元)

借:银行存款——美元　　　　　　　　　　　　　　　　　　　68 300
　　财务费用——汇兑差额　　　　　　　　　　　　　　　　　　　 600
　　贷:银行存款——人民币　　　　　　　　　　　　　　　　　　　68 900

2) 企业卖出外币

企业卖出外币,即银行及其他金融机构买入外币。在进行会计处理时,企业支付的外币按照兑换当日的即期汇率折算,取得的本位币按照银行的买入价计算,两者的差额作为财务费用。

【例1-5】 烟台兴茂机械制造有限公司的记账本位币为人民币。2023年3月16日,烟台兴茂机械制造有限公司将20 000美元向中国银行兑换人民币,中国银行当日的美元卖出价为1美元＝6.86元人民币,买入价为1美元＝6.74元人民币,中间价为1美元＝6.80元人民币。

要求:若你是烟台兴茂机械制造有限公司的财务人员,请对上述业务中所涉及的外币兑换业务进行会计处理。

解析：企业卖出外币即银行买入外币，企业收到的人民币应使用银行买入价折算。

取得的人民币金额＝20 000×6.74＝134 800(元)

兑换的美元折算为人民币金额＝20 000×6.80＝136 000(元)

借：银行存款——人民币　　　　　　　　　　　　　　　　　134 800
　　财务费用——汇兑差额　　　　　　　　　　　　　　　　　1 200
　　贷：银行存款——美元　　　　　　　　　　　　　　　　　　　　136 000

2．外币筹资

1) 接受外币投资

接受外币投资是指接受投资者以外币作为资本投入企业的业务。在进行会计处理时，企业应当采用交易发生日的即期汇率折算，外币投入资本与相应的货币性项目的记账本位币金额之间不产生外币资本折算差额。

【例1-6】 烟台兴茂机械制造有限公司的记账本位币为人民币，2022年11月1日，与美国乙公司签订投资合同，乙公司向烟台兴茂机械制造有限公司出资1 000 000美元，占烟台兴茂机械制造有限公司注册资本的23%。乙公司的出资将在合同签订后一年内分两次汇到烟台兴茂机械制造有限公司的中国农业银行账户。合同约定汇率为1美元＝6.85元人民币，2022年11月1日即期汇率为1美元＝6.82元人民币。

2023年1月9日，烟台兴茂机械制造有限公司收到乙公司汇来的第一期出资款500 000美元，当日即期汇率为1美元＝6.78元人民币。2023年3月8日，烟台兴茂机械制造有限公司收到乙公司汇来的第二期出资款，当日即期汇率为1美元＝6.81元人民币。

要求：若你是烟台兴茂机械制造有限公司的财务人员，请对上述业务中所涉及的外币投资业务进行会计处理。

解析：企业接受外币投资，应使用收到投资当日的即期汇率折算。

(1) 2023年1月9日，相关会计处理如下。

接受外币投资折算后金额＝500 000×6.78＝3 390 000(元)

借：银行存款——美元　　　　　　　　　　　　　　　　　　3 390 000
　　贷：实收资本——乙公司　　　　　　　　　　　　　　　　　　3 390 000

(2) 2023年3月8日，相关会计处理如下。

接受外币投资折算后金额＝500 000×6.81＝3 405 000(元)

借：银行存款——美元　　　　　　　　　　　　　　　　　　3 405 000
　　贷：实收资本——乙公司　　　　　　　　　　　　　　　　　　3 405 000

2) 取得外币借款

取得外币借款是指从银行或其他金融机构取得外币借款和归还外币借款本息的业务。在进行会计处理时，企业应将借入的外币按当日即期汇率折算为记账本位币入账。

【例1-7】 烟台兴茂机械制造有限公司的记账本位币为人民币。2022年7月1日，从中国农业银行借入一年期贷款10 000美元，年利率为3%。2022年7月1日，即期汇率为1美元＝6.83元人民币；2022年12月31日，即期汇率为1美元＝6.87元人民币；2023年6月30日偿还贷款本金，当日即期汇率为1美元＝6.82元人民币。

要求:若你是烟台兴茂机械制造有限公司的财务人员,请对2022年7月1日至2023年7月1日的与外币借款相关的业务进行会计处理。

解析:

(1) 2022年7月1日,将借入的外币按当日即期汇率折算为人民币入账。

借:银行存款——美元(10 000×6.83)   68 300
    贷:短期借款——美元(10 000×6.83)   68 300

(2) 2022年12月31日,按当日即期汇率计提2022年下半年利息。

应付利息=10 000×3‰÷12×6×6.87=1 030.50(元)

借:财务费用——利息支出   1 030.50
    贷:应付利息——美元   1 030.50

(3) 2022年12月31日,计算本金由于汇率变动所形成的汇兑损益。

本金由于汇率变动所形成的汇兑损益=10 000×6.87−10 000×6.83=400(元)

借:财务费用——汇兑差额   400
    贷:短期借款——美元   400

(4) 2023年6月30日,归还短期借款利息。

借款利息总额=10 000×3‰×6.82=2 046(元)

2023年上半年利息金额=10 000×3‰÷12×6×6.82=1 023(元)

2022年下半年利息中由于汇率变动所形成的汇兑损益=10 000×3‰÷12×6×6.82−10 000×3‰÷12×6×6.87=−7.50(元)

借:应付利息——美元   1 030.50
    财务费用——利息支出   1 023.00
    贷:银行存款——美元   2 046.00
        财务费用——汇兑差额   7.50

(5) 2023年6月30日,按当日即期汇率折算归还的短期借款本金。

借:短期借款——美元(10 000×6.82)   68 200
    贷:银行存款——美元(10 000×6.82)   68 200

(6) 以上"短期借款——美元"账户的借贷方人民币差额在期末予以调整。

借:短期借款——美元   500
    贷:财务费用——汇兑差额   500

3. 外币购销

1) 外币销售业务

企业出口商品时,按照当日即期汇率将以外币表示的售价折算为记账本位币确认收入,增加的外币存款或外币债权也按当日即期汇率折算入账。

【例1-8】 烟台兴茂机械制造有限公司的记账本位币为人民币,对外币交易采用交易日的即期汇率折算。2023年3月15日,向境外丙公司出口商品1 000件,每件售价为20美元,2023年3月25日收到货款20 000美元,存入中国农业银行。2023年3月15日,即期汇率为 1 美元＝6.77 元人民币；2023 年 3 月 25 日，即期汇率为 1 美元＝6.80 元人民币。假定不考虑相关税费的影响。

要求：若你是烟台兴茂机械制造有限公司的财务人员，请对上述业务中所涉及的外币销售业务进行会计处理。

解析：

(1) 2023 年 3 月 15 日，出口商品会计处理如下。

借：应收账款——美元(1 000×20×6.77)　　　　　　　　　　　　　135 400
　　贷：主营业务收入(1 000×20×6.77)　　　　　　　　　　　　　135 400

(2) 2023 年 3 月 25 日，收回货款。

借：银行存款——美元(20 000×6.80)　　　　　　　　　　　　　　136 000
　　贷：应收账款——美元(20 000×6.80)　　　　　　　　　　　　136 000

2) 外币采购业务

企业用外币购入物资时，按照当日即期汇率将以外币表示的成本折算为记账本位币，确定购入物资的入账价值，减少的外币存款或增加的外币债务也按当日即期汇率折算入账。

【例 1-9】　烟台兴茂机械制造有限公司的记账本位币为人民币，对外币交易采用交易日的即期汇率折算。2023 年 4 月 10 日，从境外丁公司进口一批原材料，货款为 100 000 美元，支付进口关税 50 000 元人民币、进口增值税 123 250 元人民币。2023 年 4 月 25 日，从中国农业银行支付货款 100 000 美元。2023 年 4 月 10 日，即期汇率为 1 美元＝6.79 元人民币；2023 年 4 月 25 日，即期汇率为 1 美元＝6.77 元人民币。

要求：若你是烟台兴茂机械制造有限公司的财务人员，请对上述业务中所涉及的外币采购业务进行会计处理。

解析：

(1) 2023 年 4 月 10 日，进口商品会计处理如下。

原材料成本＝100 000×6.79＋50 000＝729 000(元)

借：原材料　　　　　　　　　　　　　　　　　　　　　　　　　　729 000
　　应交税费——应交增值税(进项税额)　　　　　　　　　　　　　123 250
　　贷：应付账款——美元(100 000×6.79)　　　　　　　　　　　　679 000
　　　　银行存款——人民币　　　　　　　　　　　　　　　　　　173 250

(2) 2023 年 4 月 25 日，支付货款。

借：应付账款——美元(100 000×6.77)　　　　　　　　　　　　　677 000
　　贷：银行存款——美元(100 000×6.77)　　　　　　　　　　　　677 000

(二) 期末调整

1. 货币性项目

货币性项目是企业持有的货币或将以固定或可确定金额的货币收取的资产或偿付的负债。货币性项目分为货币性资产和货币性负债，货币性资产包括现金、银行存款、应收账款、其他应收款、长期应收款等，货币性负债包括应付账款、其他应付款、短期借款、应付债券、长期借款、长期应付款等。期末或结算货币性项目时，应以当日即期汇率折算外币货币性项目,该项目因当日即期汇率不同于该项目初始入账时或前一期期末即期汇率而产生的汇兑差额,应计入当期损益。企业为购建或生产符合资本化条件的资产而借入的专门借款为外币借款时,在借款费用资本化期间内,由于外币借款在取得日、使用日及结算日的汇率不同而产生的汇兑差额,应当予以资本化,计入固定资产成本。

外币货币性项目期末调整的基本思路如下:

① 计算期末调整后记账本位币余额。

$$\text{期末调整后记账本位币余额} = \text{外币货币性项目期末外币余额} \times \text{资产负债表日即期汇率}$$

② 计算期末调整前记账本位币余额。

$$\text{期末调整前记账本位币余额} = \text{期初记账本位币余额} + \text{本期增加的记账本位币发生额} - \text{本期减少的记账本位币发生额}$$

③ 计算汇兑差额。

$$\text{汇兑差额} = \text{调整后记账本位币余额} - \text{调整前记账本位币余额}$$

【特别提示】
若为外币货币性资产,则上述汇兑差额大于零时为汇兑收益,小于零时为汇兑损失;若为外币货币性负债,则上述汇兑差额大于零时为汇兑损失,小于零时为汇兑收益。

【例1-10】 烟台兴茂机械制造有限公司的记账本位币为人民币,其外币交易采用交易日即期汇率折算,按月计算汇兑损益。烟台兴茂机械制造有限公司开设有美元账户,2023年4月30日烟台兴茂机械制造有限公司外币账户的余额如表1-1所示。

表1-1 2023年4月30日烟台兴茂机械制造有限公司外币账户的余额

项 目	外币账户余额(美元)	汇 率	人民币账户余额(元人民币)
银行存款	800 000	6.81	5 448 000
应收账款	400 000	6.81	2 724 000
应付账款	200 000	6.81	1 362 000

烟台兴茂机械制造有限公司2023年5月发生的有关外币交易或事项如下,假定不考虑相关税费的影响。

(1)5月5日,以人民币向中国农业银行买入200 000美元,当日即期汇率为1美元=6.79元人民币,银行买入价为1美元=6.75元人民币,银行卖出价为1美元=6.83元人民币。

(2)5月12日,从国外M公司购入一批原材料,总价款为400 000美元。该原材料已验收入库,货款尚未支付。当日即期汇率为1美元=6.81元人民币。

(3)5月16日,向K公司出口销售一批商品,销售价款为600 000美元,货款尚未收到,当日即期汇率为1美元=6.78元人民币。

(4)5月25日,收到A公司前欠货款300 000美元,款项已存入中国农业银行,当日即期汇率为1美元=6.80元人民币。

(5)5月31日,当日即期汇率为1美元=6.79元人民币。

要求：若你是烟台兴茂机械制造有限公司的财务人员,请根据上述经济业务进行会计处理。

解析：

(1) 2023年5月5日,企业支付的人民币应使用银行卖出价折算。

借：银行存款——美元(200 000×6.79)　　　　　　　　　　　　　　1 358 000
　　财务费用——汇兑差额　　　　　　　　　　　　　　　　　　　　　8 000
　　贷：银行存款——人民币(200 000×6.83)　　　　　　　　　　　　1 366 000

(2) 2023年5月12日,赊购材料,按当日即期汇率折算入账。

借：原材料　　　　　　　　　　　　　　　　　　　　　　　　　　　2 724 000
　　贷：应付账款——美元(400 000×6.81)　　　　　　　　　　　　　2 724 000

(3) 2023年5月16日,赊销商品,按当日即期汇率折算入账。

借：应收账款——美元(600 000×6.78)　　　　　　　　　　　　　　4 068 000
　　贷：主营业务收入　　　　　　　　　　　　　　　　　　　　　　　4 068 000

(4) 2023年5月25日,收到前欠货款,按当日即期汇率折算入账。

借：银行存款——美元(300 000×6.80)　　　　　　　　　　　　　　2 040 000
　　贷：应收账款——美元(300 000×6.80)　　　　　　　　　　　　　2 040 000

(5) 2023年5月31日,外币货币性项目期末调整。

① 银行存款项目期末的调整。

期末调整后记账本位币余额＝(800 000＋200 000＋300 000)×6.79＝8 827 000(元)

期末调整前记账本位币余额＝5 448 000＋1 358 000＋2 040 000＝8 846 000(元)

汇兑差额＝8 827 000－8 846 000＝－19 000(元)

② 应收账款项目期末的调整。

期末调整后记账本位币余额＝(400 000＋600 000－300 000)×6.79＝4 753 000(元)

期末调整前记账本位币余额＝2 724 000＋4 068 000－2 040 000＝4 752 000(元)

汇兑差额＝4 753 000－4 752 000＝1 000(元)

③ 应付账款项目期末的调整。

期末调整后记账本位币余额＝(200 000＋400 000)×6.79＝4 074 000(元)

期末调整前记账本位币余额＝1 362 000＋2 724 000＝4 086 000(元)

汇兑差额＝4 074 000－4 086 000＝－12 000(元)

④ 期末调整分录。

汇兑损益总额＝－19 000＋1 000＋12 000＝－6 000(元)

借：应付账款——美元　　　　　　　　　　　　　　　　　　　　　　12 000
　　应收账款——美元　　　　　　　　　　　　　　　　　　　　　　　1 000
　　财务费用——汇兑差额　　　　　　　　　　　　　　　　　　　　　6 000
　　贷：银行存款——美元　　　　　　　　　　　　　　　　　　　　　19 000

2. 非货币性项目

非货币性项目是货币性项目以外的项目,如预付账款、预收账款、存货、长期股权投资、交易性金融资产、其他权益工具投资、固定资产、无形资产等。

1）以历史成本计量的外币非货币性项目

对于以历史成本计量的外币非货币性项目,已在交易日按当日即期汇率折算,资产负债表日不应改变其原记账本位币金额,不产生汇兑差额。

【例1-11】 烟台兴茂机械制造有限公司的记账本位币为人民币。2023年3月7日,从境外A公司进口一台不需要安装的设备,设备价款200 000美元尚未支付。2023年3月7日,即期汇率为1美元=6.89元人民币;2023年3月31日,即期汇率为1美元=6.86元人民币。假定不考虑相关税费的影响。

要求:若你是烟台兴茂机械制造有限公司的财务人员,请对2023年3月7日和2023年3月31日与上述设备相关的业务进行会计处理。

解析:

（1）2023年3月7日,购入设备时,应按当日即期汇率折算入账。

借:固定资产（200 000×6.89）　　　　　　　　　　　　　　　　　1 378 000
　　贷:应付账款——美元（200 000×6.89）　　　　　　　　　　　　1 378 000

（2）2023年3月31日,由于固定资产属于以历史成本计量的外币非货币性项目,所以,不需要按照期末即期汇率对其进行调整。

2）以成本与可变现净值孰低计量的存货

对于以成本与可变现净值孰低计量的存货,如果其可变现净值以外币确定,则在确定存货的期末价值时,应先将可变现净值折算为记账本位币,再与以记账本位币反映的存货成本进行比较。

【例1-12】 烟台兴茂机械制造有限公司的记账本位币为人民币。2023年3月18日以每台5 000美元的价格从美国购入6台设备用于销售,并于当日从中国农业银行支付了货款。2023年6月30日,该设备已出售4台,国内市场仍无该设备供应,但该设备在国际市场的价格已降至每台4 000美元。2023年3月18日,即期汇率为1美元=6.85元人民币;2023年6月30日,即期汇率为1美元=6.87元人民币。假定不考虑相关税费的影响。

要求:若你是烟台兴茂机械制造有限公司的财务人员,请对2023年3月18日采购存货和2023年6月30日计提跌价准备相关的业务进行会计处理。

解析:

（1）2023年3月18日,购入存货时,应按当日即期汇率折算入账。

（2）2023年6月30日,由于库存2台设备市场价格下跌,其可变现净值低于成本,应计提存货跌价准备。

计提的存货跌价准备金额=5 000×2×6.85−4 000×2×6.87=13 540(元)

借:资产减值损失　　　　　　　　　　　　　　　　　　　　　　　13 540
　　贷:存货跌价准备　　　　　　　　　　　　　　　　　　　　　　13 540

3）以公允价值计量的外币非货币性项目

对于以公允价值计量的股票、基金等外币非货币性项目,如果期末的公允价值以外币反映,则应先将该外币按照公允价值确定当日的即期汇率折算为记账本位币金额,再与原记账本位币金额进行比较,其差额作为公允价值变动损益或其他综合收益。该差额是金融资产市价变动和汇率变动的综合结果。

【例 1-13】 烟台兴茂机械制造有限公司的记账本位币为人民币。2022年12月2日,以中国农业银行的存款按照每股5美元的价格购入美国A公司股票20 000股作为交易性金融资产,当日即期汇率为1美元＝6.83元人民币。2022年12月31日,购入的A公司股票市价变为每股5.20美元,当日即期汇率为1美元＝6.80元人民币。2023年3月6日,以每股5.50美元的价格全部出售,当日即期汇率为1美元＝6.82元人民币。假定不考虑相关税费的影响。

要求：若你是烟台兴茂机械制造有限公司的财务人员,请根据上述经济业务进行相应会计处理。

解析：

(1) 2022年12月2日,购入交易性金融资产时,按当日即期汇率折算入账。

借：交易性金融资产——成本(5×20 000×6.83)　　　　　　　　　683 000
　　贷：银行存款——美元(5×20 000×6.83)　　　　　　　　　　　　683 000

(2) 2022年12月31日,交易性金融资产需要在资产负债表日确定公允价值,而该交易性金融资产以外币计价,因此其公允价值需同时考虑股票市价和汇率变动的影响。

应确认的公允价值变动金额＝5.20×20 000×6.80－5×20 000×6.83＝24 200(元)

该公允价值变动金额中既包含了股票公允价值变动的影响,也包含了汇率变动的影响,无须进一步区分,全部计入公允价值变动损益中。

借：交易性金融资产——公允价值变动　　　　　　　　　　　　　24 200
　　贷：公允价值变动损益　　　　　　　　　　　　　　　　　　　　24 200

(3) 2023年3月6日,对于股票市价的变动和汇率的变动也不加区分,差额全部作为投资收益处理。

应确认的投资收益＝5.50×20 000×6.82－(683 000＋24 200)
　　　　　　　　＝750 200－707 200＝43 000(元)

借：银行存款——美元(5.50×20 000×6.82)　　　　　　　　　　 750 200
　　贷：交易性金融资产——成本　　　　　　　　　　　　　　　　　683 000
　　　　　　　　　　　　——公允价值变动　　　　　　　　　　　　24 200
　　　　投资收益　　　　　　　　　　　　　　　　　　　　　　　　43 000

第三节　外币财务报表的折算

一、境外经营财务报表的折算

(一) 外币财务报表折算的概念

外币财务报表折算是指为特定的目的,将以某种货币编报的财务报表折算成以另一种特定货币编报的财务报表的过程。外币财务报表折算不影响资产和负债的计量基础,和收入与费用的确认时间,也不改变计量项目的属性。

（二）外币财务报表折算的方法

1. 流动与非流动法

流动与非流动法，即境外经营的资产负债表中的流动资产和流动负债项目，按资产负债表日的现时汇率折算，非流动资产和非流动负债及实收资本等项目，按取得时的历史汇率折算，留存收益项目为依据资产负债表的平衡原理轧差计算而得的方法。利润表上折旧与摊销费用项目按相应资产取得时的历史汇率折算，其他收入和费用项目按报告期的平均汇率折算，销货成本根据"期初存货＋本期购货－期末存货"的关系确定。形成的折算损失计入报告企业的合并损益中，形成的折算收益，已实现部分予以确认，未实现部分予以递延，以抵销以后期间形成的损失。该方法的优点在于能够反映境外经营的营运资金的报告货币等值，并不改变境外经营的流动性。其不足之处在于：一是流动性与非流动性的划分与汇率的变动无关；二是对折算结果的处理，掩盖了汇率变动对合并净收益的影响，平滑了各期收益，与实际情况不符。

2. 货币性与非货币性法

货币性与非货币性法，即货币性资产和负债按期末现时汇率折算，非货币性资产和负债按历史汇率折算的方法。该方法的优点在于货币性与非货币性的分类恰当地考虑了汇率变动对资产和负债的影响，改正了流动和非流动法的缺点。其不足之处在于：用货币性与非货币性法来解决外币报表的折算没有考虑会计计量问题，结果使得有些项目分类未必与所选的汇率相关，如存货项目，根据本方法属于非货币性项目，应采用历史汇率折算，但在存货采用成本与市价孰低计量时，对以市价计量的存货用历史汇率折算显然不合适。

3. 时态法

时态法，即资产负债表各项目以过去价值计量的，采用历史汇率；以现在价值计量的，采用现时汇率，产生的折算损益应计入当年的合并净收益的方法。利润表各项目的折算与流动和非流动法下利润表的折算相同。这种方法不仅考虑了会计计量基础，而且改正了上述货币性与非货币性法的缺点。但是，该方法是从报告企业的角度考虑问题，境外的子公司、分支机构等均被认为是报告企业经营活动在境外的延伸，与报告企业本身的外币交易原则相一致，这样做实际上忽视了境外经营作为相对独立的实体的情况。另外，按照这种方法对外币报表进行折算，由于各项目使用的折算汇率不同，产生的折算结果不可能保持外币报表在折算前的原有比率关系。

4. 现行汇率法

现行汇率法，即资产和负债项目均应按现时汇率折算，实收资本按历史汇率折算，利润表各项目按当期平均汇率折算，产生的折算损益作为所有者权益的一个单独项目予以列示的方法。这种方法考虑了境外经营作为相对独立的实体的情况，着重于汇率变动对报告企业在境外经营的投资净额的影响，折算的结果使境外经营的会计报表中原有财务关系不因折算而改变，所改变的仅是其表现方式。现行汇率法改正了时态法的缺点，却产生了另外的问题。例如，对以历史成本计价的固定资产等按现时汇率折算将显得不伦不类。

（三）我国会计准则采用的折算方法

根据外币折算准则的规定，在对外币财务报表进行折算前应当调整境外经营的会计期间和会计政策，使之与企业会计期间和会计政策相一致，根据调整后会计期间和会计政策编制相应货币（记账本位币以外的货币）的财务报表，再按照以下方法对外币财务报表进行折算。

(1) 资产负债表中的资产和负债项目,采用资产负债表日的即期汇率折算,所有者权益项目除"未分配利润"项目外,其他项目采用发生时的即期汇率折算。

(2) 利润表中的收入和费用项目,采用交易发生日的即期汇率或即期汇率的近似汇率折算。

(3) 产生的外币财务报表折算差额,在编制合并会计报表时,应在合并资产负债表中"其他综合收益"项目列示。

【例 1-14】 烟台兴茂机械制造有限公司的记账本位币为人民币,该公司在境外有一子公司W公司,W公司确定的记账本位币为美元。根据合同约定,烟台兴茂机械制造有限公司拥有W公司80%的股权,并能够控制W公司。W公司的有关资料如下。

2022年12月31日的即期汇率为1美元=6.87元人民币,2022年的平均汇率为1美元=6.90元人民币,股本、资本公积发生日的即期汇率为1美元=7.10元人民币。2021年12月31日累计盈余公积为50万美元,折算为人民币为352万元;累计未分配利润为120万美元,折算为人民币为828万元。2022年度,W公司当年提取的盈余公积为70万美元。

2022年12月31日,烟台兴茂机械制造有限公司财务人员报表折算后的利润表如表1-2所示、资产负债表如表1-3所示。

表 1-2　　　　　　　　　　　利润表
2022年度

项目	期末数(万美元)	折算汇率	折算为人民币金额(万元人民币)
一、营业收入	2 000	6.90	13 800
减:营业成本	1 500	6.90	10 350
税金及附加	40	6.90	276
管理费用	100	6.90	690
财务费用	10	6.90	69
加:投资收益	30	6.90	207
二、营业利润	380	—	2 622
加:营业外收入	40	6.90	276
减:营业外支出	20	6.90	138
三、利润总额	400	—	2 760
减:所得税费用	120	6.90	828
四、净利润	280	—	1 932

表 1-3　　　　　　　　　　　资产负债表
2022年12月31日

资产	期末数(万美元)	折算汇率	折算金额(万元人民币)	负债和所有者权益	期末数(万美元)	折算汇率	折算金额(万元人民币)
流动资产:				流动负债:			
货币资金	190	6.87	1 305.30	短期借款	45	6.87	309.15
应收账款	190	6.87	1 305.30	应付账款	285	6.87	1 957.95

(续表)

资产	期末数(万美元)	折算汇率	折算金额(万元人民币)	负债和所有者权益	期末数(万美元)	折算汇率	折算金额(万元人民币)
存货	240	6.87	1 648.80	其他流动负债	110	6.87	755.70
其他流动资产	200	6.87	1 374.00	流动负债合计	440	—	3 022.80
流动资产合计	820	—	5 633.40	非流动负债：			
非流动资产：				长期借款	140	6.87	961.80
长期应收款	120	6.87	824.40	应付债券	80	6.87	549.60
固定资产	550	6.87	3 778.50	其他非流动负债	90	6.87	618.30
在建工程	80	6.87	549.60	非流动负债合计	310	—	2 129.70
无形资产	100	6.87	687.00	负债合计	750	—	5 152.50
其他非流动资产	30	6.87	206.10	股东权益：			
非流动资产合计	880	—	6 045.60	股本	500	7.10	3 550.00
				盈余公积	120	—	835.00
				未分配利润	330	—	2 277.00
				其他综合收益	—	—	−135.50
				股东权益合计	950	—	6 526.50
资产总计	1 700	—	11 679.00	负债和股东权益总计	1 700	—	11 679.00

股东权益合计＝11 679−5 152.50＝6 526.50(万元)
盈余公积＝352＋70×6.90＝835(万元)
未分配利润＝828＋(1 932−70×6.90)＝2 277(万元)
其他综合收益＝6 526.50−3 550−835−2 277＝−135.50(万元)

二、外币报表折算的其他规定

(一) 境外经营的处置

企业可能通过出售、清算、返还股本或放弃全部或部分权益等方式处置其在境外经营中的利益。在境外经营为子公司的情况下，企业处置境外经营应当按照合并财务报表处置子公司的原则进行相应的会计处理。在包含境外经营的财务报表中，将已列入其他综合收益的外币报表折算差额中与该境外经营相关的部分，自所有者权益项目转入处置当期损益；如果是部分处置境外经营，应当按处置的比例计算处置部分的外币报表折算差额，转入处置当期损益；处置的境外经营为子公司的，将已列入其他综合收益的外币报表折算差额中归属于少数股东的部分，视全部处置或部分处置分别予以终止确认或转入少数股东权益。

(二) 外币折算的披露

企业应当在附注中披露与外币折算有关的下列信息。

（1）企业及其境外经营选定的记账本位币及选定的原因,记账本位币发生变更的,说明变更理由。

（2）采用近似汇率的,说明近似汇率的确定方法。

（3）计入当期损益的汇兑差额。

（4）处置境外经营对外币财务报表折算差额的影响。

课堂结账测试

(注:每章课堂结账测试设置为撕页式,便于保存。既可用作检验学生对知识点掌握情况,又可作为课堂点名,记入平时成绩)

班级_____ 姓名_____ 学号_____ 日期_____ 分数_____

一、单项选择题(每题 4 分,共计 20 分)

1. 甲公司以人民币作为记账本位币,当甲公司有外币业务时,下列各项中,需要在资产负债表日进行折算的是( )。
   A. 短期借款
   B. 预收账款
   C. 库存商品
   D. 其他权益工具投资

2. 下列各项中,外币财务报表负债项目应选择的折算汇率是( )。
   A. 交易发生日的即期汇率
   B. 资产负债表日的即期汇率
   C. 即期汇率近似汇率
   D. 全年加权平均汇率

3. 下列各项中,关于我国企业记账本位币的说法,正确的是( )。
   A. 企业的记账本位币可以是人民币以外的货币
   B. 企业在编制财务报表时可以采用人民币以外的货币
   C. 企业可以同时采用两种或两种以上的货币作为记账本位币
   D. 企业的记账本位币一经确定,可以随意变更

4. 甲公司的记账本位币为人民币,外币交易采用交易发生日的即期汇率折算。2022 年 1 月 20 日,甲公司收到投资者的外币投资 100 万美元,当日的即期汇率为 1 美元=6.80 元人民币,2022 年 12 月 31 日的即期汇率为 1 美元=6.85 元人民币。则甲公司对于该项投资,在 2022 年 12 月 31 日的资产负债表中列示的实收资本的金额为( )万元人民币。
   A. 685　　　　B. 682.50　　　　C. 680　　　　D. 0

5. M 公司以人民币为记账本位币,对外币交易采用交易日的即期汇率折算。2023 年 7 月 10 日,将 200 万美元到银行兑换成人民币,当日银行的买入价为 1 美元=6.52 元人民币,银行卖出价为 1 美元=6.58 元人民币。则外币兑换时应确认的兑换损失为( )万元人民币。
   A. －12　　　　B. －6　　　　C. 12　　　　D. 6

二、多项选择题(每题 5 分,共计 25 分)

1. 下列各项中,说法不正确的有( )。
   A. 当期期末即期汇率上升时,"其他应收款"账户会产生汇兑收益
   B. 当期期末即期汇率上升时,"实收资本"账户会产生汇兑收益
   C. 当期期末即期汇率下降时,"长期借款"账户会产生汇兑损失
   D. 当期期末即期汇率下降时,"应收账款"账户会产生汇兑收益

2. 下列项目中,属于外币非货币性项目的有( )。
   A. 预付账款
   B. 存货
   C. 固定资产
   D. 交易性金融资产

3. 当期末市场汇率上升时,下列项目中,外币账户会产生汇兑收益的有( )。
   A. 应付账款
   B. 短期借款
   C. 应收账款
   D. 银行存款

21

4. 甲公司日常核算以人民币作为记账本位币。甲公司在英国和加拿大分别设有子公司,负责当地市场的运营,子公司的记账本位币分别为英镑和加元。甲公司在编制合并财务报表时,下列各项中,关于境外财务报表折算所采用汇率的表述,正确的有(   )。
   A. 英国公司的固定资产采用购入时的历史汇率折算为人民币
   B. 英国公司持有的交易性金融资产采用期末汇率折算为人民币
   C. 加拿大公司的未分配利润采用报告期平均汇率折算为人民币
   D. 加拿大公司的加元收入和成本采用报告期平均汇率折算为人民币

5. 下列项目中,属于境外经营或视同境外经营的有(   )。
   A. 企业在境外的分支机构
   B. 采用相同于企业记账本位币的,在境内的子公司
   C. 采用不同于企业记账本位币的,在境内的合营企业
   D. 采用不同于企业记账本位币的,在境内的分支机构

三、判断题(每题 3 分,共 15 分)

1. 我国外币报表折算中产生的外币报表核算差额应在资产负债表中反映。(   )
2. 凡是采用人民币以外的货币计价和结算的业务,均为外币业务。(   )
3. 直接标价法下,本币币值的大小与汇率的高低成反比。(   )
4. 企业变更记账本位币不会产生汇兑差额。(   )
5. 企业向银行卖出外币,所收到的记账本位币按照银行卖出价计算。(   )

四、实务题(共 40 分)

甲公司以人民币作为记账本位币,其外币交易采用交易日的即期汇率折算。2023 年 7 月甲公司发生的有关外币交易或事项如下。

(1) 7 月 5 日,以人民币兑换 3 000 美元。当日即期汇率为 1 美元=6.50 元人民币,当日银行美元的卖出价为 1 美元=6.60 元人民币,买入价为 1 美元=6.40 元人民币。

(2) 7 月 18 日,以每件 20 000 美元的价格从美国某供货商手中购入国际最新商品 20 件作为存货,并于当日以美元支付了相应货款,当日即期汇率为 1 美元=6.60 元人民币。

(3) 7 月 31 日,已售出该批商品 8 件,国内市场仍无该商品供应,但该商品在国际市场价格降至每件 19 000 美元,当日即期汇率为 1 美元=6.70 元人民币。

(4) 7 月 31 日,对外销售产品一批,价款共计 200 000 美元,当日的即期汇率为 1 美元=6.70 元人民币,款项尚未收到。

要求:请根据上述资料编制业务(1)~(4)相关的会计分录。

第二章 股 份 支 付

> **知识导航**
>
> 股份支付 ┫ 股份支付概述 ┫ 股份支付的概念和特征
> ┃　　　　　　　　　　　 股份支付的主要环节
> ┃　　　　　　　　　　　 股份支付的主要类型
> ┃　　　　　　　　　　　 股份支付的可行权条件
> ┃ 股份支付的确认和计量 ┫ 权益结算股份支付的确认和计量
> ┃　　　　　　　　　　　 现金结算股份支付的确认和计量
> ┗ 股份支付的特殊问题 ┫ 回购股份进行职工期权激励
> 　　　　　　　　　　　 可行权条件的修改
> 　　　　　　　　　　　 集团股份支付

学习目标

1. 知识目标
(1) 了解股份支付的相关概念。
(2) 理解股份支付特殊问题的处理规则。
(3) 掌握权益结算股份支付和现金结算股份支付业务的会计处理规则。
2. 能力目标
能够准确分析、比较和处理以权益结算和以现金结算的股份支付业务。
3. 素质目标
引导学生科学认识薪酬的构成，感受企业和国家对于人才的重视，树立"人才是第一资源"的理念。

寓德于教

科大讯飞股权激励

在人工智能时代开启的背景下，高科技企业人才竞争激烈，因此高新行业成为实行股权激励计划较多的行业。科大讯飞股份有限公司（以下简称"科大讯飞"）是一家专业从事于人工智能技术研究、软件及芯片产品开发、语音信息服务的软件开发企业，自上市以来实行了五次股权激励计划,激励对象注重核心技术人员。科大讯飞股权激励主要内容如表2-1所示。

表2-1　　　　　　　　　　科大讯飞股权激励主要内容一览表

项目	2011年	2014年	2017年	2020年	2021年
权益种类	股票期权	股票期权	限制性股票	限制性股票	股票期权、限制性股票
激励对象	共370人,包括董事、高级管理人员、中层管理人员、核心技术(业务)人员	共212人,包括董事会认定的经营管理骨干、核心技术(业务)人员	共948人,包括董事、中高层管理人员、核心技术(业务)人员	共1 942人,包括中高层管理人员、核心技术(业务)人员	共2 334人,包括中高层管理人员及核心技术(业务)人员
授予规模	1 098万份股票期权	950万份股票期权	7 000万股限制性股票	2 727.27万股限制性股票	168.30万份股票期权;2 432.02万份限制性股票
行权条件	①2012—2014年加权平均净资产收益率分别不低于7%、8%、9%。②2012—2014年净利润定基增长率分别大于或等于40%、80%、120%。③2012—2014年发明专利数量定基增长率分别大于或等于30%、60%、80%。	①2014—2017年净资产收益率分别不低于9%。②2014—2017年净利润定基增长率分别大于或等于30%、70%、110%、160%。	2017—2018年营业收入定基增长率分别大于或等于30%、90%、110%、120%。	2020—2022年营业收入定基增长率分别大于或等于25%、50%、75%。	2021—2023年营业收入定基增长率分别大于或等于30%、60%、90%。

资料来源:作者根据深圳证券交易所科大讯飞股权激励公告整理所得。

请思考:

1. 科大讯飞的股权激励应如何进行核算?
2. 科大讯飞实施股权激励的动因是什么?

第一节　股份支付概述

一、股份支付的概念和特征

(一)股份支付的概念

根据《企业会计准则第11号——股份支付》(以下简称股份支付准则)的规定,股份支付,是"以股份为基础的支付"的简称,是指企业为获取职工和其他方提供服务,而授予权益工具或者承担以权益工具为基础确定的负债的交易。其中,权益工具是指能证明拥有某个企业在扣除所有负债后的资产中的剩余权益的合同。

(二)股份支付的特征

1. 股份支付是企业与职工或其他方之间发生的交易

以股份为基础的支付可能发生在企业与股东之间、合并交易中的合并方与被合并方之间或者企业与职工之间,只有发生在企业与职工或向企业提供服务的其他方之间的交易,才符合股份支付的定义。

2. 股份支付是以获取职工或其他方服务为目的的交易

企业在股份支付交易中旨在获取职工或其他方提供的服务(费用),或取得这些服务的权利(资产)。企业获取这些服务或权利的目的是用于正常生产经营,而不是转手获利。

3. 股份支付交易的对价或其定价与企业自身权益工具未来的价值密切相关

股份支付交易的对价或其定价与企业自身权益工具未来的价值密切相关,这是股份支付交易和企业与职工间其他类型交易的最大不同。在股份支付中,企业或者向职工支付自身权益工具,或者向职工支付一笔现金,而其金额高低取决于结算时企业自身权益工具的公允价值。企业自身权益工具包括会计主体本身、母公司和同一集团内的其他会计主体的权益工具。

二、股份支付的主要环节

以薪酬性股票期权为例,典型的股份支付通常涉及四个主要日期:授予日、可行权日、行权日和出售日。四个日期如图2-1所示。

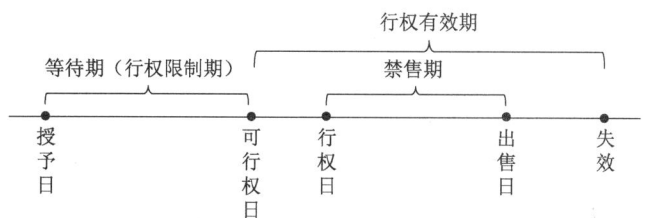

图 2-1 典型的股份支付交易日期示意图

1. 授予日

授予日是指股份支付协议获得批准的日期。其中,"获得批准"是指企业与职工或其他方就股份支付的协议条款和条件达成一致,该协议获得股东大会或类似机构的批准。这里的"达成一致"是指在双方对该计划或协议内容充分形成一致理解的基础上,均接受其条款和条件。如果按照相关法规的规定,在提交股东大会或类似机构之前存在必要程序或要求,则应履行该程序或满足该要求。

2. 可行权日

可行权日是指可行权条件得到满足,职工或其他方具有从企业取得权益工具或现金权利的日期。有的股份支付协议是一次性可行权,有的则是分批可行权。只有已经可行权的股票期权,才是职工真正拥有的"财产",才能去择机行权。从授予日至可行权日的时间段,是可行权条件得到满足的期间,因此称为等待期,又称行权限制期。

3. 行权日

行权日是指职工和其他方行使权利、获取现金或权益工具的日期。例如,持有股票期权的职工行使了以特定价格购买一定数量本公司股票的权利,该日期即为行权日。行权是按期权的约定价格实际购买股票,一般是在可行权日之后至期权到期日之前的可选择时段内行权。

4. 出售日

出售日是指股票的持有人将行使期权所取得的期权股票出售的日期。按照我国法规规定,用于期权激励的股份支付协议,应在行权日与出售日之间设立禁售期,其中国有控股上市公司的禁售期不得低于两年。

三、股份支付的主要类型

按照股份支付的方式和工具类型主要可划分为以下两种。

1. 以权益结算的股份支付

以权益结算的股份支付,是指企业为获取服务而以股份或其他权益工具作为对价进行结算的交易。以权益结算的股份支付最常用的工具有两类:限制性股票和股票期权。

限制性股票是指职工或其他方按照股份支付协议规定的条款和条件,从企业获得一定数量的本企业股票。企业授予职工一定数量的股票,在一个确定的等待期内或在满足特定业绩指标之前,职工出售股票要受到持续服务期限条款或业绩条件的限制。

股票期权是指企业授予职工或其他方在未来一定期限内以预先确定的价格和条件购买本企业一定数量股票的权利。

2. 以现金结算的股份支付

以现金结算的股份支付,是指企业为获取服务而承担的以股份或其他权益工具为基础计算的交付现金或其他资产的义务的交易。以现金结算的股份支付最常用的工具也有两类:模拟股票和现金股票增值权。

模拟股票和现金股票增值权,是用现金支付的、模拟的股权激励机制,即与股票挂钩,但用现金支付。除不需实际行权和持有股票之外,现金股票增值权的运作原理与股票期权是一样的,都是一种增值权形式的与股票价值挂钩的薪酬工具。除不需要实际授予股票和持有股票之外,模拟股票的运作原理与限制性股票是一样的。

四、股份支付的可行权条件

可行权条件是指能够确定企业是否得到职工或其他方提供的服务,且该服务使职工或其他方具有获取股份支付协议规定的权益工具或现金等权利的条件;反之,为非可行权条件。可行权条件包括服务期限条件和业绩条件,在满足这些条件之前,职工或其他方无法获得股份。

1. 服务期限条件

服务期限条件是指职工完成规定的服务期间才可行权的条件。例如,某公司向总经理授予2 000 000股股票期权,约定总经理从2023年1月1日起,连续在本公司工作满5年,即可按照5元/股的价格购买2 000 000股该公司股票,"连续在本公司工作满5年"就是服务期限条件。

2. 业绩条件

业绩条件是指职工或其他方完成规定服务期限且企业已达到特定业绩目标才可行权的条件,具体包括市场条件和非市场条件。

1) 市场条件

市场条件是指行权价格、可行权条件以及行权可能性与权益工具的市场价格相关的业绩条件,如股份支付协议中关于股价上升至何种水平,职工或其他方可相应取得多少股份的规定。

2) 非市场条件

非市场条件是指除市场条件之外的其他业绩条件,如股份支付协议中关于达到最低盈利目标或销售目标才可行权的规定。

股份支付协议的条件如图2-2所示。

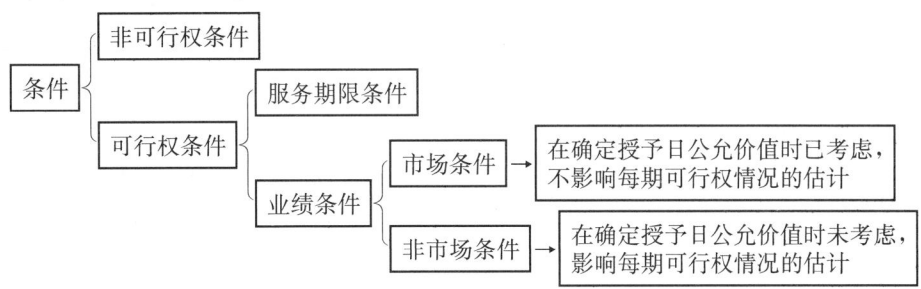

图 2-2 股份支付协议的条件

【特别提示】
  企业在确定权益工具在授予日的公允价值时,应考虑市场条件的影响,不考虑非市场条件的影响;市场条件是否得到满足,不影响企业对预计可行权情况的估计,但非市场条件是否得到满足,则会影响企业对预计可行权情况的估计。也就是说,可行权条件为业绩条件的股份支付,在确定权益工具的公允价值时,应考虑市场条件的影响,后续只要职工满足了其他所有非市场条件,企业就应当确认已取得的服务。

【例 2-1】 2023 年 7 月,为奖励并激励高管,烟台兴茂机械制造有限公司与其管理层签署股份支付协议,规定如果管理层成员在其后 4 年中都在公司中任职服务,并且公司股票价格每年提高 10% 以上,管理层成员即可以低于市价的价格购买一定数量的公司股票。

同时作为协议的补充,公司把全体管理层成员的年薪提高了 60 000 元,但公司将这部分年薪按月存入公司专门建立的内部基金,4 年后,管理层成员可以用属于其个人的部分抵减未来行权时支付的购买股票款项。如果管理层成员决定退出这项基金,可随时全额提取。

要求:分析上述股份支付协议涉及了股份支付的哪些可行权条件。

解析:如果管理层无法同时满足服务 4 年和公司股价年增长 10% 以上的要求,管理层成员就无权行使其股票期权,因此两者都属于可行权条件。其中,服务满 4 年是一项服务期限条件,10% 的股价增长要求是一项市场条件。虽然公司要求管理层成员将部分薪金存入统一账户保管,但不影响其可行权,因此统一账户的条款是非可行权条件。

第二节 股份支付的确认和计量

一、权益结算股份支付的确认和计量

(一) 以权益结算的股份支付的确认与计量原则

1. 权益工具公允价值能可靠确定时的处理原则

1) 换取职工服务的股份支付的确认和计量原则

对于授予后立即可行权的换取职工提供服务的以权益结算的股份支付,企业应在授予日按照权益工具的公允价值,将取得的服务计入相关资产成本或当期费用,同时计入资本公积中的股本溢价。

对于有等待期的换取职工服务的股份支付,企业应当以股份支付所授予的权益工具的公允价值计量。在等待期内的每个资产负债表日,企业应当以对可行权权益工具数量的最佳估计为基础,按照权益工具在授予日的公允价值,将当期取得的服务计入相关的资产成本或当期费用,同时计入资本公积中的其他资本公积。

2) 换取其他方服务的股份支付的确认和计量原则

对于换取其他方服务的股份支付,企业应当以股份支付所换取的服务的公允价值计量。按该公允价值,将取得的服务计入相关资产成本或当期费用。

如果其他方服务的公允价值不能可靠计量,但权益工具的公允价值能够可靠计量,企业应当按权益工具在服务取得日的公允价值,将取得的服务计入相关资产成本或当期费用。

2. 权益工具公允价值无法可靠确定时的处理原则

在极少数情况下,授予权益工具的公允价值无法可靠计量。在这种情况下,企业应当在获取对方提供服务的时点、后续的每个资产负债表日和结算日,以内在价值计量该权益工具,内在价值的变动应计入当期损益。同时,企业应当以最终可行权或实际行权的权益工具数量为基础,确认取得服务的金额。内在价值是指交易对方有权认购或取得的股份的公允价值,与其按照股份支付协议应当支付的价格间的差额。

(二) 以权益结算的股份支付的会计处理

1. 授予日

(1) 对于授予后立即可行权的股份支付,应在授予日按照权益工具的公允价值,将取得的服务计入相关资产成本或当期费用,同时计入资本公积中的股本溢价。

(2) 除了立即可行权的股份支付外,企业在授予日不进行会计处理。

2. 等待期内的每个资产负债表日

企业应在等待期内的每个资产负债表日,将取得职工或其他方提供的服务计入资产成本或当期费用,同时确认所有者权益。计入成本或费用的金额应当按照授予日权益工具的公允价值计量,其后续的公允价值变动不予以考虑。由于未来可行权的职工人数会发生变动,企业应根据最新取得的可行权职工人数变动等后续信息作出最佳估计,修正预计可行权

的权益工具数量。

需要注意的是,根据授予日权益工具的公允价值与预计可行权的权益工具数量,计算得出的是截至当期期末累计应确认的成本或费用金额,减去前期累计已确认的金额,才能得出当期确认的成本或费用金额。具体计算步骤如下。

① 计算截至当期期末累计应确认的成本或费用金额。

$$\begin{aligned}\text{截至当期期末累计应确认的成本或费用金额} &= \text{授予日权益工具公允价值} \times \text{预计可行权人数} \times \text{每人授予的股票数量} \times (\text{已服务年限} \div \text{预计总服务期限}) \\ &= \text{授予日权益工具公允价值} \times (\text{被激励总人数} - \text{已离职人数} - \text{预计离职人数}) \times \text{每人授予的股票数量} \\ &\quad \times (\text{已服务年限} \div \text{预计总服务期限})\end{aligned}$$

【特别提示】
若可行权条件为服务期限条件,则预计总服务期限为固定值,即合同约定的总服务年限;若可行权条件为业绩条件中的非市场条件,则预计总服务期限需要根据实际情况不断进行修正,数值不固定。

② 计算以前期间累计已确认的成本或费用金额。

$$\text{以前期间累计已确认的成本或费用金额} = \sum (\text{以前各期已确认成本或费用金额})$$

③ 计算本期应确认的成本或费用金额。

$$\text{本期应确认的成本或费用金额} = \text{截至当期期末累计应确认的成本或费用金额} - \text{以前期间累计已确认的成本或费用金额}$$

企业根据职工或其他方服务的性质,按照本期应确认的成本或费用金额,借记"生产成本""管理费用""销售费用""研发支出""在建工程"等账户,贷记"资本公积——其他资本公积"账户。

3. 可行权日

在可行权日,最终预计可行权权益工具的数量应当与实际可行权工具的数量一致。至于未来是否全部行权,则另当别论,因此,可行权日的会计处理和等待期内的每个资产负债表日的会计处理是一致的。

4. 可行权日之后

以权益结算的股份支付,在可行权日之后不再对已确认的成本或费用和所有者权益总额进行调整,无须进行会计处理。

5. 行权日

企业应在行权日根据行权情况,确认股本和股本溢价,同时结转等待期内确认的资本公积(其他资本公积)。根据行权时收到的款项,借记"银行存款"账户;结转等待期内确认的资本公积,借记"资本公积——其他资本公积"账户;根据转换成的股本数,贷记"股本"账户;按其差额,贷记"资本公积——股本溢价"账户。

【例2-2】 2020年1月1日,M公司向其200名管理人员每人授予10 000股股票期权,这些职员从2020年1月1日起在公司连续服务3年,即可按照6元/股购买10 000股M公司股票。该期权在授予日的公允价值为12元/股。

第一年,有20名职员离开M公司,公司估计3年中离开的职员比例将达到20%;第二年,又有10名职员离开M公司,M公司将估计的职员离职率修正为15%;第三年,又有15名职员离开。

2023年2月17日,管理人员全部行权。

要求:若你是M公司的财务人员,请根据上述资料进行会计处理。

解析:按照股份支付准则,本例中的可行权条件是一项服务期限条件。股份支付协议规定,管理人员在M公司连续服务满3年即可按照6元/股购买M公司的股票,属于以权益结算的股份支付。根据规定,权益结算的股份支付应按照权益工具在授予日的公允价值,将当期取得的服务计入当期费用,同时计入资本公积中的其他资本公积。

(1) 2020年1月1日为授予日,不做会计处理。

(2) 2020年12月31日,成本费用计算及会计处理。

截至2020年12月31日累计应确认的费用金额 $= 12 \times 200 \times (1 - 20\%) \times 10\,000 \times \dfrac{1}{3} = 6\,400\,000$(元)

2020年12月31日以前累计已确认的费用金额 $= 0$

2020年应确认的费用金额 $= 6\,400\,000 - 0 = 6\,400\,000$(元)

借:管理费用 6 400 000
　　贷:资本公积——其他资本公积 6 400 000

(3) 2021年12月31日,成本费用计算及会计处理。

截至2021年12月31日累计应确认的费用金额 $= 12 \times 200 \times (1 - 15\%) \times 10\,000 \times \dfrac{2}{3} = 13\,600\,000$(元)

2021年12月31日以前累计已确认的费用金额 $= 6\,400\,000$(元)

2021年应确认的费用金额 $= 13\,600\,000 - 6\,400\,000 = 7\,200\,000$(元)

借:管理费用 7 200 000
　　贷:资本公积——其他资本公积 7 200 000

(4) 2022年12月31日,成本费用计算及会计处理。

截至2022年12月31日累计应确认的费用金额 $= 12 \times (200 - 20 - 10 - 15) \times 10\,000 \times \dfrac{3}{3} = 18\,600\,000$(元)

2022年12月31日以前累计已确认的费用金额 $= 6\,400\,000 + 7\,200\,000 = 13\,600\,000$(元)

2022年应确认的费用金额 $= 18\,600\,000 - 13\,600\,000 = 5\,000\,000$(元)

借:管理费用 5 000 000
　　贷:资本公积——其他资本公积 5 000 000

(5) 2023年2月17日,管理人员行权。

借：银行存款(6×155×10 000)　　　　　　　　　　　　　　　　　　　9 300 000
　　资本公积——其他资本公积　　　　　　　　　　　　　　　　　　18 600 000
　　贷：股本(1×155×10 000)　　　　　　　　　　　　　　　　　　　1 550 000
　　　　资本公积——股本溢价　　　　　　　　　　　　　　　　　　26 350 000

【例 2-3】 2020 年 1 月 1 日，K 公司为其 100 名管理人员每人授予 1 000 份股票期权：第一年年末的可行权条件为 K 公司净利润增长率达到 20%；第二年年末的可行权条件为 K 公司净利润 2 年平均增长 15%；第三年年末的可行权条件为 K 公司净利润率 3 年平均增长 10%。这些职员在满足条件后，即可按照 4 元/股购买 1 000 股 K 公司股票。每份期权在 2020 年 1 月 1 日的公允价值为 24 元。

2020 年 12 月 31 日，权益净利润增长了 18%，同时有 8 名管理人员离开，K 公司预计 2021 年将以同样速度增长，因此预计将于 2021 年 12 月 31 日可行权。另外，K 公司预计 2021 年 12 月 31 日又将有 8 名管理人员离开 K 公司。

2021 年 12 月 31 日，K 公司净利润仅增长了 10%，因此无法达到可行权状态。另外，实际有 10 名管理人员离开，预计第三年将有 12 名管理人员离开 K 公司。

2022 年 12 月 31 日，K 公司净利润增长了 8%，3 年平均增长率为 12%，因此达到可行权状态。当年有 8 名管理人员离开。

2023 年 1 月 20 日，管理人员全部行权。

要求：若你是 K 公司的财务人员，请根据上述资料进行会计处理。

解析：按照股份支付准则，本例中的可行权条件是一项非市场业绩条件。股份支付协议规定，管理人员在满足一定的非市场条件后可按照 24 元/股购买 K 公司的股票，属于以权益结算的股份支付。根据规定，权益结算的股份支付应按照权益工具在授予日的公允价值，将当期取得的服务计入当期费用，同时计入资本公积中的其他资本公积。

(1) 2020 年 1 月 1 日为授予日，不做会计处理。

(2) 2020 年 12 月 31 日，成本费用计算及会计处理。

第一年年末，虽然没有实现净利润增长 20% 的要求，但公司预计下年将以同样速度增长，因此能实现两年平均增长 15% 的要求。所以公司将其预计等待期调整为 2 年。由于有 8 名管理人员离开，公司同时调整了期满(2 年)后预计可行权期权的人数为 84 人(100－8－8)。

截至 2020 年 12 月 31 日累计应确认的费用金额 $=24×(100-8-8)×1\ 000×\frac{1}{2}=1\ 008\ 000$(元)

2020 年 12 月 31 日以前累计已确认的费用金额＝0

2020 年应确认的费用金额＝1 008 000－0＝1 008 000(元)

借：管理费用　　　　　　　　　　　　　　　　　　　　　　　　　　1 008 000
　　贷：资本公积——其他资本公积　　　　　　　　　　　　　　　　1 008 000

(3) 2021 年 12 月 31 日，成本费用计算及会计处理。

第二年年末，虽然两年实现 15% 增长的目标再次落空，但公司仍然估计能够在第三年取得较理想的业绩,从而实现3年平均增长10%的目标。所以公司将其预计等待期调整为3年。由于第二年有10名管理人员离开,公司同时调整了期满(3年)后预计可行权期权的人数为70人(100-8-10-12)。

$$\text{截至2021年12月31日累计应确认的费用金额} = 24 \times (100-8-10-12) \times 1\,000 \times \frac{2}{3} = 1\,120\,000(元)$$

2021年12月31日以前累计已确认的费用金额 = 1 008 000(元)

2021年应确认的费用金额 = 1 120 000 - 1 008 000 = 112 000(元)

借:管理费用　　　　　　　　　　　　　　　　　　　　　112 000
　　贷:资本公积——其他资本公积　　　　　　　　　　　　　　112 000

(4) 2022年12月31日,成本费用计算及会计处理。

第三年年末,目标实现,实际可行权人数为74人(100-8-10-8),公司根据实际情况确定累计费用,并据此确认了第三年的费用。

$$\text{截至2022年12月31日累计应确认的费用金额} = 24 \times (100-8-10-8) \times 1\,000 \times \frac{3}{3} = 1\,776\,000(元)$$

2022年12月31日以前累计已确认的费用金额 = 1 008 000 + 112 000 = 1 120 000(元)

2022年应确认的费用金额 = 1 776 000 - 1 120 000 = 656 000(元)

借:管理费用　　　　　　　　　　　　　　　　　　　　　656 000
　　贷:资本公积——其他资本公积　　　　　　　　　　　　　　656 000

(5) 2023年1月20日,管理人员行权。

借:银行存款(4×74×1 000)　　　　　　　　　　　　　　296 000
　　资本公积——其他资本公积　　　　　　　　　　　　　　1 776 000
　　贷:股本(1×74×1 000)　　　　　　　　　　　　　　　74 000
　　　　资本公积——股本溢价　　　　　　　　　　　　　　1 998 000

二、现金结算股份支付的确认和计量

(一)以现金结算的股份支付的确认和计量原则

以现金结算的股份支付在未结算前确认为一项负债,即企业对员工的薪酬负债,这是与以权益结算的股份支付的最大区别。

对于授予后立即可行权的以现金结算的股份支付,企业应当在授予日按照企业承担负债的公允价值计入相关资产成本或当期费用,同时计入负债,并在结算前的每个资产负债表日和结算日对负债的公允价值重新计量,将其变动计入损益。

企业应当在等待期内的每个资产负债表日,以对可行权情况的最佳估计为基础,按照企业承担负债的公允价值,将当期取得的服务计入相关资产成本或当期费用,同时计入负债,并在结算前的每个资产负债表日和结算日对负债的公允价值重新计量,将其变动计入损益。

(二) 以现金结算的股份支付的会计处理

1. 授予日

(1) 对于授予后立即可行权的股份支付,应在授予日按照权益工具的公允价值,将取得的服务计入相关资产成本或当期费用,同时计入应付职工薪酬。

(2) 除了立即可行权的股份支付外,企业在授予日不进行会计处理。

2. 等待期内的每个资产负债表日

对于以现金结算的股份支付,企业应当在等待期内的每个资产负债表日,以等待期内资产负债表日权益工具的公允价值为基础,将取得的职工或其他方提供的服务计入成本或当期费用,同时确认负债。由于未来可行权的职工人数会发生变动,企业应根据最新取得的可行权职工人数变动等后续信息作出最佳估计,修正预计可行权的权益工具数量。

需要注意的是,根据等待期内资产负债表日权益工具的公允价值与预计可行权的权益工具数量,计算得出的是截至当期期末"应付职工薪酬"账户的期末余额,需要利用负债类账户"期末余额=期初余额+本期贷方发生额-本期借方发生额"的平衡关系,才能得出当期确认的成本或费用金额。具体计算步骤如下。

① 计算截至当期期末与该项股份支付相关的"应付职工薪酬"账户期末余额。

$$\begin{aligned}\text{截至当期期末与该项股份支付相关的"应付职工薪酬"账户期末余额} &= \text{资产负债表日权益工具公允价值} \times \text{预计可行权人数} \times \text{每人授予的股票数量} \times \left(\text{已服务年限} \div \text{预计总服务期限}\right)\\ &= \text{资产负债表日权益工具公允价值} \times \left(\text{被激励总人数} - \text{已离职人数} - \text{预计离职人数}\right) \times \text{每人授予的股票数量} \\ &\quad \times \left(\text{已服务年限} \div \text{预计总服务期限}\right)\end{aligned}$$

② 计算本期因行权导致的与该项股份支付相关的"应付职工薪酬"账户借方发生额。

$$\text{本期因行权导致的与该项股份支付相关的"应付职工薪酬"账户借方发生额} = \text{行权人数} \times \text{每人授予的股票数量} \times \text{行权时企业每股支付的现金}$$

③ 计算本期与该项股份支付相关的"应付职工薪酬"账户发生额。

$$\text{本期与该项股份支付相关的"应付职工薪酬"账户发生额} = \text{与该项股份支付相关的"应付职工薪酬"账户期末余额} + \text{与该项股份支付相关的"应付职工薪酬"账户本期借方发生额} - \text{与该项股份支付相关的"应付职工薪酬"账户期初余额}$$

若③>0,则表明计算得出的为"应付职工薪酬"账户贷方发生额,企业应根据职工或其他方服务的性质,按照本期应确认的成本或费用金额,借记"生产成本""管理费用""销售费用""研发支出""在建工程"等账户,贷记"应付职工薪酬——股份支付"账户。

若③<0,则表明计算得出的为"应付职工薪酬"账户贷方发生额,企业应根据职工或其他方服务的性质,按照本期应确认的成本或费用金额,借记"应付职工薪酬——股份支付"账户,贷记"生产成本""管理费用""销售费用""研发支出""在建工程"等账户。

【特别提示】

(1) 等待期内因未满足可行权条件,职工无法取得相应权利,通常没有职工行权,因行权导致的"应付职工薪酬"账户借方发生额一般为零。

(2) "应付职工薪酬"账户上期期末余额即为本期期初余额。

3. 可行权日

在可行权日,最终预计可行权权益工具的数量应当与实际可行权工具的数量一致,因此,可行权日的会计处理和等待期内的每个资产负债表日的会计处理是一致的。

4. 可行权日之后

以现金结算的股份支付,企业在可行权日之后不再确认成本或当期费用,但由于应付职工薪酬这项负债的公允价值变动应当予以确认,此时应计入公允价值变动损益。

确认公允价值变动损益金额的计算方法同等待期内的每个资产负债表日计算成本费用的方法。若计算的本期"应付职工薪酬"账户发生额大于零,企业应按照计算的发生额,借"公允价值变动损益"账户,贷记"应付职工薪酬——股份支付"账户;若计算的本期"应付职工薪酬"账户发生额小于零,企业应按照计算的发生额,借"应付职工薪酬——股份支付"账户,贷记"公允价值变动损益"账户。

5. 行权日

企业应在职工行权日根据行权情况,按照所支付的现金,借记"应付职工薪酬——股份支付"账户,贷记"银行存款"等账户。

【例 2-4】 2019 年年初,A 公司为其 200 名中层以上职员每人授予 1 000 份现金股票增值权,这些职员从 2019 年 1 月 1 日起在该公司连续服务 3 年,即可按照当时股价的增长幅度获得现金,该增值权应在 2023 年 12 月 31 日之前行使。A 公司估计,每份增值权的公允价值和现金支出额如表 2-2 所示。

表 2-2　　　　　　　每份增值权的公允价值和现金支出额　　　　　　　单位:元

年份	公允价值	支付现金
2019	15	—
2020	17	—
2021	18	16
2022	21	19
2023	—	23

第一年,有 20 名职员离开 A 公司,A 公司估计 3 年中还将有 15 名职员离开;第二年又有 5 名职员离开公司,公司估计还将有 10 名职员离开;第三年又有 15 名职员离开。第三年年末,有 70 人行使股份增值权取得了现金。第四年年末,有 50 人行使了股份增值权。第五年年末,剩余 40 人也行使了股份增值权。

要求:若你是 A 公司的财务人员,请根据上述资料进行会计处理。

解析:按照股份支付准则,本例中的可行权条件是一项服务期限条件。股份支付协议规定,管理人员在 A 公司连续服务满 3 年即可按照股价的增长幅度获得现金,属于以现金结算的股份支付。根据规定,现金结算的股份支付应按照权益工具在资产负债表日的公允价值,将当期取得的服务计入当期费用,同时计入应付职工薪酬。

(1) 2019 年 1 月 1 日为授予日,不做会计处理。

(2) 2019 年,成本费用计算及会计处理。

截至2019年12月31日与
该项股份支付相关的"应付 $= 15 \times (200-20-15) \times 1\,000 \times \dfrac{1}{3} = 825\,000$（元）
职工薪酬"账户期末余额

2019年1月1日与该项股份支付相关的"应付职工薪酬"账户期初余额 $= 0$

2019年因行权导致的与该项股份支付相关的"应付职工薪酬"账户借方发生额 $= 0$

2019年与该项股份支付相关的
"应付职工薪酬"账户发生额 $= 825\,000 + 0 - 0 = 825\,000$（元）

借：管理费用　　　　　　　　　　　　　　　　　　　　　825 000
　　贷：应付职工薪酬　　　　　　　　　　　　　　　　　　　　825 000

(3) 2020年，成本费用计算及会计处理。

截至2020年12月31日与
该项股份支付相关的"应付 $= 17 \times (200-20-5-10) \times 1\,000 \times \dfrac{2}{3} = 1\,870\,000$（元）
职工薪酬"账户期末余额

2020年1月1日与该项股份支付相关的"应付职工薪酬"账户期初余额 $= 825\,000$（元）

2020年因行权导致的与该项股份支付相关的"应付职工薪酬"账户借方发生额 $= 0$

2020年与该项股份支付相关的
"应付职工薪酬"账户发生额 $= 1\,870\,000 + 0 - 825\,000 = 1\,045\,000$（元）

借：管理费用　　　　　　　　　　　　　　　　　　　　　1 045 000
　　贷：应付职工薪酬　　　　　　　　　　　　　　　　　　　　1 045 000

(4) 2021年，成本费用计算及会计处理。

截至2021年12月31日与
该项股份支付相关的"应付 $= 18 \times (200-20-5-15-70) \times 1\,000 \times \dfrac{3}{3} = 1\,620\,000$（元）
职工薪酬"账户期末余额

2021年1月1日与该项股份支付相关的"应付职工薪酬"账户期初余额 $= 1\,870\,000$（元）

2021年因行权导致的与该项股份支付相关
的"应付职工薪酬"账户借方发生额 $= 70 \times 1\,000 \times 16 = 1\,120\,000$（元）

借：应付职工薪酬　　　　　　　　　　　　　　　　　　　1 120 000
　　贷：银行存款　　　　　　　　　　　　　　　　　　　　　　1 120 000

2021年与该项股份支付相关的
"应付职工薪酬"账户发生额 $= 1\,620\,000 + 1\,120\,000 - 1\,870\,000 = 870\,000$（元）

借：管理费用　　　　　　　　　　　　　　　　　　　　　　870 000
　　贷：应付职工薪酬　　　　　　　　　　　　　　　　　　　　870 000

(5) 2022年，负债公允价值变动、行权的计算及会计处理。

截至2022年12月31日与
该项股份支付相关的"应付 $= 21 \times (200-20-5-15-70-50) \times 1\,000 = 840\,000$（元）
职工薪酬"账户期末余额

2022年1月1日与该项股份支付相关的"应付职工薪酬"账户期初余额＝1 620 000(元)

2022年因行权导致的与该项股份支付相关的"应付职工薪酬"账户借方发生额 ＝50×1 000×19＝950 000(元)

借：应付职工薪酬　　　　　　　　　　　　　　　　　　　　950 000
　　贷：银行存款　　　　　　　　　　　　　　　　　　　　　　　950 000

2022年与该项股份支付相关的"应付职工薪酬"账户发生额 ＝840 000＋950 000－1 620 000＝170 000(元)

借：公允价值变动损益　　　　　　　　　　　　　　　　　　　170 000
　　贷：应付职工薪酬　　　　　　　　　　　　　　　　　　　　　170 000

(6) 2023年，负债公允价值变动、行权的计算及会计处理。

截至2023年12月31日与该项股份支付相关的"应付职工薪酬"账户期末余额＝0

2023年1月1日与该项股份支付相关的"应付职工薪酬"账户期初余额＝840 000(元)

2023年因行权导致的与该项股份支付相关的"应付职工薪酬"账户借方发生额 ＝40×1 000×23＝920 000(元)

借：应付职工薪酬　　　　　　　　　　　　　　　　　　　　920 000
　　贷：银行存款　　　　　　　　　　　　　　　　　　　　　　　920 000

2023年与该项股份支付相关的"应付职工薪酬"账户发生额 ＝0＋920 000－840 000＝80 000(元)

借：公允价值变动损益　　　　　　　　　　　　　　　　　　　80 000
　　贷：应付职工薪酬　　　　　　　　　　　　　　　　　　　　　80 000

第三节　股份支付的特殊问题

一、回购股份进行职工期权激励

企业以回购股份形式奖励本企业职工的，属于以权益结算的股份支付。企业回购股份时，应将回购股份的全部支出作为库存股处理，同时进行备查登记。其会计处理如下。

借：库存股
　　贷：银行存款

在职工行权购买本企业股份时，企业应转销交付职工的库存股成本和等待期内资本公积（其他资本公积）累计金额，同时，按照其差额调整资本公积（股本溢价）。其会计处理如下。

借：银行存款
　　资本公积——其他资本公积
　　贷：库存股
　　　　资本公积——股本溢价

【特别提示】
库存股不属于企业的资产,其作为所有者权益的抵减项列示在所有者权益项目中。

【例 2-5】 2020 年 1 月 1 日,经股东大会批准,B 公司与其 100 名高级管理人员签署股份支付协议。协议规定如下。

(1) B 公司向 100 名高级管理人员每人授予 10 万份股票期权,行权条件为:2020 年年末,公司当年净利润增长率达到 15%;2021 年年末,公司 2020—2021 年 2 年净利润平均增长率达到 13%;2022 年年末,公司 2020—2022 年 3 年净利润平均增长率达到 10%。

(2) 符合行权条件后,每持有 1 股股票期权可以在 1 年内,以每股 6 元的价格购买 B 公司 1 股普通股股票,超过行权期未行权的股票期权将失效。

B 公司估计授予日每股股票期权的公允价值为 12 元。2020—2023 年,B 公司与股票期权有关的资料如下。

(1) 2020 年 5 月,B 公司自市场购回本公司股票 700 万股,共支付款项 7 000 万元,作为库存股待行权时使用。

(2) 2020 年,B 公司有 5 名高级管理人员离开公司,本年净利润增长率为 13%。该年年末,B 公司预计未来两年将有 6 名高级管理人员离开公司,预计 2 年平均净利润增长率将达到 12%。

(3) 2021 年,B 公司有 3 名高级管理人员离开公司,本年净利润增长率为 11%。该年年末,B 公司预计未来 1 年将有 2 名高级管理人员离开公司,预计 3 年平均净利润增长率将达到 10%。

(4) 2022 年,B 公司没有高级管理人员离开公司,本年净利润增长率为 10%。

(5) 2023 年,管理人员全部行权。

要求:若你是 B 公司的财务人员,请根据上述资料进行会计处理。

解析:按照股份支付准则,本例中的可行权条件是一项非市场业绩条件。股份支付协议规定,管理人员在满足一定的非市场条件后可按照 6 元/股购买 B 公司的股票,属于以权益结算的股份支付。

(1) 2020 年 1 月 1 日为授予日,不做会计处理。

(2) 2020 年 5 月,B 公司购回本公司股票。

借:库存股　　　　　　　　　　　　　　　　　　　　　　　　70 000 000
　　贷:银行存款　　　　　　　　　　　　　　　　　　　　　　　70 000 000

(3) 2020 年 12 月 31 日,成本费用计算及会计处理。

第一年年末,公司根据实际情况将其预计等待期调整为 2 年。由于有 5 名管理人员离开,公司同时调整了期满(2 年)后预计可行权期权的人数为 89 人(100-5-6)。

截至 2020 年 12 月 31 日累计应确认的费用金额 $= 12 \times (100-5-6) \times 10 \times \dfrac{1}{2} = 5\,340$(万元)

2020年12月31日以前累计已确认的费用金额＝0

2020年应确认的费用金额＝5 340－0＝5 340(万元)

借：管理费用　　　　　　　　　　　　　　　　　　　　　　　　53 400 000
　　贷：资本公积——其他资本公积　　　　　　　　　　　　　　　　　53 400 000

(4) 2021年12月31日，成本费用计算及会计处理。

第二年年末，公司根据实际情况将其预计等待期调整为3年。由于第二年有3名管理人员离开，公司同时调整了期满(3年)后预计可行权期权的人数为90人(100－5－3－2)。

截至2021年12月31日累计应确认的费用金额 $=12\times(100-5-3-2)\times 10\times \dfrac{2}{3}=7\ 200$(万元)

2021年12月31日以前累计已确认的费用金额＝5 340(万元)

2021年应确认的费用金额＝7 200－5 340＝1 860(万元)

借：管理费用　　　　　　　　　　　　　　　　　　　　　　　　18 600 000
　　贷：资本公积——其他资本公积　　　　　　　　　　　　　　　　　18 600 000

(5) 2022年12月31日，成本费用计算及会计处理。

第三年年末，目标实现，实际可行权人数为92人，公司根据实际情况确定累计费用，并据此确认了第三年的费用。

截至2022年12月31日累计应确认的费用金额 $=12\times(100-5-3)\times 10\times \dfrac{3}{3}=11\ 040$(万元)

2022年12月31日以前累计已确认的费用金额＝5 340＋1 860＝7 200(万元)

2022年应确认的费用金额＝11 040－7 200＝3 840(万元)

借：管理费用　　　　　　　　　　　　　　　　　　　　　　　　38 400 000
　　贷：资本公积——其他资本公积　　　　　　　　　　　　　　　　　38 400 000

(6) 2023年，管理人员行权。

借：银行存款(6×92×100 000)　　　　　　　　　　　　　　　　55 200 000
　　资本公积——其他资本公积　　　　　　　　　　　　　　　　　110 400 000
　　贷：库存股　　　　　　　　　　　　　　　　　　　　　　　　　70 000 000
　　　　股本(1×92×100 000－7 000 000)　　　　　　　　　　　　 2 200 000
　　　　资本公积——股本溢价　　　　　　　　　　　　　　　　　　 93 400 000

二、可行权条件的修改

(一) 条件和条款的有利修改

1. 修改增加了所授予权益工具的公允价值

如果修改增加了所授予的权益工具的公允价值，企业应按照权益工具公允价值的增加相应地确认取得服务的增加。

如果修改发生在等待期内,企业在确认修改日至修改后的可行权日之间取得服务的公允价值时,应当既包括在剩余原等待期内以原权益工具授予日公允价值为基础确定的服务金额,也包括权益工具公允价值的增加。如果修改发生在可行权日之后,企业应当立即确认权益工具公允价值的增加。

【例2-6】 A公司是一家上市公司,2021年1月1日,A公司向其100名管理人员每人赠予10 000股股票期权,上述员工需要从2021年1月1日起在该公司连续服务3年,即可按每股4元购入10 000股公司股票,该股票期权在授予日的公允价值为12元/股。

2021年,A公司有8名员工离职,A公司预计未来有15名员工离职。

A公司在2022年1月1日将授予日的公允价值由12元/股修改为15元/股;2022年,有10名员工离职,A公司估计未来有6名员工离职。

2023年,A公司有4名员工离职。

要求:若你是A公司的财务人员,请根据上述资料进行会计处理。

解析:该股份支付授予职工的是股票期权,因此是以权益结算的股份支付。

(1) 2021年12月31日,成本费用计算及会计处理。

截至2021年12月31日累计应确认的费用金额 $= 12 \times (100 - 8 - 15) \times 1 \times \dfrac{1}{3} = 308$(万元)

2021年12月31日以前累计已确认的费用金额$=0$

2021年应确认的费用金额$=308-0=308$(万元)

借:管理费用   3 080 000
    贷:资本公积——其他资本公积   3 080 000

(2) 2022年12月31日,成本费用计算及会计处理。

截至2022年12月31日累计应确认的费用金额 $= 15 \times (100 - 8 - 10 - 6) \times 1 \times \dfrac{2}{3} = 760$(万元)

2022年12月31日以前累计已确认的费用金额$=308$(万元)

2022年应确认的费用金额$=760-308=452$(万元)

借:管理费用   4 520 000
    贷:资本公积——其他资本公积   4 520 000

(3) 2023年12月31日,成本费用计算及会计处理。

截至2023年12月31日应确认的费用金额 $= 15 \times (100 - 8 - 10 - 4) \times 1 \times \dfrac{3}{3} = 1\ 170$(万元)

2023年12月31日以前累计已确认的费用金额$=308+452=760$(万元)

2023年应确认的费用金额$=1\ 170-760=410$(万元)

借:管理费用   4 100 000
    贷:资本公积——其他资本公积   4 100 000

2. 修改增加了所授予权益工具的数量

如果修改增加了所授予的权益工具的数量,企业应将增加的权益工具的公允价值相应地确认为取得服务的增加。

如果修改发生在等待期内,企业在确定修改日至增加的权益工具可行权日之间取得服务的公允价值时,应当既包括在剩余原等待期内以原权益工具授予日公允价值为基础确定的服务金额,也包括增加的权益工具的公允价值。

【例 2-7】 承接[例 2-6]资料。若 A 公司在 2022 年 1 月 1 日,将该股票期权授予的数量由原来的每人 10 000 股修改为每人 15 000 股,该股票期权在授予日的公允价值仍为 12 元/股,保持不变。

要求:若你是 A 公司的财务人员,请根据上述资料进行 2022 年和 2023 年的会计处理。

解析:

(1) 2022 年 12 月 31 日,成本费用计算及会计处理。

截至 2022 年 12 月 31 日累计应确认的费用金额 $= 12 \times (100-8-10-6) \times 1.5 \times \dfrac{2}{3} = 912$(万元)

2022 年 12 月 31 日以前累计已确认的费用金额 = 308(万元)

2022 年应确认的费用金额 = 912 − 308 = 604(万元)

借:管理费用　　　　　　　　　　　　　　　　　　　　　　　6 040 000
　　贷:资本公积——其他资本公积　　　　　　　　　　　　　　　　6 040 000

(2) 2023 年 12 月 31 日,成本费用计算及会计处理。

截至 2023 年 12 月 31 日应确认的费用金额 $= 12 \times (100-8-10-4) \times 1.5 \times \dfrac{3}{3} = 1\,404$(万元)

2023 年 12 月 31 日以前累计已确认的费用金额 = 308 + 604 = 912(万元)

2023 年应确认的费用金额 = 1 404 − 912 = 492(万元)

借:管理费用　　　　　　　　　　　　　　　　　　　　　　　4 920 000
　　贷:资本公积——其他资本公积　　　　　　　　　　　　　　　　4 920 000

3. 修改可行权条件

如果企业按照有利于职工的方式修改可行权条件,如缩短等待期、变更或取消业绩条件(非市场条件),企业在处理可行权条件时,应当考虑修改后的可行权条件。

【例 2-8】 承接[例 2-6]资料。若 A 公司在 2022 年 1 月 1 日将连续服务 3 年改为连续服务 2 年,授予日的公允价值仍为 12 元/股,授予数量仍为每人 10 000 股股票期权。

要求:若你是 A 公司的财务人员,请根据上述资料进行 2022 年的会计处理。

解析:

截至 2022 年 12 月 31 日累计应确认的费用金额 $= 12 \times (100-8-10) \times 1 \times \dfrac{2}{2} = 984$(万元)

2022年12月31日以前累计已确认的费用金额＝308(万元)
2022年应确认的费用金额＝984－308＝676(万元)

借：管理费用　　　　　　　　　　　　　　　　　　　　　　　　6 760 000
　　贷：资本公积——其他资本公积　　　　　　　　　　　　　　　　6 760 000

(二)条件和条款的不利修改

如果企业以减少股份支付公允价值总额的方式或其他不利于职工的方式修改条款和条件，企业仍应继续对取得的服务进行会计处理，如同该变更从未发生，除非企业取消了部分或全部已授予的权益工具。具体包括以下三种情况。

(1)如果修改减少了授予的权益工具的公允价值，企业应当继续以权益工具在授予日的公允价值为基础，确认取得服务的金额，而不应考虑权益工具公允价值的减少。

(2)如果修改减少了授予的权益工具的数量，企业应当将减少部分作为已授予权益工具的取消来进行处理，立即确认原本应在剩余等待期内确认的金额，视同剩余等待期内的股份支付计划已经全部满足可行权条件。

【例2-9】 承接[例2-6]资料。若A公司在2022年1月1日，将所授予的股票期权数量由10 000股修改为5 000股，该期权在授予日的公允价值保持不变，仍然为12元/股。

要求：若你是A公司的财务人员，请根据上述资料进行2022年的会计处理。

解析：

正常确认的费用 $= 12 \times (100-8-10-6) \times 0.5 \times \dfrac{2}{3} - 308 \div 2 = 150$ (万元)

加速确认的费用 $= 12 \times (100-8-10-6) \times 0.5 \times \dfrac{3}{3} - 308 \div 2 = 302$ (万元)

2022年应确认的费用金额＝150＋302＝452(万元)

借：管理费用　　　　　　　　　　　　　　　　　　　　　　　　4 520 000
　　贷：资本公积——其他资本公积　　　　　　　　　　　　　　　　4 520 000

(3)如果企业以不利于职工的方式修改了可行权条件，如延长等待期、增加或变更业绩条件(非市场条件)，企业在处理可行权条件时，不应考虑修改后的可行权条件。

三、集团股份支付

企业集团(由母公司和其全部子公司构成)内发生的股份支付交易，应当按照以下规定进行会计处理，具体如图2-3所示。

(1)结算企业以其本身权益工具结算的，应当将该股份支付交易作为权益结算的股份支付处理；除此之外，应当作为现金结算的股份支付处理。

结算企业是接受服务企业的投资者的，应当按照授予日权益工具的公允价值或应承担负债的公允价值确认为对接受服务企业的长期股权投资，同时确认资本公积(其他资本公积)或负债。

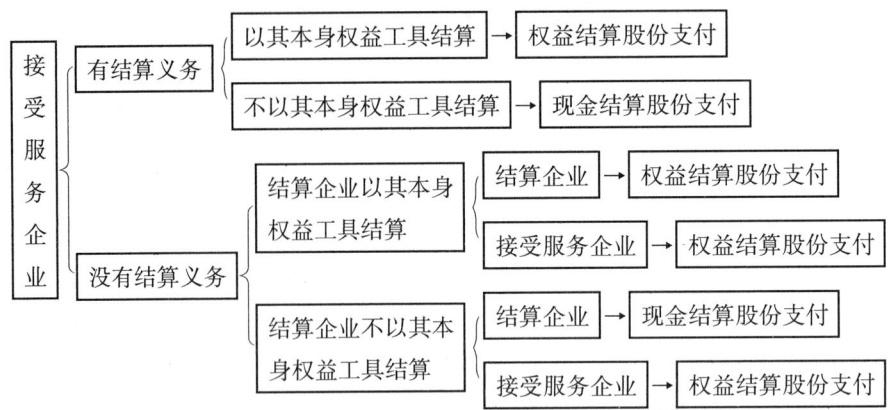

图 2-3　企业集团股份支付交易会计处理规则示意图

(2) 接受服务企业没有结算义务或授予本企业职工的是其本身权益工具的,应当将该股份支付交易作为权益结算的股份支付处理;接受服务企业具有结算义务且授予本企业职工的是企业集团内其他企业权益工具的,应当将该股份支付交易作为现金结算的股份支付处理。

课堂结账测试

(注:每章课堂结账测试设置为撕页式,便于保存。既可用作检验学生对知识点掌握情况,又可作为课堂点名,记入平时成绩)

班级_____ 姓名_____ 学号_____ 日期_____ 分数_____

一、单项选择题(每题 4 分,共计 20 分)

1. 企业为获取服务而承担的以股份或其他权益工具为基础计算的交付现金或其他资产的义务的交易属于(　　)。
   A. 股票期权　　　　　　　　　　B. 以现金结算的股份支付
   C. 以权益结算的股份支付　　　　D. 限制性股票

2. 对于以现金结算的股份支付,可行权日后相关负债公允价值发生变动的,其变动金额应在资产负债表日计入财务报表的项目是(　　)。
   A. 资本公积　　　　　　　　　　B. 管理费用
   C. 营业外支出　　　　　　　　　D. 公允价值变动收益

3. 下列各项中,属于可行权条件中的市场条件的是(　　)。
   A. 服务 3 年　　B. 利润增长 10%　　C. 收入增长 30%　　D. 股价增长 3%

4. 2022 年 1 月 1 日,经股东大会批准,甲公司向 50 名高管人员每人授予 1 万份股票期权。根据股份支付协议规定,这些高管人员自 2022 年 1 月 1 日起在甲公司连续服务满 3 年,即可以每股 5 元的价格购买 1 万股甲公司普通股票。2022 年 1 月 1 日,甲公司股票期权的公允价为 15 元。2022 年没有高管人员离开公司,甲公司预计在未来两年内将有 5 名高管人员离开公司。2022 年 12 月 31 日,甲公司授予高管人员的股票期权每份公允价值为 13 元。甲公司因该股份支付协议在 2022 年应确认的管理费用金额为(　　)万元。
   A. 195　　　　B. 216.67　　　　C. 225　　　　D. 250

5. 在集团股份支付中,结算企业(母公司)以其本身权益工具结算,接受服务企业(子公司)没有结算义务的,则结算企业应进行的会计处理是(　　)。
   A. 增加结算企业长期股权投资　　B. 增加接受服务企业的股本
   C. 减少结算企业资本公积　　　　D. 增加结算企业应付职工薪酬

二、多项选择题(每题 5 分,共计 25 分)

1. 下列各项中,影响企业对股份支付预计可行权情况作出估计的有(　　)。
   A. 市场条件　　B. 非市场条件　　C. 非可行权条件　　D. 服务期限条件

2. 下列各项中,关于附等待期的股份支付会计处理的表述,正确的有(　　)。
   A. 以权益结算的股份支付,相关权益工具的公允价值在授予日后不再调整
   B. 附市场条件的股份支付,应在市场及非市场条件均满足时确认相关成本费用
   C. 附等待期的股份支付,在授予日不作处理
   D. 业绩条件为非市场条件的股份支付,等待期内应根据后续信息调整对可行权情况的估计

3. 乙公司、丙公司和丁公司均为甲公司的子公司。甲公司及其相关子公司经各自董事会批准,于 2023 年 1 月 1 日对甲公司以及相关子公司管理人员或员工进行激励:①甲公司以自身普通股授予乙公司管理

43

人员。②丙公司按照上年实现净利润的5%分配给在职员工。③丁公司以自身普通股授予其管理人员。④甲公司以其生产的产品分配给在职员工。下列各项中,应按股份支付准则进行会计处理的有( )。

A. 甲公司以其生产的产品分配给员工
B. 丙公司按上年净利润的5%分配给员工
C. 甲公司以自身普通股授予乙公司管理人员
D. 丁公司以自身普通股授予其管理人员

4. 下列各项中,关于股份支付条款的修改表述,正确的有( )。

A. 如果修改增加了所授予的权益工具的公允价值,应按照权益工具公允价值的增加相应地确认取得服务的增加
B. 如果修改增加了所授予的权益工具的数量,企业应将增加的权益工具的公允价值相应地确认为取得服务的增加
C. 若修改减少了授予的权益工具的公允价值,应继续以权益工具在授予日的公允价值为基础确认取得服务的金额
D. 如果修改减少了授予的权益工具的数量,应将减少部分作为已授予的权益工具的取消

5. 下列各项中,属于以权益结算的股份支付常用的工具的有( )。

A. 限制性股票　　　B. 模拟股票　　　C. 股票期权　　　D. 现金股票增值权

三、判断题(每题3分,共15分)

1. 权益结算的股份支付以授予日权益工具公允价值为基础确认成本费用。　　　　　(　　)
2. 可行权条件为非市场条件的,等待期固定不变。　　　　　　　　　　　　　　(　　)
3. 授予后立即可行权的股份支付,在授予日确认成本费用的同时计入应付职工薪酬。　(　　)
4. 可行权日后,权益结算的股份支付不再对已确认的成本费用按公允价值进行调整。　(　　)
5. 企业回购股份时,应将回购股份的面值作为库存股处理。　　　　　　　　　　　(　　)

四、实务题(共40分)

MM公司为上市公司。2018年12月,MM公司董事会批准了一项股份支付协议。协议规定,2019年1月1日,公司向其400名管理人员每人授予1000份股票期权,这些管理人员必须从2019年1月1日起在公司连续服务3年,服务期满时可以5元/股的价格购买1000股MM公司面值为1元的股票。MM公司估计该期权在授予日的公允价值为12元/股。

(1) 第一年,有40名管理人员离职,MM公司估计3年中的离职比例将达到20%。
(2) 第二年,有20名管理人员离职,MM公司将估计的离职比例修正为15%。
(3) 第三年,有30名管理人员离职。
(4) 第四年,有30名管理人员放弃了股票期权。
(5) 第五年,剩余280名管理人员全部行权。

要求:请根据上述资料编制MM公司2019—2023年与该项股份支付相关的会计分录。

第三章 租 赁

知识导航

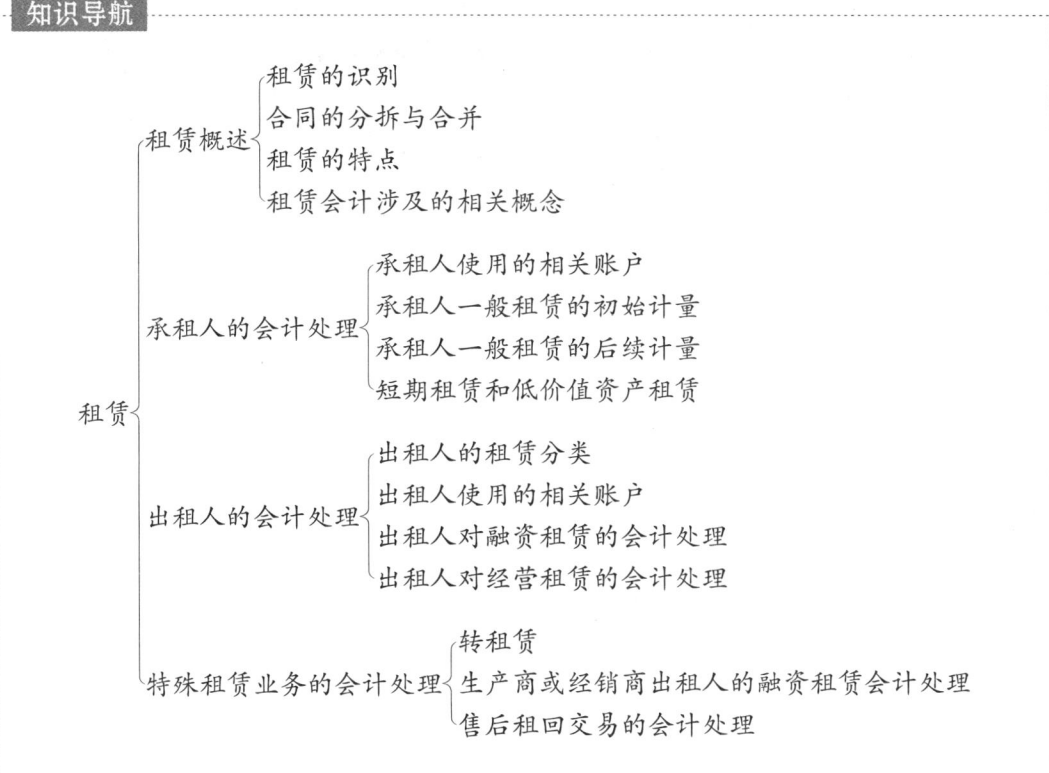

学习目标

1. 知识目标

(1) 理解租赁相关的概念及分类。

(2) 理解特殊租赁业务的会计处理。

2. 能力目标

(1) 能够准确识别一项合同是否为租赁合同。

(2) 能够运用相关准则对承租人和出租人租赁业务进行会计处理。

3. 素质目标

(1) 认同"租购并举"这一住房制度改革主要方向的正确性以及其对我国房地产行业发展的重要意义。

(2) 理解租赁准则与国际会计准则趋同的重要意义及对我国企业提升会计信息质量的重要意义。

> 寓德于教

"房住不炒"——加快建立多主体供给、多渠道保障、租购并举的住房制度

党的十八大以来,我国经济建设取得了重大成就。随着供给侧结构性改革的不断推进,我国经济结构不断优化,以数字经济为特征的新兴产业得到了蓬勃发展,高质量发展成为党的新时期全面建设社会主义现代化国家的首要任务。党的二十大报告重申了党的十九大提出的"房住不炒"的定位,强调"加快建立多主体供给、多渠道保障、租购并举的住房制度"。

党中央提出"房住不炒"的定位,扭转了房地产市场以商品房供给为主的格局。针对我国保障性住房租赁市场供给严重不足的问题,2015年年底,中央经济工作会议首次将"租购并举"确定为住房制度改革的主要方向;2016年6月,国务院确定了"以建立租购并举的住房制度为主要方向,健全以市场配置为主、政府提供基本保障的住房租赁体系";2019年住房和城乡建设部、国家发改委、财政部、自然资源部联合发布了《关于进一步规范发展公租房的意见》(建保〔2019〕55号),该文件明确了以政府为主提供基本保障的定位,及住房保障在解决群众住房问题中的"补位"作用,拓宽了公租房的来源渠道,提出有新增公租房实物供给需求的地方,房企在开发建设商品房时,可按比例配建公租房,并将集体建设用地纳入公租房建设范围,同时鼓励政府将持有的存量住房用作公租房。

2021年6月国务院办公厅又下发了《关于加快发展保障性租赁住房的意见》(国办发〔2021〕22号),该文件进一步阐明了"引导多方参与"的基础制度,确定了要"充分发挥市场机制作用,引导多主体投资、多渠道供给,坚持'谁投资、谁所有'"的机制。租赁市场开始进入以保障性租赁住房为抓手、重点解决住房租赁市场结构性问题的高质量发展阶段。通过一系列的政策调整,我国保障性租赁住房已由最初的政府单一主体供给的廉租房,发展为由各级地方政府、集体、企业投资建造的共有产权住房、公租房和保障性租赁住房组成的住房保障体系。这些租赁住房按照"谁投资,谁所有"的原则分别归属于地方政府、集体、企业所有。从租赁市场供给主体来看,政府依然是"补位"作用,主要供应主体依然是房地产管理及开发类企业。此外,租赁住房证券化市场也为住房租赁市场的建设提供了重要支持力量。可以预见,住房租赁市场将继续维持以企业投资为主导,政府投资为补充的格局。

这一主题的多次强调,足以显示出党中央对房地产市场格局转型的战略布局和决心,以及对民生和百姓生活质量的高度重视,同时也说明这一问题的重大和艰巨。随着党中央经济发展新格局的部署实施,繁荣了二十多年的房地产业已逐步转入常规化发展,以商品住房建设为主的房地产投资在国民经济发展中的重要作用将逐渐被交通基础设施、网络基础设施和人工智能等新的基建投资所取代,并成为建设交通强国、网络强国和数字中国的投资重点。

资料来源:张炳达."多主体供给"与会计计量属性的选择——基于二十大精神的租赁住房会计计量研究[J].会计之友,2022(23):158-161,有删节。

请思考:"房住不炒""加快建立多主体供给、多渠道保障、租购并举的住房制度"对我国房地产行业的发展以及国民生活质量的提升有何重要意义?

第一节 租赁概述

一、租赁的识别

(一) 租赁的概念

根据《企业会计准则第21号——租赁》(以下简称租赁准则)的规定,租赁是指在一定期间内,出租人将资产的使用权让与承租人以获取对价的合同。

在合同开始日,企业应当评估合同是否为租赁或者包含租赁。如果合同一方让渡了在一定期间内控制一项或多项已识别资产使用的权利以换取对价,则该合同为租赁或包含租赁。

一项合同要被分类为租赁,应当满足三要素:①存在一定期间。②存在已识别资产。③资产供应方向客户转移对已识别资产使用权的控制。在合同中,"一定期间"也可以表述为已识别资产的使用量,如某项设备的产出量。如果客户有权在部分合同期内控制已识别资产的使用,则合同包含一项在该部分合同期间的租赁。

企业应当就合同进行评估,判断其是否为租赁或包含租赁。同时符合下列条件的,使用已识别资产的权利构成一项单独租赁。

(1) 承租人可从单独使用该资产或将其与易于获得的其他资源一起使用中获利。

(2) 该资产与合同中的其他资产不存在高度依赖或高度关联关系。

另外,接受商品或服务的合同可能由合营安排或合营安排的代表签订。在这种情况下,企业评估合同是否包含一项租赁时,应将整个合营安排视为该合同中的客户,评估该合营安排是否在使用期间有权控制已识别资产的使用。除非合同条款或条件发生变化,企业无须重新评估合同是否为租赁或者是否包含租赁。

(二) 已识别资产

1. 对资产的指定

已识别资产通常由合同明确指定,也可以在资产可供客户使用时隐性指定。

【例3-1】 烟台兴茂机械制造有限公司(客户)与乙公司(供应方)签订了使用乙公司一节火车车厢的4年期合同。该车厢专用于运输烟台兴茂机械制造有限公司生产过程中使用的特殊材料而设计,未经重大改造,不适合其他客户使用。合同中没有明确指定轨道车辆(如序列号),但是乙公司仅拥有一节适合客户烟台兴茂机械制造有限公司使用的火车车厢。如果车厢不能正常工作,合同要求乙公司修理或更换车厢。

要求:请根据资料判断火车车厢是否为已识别资产。

解析:具体是哪节火车车厢虽未在合同中明确指定,但是其已被隐含指定,因为乙公司仅拥有一节适合客户烟台兴茂机械制造有限公司使用的火车车厢,必须使用其来履行合同,乙公司无法自由替换该车厢。因此,火车车厢是一项已识别资产。

2. 物理可区分

如果资产的部分产能在物理上可区分(如建筑物的一层),则该部分产能属于已识别资产。如果资产的某部分产能与其他部分在物理上不可区分(如光缆的部分容量),则该部分不属于已识别资产,除非其实质上代表该资产的全部产能,从而使客户获得因使用该资产所产生的几乎全部经济利益的权利。

【例3-2】 烟台兴茂机械制造有限公司(客户)与乙公司(公用设施公司)签订了一份为期10年的合同,以取得连接A、B城市光缆中3条指定的物理上可区分的光纤使用权。若光纤损坏,乙公司应负责修理和维护。乙公司拥有额外的光纤,但仅可因修理、维护或故障等原因替换指定给烟台兴茂机械制造有限公司使用的光纤。

要求:请根据资料判断合同中是否存在已识别资产。

解析:合同明确指定了3条光纤,并且这些光纤与光缆中的其他光纤在物理上可区分,乙公司不可因修理、维护或故障以外的原因替换光纤,因此,合同中存在的3条光缆为已识别资产。

【例3-3】 烟台兴茂机械制造有限公司与乙公司签订了一份为期15年的合同,以取得连接A、B城市光缆中约定宽带的光纤使用权。烟台兴茂机械制造有限公司约定的宽带相当于使用光缆中3条光纤的全部传输容量(乙公司光缆包含15条传输容量相近的光纤)。

要求:请根据资料判断合同中是否存在已识别资产。

解析:烟台兴茂机械制造有限公司仅使用光缆的部分传输容量,提供给烟台兴茂机械制造有限公司使用的光纤与其余光纤在物理上不可区分,且不代表光缆的几乎全部传输容量,因此,合同中不存在已识别资产。

3. 实质性替换权

即使合同已对资产进行指定,如果资产供应方在整个使用期间拥有对该资产的实质性替换权,则该资产不属于已识别资产。其原因在于,如果资产供应方在整个使用期间均能自由替换合同资产,那么实际上,合同只规定了满足客户需求的一类资产,而不是被唯一识别出的一项或几项资产。在这种情况下,合同规定的资产并未和资产供应方的同类其他资产明确区分开来,并未被识别出来。

同时符合下列条件时,表明资产供应方拥有资产的实质性替换权。

(1)资产供应方拥有在整个使用期间替换资产的实际能力。例如,客户无法阻止供应方替换资产,且用于替换的资产对于资产供应方而言易于获得或者可以在合理期间内取得。

(2)资产供应方通过行使替换资产的权利将获得经济利益。即替换资产的预期经济利益将超过替换资产所需成本。

【特别提示】
　　如果合同仅赋予资产供应方在特定日期或者特定事件发生日或之后,拥有替换资产的权利或义务,考虑到资产供应方没有在整个使用期间替换资产的实际能力,资产供应方的替换权不具有实质性。

企业在评估资产供应方的替换权是否为实质性权利时,应基于合同开始日的事实和情况,而不应考虑在合同开始日企业认为不可能发生的未来事件,例如:①未来某个客户为使用该资产同意支付高于市价的价格。②引入了在合同开始日尚未实质开发的新技术。③客户对资产的实际使用或资产实际性能,与在合同开始日认为可能的使用或性能存在重大差异。④使用期间资产市价与合同开始日认为可能的市价存在重大差异。

与资产位于资产供应方所在地相比,如果资产位于客户所在地或其他位置,替换资产所需要的成本更有可能超过其所能获取的利益。资产供应方在资产运行结果不佳或者进行技术升级的情况下,因修理和维护而替换资产的权利或义务不属于实质性替换权。

企业难以确定资产供应方是否拥有实质性替换权的,应视为资产供应方没有对该资产的实质性替换权。

【例3-4】 烟台兴茂机械制造有限公司(客户)与乙公司(供应方)签订合同,合同要求乙公司在5年内按照约定的时间表使用指定型号的火车车厢为烟台兴茂机械制造有限公司运输约定数量的货物。合同中约定的时间表和货物数量相当于烟台兴茂机械制造有限公司在5年内有权使用10节指定型号火车车厢。合同规定了所运输货物的性质。乙公司有大量类似的车厢可以满足合同要求。车厢不用于运输货物时存放在乙公司处。

要求:请根据资料判断合同中是否存在已识别资产。

解析:①乙公司在整个使用期间有替换每节车厢的实际能力。用于替换的车厢是乙公司易于获得的,且无须烟台兴茂机械制造有限公司批准即可替换。②乙公司可通过替换车厢获得经济利益。车厢存放在乙公司处,乙公司拥有大量类似的车厢,替换每节车厢的成本极小,乙公司可以通过替换车厢获益。例如,使用已位于任务所在地的车厢执行任务,或利用某客户未使用而闲置的车厢。因此,乙公司拥有车厢的实质性替换权,合同中用于运输烟台兴茂机械制造有限公司货物的车厢不属于已识别资产。

【例3-5】 甲公司是一家便利店运营企业,与某机场运营商乙公司签订了使用机场内某处商业区域销售商品的3年期合同。合同规定了商业区域的面积,商业区域可以位于机场内的任一登机区域,乙公司有权在整个使用期间随时调整分配给甲公司的商业区域位置。甲公司使用易于移动的自有售货亭销售商品。机场有很多符合合同规定的区域可供甲公司使用。

要求:请根据资料判断合同中是否存在已识别资产。

解析:①乙公司在整个使用期间有变更甲公司使用的商业区域的实际能力。机场内有许多区域符合合同规定的商业区域,乙公司有权随时将甲公司使用的商业区域的位置变更至其他区域而无须甲公司批准。②乙公司通过替换商业区域将获得经济利益。因为售货亭易于移动,所以乙公司变更甲公司所使用商业区域的成本极小。乙公司能够根据情况变化最有效地利用机场登机区域。因此,乙公司能够通过替换机场内的商业区域获益。甲公司控制的是自有的售货亭,而合同约定的是机场内的商业区域,乙公司可随意变更该商业区域。因此,乙公司有替换甲公司所使用商业区域的实质性权利。

所以,尽管合同具体规定了甲公司使用的商业区域的面积,但合同中不存在已识别资产。

【例3-6】 烟台兴茂机械制造有限公司(客户)与乙公司(供应方)签订了使用一架指定飞机的2年期合同,合同详细规定了飞机的内、外部规格。合同规定:乙公司在2年合同期内可以随时替换飞机,在飞机出现故障时则必须替换飞机;无论哪种情况下,所替换的飞机必须符合合同中规定的内、外部规格。在乙公司的机队中配备符合烟台兴茂机械制造有限公司要求规格的飞机所需成本高昂。

要求:请根据资料判断合同中是否存在已识别资产。

解析:本例中,合同明确指定了飞机,尽管合同允许乙公司替换飞机,但配备另一架符合合同要求规格的飞机会发生高昂的成本,乙公司不会因替换飞机而获益。因此,乙公司的替换权不具有实质性。合同中存在已识别资产。

（三）客户是否控制已识别资产使用权的判断

为确定合同是否让渡了在一定期间内控制已识别资产使用的权利，企业应当评估合同中的客户是否有权获得在使用期间因使用已识别资产所产生的几乎全部经济利益，并有权在该使用期间主导已识别资产的使用。

1. 客户是否有权获得因使用资产所产生的几乎全部经济利益

在评估客户是否有权获得因使用已识别资产所产生的几乎全部经济利益时，企业应当在约定的客户权利范围内，考虑其所产生的经济利益。例如：①如果合同规定汽车在使用期间仅限在某一特定区域使用，则企业应当仅考虑在该区域内使用汽车所产生的经济利益，而不包括在该区域外使用汽车所产生的经济利益。②如果合同规定客户在使用期间仅能在特定里程范围内驾驶汽车，则企业应当仅考虑在允许的里程范围内使用汽车所产生的经济利益，而不包括超出该里程范围使用汽车所产生的经济利益。

为了控制已识别资产的使用，客户应当有权获得整个使用期间使用该资产所产生的几乎全部经济利益（如在整个使用期间独家使用该资产）。客户可以通过多种方式直接或间接获得使用资产所产生的经济利益，如通过使用、持有或转租资产。使用资产所产生的经济利益包括资产的主要产出和副产品（包括来源于这些项目的潜在现金流量），以及通过与第三方之间的商业交易实现的其他经济利益。

如果合同规定客户应向资产供应方或另一方支付因使用资产所产生的部分现金流量作为对价，该现金流量仍应视为客户因使用资产而获得的经济利益的一部分。例如，如果合同规定客户因使用零售区域需向供应方支付零售收入的一定比例作为对价，该条款本身并不妨碍客户拥有获得使用零售区域所产生的几乎全部经济利益的权利。因为，零售收入所产生的现金流量，是客户使用零售区域而获得的经济利益，而客户支付给零售区域供应方的部分现金流量，是使用零售区域的权利的对价。

2. 客户是否有权主导资产的使用

存在下列情形之一的，可视为客户有权主导对已识别资产在整个使用期间的使用。

（1）客户有权在整个使用期间主导已识别资产的使用目的和使用方式。

（2）已识别资产的使用目的和使用方式在使用期间前已预先确定，并且客户有权在整个使用期间自行或主导他人按照其确定的方式运营该资产，或者客户设计了已识别资产（或资产的特定方面），并在设计时已预先确定了该资产在整个使用期间的使用目的和使用方式。

关于上述第（1）种情况，如果客户有权在整个使用期间，在合同界定的使用权范围内改变资产的使用目的和使用方式，则视为客户有权在该使用期间，主导资产的使用目的和使用方式。在判断客户是否有权在整个使用期间主导已识别资产的使用目的和使用方式时，企业应当考虑在该使用期间，与改变资产的使用目的和使用方式最为相关的决策权。相关决策权是指对使用资产所产生的经济利益产生影响的决策权。最为相关的决策权可能因资产性质、合同条款和条件的不同而不同。此类例子包括：①变更资产的产出类型的权利。例如，决定将集装箱用于运输商品还是储存商品，或者决定在零售区域销售的产品组合。②变更资产的产出时间的权利。例如，决定机器或发电厂的运行时间。③变更资产的产出地点的权利。例如，决定卡车或船舶的目的地，或者决定设备的使用地点。④变更资产是否产出以及产出数量的权利。例如,决定是否使用发电厂发电以及发电量的多少。某些决策权并未授予客户改变资产的使用目的和使用方式的权利。例如,在资产的使用目的和使用方式未预先确定的情况下,客户仅拥有运行或维护资产的权利。这些决策权对于资产的高效使用通常是必要的,但它们往往取决于有关资产使用目的和使用方式,而并非主导资产的使用目的和使用方式的权利。

关于上述第(2)种情况,与资产使用目的和使用方式相关的决策可以通过很多方式预先确定。例如,通过设计资产或在合同中对资产的使用作出限制来预先确定相关决策。

【例3-7】 烟台兴茂机械制造有限公司(客户)与乙公司(供应方)就使用一辆卡车在一周时间内,将货物从A地运至B地签订了合同。根据合同,乙公司只提供卡车、发运及到货的时间和站点,烟台兴茂机械制造有限公司负责派人驾车自A地到B地。合同中明确指定了卡车,并规定在合同期内该卡车只允许用于运输合同中指定的货物,乙公司没有替换权。合同规定了卡车可行驶的最大里程。烟台兴茂机械制造有限公司可在合同规定的范围内,选择具体的行驶速度、路线、停车休息地点等。烟台兴茂机械制造有限公司在指定路程完成后,无权继续使用这辆卡车。

要求:请根据资料判断客户是否有权主导对已识别资产在整个使用期间的使用。

解析:本例中,合同明确指定了一辆卡车,且乙公司无权替换,因此合同存在已识别资产。合同预先确定了卡车的使用目的和使用方式,即在规定时间内将指定货物从A地运至B地。烟台兴茂机械制造有限公司有权在整个使用期间操作卡车(如决定行驶速度、路线、停车休息地点),因此烟台兴茂机械制造有限公司主导了卡车的使用,烟台兴茂机械制造有限公司通过控制卡车的操作在整个使用期间全权决定卡车的使用。

【例3-8】 烟台兴茂机械制造有限公司(客户)与乙公司(供应方)签订了购买某一新太阳能电厂20年生产的全部电力的合同。合同明确指定了太阳能电厂,且乙公司没有替换权。太阳能电厂的产权归乙公司所有,乙公司不能通过其他电厂向烟台兴茂机械制造有限公司供电。太阳能电厂在建造之前由烟台兴茂机械制造有限公司设计,烟台兴茂机械制造有限公司聘请了太阳能专家协助其确定太阳能电厂的选址和设备工程。乙公司负责按照烟台兴茂机械制造有限公司的设计建造太阳能电厂,并负责电厂的运行和维护。关于是否发电、发电时间和发电量等问题无须再进行决策,该项资产在设计时已经预先确定了这些决策。

要求:请根据资料判断客户是否有权主导对已识别资产在整个使用期间的使用。

解析:本例中,合同明确指定了太阳能电厂,且乙公司无权替换,因此合同存在已识别资产。太阳能电厂的使用目的、使用方式等相关决策在太阳能电厂设计时已预先确定,因此,尽管太阳能电厂的运营由乙公司负责,但是该电厂由烟台兴茂机械制造有限公司设计,这一事实赋予了烟台兴茂机械制造有限公司主导电厂使用的权利,烟台兴茂机械制造有限公司在整个20年使用期有权主导太阳能电厂的使用。

【特别提示】
在评估客户是否有权主导资产的使用时,除非资产(或资产的特定方面)由客户设计,企业应当仅考虑在使用期间对资产使用做出决策的权利。例如,如果客户仅能在使用期间之前指定资产的产出,而没有与资产使用相关的任何其他决策权,则该客户享有的权利与任何购买该项商品或服务的其他客户享有的权利并无不同。

【例3-9】 烟台兴茂机械制造有限公司(客户)与乙公司(供应方)签订合同,使用指定的乙公司船只将货物从A地运至B地。合同明确规定了船只、运输的货物以及装卸日期。乙公司没有替换船只的权利。运输的货物将占据该船只几乎全部的运力。乙公司负责船只的操作和维护,并负责船上货物的安全运输。合同期间,烟台兴茂机械制造有限公司不得雇佣其他人员操作船只或自行操作船只。

要求:请根据资料判断客户是否有权主导对已识别资产在整个使用期间的使用。

解析:本例中,合同明确指定了船只,且乙公司无权替换,因此合同存在已识别资产。合同预先确定了船只的使用目的和使用方式,即在规定的装卸日期将指定货物从A地运至B地。烟台兴茂机械制造有限公司在使用期间无权改变船只的使用目的和使用方式,也没有关于船只使用的其他决策权(例如,烟台兴茂机械制造有限公司无权操作船只),也未参与该船只的设计,因此烟台兴茂机械制造有限公司在使用期间无权主导船只的使用。

【特别提示】

合同可能包含一些旨在保护资产供应方在已识别资产或其他资产中的权益,保护资产供应方的工作人员,或者确保资产供应方不因客户使用租赁资产而违反法律法规的条款和条件。例如,合同可能规定资产使用的最大工作量,限制客户使用资产的地点或时间,要求客户遵守特定的操作惯例,或者要求客户在变更资产使用方式时通知资产供应方。这些权利虽然对客户使用资产权利的范围作出了限定,但是其本身不足以否定客户拥有主导资产使用的权利。

【例3-10】 烟台兴茂机械制造有限公司(客户)与乙公司(供应方)签订了使用指定船只的5年期合同。合同明确规定了船只,且乙公司没有替换权。烟台兴茂机械制造有限公司在整个5年使用期决定运输的货物、船只是否航行以及航行的时间和目的港,但需遵守合同规定的限制条件。这些限制条件是为了防止指定船只驶入遭遇海盗风险较高的水域或装载危险品。乙公司负责船只的操作与维护,并负责船上货物的安全运输。合同期间,烟台兴茂机械制造有限公司不得雇佣其他人员操作船只或自行操作船只。

要求:请根据资料判断客户是否有权主导对已识别资产在整个使用期间的使用。

解析:本例中,合同明确指定了船只,且乙公司无权替换,因此存在已识别资产。合同中关于船只可航行水域和可运输货物的限制,限定了烟台兴茂机械制造有限公司使用船只的权利范围,但目的仅是保护乙公司船只和人员安全。因为,烟台兴茂机械制造有限公司在使用权范围内,可以决定船只是否航行、航行的时间和地点以及所运输的货物,所以烟台兴茂机械制造有限公司在整个5年使用期内,可以决定船只的使用目的和使用方式,并有权改变这些决定。尽管船只的操作和维护对于船只的有效使用必不可少,但乙公司在这些方面的决策并未赋予其主导船只使用目的和使用方式的权利。相反,乙公司的决策取决于烟台兴茂机械制造有限公司关于船只使用目的和使用方式的决定。

综上,合同开始日,企业评估合同是否为租赁合同或是否包含租赁的流程如图3-1所示。

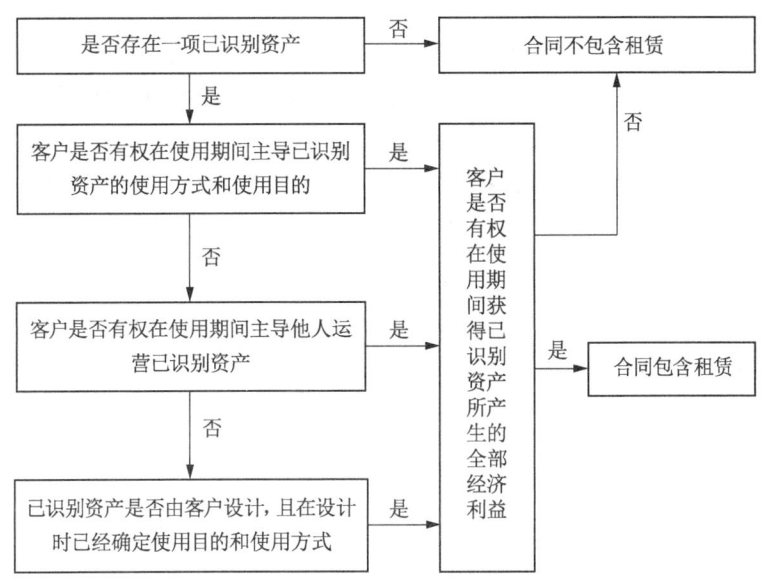

图 3-1 评估合同是否为租赁或是否包含租赁流程图

二、合同的分拆与合并

(一) 合同的分拆

合同中同时包含多项单独租赁的,承租人和出租人应当将合同予以分拆,并分别各项单独租赁进行会计处理。合同中同时包含租赁和非租赁部分的,承租人和出租人应当将租赁和非租赁部分进行分拆,另有规定的除外。分拆时,各租赁部分应当分别按照租赁准则进行会计处理,非租赁部分应当按照其他适用的会计准则进行会计处理。

同时符合下列条件的,使用已识别资产的权利构成合同中的一项单独租赁。

(1) 承租人可从单独使用该资产或将其与易于获得的其他资源一起使用中获利。

(2) 该资产与合同中的其他资产不存在高度依赖或高度关联关系。

(二) 合同的合并

企业与同一交易方或其关联方,在同一时间或相近时间订立的两份或多份包含租赁的合同,在符合下列条件之一时,应当合并为一份合同进行会计处理。

(1) 该两份或多份合同基于总体商业目的而订立并构成"一篮子"交易,若不作为整体考虑,则无法理解其总体商业目的。

(2) 该两份或多份合同中的某份合同的对价金额取决于其他合同的定价或履行情况。

(3) 该两份或多份合同让渡的资产使用权合起来构成一项单独租赁。

三、租赁的特点

租赁作为一项经济活动或一项协议,与其他业务相比,具有以下三个主要特点。

(一) 租赁转移的是租赁资产的使用权

从租赁的目的来看,承租人是为了获得资产的使用权,在租赁的有效期间内,租赁资产的所有权归出租人所有。租赁资产的所有权与使用权相分离是租赁业务的主要特征。因此,租赁是协议双方在租赁期内转移资产的使用权,而非资产的所有权,由此区别于资产所有权发生转移的资产买卖协议,以及资产的使用权不从合同的一方转移给另一方的服务合约,如劳务合同、运输合同、保管合同、仓储合同等。

(二) 租赁资产使用权的转移是有偿的

租赁资产使用权的转移以租金的支付为条件,从而有别于无偿提供使用权的借用合同。租赁的上述特征决定了租赁资产应当以资产所有权和使用权可相互分离为前提,能够将使用权单独转让和收回。

(三) "融资"与"融物"相结合

融资租赁是融通资金的一种形式。租赁中出租人通过出租设备等资产,向承租人提供信贷,承租人则通过租赁获得了相当于购置该租赁资产的信贷资金,以达到融资的目的。因此,融资租赁兼具"融资"和"融物"的特点。在融资租赁中,租金一般采用分期支付的方式。承租人所支付的租金不仅包括设备买价,还包括租赁期内买价的利息。因此,租金总额要高于设备买价,承租人所支付的租金的现值大约与租赁资产的公允价值相等。但是租赁对承租人而言,不必像购买普通设备那样立即支付大量的现金,从而能够以每期较少的资金就能够取得生产所需的昂贵设备。因此,融资租赁不仅可以帮助承租人解决资金短缺的困难,还有助于保持承租人资金的流动性。

四、租赁会计涉及的相关概念

(一) 租赁开始日

租赁开始日,是指租赁合同签署日与租赁各方就主要租赁条款作出承诺日中的较早者。租赁开始日可能早于租赁期开始日,也可能与租赁期开始日重合。出租人应当在租赁开始日,将租赁分为融资租赁和经营租赁。

(二) 租赁期开始日

租赁期自租赁期开始日起计算。租赁期开始日,是指出租人提供租赁资产使其可供承租人使用的起始日期。如果承租人在租赁协议约定的起租日或租金起付日之前,已获得对租赁资产使用权的控制,则表明租赁期已经开始。租赁协议中对起租日或租金支付时间的约定,并不影响租赁期开始日的判断。

【例 3-11】 在某商铺的租赁安排中,出租人于 2023 年 1 月 1 日将房屋钥匙交付承租人,承租人在收到钥匙后,就可以自主安排对商铺的装修布置,并安排搬迁。合同约定有 3 个月的免租期,起租日为 2023 年 4 月 1 日,承租人自起租日开始支付租金。

要求:请根据资料判断租赁期开始日。

解析:在此交易中,承租人自 2023 年 1 月 1 日起就已拥有对商铺使用权的控制,因此租赁期开始日为 2023 年 1 月 1 日,即租赁期包含出租人给予承租人的免租期。

(三) 租赁期

租赁期是指承租人有权使用租赁资产且不可撤销的期间。承租人有续租选择权,即有权选择续租该资产,且合理确定将行使该选择权的,租赁期还应当包含续租选择权涵盖的期间;承租人有终止租赁选择权,即有权选择终止租赁该资产,但合理确定将不会行使该选择权的,租赁期应当包含终止租赁选择权涵盖的期间。

> 【特别提示】
> 发生承租人可控范围内的重大事件或变化(如改变战略决策),且影响承租人是否合理确定将行使相应选择权的,承租人应当对其是否合理确定将行使续租选择权、购买选择权或不行使终止租赁选择权进行重新评估,并根据重新评估结果修改租赁期;但如果这些重大事件承租人不能够控制(如金融危机的爆发),则不予考虑。

【例3-12】 承租人签订了一份设备租赁合同,包括4年不可撤销期限和2年期固定价格续租选择权,续租选择权期间的合同条款和条件与市价接近,没有终止罚款或其他因素表明承租人合理确定将行使续租选择权。

要求:请根据资料判断租赁期。

解析:"没有终止罚款或其他因素表明承租人合理确定将行使续租选择权",因此,2年的续租期不应包含在租赁期内。在租赁期开始日,租赁期应确定为4年。

【例3-13】 承租人签订了一份建筑租赁合同,包括4年不可撤销期限和2年按照市价行使的续租选择权。在搬入该建筑之前,承租人花费了大量资金对租赁建筑进行了改良,预计在4年结束时租赁资产改良仍将具有重大价值,且该价值仅可通过继续使用租赁资产实现。

要求:请根据资料判断租赁期。

解析:在此情况下,承租人合理确定将行使续租选择权。如果在4年结束时放弃该租赁资产改良,承租人将蒙受重大经济损失。因此,在租赁开始时,承租人确定租赁期为6年。

(四) 初始直接费用

初始直接费用是指为达成租赁所发生的增量成本。增量成本是指若企业不取得该租赁,则不会发生的成本,如佣金、印花税等。无论是否实际取得租赁都会发生的支出,不属于初始直接费用。例如,为评估是否签订租赁合同而发生的差旅费、法律费用等,此类费用应当在发生时计入当期损益。

(五) 资产余值

资产余值是指在租赁开始日估计的租赁期届满时租赁资产的公允价值。资产余值按是否有担保,可分为担保余值和未担保余值两部分。

1. 担保余值

担保余值,就承租人而言,是指由承租人或与其有关的第三方担保的资产余值。为了促使承租人谨慎地使用租赁资产,尽量减少出租人自身的风险和损失,租赁协议有时要求承租人或与其有关的第三方对租赁资产的余值进行担保。此时的担保余值是针对承租人而言的,在租赁合同没有规定优惠购买选择权的情况下,构成承租人最低租赁付款额的一项内容。因为承租人没有优惠购买选择权,所以承租人应保证租赁期满时,出租人收回这部分资产余值。与承租人有关的第三方,即在业务经营或财务上与承租人有关的各方,如母公司、子公司、联营企业、合营企业、主要原料供应商、主要产品承销商、租赁资产出售方等。

就出租人而言,担保余值是指就承租人而言的担保余值加上独立于承租人和出租人的第三方担保的资产余值。这里的"第三方"相当于中介担保人,是指与承租人和出租人均无关,但在财务上有能力担保的各方,如担保公司、财产保险公司等。

2. 未担保余值

未担保余值是指租赁资产余值中扣除就出租人而言的担保余值以后的资产余值。对出租人而言,如果租赁资产余值中包含未担保余值,表明这部分余值的风险和报酬并没有转移,其风险应由出租人承担。因此,未担保余值不能作为应收融资租赁款的一部分。

【例3-14】 烟台兴茂机械制造有限公司将一台大型设备以融资租赁方式租赁给甲公司。假定融资租出的设备在租赁到期后余值是1 000万元,将其分为担保余值和未担保余值。假定担保余值是800万元,其中与承租人及其有关的第三方的担保余值是600万元,与承租人无关的第三方的担保余值是200万元;未担保余值是200万元。

本例中,资产的担保余值、未担保余值关系如图3-2所示。

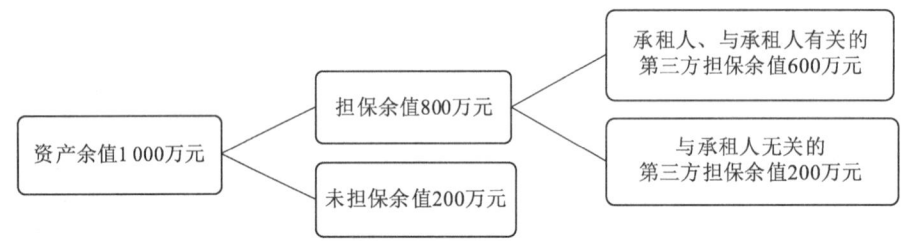

图3-2 资产的担保余值、未担保余值关系图

(六)租赁内含利率

租赁内含利率是指使出租人的租赁收款额的现值与未担保余值的现值之和,等于租赁资产公允价值与出租人的初始直接费用之和的利率。

(七)增量借款利率

增量借款利率是指承租人在类似经济环境下,为获得与使用权资产价值接近的资产,在类似期间以类似抵押条件借入资金须支付的利率。

第二节 承租人的会计处理

一、承租人使用的相关账户

(一)"使用权资产"账户

"使用权资产"账户核算承租人持有的使用权资产的原价。在租赁期开始日,承租人应当按成本借记该账户,按尚未支付的租赁付款额的现值贷记"租赁负债"账户;对于租赁期开始日之前支付租赁付款额的(扣除已享受的租赁激励),贷记"预付款项"等账户;按发生的初始直接费用,贷记"银行存款"等账户;按预计将发生的为拆卸及移除租赁资产、复原租赁资产所在场地,或将租赁资产恢复至租赁条款约定状态等成本的现值,贷记"预计负债"账户。

(二)"使用权资产累计折旧"账户

"使用权资产累计折旧"账户核算使用权资产的累计折旧。承租人通常应当自租赁期开始日起按月计提使用权资产的折旧,借记"营业成本""制造费用""销售费用""管理费用""研发支出"等账户,贷记该账户。当月计提确有困难的,也可从下月起计提折旧,并在附注中予以披露。因租赁范围缩小、租赁期缩短或转租等原因,减记或终止确认使用权资产时,承租人应同时结转相应的使用权资产累计折旧。

（三）"使用权资产减值准备"账户

"使用权资产减值准备"账户核算使用权资产的减值准备。使用权资产发生减值的,按应减记的金额,借记"资产减值损失"账户,贷记该账户。因租赁范围缩小、租赁期缩短或转租等原因,减记或终止确认使用权资产时,承租人应同时结转相应的使用权资产累计减值准备。使用权资产减值准备一旦计提,不得转回。

（四）"租赁负债"账户

"租赁负债"账户核算承租人尚未支付的租赁付款额的现值。该账户可分别设置"租赁付款额"和"未确认融资费用"等进行明细核算。该账户主要会计处理如下。

（1）在租赁期开始日,承租人应当按尚未支付的租赁付款额,贷记"租赁负债——租赁付款额"账户;按尚未支付的租赁付款额的现值,借记"使用权资产"账户;按尚未支付的租赁付款额与其现值的差额,借记"租赁负债——未确认融资费用"账户。

（2）承租人在确认租赁期内各个期间的利息时,应当借记"财务费用——利息费用""在建工程"等账户,贷记"租赁负债——未确认融资费用"账户。

（3）承租人支付租赁付款额时,应当借记"租赁负债——租赁付款额"等账户,贷记"银行存款"等账户。

（4）在租赁期开始日后,承租人按变动后的租赁付款额的现值重新计量租赁负债的,当租赁负债增加时,应当按租赁付款额现值的增加额,借记"使用权资产"账户,按租赁付款额的增加额,贷记"租赁负债——租赁付款额"账户,按其差额,借记"租赁负债——未确认融资费用"账户。

（5）租赁变更导致租赁范围缩小或租赁期缩短的,承租人应当按缩小或缩短的相应比例,借记"租赁负债——租赁付款额""使用权资产累计折旧""使用权资产减值准备"账户,贷记"租赁负债——未确认融资费用""使用权资产"账户,差额借记或贷记"资产处置损益"账户。

二、承租人一般租赁的初始计量

（一）租赁负债的初始计量

租赁负债应当按照租赁期开始日,尚未支付的租赁付款额的现值,进行初始计量。识别应纳入租赁负债的相关付款项目是计量租赁负债的关键。

1. 租赁付款额

租赁付款额是指承租人向出租人支付的,与在租赁期内使用租赁资产的权利相关的款项。租赁付款额包括以下五项内容。

（1）固定付款额及实质固定付款额;存在租赁激励的,扣除租赁激励相关金额。租赁业务中的实质固定付款额是指在形式上可能包含变量,但实质上无法避免的付款额。例如:①付款额设定为可变租赁付款额,但该可变条款几乎不可能发生,没有真正的经济实质。②承租人有多套付款额方案,但其中仅有一套是可行的。在此情况下,承租人应采用该可行的付款额方案作为租赁付款额。③承租人有多套可行的付款额方案,但必须选择其中一套。

在此情况下,承租人应采用总折现金额最低的一套作为租赁付款额。

租赁激励,是指出租人为达成租赁向承租人提供的优惠,包括出租人向承租人支付的与租赁有关的款项、出租人为承租人偿付或承担的成本等。存在租赁激励的,承租人在确定租赁付款额时,应扣除租赁激励相关金额。

【例 3-15】 甲公司是一家知名零售商,从烟台兴茂机械制造有限公司处租入已成熟开发的零售场所开设一家商店。根据租赁合同,甲公司在正常工作时间内必须经营该商店,且甲公司不得将商店闲置或进行分租。合同中关于租赁付款额的条款为:如果甲公司开设的这家商店没有发生销售,则甲公司应付的年租金为 100 元;如果这家商店发生了任何销售,则甲公司应付的年租金为 500 000 元。

要求:若你是甲公司的财务人员,请根据资料计算甲公司租赁该商店包含的实质固定付款额。

解析:本例中,该租赁包含每年 500 000 元的实质固定付款额。该金额不是取决于销售额的可变付款额。因为甲公司是一家知名零售商,根据租赁合同,甲公司应在正常工作时间内经营该商店,所以甲公司开设的这家商店不可能不发生销售。

【例 3-16】 承租人烟台兴茂机械制造有限公司签订了一份为期 5 年的货车租赁合同。合同中关于租赁付款额的条款为:如果该货车在某月份的行驶里程不超过 2 万千米,则该月应付的租金为 30 000 元;如果该货车在某月份的行驶里程超过 2 万千米但不超过 3 万千米,则该月应付的租金为 40 000 元;该货车 1 个月内的行驶里程最高不能超过 3 万千米,否则承租人需支付巨额罚款。

要求:若你是烟台兴茂机械制造有限公司的财务人员,请根据资料计算其租赁该货车包含的实质固定付款额。

解析:本例中,租赁付款额中包含基于使用情况的可变性,且在某些月份里确实可避免支付较高租金,然而月付款额 30 000 元是不可避免的。因此,月付款额 30 000 元属于实质固定付款额,应被纳入租赁负债的初始计量中。

(2) 取决于指数或比率的可变租赁付款额。可变租赁付款额,是指承租人为取得在租赁期内使用租赁资产的权利,而向出租人支付的因租赁期开始日后的事实或情况发生变化(而非时间推移)而变动的款项。可变租赁付款额可能与下列各项指标或情况挂钩:①由于市场比率或指数数值变动导致的价格变动。例如,基准利率或消费者价格指数变动可能导致租赁付款额调整。②承租人源自租赁资产的绩效。例如,零售业不动产租赁可能会要求基于使用该不动产取得的销售收入的一定比例确定租赁付款额。③租赁资产的使用。例如,车辆租赁可能要求承租人在超过特定里程数时,支付额外的租赁付款额。

需要注意的是,可变租赁付款额中,仅将取决于指数或比率的可变租赁付款额纳入租赁负债的初始计量中,包括与消费者价格指数挂钩的款项、与基准利率挂钩的款项和为反映市场租金费率变化而变动的款项等。此类可变租赁付款额应当根据租赁期开始日的指数或比率确定。除了取决于指数或比率的可变租赁付款额之外,其他可变租赁付款额均不纳入租赁负债的初始计量中。

【例 3-17】 承租人烟台兴茂机械制造有限公司签订了一项为期 10 年的不动产租赁合同,每年的租赁付款额为 50 000 元,于每年年初支付。合同规定,租赁付款额在租赁期开始日后,每 2 年基于过去 24 个月消费者价格指数的上涨进行上调。租赁期开始日的消费者价格指数为125。

要求：若你是烟台兴茂机械制造有限公司的财务人员，请根据资料计算租赁期开始日的租赁付款额。

解析：烟台兴茂机械制造有限公司在初始计量租赁负债时，应基于租赁期开始日的消费者物价指数确定租赁付款额，无须对后续年度因消费者物价指数变化而导致的租金变动作出估计。因此，在租赁期开始日烟台兴茂机械制造有限公司应以每年50 000元的租赁付款额为基础计量租赁负债。

（3）购买选择权的行权价格，前提是承租人合理确定将行使该选择权。在租赁期开始日，承租人应评估是否合理确定将行使购买标的资产的选择权。在评估时，承租人应考虑对其行使或不行使购买选择权产生经济激励的所有相关事实和情况。如果承租人合理确定将行使购买标的资产的选择权，则租赁付款额中应包含购买选择权的行权价格。

【例3-18】承租人烟台兴茂机械制造有限公司与出租人乙公司签订了一份不可撤销的5年期设备租赁合同。合同规定，烟台兴茂机械制造有限公司可以选择在租赁期结束时以5 000元购买这台设备。已知该设备应用于不断更新、迅速变化的科技领域，租赁期结束时其公允价值可能出现大幅波动，估计在4 000元至9 000元之间，在5年租赁期内可能会有更好的替代产品出现。

要求：若你是烟台兴茂机械制造有限公司的财务人员，请根据资料判断其是否应该将5 000元购买价款纳入租赁付款额。

解析：烟台兴茂机械制造有限公司不应将购买价款纳入租赁付款额。在租赁期开始日，烟台兴茂机械制造有限公司对于其是否将行使购买选择权的经济动机作出全面评估，并最终认为不能合理确定将行使购买选择权。该评估包括：租赁期结束时该设备公允价值的重大波动性，以及在租赁期间内可能出现更好替代产品的可能性等。评估烟台兴茂机械制造有限公司是否合理确定将行使购买选择权可能涉及重大判断。假设烟台兴茂机械制造有限公司租赁设备时，约定更短的租赁期限（如1年或2年）或设备所处环境不同（例如，租赁设备并非应用于不断更新的科技领域，而是应用于相对稳定的行业，并且其未来的公允价值能够可靠预测和估计），则对烟台兴茂机械制造有限公司是否行使购买选择权的判断可能不同。

（4）行使终止租赁选择权需支付的款项，前提是租赁期反映出承租人将行使终止租赁选择权。在租赁期开始日，承租人应评估是否合理确定将行使终止租赁的选择权。在评估时，承租人应考虑对其行使或不行使终止租赁选择权产生经济激励的所有相关事实和情况。如果承租人合理确定将行使终止租赁选择权，则租赁付款额中应包含行使终止租赁选择权需支付的款项，并且租赁期不应包含终止租赁选择权涵盖的期间。

【例3-19】承租人烟台兴茂机械制造有限公司租入某办公楼的一层楼，为期10年。烟台兴茂机械制造有限公司有权选择在第五年后提前终止租赁，并以相当于1年的租金作为罚金。每年的租赁付款额为固定金额200 000元。该办公楼是全新的，并且在周边商业园区的办公楼中处于技术领先水平。上述租赁付款额与市场租金水平相符。

要求：若你是烟台兴茂机械制造有限公司的财务人员，请根据资料确定其租赁办公楼的租赁期。

解析：在租赁期开始日，烟台兴茂机械制造有限公司评估后认为，6个月的租金对于烟台兴茂机械制造有限公司而言金额重大,同等条件下,也难以按更优惠的价格租入其他办公楼,可以合理确定不会选择提前终止租赁。因此,其租赁负债不应包括提前终止租赁时需支付的罚金,租赁期确定为10年。

(5) 根据承租人提供的担保余值预计应支付的款项。担保余值是指与出租人无关的一方向出租人提供担保,保证在租赁结束时租赁资产的价值至少为某指定的金额。如果承租人提供了对余值的担保,则租赁付款额应包含该担保下预计应支付的款项,它反映了承租人预计将支付的金额,而不是承租人担保余值下的最大敞口。

【例3-20】承租人烟台兴茂机械制造有限公司与出租人乙公司签订了汽车租赁合同,租赁期为5年。合同中对于担保余值的规定为:如果标的汽车在租赁期结束时的公允价值低于60 000元,则烟台兴茂机械制造有限公司需向乙公司支付60 000元与汽车公允价值之间的差额。因此,烟台兴茂机械制造有限公司在该担保值下的最大敞口为60 000元。假设在租赁期开始日,烟台兴茂机械制造有限公司预计标的汽车在租赁期结束时的公允价值为50 000元。

要求:若你是烟台兴茂机械制造有限公司的财务人员,请根据资料计算与担保余值相关的付款额。

解析:烟台兴茂机械制造有限公司预计在担保余值下将支付的金额为10 000元(60 000-50 000)。因此,烟台兴茂机械制造有限公司在计算租赁负债时,与担保余值相关的付款额为10 000元。

2. 折现率

租赁负债应当按照租赁期开始日尚未支付的租赁付款额的现值进行初始计量。在计算租赁付款额的现值时,承租人应当采用租赁内含利率作为折现率;无法确定租赁内含利率的,应当采用承租人增量借款利率作为折现率。承租人增量借款利率是指承租人在类似经济环境下,为获得与使用权资产价值接近的资产,在类似期间以类似抵押条件借入资金须支付的利率。

【例3-21】承租人烟台兴茂机械制造有限公司与出租人乙公司签订了一份车辆租赁合同,租赁期为5年。在租赁开始日,该车辆的公允价值为100 000元,乙公司预计在租赁结束时该车辆的公允价值(即未担保余值)将为10 000元。租赁付款额为每年23 000元,于年末支付。乙公司发生的初始直接费用为5 000元。

要求:若你是烟台兴茂机械制造有限公司的财务人员,请根据资料计算租赁内含利率。

解析:$23\,000 \times (P/A, r, 5) + 10\,000 \times (P/F, r, 5) = 100\,000 + 5\,000$。

根据插值法计算得出的租赁内含利率r为5.79%。

(二) 使用权资产的初始计量

使用权资产,是指承租人有权在租赁期内使用租赁资产。在租赁期开始日,承租人应当按照成本对使用权资产进行初始计量。该成本包括下列四项。

(1) 租赁负债的初始计量金额。

(2) 在租赁期开始日或之前支付的租赁付款额;存在租赁激励的,应扣除已享受的租赁激励相关金额。

(3) 承租人发生的初始直接费用。

(4) 承租人为拆卸及移除租赁资产、复原租赁资产所在场地或将租赁资产恢复至租赁条款约定状态预计将发生的成本。

关于上述第(4)项成本,承租人有可能在租赁期开始日就承担了上述成本的支付义务,也可能在特定期间内因使用标的资产而承担了相关义务。承租人应在其有义务承担上述成本时,将这些成本确认为使用权资产成本的一部分。但是,承租人由于在特定期间内将使用权资产用于生产存货而发生的上述成本,应按照《企业会计准则第1号——存货》进行会计处理。承租人应当按照《企业会计准则第13号——或有事项》对上述成本的支付义务进行确认和计量。承租人发生的租赁资产改良支出不属于使用权资产,应当记入"长期待摊费用"账户。

在某些情况下,承租人可能在租赁期开始前,就发生了与标的资产相关的经济业务或事项。例如,租赁合同双方经协商在租赁合同中约定,标的资产需经建造或重新设计后方可供承租人使用;根据合同条款与条件,承租人需支付与资产建造或设计相关的成本。承租人如发生与标的资产建造或设计相关的成本,应适用其他相关准则(如《企业会计准则第4号——固定资产》)进行会计处理。同时,需要注意的是与标的资产建造或设计相关的成本不包括承租人为获取标的资产使用权而支付的款项,此类款项无论在何时支付,均属于租赁付款额。

承租人在租赁期开始日的会计处理如下:

借:使用权资产　　　　　　　　　　　　(尚未支付的租赁付款额的现值等四项)
　　租赁负债——未确认融资费用　　　　(差额)
　贷:租赁负债——租赁付款额　　　　　　(尚未支付的租赁付款额)
　　银行存款　　　　　　　　　　　　　(初始直接费用+已经支付的租赁付款额)
　　预计负债　　　　　　　　　　　　　(预计拆除、复原成本的现值)

【例3-22】 承租人烟台兴茂机械制造有限公司就某栋建筑物的某一层楼与出租人乙公司签订了为期10年的租赁协议,并拥有5年的续租选择权。有关资料如下。

(1)初始租赁期内的不含税租金为每年50 000元,续租期间为每年55 000元,所有款项应于每年年初支付。

(2)为获得该项租赁,烟台兴茂机械制造有限公司发生的初始直接费用为20 000元,其中,15 000元为向该楼层前任租户支付的款项,5 000元为向促成此租赁交易的房地产中介支付的佣金。

(3)作为对烟台兴茂机械制造有限公司的激励,乙公司同意补偿烟台兴茂机械制造有限公司5 000元的佣金。

(4)在租赁期开始日,烟台兴茂机械制造有限公司评估后认为,不能合理确定将行使续租选择权,因此,将租赁期确定为10年。

(5)烟台兴茂机械制造有限公司无法确定租赁内含利率,其增量借款利率为每年5%,该利率反映的是烟台兴茂机械制造有限公司以类似抵押条件借入期限为10年、与使用权资产等值的相同币种的借款而必须支付的利率。为简化处理,假设不考虑相关税费影响。

要求:若你是烟台兴茂机械制造有限公司的财务人员,请根据资料编制在租赁期开始日的会计分录。

解析:

(1)计算租赁期开始日租赁付款额的现值,并确认租赁负债和使用权资产。

在租赁期开始日,烟台兴茂机械制造有限公司支付第一年的租金 50 000 元,并以剩余 9 年租金(每年 50 000 元)按 5% 的年利率折现后的现值计量租赁负债。

计算租赁付款额现值的过程如下:

剩余 9 期租赁付款额 = 50 000 × 9 = 450 000(元)

租赁负债 = 剩余 9 期租赁付款额的现值 = 50 000 × $(P/A, 5\%, 9)$ = 355 391(元)

未确认融资费用 = 剩余 9 期租赁付款额 − 剩余 9 期租赁付款额的现值
$$= 450\,000 - 355\,391 = 94\,609(元)$$

借:使用权资产　　　　　　　　　　　　　　　　　　　　　　405 391
　　租赁负债——未确认融资费用　　　　　　　　　　　　　　94 609
　　贷:租赁负债——租赁付款额　　　　　　　　　　　　　　　450 000
　　　　银行存款(第一年的租赁付款额)　　　　　　　　　　　50 000

(2) 将初始直接费用计入使用权资产的初始成本。

借:使用权资产　　　　　　　　　　　　　　　　　　　　　　20 000
　　贷:银行存款　　　　　　　　　　　　　　　　　　　　　　20 000

(3) 将已收的租赁激励相关金额从使用权资产入账价值中扣除。

借:银行存款　　　　　　　　　　　　　　　　　　　　　　　5 000
　　贷:使用权资产　　　　　　　　　　　　　　　　　　　　　5 000

综上,烟台兴茂机械制造有限公司使用权资产的初始成本为 420 391 元(405 391 + 20 000 − 5 000)。

三、承租人一般租赁的后续计量

(一) 租赁负债的后续计量

1. 计量基础

在租赁期开始日后,承租人应当按以下原则对租赁负债进行后续计量。

(1) 确认租赁负债的利息时,增加租赁负债的账面金额。

确认租赁负债利息的会计处理如下。

借:财务费用/在建工程等
　　贷:租赁负债——未确认融资费用　　　　　　　　(租赁负债的摊余成本×实际利率)

(2) 支付租赁付款额时,减少租赁负债的账面金额。

借:租赁负债——租赁付款额　　　　　　　　　　　　(实际支付的租金)
　　贷:银行存款等

(3) 因重估或租赁变更等原因导致租赁付款额发生变动时,重新计量租赁负债的账面价值。

承租人应当按照固定的周期性利率计算租赁负债在租赁期内各期间的利息费用,并计入当期损益,但按照《企业会计准则第 17 号——借款费用》等其他准则规定,应当计入相关资产成本的,从其规定。此处的"周期性利率",是指承租人对租赁负债进行初始计量时所采用的折现率,或者因租赁付款额发生变动或因租赁变更而需按照修订后的折现率对租赁负债进行重新计量时,承租人所采用的修订后的折现率。

【例 3-23】 承接[例 3-22]资料。所有计算结果保留整数。

要求:若你是烟台兴茂机械制造有限公司的财务人员,请根据资料编制未确认融资费用分摊表,并编制各期摊销未确认融资费用和支付租赁付款额的会计分录。

解析:在租赁期开始日,租赁付款额按5%折现后的现值为355 391元,未确认融资费用为94 609元,由此,烟台兴茂机械制造有限公司编制的未确认融资费用分摊表如表3-1所示。

表 3-1   未确认融资费用分摊表   单位:元

租赁期 ①	年租赁付款额 ②	摊销的融资费用 ③=期初⑤×5%	租赁负债减少额 ④=②-③	租赁负债余额 期末⑤=期初⑤-④
第一年(期初)	—	—	—	355 391
第二年	50 000	17 770	32 230	323 161
第三年	50 000	16 158	33 842	289 319
第四年	50 000	14 466	35 534	253 785
第五年	50 000	12 689	37 311	216 474
第六年	50 000	10 824	39 176	177 298
第七年	50 000	8 865	41 135	136 163
第八年	50 000	6 808	43 192	92 791
第九年	50 000	4 649	45 351	47 620
第十年	50 000	2 380*	47 620*	0
合计	450 000	94 609	355 391	—

注:*作尾数调整,2 380=50 000-47 620;47 620=47 620-0。

根据表3-1,在租赁期内的每个期初,烟台兴茂机械制造有限公司的会计处理如下。

(1)第二年期初的会计处理。

借:租赁负债——租赁付款额　　　　　　　　　　　　　　　　50 000
　　贷:银行存款　　　　　　　　　　　　　　　　　　　　　　　　　50 000

借:财务费用　　　　　　　　　　　　　　　　　　　　　　　17 770
　　贷:租赁负债——未确认融资费用　　　　　　　　　　　　　　　17 770

(2)第三年期初的会计处理。

借:租赁负债——租赁付款额　　　　　　　　　　　　　　　　50 000
　　贷:银行存款　　　　　　　　　　　　　　　　　　　　　　　　　50 000

借:财务费用　　　　　　　　　　　　　　　　　　　　　　　16 151
　　贷:租赁负债——未确认融资费用　　　　　　　　　　　　　　　16 151

其余年份期初会计处理略。

> **【特别提示】**
> 未纳入租赁负债计量的可变租赁付款额,即并非取决于指数或比率的可变租赁付款额,应当在实际发生时计入当期损益,但按照《企业会计准则第1号——存货》等其他准则规定应当计入相关资产成本的,从其规定。

2. 租赁负债的重新计量

在租赁期开始日后,当发生下列四种情形时,承租人应当按照变动后的租赁付款额的现值重新计量租赁负债,并相应调整使用权资产的账面价值。使用权资产的账面价值已调减至0,但租赁负债仍需进一步调减的,承租人应当将剩余金额计入当期损益。

1) 实质固定付款额发生变动

如果租赁付款额最初是可变的,但在租赁期开始日后的某一时点转为固定,那么,在潜在可变性消除时,该付款额成为实质固定付款额,应纳入租赁负债的计量中。承租人应当按照变动后租赁付款额的现值重新计量租赁负债。在该情形下,承租人采用的折现率不变,即,采用租赁期开始日确定的折现率。

【例3-24】 承租人烟台兴茂机械制造有限公司签订了一份为期10年的机器租赁合同。租金于每年年末支付,并按以下方式确定:第一年,租金是可变的,根据该机器在第一年下半年的实际产能确定;第二年至第十年,每年的租金根据该机器在第一年下半年的实际产能确定,即租金将在第一年年末转变为固定付款额。在租赁期开始日,烟台兴茂机械制造有限公司无法确定租赁内含利率,其增量借款利率为5%。假设在第一年年末,根据该机器在第一年下半年的实际产能所确定的租赁付款额为每年20 000元。

要求:若你是烟台兴茂机械制造有限公司的财务人员,请根据资料编制其在第一年年末的相关会计分录。

解析:本例中,在租赁期开始时,未来的租金尚不确定,因此烟台兴茂机械制造有限公司的租赁负债为0。在第一年年末,租金的潜在可变性消除,成为实质固定付款额(即每年20 000元),因此烟台兴茂机械制造有限公司应基于变动后的租赁付款额重新计量租赁负债,并采用不变的折现率(即5%)进行折现。

(1) 支付第一年的租金之后,租赁付款额 = (20 000 × 9) = 180 000(元)。
(2) 租赁付款额在第一年年末的现值 = 20 000 × (P/A, 5%, 9) = 142 156(元)。
(3) 未确认融资费用 = 180 000 − 142 156 = 37 844(元)。

烟台兴茂机械制造有限公司在第一年年末的相关会计处理如下。

支付第一年租金:

借:制造费用等	20 000
贷:银行存款	20 000

确认使用权资产和租赁负债:

借:使用权资产	142 156
租赁负债——未确认融资费用	37 844
贷:租赁负债——租赁付款额	180 000

2) 担保余值预计的应付金额发生变动

在租赁期开始日后,承租人应对其在担保余值下预计支付的金额进行估计。该金额发生变动的,承租人应当按照变动后租赁付款额的现值重新计量租赁负债。在该情形下,承租人采用的折现率不变。

【例 3-25】 在租赁期开始日后,承租人烟台兴茂机械制造有限公司与出租人乙公司签订了汽车租赁合同,租赁期为 5 年,烟台兴茂机械制造有限公司增量资本借入利率为 5%,合同中就担保余值的规定为:如果标的汽车在租赁期结束时的公允价值低于 40 000 元,则烟台兴茂机械制造有限公司需向乙公司支付 40 000 元与汽车公允价值之间的差额。在租赁期开始日,烟台兴茂机械制造有限公司预计标的汽车在租赁期结束时的公允价值为 40 000 元。即烟台兴茂机械制造有限公司预计在担保余值下将支付的金额为 0。因此,烟台兴茂机械制造有限公司在计算租赁负债时,与担保余值相关的付款额为零。

在租赁期开始日后,承租人烟台兴茂机械制造有限公司对该汽车在租赁期结束时的公允价值进行监测。假设在第一年年末,烟台兴茂机械制造有限公司预计标的汽车在租赁期结束时的公允价值为 30 000 元。

要求:若你是烟台兴茂机械制造有限公司的财务人员,请根据资料编制第一年年末调整租赁负债和使用权资产的会计分录。

解析:烟台兴茂机械制造有限公司应将该担保余值下预计应付的金额 10 000 元纳入租赁付款额,并使用不变的折现率 5% 来重新计量租赁负债。

应付担保余值的现值 $=10\ 000\times(P/F,5\%,4)=8\ 227$(元)

未确认融资费用 $=10\ 000-8\ 227=1\ 773$(元)

烟台兴茂机械制造有限公司据此调整租赁负债与使用权资产账面价值的会计分录如下。

借:使用权资产　　　　　　　　　　　　　　　　　　　　　　　8 227
　　租赁负债——未确认融资费用　　　　　　　　　　　　　　　1 773
　　贷:租赁负债——租赁付款额　　　　　　　　　　　　　　　　　　10 000

3) 用于确定租赁付款额的指数或比率发生变动

在租赁期开始日后,因浮动利率的变动而导致未来租赁付款额发生变动的,承租人应当按照变动后租赁付款额的现值重新计量租赁负债。在该情形下,承租人应采用反映利率变动的修订后的折现率进行折现。

在租赁期开始日后,因用于确定租赁付款额的指数或比率(浮动利率除外)的变动而导致未来租赁付款额发生变动的,承租人应当按照变动后租赁付款额的现值重新计量租赁负债。在该情形下,承租人采用的折现率不变。

需要注意的是,仅当现金流量发生变动时,即租赁付款额的变动生效时,承租人才应重新计量租赁负债,以反映变动后的租赁付款额。承租人应基于变动后的合同付款额,确定剩余租赁期内的租赁付款额。

【例 3-26】 承接[例 3-17]的资料。假设在租赁第三年年初的消费者价格指数为 135,烟台兴茂机械制造有限公司在租赁期开始日采用的折现率为 5%。

要求:若你是烟台兴茂机械制造有限公司的财务人员,请根据资料编制第三年年初调整租赁负债和使用权资产的会计分录。

解析：烟台兴茂机械制造有限公司在初始计量租赁负债时，应基于租赁期开始日的消费者物价指数确定租赁付款额，无须对后续年度因消费者物价指数而导致的租金变动做出估计。因此，在租赁期开始日，烟台兴茂机械制造有限公司应以每年 50 000 元的租赁付款额为基础计量租赁负债。经消费者价格指数调整后的第三年租赁付款额为 54 000 元（50 000×135÷125）。

第三年年初调整并支付租金前租赁负债的账面余额 $=50\,000+50\,000\times(P/A,5\%,7)=339\,320$（元）

第三年年初调整租金后租赁负债的金额 $=54\,000+54\,000\times(P/A,5\%,7)=366\,466$（元）

租赁负债的调整金额 $=366\,466-339\,320=27\,146$（元）

其中：租赁付款额调整额 $=(54\,000-50\,000)\times 8=32\,000$（元）

未确认融资费用调整额 $=32\,000-27\,146=4\,854$（元）

不考虑其他因素，烟台兴茂机械制造有限公司相关会计处理如下。

借：使用权资产　　　　　　　　　　　　　　　　　　　27 146
　　租赁负债——未确认融资费用　　　　　　　　　　　 4 854
　　贷：租赁负债——租赁付款额　　　　　　　　　　　　　　32 000

4) 购买选择权、续租选择权或终止租赁选择权的评估结果或实际行使情况发生变化

租赁期开始日后，发生下列情形的，承租人应采用修订后的折现率对变动后的租赁付款额进行折现，以重新计量租赁负债。

(1) 发生承租人可控范围内的重大事件或变化，且影响承租人是否合理确定将行使续租选择权或终止租赁选择权的，承租人应当对其是否合理确定将行使相应选择权进行重新评估。上述选择权的评估结果发生变化的，承租人应当根据新的评估结果重新确定租赁期和租赁付款额。前述选择权的实际行使情况与原评估结果不一致等导致租赁期变化的，也应当根据新的租赁期重新确定租赁付款额。

(2) 发生承租人可控范围内的重大事件或变化，且影响承租人是否合理确定将行使购买选择权的，承租人应当对其是否合理确定将行使购买选择权进行重新评估。评估结果发生变化的，承租人应根据新的评估结果重新确定租赁付款额。

上述两种情形下，承租人在计算变动后租赁付款额的现值时，应当采用剩余租赁期间的租赁内含利率作为折现率；无法确定剩余租赁期间的租赁内含利率的，应当采用重估日的承租人增量借款利率作为折现率。

【例 3-27】承租人烟台兴茂机械制造有限公司与出租人乙公司签订了一份办公楼租赁合同，每年的租赁付款额为 50 000 元，于每年年末支付。烟台兴茂机械制造有限公司无法确定租赁内含利率，其增量借款利率为 5%。

不可撤销租赁期为 5 年，并且合同约定在第五年年末，烟台兴茂机械制造有限公司有权选择以每年 50 000 元续租 5 年，也有权选择以 1 000 000 元购买该房产。烟台兴茂机械制造有限公司在租赁期开始时评估认为，可以合理确定将行使续租选择权，而不行使购买选择权。

在第四年,该房产所在地房价显著上涨,烟台兴茂机械制造有限公司预计租赁期结束时,该房产的市价为 2 000 000 元,烟台兴茂机械制造有限公司在第四年年末重新评估后认为,能够合理确定将行使上述购买选择权,而不会行使上述续租选择权。在第五年年末,烟台兴茂机械制造有限公司实际行使了购买选择权。

要求:若你是烟台兴茂机械制造有限公司的财务人员,请根据资料进行相关的会计处理(所有计算保留整数)。

解析:在租赁期开始日,烟台兴茂机械制造有限公司能够合理确定将行使上述购买选择权,而不会行使上述续租选择权,因此在租赁期开始日将租赁期确定为 10 年。

(1)租赁期开始日的会计处理。

使用权资产入账价值=50 000×(P/A,5%,10)=386 000(元)

未确认融资费用初始入账金额=500 000-386 000=114 000(元)

借:使用权资产　　　　　　　　　　　　　　　　　　　　　　　386 000
　　租赁负债——未确认融资费用　　　　　　　　　　　　　　　114 000
　　贷:租赁负债——租赁付款额　　　　　　　　　　　　　　　　　　　500 000

(2)租赁负债的后续计量。

烟台兴茂机械制造有限公司编制的未确认融资费用分摊表如表 3-2 所示。

表 3-2　　　　　　　　　　　　未确认融资费用分摊表　　　　　　　　　　　　单位:元

租赁期	年租赁付款额	摊销的融资费用	租赁负债减少额	租赁负债余额
①	②	③=期初⑤×5%	④=②-③	期末⑤=期初⑤-④
期初	—	—	—	386 000
第一年	50 000	19 300	30 700	355 300
第二年	50 000	17 765	32 235	323 065
第三年	50 000	16 153	33 847	289 218
第四年	50 000	14 461	35 539	253 679
第五年	50 000	12 684	37 316	216 363
第六年	50 000	10 818	39 182	177 181
第七年	50 000	8 859	41 141	136 040
第八年	50 000	6 802	43 198	92 842
第九年	50 000	4 642	45 358	47 484
第十年	50 000	2 516	47 484	0
合计	500 000	114 000	386 000	—

根据表 3-2,烟台兴茂机械制造有限公司第一年年末至第三年年末的会计处理如下。

第一年年末的会计处理:

借:租赁负债——租赁付款额　　　　　　　　　　　　　　　　　50 000
　　贷:银行存款　　　　　　　　　　　　　　　　　　　　　　　　　50 000

借：财务费用　　　　　　　　　　　　　　　　　　　　　　19 300
　　贷：租赁负债——未确认融资费用　　　　　　　　　　　　　　19 300

第二年年末的会计处理：

借：租赁负债——租赁付款额　　　　　　　　　　　　　　50 000
　　贷：银行存款　　　　　　　　　　　　　　　　　　　　　　50 000

借：财务费用　　　　　　　　　　　　　　　　　　　　　　17 765
　　贷：租赁负债——未确认融资费用　　　　　　　　　　　　　　17 765

其余年份会计处理略。

烟台兴茂机械制造有限公司在第四年年末重新评估后认为，能够合理确定将行使上述购买选择权，而不会行使上述续租选择权。该房产所在地区的房价上涨属于市场情况发生的变化，不在烟台兴茂机械制造有限公司的可控范围内。因此，虽然该事项导致购买选择权及续租选择权的评估结果发生变化，但烟台兴茂机械制造有限公司不需重新计量租赁负债。

在第五年年末，烟台兴茂机械制造有限公司实际行使了购买选择权。截至该时点，使用权资产的原值为 386 000 元，累计折旧为 193 000 元(386 000×5÷10)；支付了第五年租赁付款额之后，租赁负债的账面价值为 216 363 元，其中，租赁付款额为 250 000 元，未确认融资费用为 33 637 元(250 000－216 363)。烟台兴茂机械制造有限公司行使购买选择权的会计分录为：

借：固定资产——办公楼　　　　　　　　　　　　　　　　976 637
　　使用权资产累计折旧　　　　　　　　　　　　　　　　193 000
　　租赁负债——租赁付款额　　　　　　　　　　　　　　250 000
　　贷：使用权资产　　　　　　　　　　　　　　　　　　　　　386 000
　　　　租赁负债——未确认融资费用　　　　　　　　　　　　　33 637
　　　　银行存款　　　　　　　　　　　　　　　　　　　　　1 000 000

(二) 使用权资产的后续计量

1. 计量基础

在租赁期开始日后，承租人应当采用成本模式对使用权资产进行后续计量，即以成本减累计折旧及累计减值损失计量使用权资产。承租人按照租赁准则有关规定重新计量租赁负债的，应当相应调整使用权资产的账面价值。

2. 使用权资产的折旧

承租人应当参照《企业会计准则第 4 号——固定资产》有关折旧规定，自租赁期开始日起对使用权资产计提折旧。使用权资产通常应自租赁期开始的当月计提折旧，当月计提确有困难的，为便于实务操作，企业也可以选择自租赁期开始的下月计提折旧，但应对同类使用权资产采取相同的折旧政策。计提的折旧金额应根据使用权资产的用途，计入相关资产的成本或者当期损益。

承租人在确定使用权资产的折旧方法时，应当根据与使用权资产有关的经济利益的预期实现方式作出决定。通常，承租人按直线法对使用权资产计提折旧，其他折旧方法更能反映使用权资产有关经济利益预期实现方式的，应采用其他折旧方法。

承租人在确定使用权资产的折旧年限时,应遵循以下原则:承租人能够合理确定租赁期届满时取得租赁资产所有权的,应当在租赁资产剩余使用寿命内计提折旧;承租人无法合理确定租赁期届满时能够取得租赁资产所有权的,应当在租赁期与租赁资产剩余使用寿命两者孰短的期间内计提折旧。如果使用权资产的剩余使用寿命短于前两者,则应在使用权资产的剩余使用寿命内计提折旧。使用权资产计提折旧的会计处理如下。

借:主营业务成本/制造费用/销售费用/管理费用/研发支出等
　　贷:使用权资产累计折旧

3. 使用权资产的减值

在租赁期开始日后,承租人应当按照《企业会计准则第 8 号——资产减值》的规定,确定使用权资产是否发生减值,并对已识别的减值损失进行会计处理。使用权资产减值准备一旦计提,不得转回。承租人应当按照扣除减值损失之后的使用权资产的账面价值,进行后续折旧。使用权资产确认减值的会计处理如下。

借:资产减值损失
　　贷:使用权资产减值准备

企业执行租赁准则后,《企业会计准则第 13 号——或有事项》有关亏损合同的规定仅适用于采用短期租赁和低价值资产租赁简化处理方法的租赁合同以及在租赁开始日前已是亏损合同的租赁合同,不再适用于其他租赁合同。

4. 承租人发生的租赁资产改良支出及其导致的预计复原支出的会计处理

对于承租人为拆卸及移除租赁资产、复原租赁资产所在场地或将租赁资产恢复至租赁条款约定状态预计将发生的成本,属于为生产存货而发生的,适用《企业会计准则第 1 号——存货》,否则计入使用权资产的初始计量成本;承租人应当按照《企业会计准则第 13 号——或有事项》进行确认和计量。

承租人发生的租赁资产改良支出不属于使用权资产,应当记入"长期待摊费用"账户。对于由租赁资产改良导致的预计复原支出,属于为生产存货而发生的,适用《企业会计准则第 1 号——存货》,并按照《企业会计准则第 13 号——或有事项》进行确认和计量。

(三)租赁期届满的会计处理

租赁期届满时,承租人通常对租赁资产的处理有三种情况:返还、优惠续租和留购。

1. 返还租赁资产

租赁期届满,承租人向出租人返还租赁资产时,其会计处理如下。

借:使用权资产累计折旧
　　贷:使用权资产

2. 优惠续租租赁资产

如果承租人行使优惠续租选择权,则应视同该项租赁一直存在而作出相应的会计处理。如果租赁期届满时没有续租,根据租赁协议规定须向出租人支付违约金,其会计处理如下。

借:营业外支出
　　贷:银行存款等

3. 留购租赁资产

在承租人享有优惠购买选择权的情况下,支付购买价款时的会计处理如下。

借:租赁负债
　　贷:银行存款
借:固定资产
　　贷:使用权资产

(四)租赁变更的会计处理

租赁变更,是指原合同条款之外的租赁范围、租赁对价、租赁期限的变更,包括增加或终止一项或多项租赁资产的使用权,延长或缩短合同规定的租赁期等。租赁变更生效日,是指双方就租赁变更达成一致的日期。

1. 租赁变更作为一项单独租赁

租赁发生变更且同时符合下列条件的,承租人应当将该租赁变更作为一项单独租赁进行会计处理。

(1)该租赁变更通过增加一项或多项租赁资产的使用权而扩大了租赁范围。

(2)增加的对价与租赁范围扩大部分的单独价格按该合同情况调整后的金额相当。

【例3-28】 承租人烟台兴茂机械制造有限公司与出租人乙公司就2 000平方米的办公场所签订了一项为期10年的租赁合同。在第六年年初,烟台兴茂机械制造有限公司和乙公司同意对原租赁合同进行变更,以扩租同一办公楼内3 000平方米的办公场所。扩租的场所于第六年第二季度末可供烟台兴茂机械制造有限公司使用。增加的租赁对价与新增3 000平方米办公场所的当前市价(根据烟台兴茂机械制造有限公司获取的扩租折扣进行调整后的金额)相当。扩租折扣反映了乙公司节约的成本,即若将相同场所租赁给新租户,乙公司将会发生的额外成本(如营销成本)。

要求:若你是烟台兴茂机械制造有限公司的财务人员,请分析公司是否应该将该租赁变更作为一项单独租赁进行会计处理。

解析:本例中,烟台兴茂机械制造有限公司应当将该变更作为一项单独的租赁,与原来的10年期租赁分别进行会计处理。原因在于,该租赁变更通过增加3 000平方米办公场所的使用权而扩大了租赁范围,并且增加的租赁对价与新增使用权的单独价格按该合同情况调整后的金额相当。据此,在新租赁的租赁期开始日(即第六年第二季度末),烟台兴茂机械制造有限公司确认与新增3 000平方米办公场所租赁相关的使用权资产和租赁负债。烟台兴茂机械制造有限公司对原有2 000平方米办公场所租赁的会计处理不会因为该租赁变更而进行任何调整。

2. 租赁变更未作为一项单独租赁

租赁变更未作为一项单独租赁进行会计处理的,在租赁变更生效日,承租人应当按照租赁准则中有关租赁分拆的规定对变更后合同的对价进行分摊;按照租赁准则有关租赁期的规定确定变更后的租赁期;并采用变更后的折现率对变更后的租赁付款额进行折现,以重新计量租赁负债。在计算变更后租赁付款额的现值时,承租人应当采用剩余租赁期间的租赁内含利率作为折现率;无法确定剩余租赁期间的租赁内含利率的,应当采用租赁变更生效日的承租人增量借款利率作为折现率。

对于上述租赁负债调整的影响,承租人应区分以下两种情形进行会计处理。

(1) 租赁变更导致租赁范围缩小或租赁期缩短的,承租人应当调减使用权资产的账面价值,以反映租赁的部分终止或完全终止。承租人应将部分终止或完全终止租赁的相关利得或损失计入当期损益。

(2) 其他租赁变更,承租人应当相应调整使用权资产的账面价值。

【特别提示】
租赁变更导致租赁期缩短至1年以内的,承租人应当调减使用权资产的账面价值,部分终止租赁的相关利得或损失记入"资产处置损益"账户。企业不得改按短期租赁进行简化处理或追溯调整。

四、短期租赁和低价值资产租赁

(一) 短期租赁

短期租赁,是指在租赁期开始日,租赁期不超过12个月(1年)的租赁。当承租人与出租人签订租赁期为1年的租赁合同时,不能简单认为该租赁的租赁期为1年,而应当基于所有相关事实和情况判断可强制执行合同的期间以及是否存在实质续租、终止等选择权以合理确定租赁期。如果历史上承租人与出租人之间存在逐年续签的惯例,或者承租人与出租人互为关联方,尤其应当谨慎确定租赁期。企业在考虑所有相关事实和情况后确定租赁期为1年的,其他会计估计应与此一致。例如,与该租赁相关的租赁资产改良支出、初始直接费用等应当在1年内以直线法或其他系统合理的方法进行摊销。包含购买选择权的租赁,即使租赁期不超过12个月,也不属于短期租赁。

对于短期租赁,承租人可以按照租赁资产的类别作出采用简化会计处理的选择。如果承租人对某类租赁资产作出了简化会计处理的选择,未来该类资产下所有的短期租赁都应采用简化会计处理。其中,"某类租赁资产"是指企业运营中具有类似性质和用途的一组租赁资产。

按照简化会计处理的短期租赁发生租赁变更或者其他原因导致租赁期发生变化的,承租人应当将其视为一项新租赁,重新按照上述原则判断该项新租赁是否可以选择简化会计处理。

【例3-29】承租人烟台兴茂机械制造有限公司与出租人乙公司签订了一份租赁合同,约定不可撤销期间为9个月,且承租人拥有4个月的续租选择权。在租赁期开始日,承租人判断可以合理确定将行使续租选择权,因为续租期的月租赁付款额明显低于市场价格。

要求:若你是烟台兴茂机械制造有限公司的财务人员,请根据资料判断承租人对上述租赁业务是否可以选择简化会计处理。

解析:在租赁期开始日,烟台兴茂机械制造有限公司判断可以合理确定将行使续租选择权,在此情况下,烟台兴茂机械制造有限公司确定租赁期为13个月,不属于短期租赁,不能选择上述简化会计处理。

(二) 低价值资产租赁

低价值资产租赁,是指单项租赁资产为全新资产时价值较低的租赁。承租人在判断是否是低价值资产租赁时,应基于租赁资产的全新状态下的价值进行评估,不应考虑资产已被使用的年限。

对于低价值资产租赁,承租人可根据每项租赁的具体情况作出简化会计处理选择。低价值资产同时还应满足以下条件,即只有承租人能够从单独使用该低价值资产或将其与承租人易于获得的其他资源一起使用中获利,且该项资产与其他租赁资产没有高度依赖或高度关联关系时,才能对该资产租赁选择进行简化会计处理。

低价值资产租赁的标准应该是一个绝对金额,即仅与资产全新状态下的绝对价值有关,不受承租人规模、性质等影响,也不考虑该资产对于承租人或相关租赁交易的重要性。常见的低价值资产的例子包括平板电脑、普通办公家具、电话等小型资产。但是,如果承租人已经或者预期要把相关资产进行转租赁,则不能将原租赁按照低价值资产租赁进行简化会计处理。值得注意的是,符合低价值资产租赁的,也并不代表承租人若采取购入方式取得该资产时,该资产不符合固定资产确认条件。

【例3-30】 承租人烟台兴茂机械制造有限公司与出租人乙公司签订了一份租赁合同,约定的租赁资产包括:

(1) IT设备,包括供员工个人使用的笔记本电脑、台式电脑、平板电脑、桌面打印机和手机等。办公笔记本电脑全新时的单独价格不超过10 000元,台式电脑、平板电脑、桌面打印机和手机等设备全新时的单独价格不超过5 000元。

(2) 服务器,其中包括增加服务器容量的单独组件,这些组件根据承租人需要陆续添加到大型服务器以增加服务器存储容量。服务器单个组件的单独价格不超过10 000元。

(3) 办公家具,如桌椅和办公隔断等。普通办公家具的单独价格不超过10 000元。

(4) 饮水机。饮水机的单独价格不超过1 000元。

要求:如果你是烟台兴茂机械制造有限公司的财务人员,请分析资料中的租赁是否为低价值资产租赁。

解析:上述租赁资产中,各种IT设备、办公家具、饮水机都能够单独使承租人获益,且与其他租赁资产没有高度依赖或高度关联关系。通常情况下,符合低价值资产租赁的资产全新状态下的绝对价值应低于人民币40 000元。本例中,承租人将IT设备、办公家具、饮水机作为低价值租赁资产,选择按照简化方法进行会计处理。对于服务器中的组件,尽管单个组件的单独价格较低,但由于每个组件都与服务器中的其他部分高度相关,承租人若不租赁服务器就不会租赁这些组件,不构成单独的租赁部分。因此,不能作为低价值租赁资产进行会计处理。

第三节 出租人的会计处理

一、出租人的租赁分类

(一) 融资租赁和经营租赁

出租人应当在租赁开始日将租赁分为融资租赁和经营租赁。

租赁开始日,是指租赁合同签署日与租赁各方就主要租赁条款作出承诺日中的较早者。租赁开始日可能早于租赁期开始日,也可能与租赁期开始日重合。

一项租赁属于融资租赁还是经营租赁取决于交易的实质,而不是合同的形式。如果一项租赁实质上转移了与租赁资产所有权有关的几乎全部风险和报酬,出租人应当将该项租赁分类为融资租赁。出租人应当将除融资租赁以外的其他租赁分类为经营租赁。

出租人的租赁分类是以租赁转移与租赁资产所有权相关的风险和报酬的程度为依据的。风险包括由于生产能力的闲置或技术陈旧可能造成的损失,以及由于经济状况的改变可能造成的回报变动。报酬可以表现为在租赁资产的预期经济寿命期间经营的盈利以及因增值或残值变现可能产生的利得。

租赁开始日后,除非发生租赁变更,出租人无须对租赁的分类进行重新评估。租赁资产预计使用寿命、预计余值等会计估计变更或发生承租人违约等情况变化的,出租人不对租赁进行重分类。

租赁合同可能包括因租赁开始日与租赁期开始日之间发生的特定变化而需对租赁付款额进行调整的条款与条件(例如,出租人标的资产的成本发生变动,或出租人对该租赁的融资成本发生变动)。在此情况下,出于租赁分类目的,此类变动的影响均视为在租赁开始日已发生。

(二) 融资租赁的分类标准

一项租赁存在下列一种或多种情形的,通常分类为融资租赁。

(1) 在租赁期届满时,租赁资产的所有权转移给承租人。即如果在租赁协议中已经约定,或者根据其他条件,在租赁开始日就可以合理地判断,租赁期届满时出租人会将资产的所有权转移给承租人。

(2) 承租人有购买租赁资产的选择权,所订立的购买价款预计将远低于行使选择权时租赁资产的公允价值,因而在租赁开始日就可以合理确定承租人将行使该选择权。

(3) 资产的所有权虽然不转移,但租赁期占租赁资产使用寿命的大部分。实务中,这里的"大部分"一般指租赁期占租赁开始日租赁资产使用寿命的75%以上(含75%)。需要说明的是,这里的量化标准只是指导性标准,企业在具体运用时,应根据租赁准则规定的相关条件进行综合判断。这条标准强调的是租赁期占租赁资产使用寿命的比例,而非租赁期占该项资产全部可使用年限的比例。如果租赁资产是旧资产,在租赁前已使用年限超过资产自全新时起算可使用年限的75%以上时,则这条判断标准不适用,不能使用这条标准确定租赁的分类。

【例3-31】 烟台兴茂机械制造有限公司某项租赁设备全新时可使用年限为10年,存在以下三种情形。

情形一:已经使用3年,从第四年开始租赁,租赁期为6年。

情形二:已经使用3年,从第四年开始租赁,租赁期为3年。

情形三:该项设备已经使用了8年,从第九年开始租赁,租赁期为2年。

要求:若你是烟台兴茂机械制造有限公司的财务人员,请根据资料分别判断以上三种情形下的租赁类型。

解析:情形一,租赁开始时该设备使用寿命为7年,租赁期占使用寿命85.7%(6÷7×100%),大于75%,该项租赁应当归类为融资租赁。

情形二,租赁开始时该设备使用寿命为7年,租赁期占使用寿命的42.9%(3÷7×100%),小于75%,该项租赁不应认定为融资租赁(假定也不符合其他判断标准)。

情形三,在租赁前该设备的已使用年限占可使用年限的80%(8÷10×100%),超过了可使用年限的75%。因此,不能采用租赁期占租赁资产使用寿命的大部分这条标准来判断租赁的分类。

(4) 在租赁开始日,租赁收款额的现值几乎相当于租赁资产的公允价值。实务中,这里的"几乎相当于",通常指在90%以上。需要说明的是,这里的量化标准只是指导性标准,企业在具体运用时,应根据租赁准则规定的相关条件进行综合判断。

(5) 租赁资产性质特殊,如果不作较大改造,只有承租人才能使用。租赁资产是由出租人根据承租人对资产型号、规格等方面的特殊要求专门购买或建造的,具有专购、专用性质。这些租赁资产如果不作较大的重新改制,其他企业通常难以使用。

一项租赁存在下列一项或多项迹象的,也可能分类为融资租赁。

(1) 若承租人撤销租赁,撤销租赁对出租人造成的损失由承租人承担。

(2) 资产余值的公允价值波动所产生的利得或损失归属于承租人。例如,租赁结束时,出租人以相当于资产销售收益的绝大部分金额作为对租金的退还,说明承租人承担了租赁资产余值的几乎所有风险和报酬。

(3) 承租人有能力以远低于市场水平的租金继续租赁至下一期间。此经济激励政策与购买选择权类似,如果续租选择权行权价远低于市场水平,可以合理确定承租人将继续租。

【特别提示】

出租人判断租赁类型时,上述情形和迹象并非总是决定性的,而是应综合考虑经济激励的有利方面和不利方面。若有其他特征充分表明,租赁实质上没有转移与租赁资产所有权相关的几乎全部风险和报酬,则该租赁应分类为经营租赁。例如,若租赁资产的所有权在租赁期结束时是以相当于届时其公允价值的可变付款额转让至承租人,或者因存在可变租赁付款额导致出租人实质上没有转移几乎全部风险和报酬,就可能出现这种情况。

二、出租人使用的相关账户

(一)"融资租赁资产"账户

"融资租赁资产"账户核算租赁企业作为出租人为开展融资租赁业务取得资产的成本。租赁业务不多的企业,也可通过"固定资产"等账户核算。租赁企业和其他企业对于融资租赁资产在未融资租赁期间的会计处理遵循固定资产准则或其他适用的会计准则。该账户的主要会计处理如下。

(1) 出租人购入和以其他方式取得融资租赁资产的,借记该账户,贷记"银行存款"等账户。

(2) 在租赁期开始日,出租人应当按尚未收到的租赁收款额,借记"应收融资租赁款——租赁收款额"账户,按预计租赁期结束时的未担保余值,借记"应收融资租赁款——未担保余值"账户,按已经收取的租赁款,借记"银行存款"等账户,按融资租赁方式租出资产的账面价值,贷记该账户;融资租赁方式租出资产的公允价值与账面价值的差额,借记或贷记

"资产处置损益"账户;按发生的初始直接费用,贷记"银行存款"等账户;差额贷记"应收融资租赁款——未实现融资收益"账户。

(二)"应收融资租赁款"账户

"应收融资租赁款"账户核算出租人融资租赁产生的租赁投资净额。该账户可分别设置"租赁收款额""未实现融资收益""未担保余值"等账户进行明细核算。租赁业务较多的,出租人还可以在"租赁收款额"账户下进一步设置账户进行核算。该账户的主要会计处理如下。

(1) 在租赁期开始日,出租人应当按尚未收到的租赁收款额,借记"应收融资租赁款——租赁收款额"账户;按预计租赁期结束时的未担保余值,借记"应收融资租赁款——未担保余值"账户;按已经收取的租赁款,借记"银行存款"等账户;按融资租赁方式租出资产的账面价值,贷记"融资租赁资产"等账户;按融资租赁方式租出资产的公允价值与其账面价值的差额,借记或贷记"资产处置损益"账户;按发生的初始直接费用,贷记"银行存款"等账户,差额贷记"应收融资租赁款——未实现融资收益"账户。

(2) 出租人在确认租赁期内各个期间的利息收入时,应当借记"应收融资租赁款——未实现融资收益"账户,贷记"租赁收入——利息收入""其他业务收入"等账户。

(3) 出租人收到租赁收款额时,应当借记"银行存款"账户,贷记"应收融资租赁款——租赁收款额"账户。

(4) 该账户的期末借方余额,反映未担保余值和尚未收到的租赁收款额的现值之和。

(5) 该账户余额在"长期应收款"项目中填列,其中,自资产负债表日起一年内(含一年)到期的,在"一年内到期的非流动资产"中填列。出租业务较多的出租人,也可在"长期应收款"项目下单独列示为"其中:应收融资租赁款"。

(三)"应收融资租赁款减值准备"账户

"应收融资租赁款减值准备"账户核算应收融资租赁款的减值准备。该账户的主要会计处理如下。应收融资租赁款的预期信用损失,按应减记的金额,借记"信用减值损失"账户,贷记该账户。转回已计提的减值准备时,做相反的会计分录。

(四)"租赁收入"账户

"租赁收入"账户核算租赁企业作为出租人确认的融资租赁和经营租赁的租赁收入。一般企业根据自身业务特点确定租赁收入的核算账户,例如"其他业务收入"等。该账户的主要会计处理如下。

(1) 出租人在经营租赁下,将租赁收款额采用直线法或其他系统合理的方法在租赁期内进行分摊确认时,应当借记"银行存款""应收账款"等账户,贷记"租赁收入——经营租赁收入"账户。

(2) 出租人在融资租赁下,在确认租赁期内各个期间的利息收入时,应当借记"应收融资租赁款——未实现融资收益"账户,贷记"租赁收入——利息收入""其他业务收入"等账户。出租人为金融企业的,在融资租赁下,在确认租赁期内各个期间的利息收入时,应当借记"应收融资租赁款——未实现融资收益"账户,贷记"利息收入"等账户。

(3) 出租人确认未计入租赁收款额的可变租赁付款额时,应当借记"银行存款""应收账款"等账户,贷记"租赁收入——可变租赁付款额"账户。

三、出租人对融资租赁的会计处理

(一) 初始计量

融资租赁意味着租赁资产在租赁期开始日后,几乎全部风险和报酬已经由出租人转移给承租人。因此,在租赁期开始日,出租人应当对融资租赁确认应收融资租赁款,并终止确认融资租赁资产。出租人对应收融资租赁款进行初始计量时,应当以租赁投资净额作为应收融资租赁款的入账价值。融资租赁的初始确认与计量步骤如下。

1. 确定租赁投资总额

在租赁期开始日,出租人应根据租赁合同确认租赁投资总额。租赁投资总额为出租人租赁期开始日的租赁收款额和未担保余值之和,它代表融资租赁业务未来能够给出租人带来的经济利益总流入。

租赁收款额是指出租人因让渡在租赁期内使用租赁资产的权利而应向承租人收取的款项,包括以下五部分内容。

(1) 承租人需支付的固定付款额及实质固定付款额。存在租赁激励的,应当扣除租赁激励相关金额。

(2) 取决于指数或比率的可变租赁付款额。该款项在初始计量时根据租赁期开始日的指数或比率确定。

(3) 购买选择权的行权价格,前提是合理确定承租人将行使该选择权。

(4) 承租人行使终止租赁选择权需支付的款项,前提是租赁期反映出承租人将行使终止租赁选择权。

(5) 由承租人、与承租人有关的一方以及有经济能力履行担保义务的独立第三方向出租人提供的担保余值。

通过上面的阐述可以看出,租赁收款额在金额上等于承租人租赁付款额和独立第三方提供的担保余值之和。也就是说,在没有独立第三方对租赁资产余值提供担保的情况下,租赁收款额应该等于租赁付款额。

未担保余值是指租赁资产余值与针对出租人的担保余值的差额。该差额反映了租赁资产余值中没有被承租人和独立第三方担保、出租人无法保证能实现的部分。从理论上讲,未担保余值与固定资产的预计残值类似,代表着在租赁期届满时的经济利益流入,只是没有被担保。对于出租人来讲,不论是担保余值还是未担保余值,都属于出租人的资产,只是担保余值包含在租赁收款额中,而未担保余值作为一项独立的资产确认。

在租赁期开始日,出租人应将租赁投资总额(租赁收款额+未担保余值)确认为租赁形成的长期债权,分别记入"应收融资租赁款——租赁收款额"和"应收融资租赁款——未担保余值"账户的借方。

2. 确定租赁投资净额和未实现融资收益

租赁投资净额为未担保余值和租赁期开始日尚未收到的租赁收款额按照租赁内含利率折现的现值之和。因此,出租人发生的初始直接费用包括在租赁投资净额中,即包括在应收融资租赁款的初始入账价值中。

租赁投资净额有三种确定方法:①租赁投资净额等于租赁收款额现值与未担保余值现值之和。②租赁投资净额等于租赁期开始日租赁资产的公允价值与初始直接费用之和。

③租赁投资净额等于租赁投资总额与未实现融资收益的差额。

在租赁期开始日,出租人通常是根据租赁资产的公允价值与初始直接费用计算确定租赁投资净额,然后根据租赁投资总额和租赁投资净额的差额确定未实现融资收益。

$$租赁投资净额＝租赁资产的公允价值＋初始直接费用$$
$$未实现融资收益＝租赁投资总额－租赁投资净额$$

未实现融资收益确定后,应贷记"应收融资租赁款——未实现融资收益"账户,上述"应收融资租赁款"(租赁收款额＋未担保余值)账户借方余额与"应收融资租赁款——未实现融资收益"账户贷方余额的差额,即为租赁投资净额。

3. 编制租赁期开始日的会计分录

在租赁期开始日,对于融资租赁业务,出租人应根据上面的计算结果,一方面确认应收融资租赁款,另一方面终止确认融资租赁资产,并将融资租赁资产的公允价值与账面价值之间的差额记入"资产处置损益"账户。

借:应收融资租赁款——租赁收款额　　　　　(尚未收到的租赁收款额)
　　　　　　　　　　——未担保余值　　　　　(预计租赁期结束时的未担保余值)
　　银行存款　　　　　　　　　　　　　　　　(已经收取的租赁款)
　贷:融资租赁资产　　　　　　　　　　　　　(账面价值)
　　资产处置损益　　　　　　　　　　　　　　(公允价值－账面价值,可借可贷)
　　应收融资租赁款——未实现融资收益
　　银行存款　　　　　　　　　　　　　　　　(发生的初始直接费用)

【例3-32】 2022年12月1日,甲公司与烟台兴茂机械制造有限公司签订了一份租赁合同,从烟台兴茂机械制造有限公司租入塑钢机一台,租赁合同主要条款如下。

(1) 租赁资产:全新塑钢机。

(2) 租赁期开始日:2023年1月1日。

(3) 租赁期:2023年1月1日至2028年12月31日,共72个月。

(4) 固定租金支付:自2023年1月1日,每年年末支付租金160 000元。如果甲公司能够在每年年末的最后一天及时付款,则给予减少租金10 000元的奖励。

(5) 取决于指数或比率的可变租赁付款额:租赁期限内,如遇中国人民银行贷款基准利率调整时,出租人将对租赁利率作出同方向、同幅度的调整。基准利率调整日之前各期和调整日当期租金不变,从下一期租金开始按调整后的租金金额收取。

(6) 租赁开始日租赁资产的公允价值:该机器在2022年12月31日的公允价值为700 000元,账面价值为600 000元。

(7) 初始直接费用:签订租赁合同过程中烟台兴茂机械制造有限公司发生可归属于租赁项目的手续费、佣金10 000元。

(8) 承租人的购买选择权:租赁期届满时,甲公司享有优惠购买该机器的选择权,购买价为20 000元,估计该日租赁资产的公允价值为80 000元。

(9) 取决于租赁资产绩效的可变租赁付款额:2023年和2024年两年,甲公司每年按该机器所生产的产品——塑钢窗户的年销售收入的5%向烟台兴茂机械制造有限公司支付。

(10) 承租人的终止租赁选择权:甲公司享有终止租赁选择权。在租赁期间,如果甲公司终止租赁,需支付的款项为剩余租赁期间的固定租金支付金额。

(11) 担保余值和未担保余值均为 0。

(12) 全新塑钢机的使用寿命为 7 年。

要求:若你是烟台兴茂机械制造有限公司的财务人员,请根据资料判断租赁的类型,进行租赁期开始日的会计处理。

解析:

1) 判断租赁类型

本例存在优惠购买选择权,优惠购买价 20 000 元远低于行使选择权日租赁资产的公允价值 80 000 元,因此在 2022 年 12 月 31 日就可合理确定甲公司将会行使这种选择权。另外,在本例中,租赁期 6 年,占租赁开始日租赁资产使用寿命的 86%(占租赁资产使用寿命的大部分)。同时,烟台兴茂机械制造有限公司综合考虑其他各种情形和迹象,认为该租赁实质上转移了与该项设备所有权有关的几乎全部风险和报酬,因此将这项租赁认定为融资租赁。

2) 确定租赁收款额

(1) 承租人的固定付款额为考虑扣除租赁激励后的金额。

承租人的固定付款额=(160 000－10 000)×6=900 000(元)。

(2) 取决于指数或比率的可变租赁付款额。该款项在初始计量时根据租赁期开始日的指数或比率确定,因此本例题在租赁期开始日不作考虑。

(3) 承租人购买选择权的行权价格。租赁期届满时,甲公司享有优惠购买该机器的选择权,购买价为 20 000 元,估计该日租赁资产的公允价值为 80 000 元。优惠购买价 20 000 元远低于行使选择权日租赁资产的公允价值,因此在 2022 年 12 月 31 日就可合理确定甲公司将会行使这种选择权。因此,租赁付款额中应包括承租人购买选择权的行权价格 20 000 元。

(4) 终止租赁的罚款。虽然甲公司享有终止租赁选择权,但若终止租赁,甲公司需支付的款项为剩余租赁期间的固定租金支付金额。根据上述条款,可以合理确定甲公司不会行使终止租赁选择权。

(5) 由承租人向出租人提供的担保余值。甲公司向烟台兴茂机械制造有限公司提供的担保余值为 0。

综上所述,租赁收款额=900 000+20 000=920 000(元)。

3) 确认租赁投资总额

租赁投资总额=在融资租赁下出租人应收的租赁收款额+未担保余值
　　　　　　=920 000+0=920 000(元)

4) 确认租赁投资净额的金额和未实现融资收益

租赁投资净额=租赁资产在租赁期开始日公允价值+出租人发生的租赁初始直接费用
　　　　　　=700 000+10 000=710 000(元)

未实现融资收益=租赁投资总额－租赁投资净额=920 000－710 000=210 000(元)

5) 计算租赁内含利率

租赁内含利率是使租赁投资总额的现值(即租赁投资净额)等于租赁资产在租赁开始日的公允价值与出租人的初始直接费用之和的利率。

$150\,000 \times (P/A, r, 6) + 20\,000 \times (P/F, r, 6) = 710\,000$(元)

根据插值法可以计算得到租赁的内含利率 r 为 7.82%。

6) 2023 年 1 月 1 日的会计处理

借：应收融资租赁款——租赁收款额	920 000
贷：银行存款	10 000
融资租赁资产	600 000
资产处置损益	100 000
应收融资租赁款——未实现融资收益	210 000

（二）融资租赁的后续计量

出租人应当按照固定的周期性利率计算并确认租赁期内各个期间的利息收入。

1. 租赁收款额的收取

租赁期内租赁收款额的逐期收取相当于租赁债权的分期收回，它将减少出租人的租赁债权和承租人的债务。由于融资租赁具有融资的性质，每期收取的租金包含收回债权本金和利息两部分，即资产价值和融资收益两部分。根据租赁准则的规定，出租人应当采用实际利率法确认融资利息收入。在采用实际利率法的情况下，应当采用租赁内含利率作为融资租赁利息收入的实际利率。

（1）收取租赁收款额的会计处理。

借：银行存款	
贷：应收融资租赁款——租赁收款额	（实际收到的租金）

（2）确认租赁收益的会计处理。

借：应收融资租赁款——未实现融资收益	
贷：租赁收入	（期初摊余成本×租赁内含利率）

【例 3-33】 承接[例 3-32]资料。

要求：若你是烟台兴茂机械制造有限公司财务人员，请根据资料编制确认租赁期内各期间的利息收入的会计分录。

解析：

（1）租赁期内未实现融资收益分配表，如表 3-3 所示。

表 3-3   未实现融资收益分配表   单位：元

日期	租金	确认的利息收入	租赁投资净额减少额	租赁投资净额余额
①	②	③＝期初⑤×7.82%	④＝②－③	期末⑤＝期初⑤－④
2023 年 1 月 1 日	—	—	—	710 000
2023 年 12 月 31 日	150 000	55 522	94 478	615 522
2024 年 12 月 31 日	150 000	48 134	101 866	513 656
2025 年 12 月 31 日	150 000	40 168	109 832	403 824
2026 年 12 月 31 日	150 000	31 579	118 421	285 403
2027 年 12 月 31 日	150 000	22 319	127 681	157 722

(续表)

日期	租金	确认的利息收入	租赁投资净额减少额	租赁投资净额余额
2028年12月31日	150 000	12 278*	137 722	20 000
2028年12月31日	20 000	—	—	—
合计	920 000	210 000	—	—

注：* 作尾数调整，12 278＝150 000＋20 000－157 722。

（2）收取租金和确认利息收入的会计分录。

① 2023年12月31日的会计处理。

借：银行存款　　　　　　　　　　　　　　　　　　　　　150 000
　　贷：应收融资租赁款——租赁收款额　　　　　　　　　　　　150 000

借：应收融资租赁款——未实现融资收益　　　　　　　　　　55 522
　　贷：租赁收入　　　　　　　　　　　　　　　　　　　　　　55 522

② 2024年12月31日的会计处理。

借：银行存款　　　　　　　　　　　　　　　　　　　　　150 000
　　贷：应收融资租赁款——租赁收款额　　　　　　　　　　　　150 000

借：应收融资租赁款——未实现融资收益　　　　　　　　　　48 134
　　贷：租赁收入　　　　　　　　　　　　　　　　　　　　　　48 134

剩余年份会计处理略。

2. 可变租赁付款额的收取

纳入出租人租赁投资净额的可变租赁付款额，只包含取决于指数或比率的可变租赁付款额。在初始计量时，应当采用租赁期开始日的指数或比率进行初始计量。出租人应定期复核计算租赁投资总额时所使用的未担保余值。若预计未担保余值降低，出租人应修改租赁期内的收益分配，并立即确认预计的减少额。

出租人取得的未纳入租赁投资净额计量的可变租赁付款额，如与资产的未来绩效或使用情况挂钩的可变租赁付款额，应当在实际发生时计入当期损益。

【例3-34】承接[例3-32]资料。假设2023年，甲公司塑钢窗户的年销售收入为1 000 000元。则根据租赁合同规定，甲公司2023年需要向烟台兴茂机械制造有限公司支付的经营分享收入为50 000元。不考虑相关税费。

要求：若你是烟台兴茂机械制造有限公司的财务人员，请根据资料编制2023年确认可变租赁收入的会计分录。

解析：可变租赁收款额未计入租赁负债的初始入账成本，在收取时直接计入当期损益"租赁收入"即可。

借：银行存款　　　　　　　　　　　　　　　　　　　　　50 000
　　贷：租赁收入——可变租赁收款额　　　　　　　　　　　　　50 000

3. 租赁期届满的会计处理

租赁期届满时，出租人应区别以下三种情况进行会计处理。

(1) 收回租赁资产的会计处理。

借：融资租赁资产
　　贷：应收融资租赁款——租赁收款额

(2) 优惠续租租赁资产。如果承租人行使优惠续租选择权，则出租人应视同该项租赁一直存在而作出相应会计处理。比如，可能继续按照实际利率确认融资收益等。如果租赁期届满时承租人没有续租，承租人向出租人返还租赁资产时，其会计处理同上述收回租赁资产的会计处理。

(3) 留购租赁资产。租赁期届满时，承租人行使了优惠购买选择权。出租人按收到的承租人支付的购买资产的价款进行会计处理如下：

借：银行存款
　　贷：应收融资租赁款——租赁收款额

【例3-35】 承接[例3-32]资料。租赁期届满时，承租人甲公司行使购买权，以银行存款支付设备购买价款20 000元，假定不考虑相关税费。

要求：若你是烟台兴茂机械制造有限公司的财务人员，请根据资料编制租赁期届满时收到购买价款的会计分录。

解析：租赁期开始日，烟台兴茂机械制造有限公司判断承租人甲公司会行使购买选择权，因此将购买价款计入了应收融资租赁款的初始入账成本。其会计处理如下。

借：银行存款　　　　　　　　　　　　　　　　　　　　　　　　　20 000
　　贷：应收融资租赁款——租赁收款额　　　　　　　　　　　　　　20 000

(三) 融资租赁变更的会计处理

融资租赁发生变更且同时符合下列条件的，出租人应当将该变更作为一项单独租赁进行会计处理。

(1) 该变更通过增加一项或多项租赁资产的使用权而扩大了租赁范围。

(2) 增加的对价与租赁范围扩大部分的单独价格按该合同情况调整后的金额相当。

如果融资租赁的变更未作为一项单独租赁进行会计处理，且满足假如变更在租赁开始日生效，该租赁会被分类为经营租赁条件的，出租人应当自租赁变更生效日开始将其作为一项新租赁进行会计处理，并以租赁变更生效日前的租赁投资净额作为租赁资产的账面价值。

【例3-36】 承租人乙公司就某套机器设备与出租人烟台兴茂机械制造有限公司签订了一项为期5年的租赁，构成融资租赁。合同规定，每年年末承租人向出租人支付租金10 000元，租赁期开始日，出租资产公允价值为37 908元。按照 $10\,000 \times (P/A, r, 5) = 37\,908$(元)，计算得出租赁内含利率 r 为10%，租赁收款额为50 000元，未实现融资收益为12 092元。在第二年年初，承租人和出租人同意对原租赁进行修改，缩短租赁期限到第三年年末，每年支付租金时点不变，租金总额从50 000元变更到33 000元。假设本例中不涉及未担保余值、担保余值、终止租赁罚款等。

要求：若你是烟台兴茂机械制造有限公司的财务人员，请根据资料编制租赁合同变更日相关的会计分录。

解析：本例中，如果原租赁期限设定为3年，在租赁开始日，该租赁合同将不满足融资租赁条件,则租赁类别被分类为经营租赁。所以在租赁变更生效日,即第二年年初,出租人将租赁投资净额余额 31 699 元(37 908＋37 908×10％－10 000)作为该套机器设备的入账价值,并从第二年年初开始,将其作为一项新的经营租赁(2 年租赁期,每年年末收取租金 11 500 元)进行会计处理。

第二年年初会计分录如下。

借：固定资产　　　　　　　　　　　　　　　　　　　　　　　　　31 699
　　应收融资租赁款——未实现融资收益(12 092－37 908×10％)　　　8 301
　贷：应收融资租赁款——租赁收款额(50 000－10 000)　　　　　　 40 000

如果融资租赁的变更未作为一项单独租赁进行会计处理,且满足假如变更在租赁开始日生效,该租赁会被分类为融资租赁条件的,出租人应当按照《企业会计准则第 22 号——金融工具确认和计量》第四十二条关于修改或重新议定合同的规定进行会计处理。即修改或重新议定租赁合同,未导致应收融资租赁款终止确认,但导致未来现金流量发生变化的,应当重新计算该应收融资租赁款的账面余额,并将相关利得或损失计入当期损益。重新计算应收融资租赁款账面余额时,应当根据重新议定或修改的租赁合同现金流量按照应收融资租赁款的原折现率,或按照《企业会计准则第 24 号——套期会计》第二十三条规定重新计算的折现率(如适用)折现的现值确定。对于修改或重新议定租赁合同所产生的所有成本和费用,企业应当调整修改后的应收融资租赁款的账面价值,并在修改后的应收融资租赁款的剩余期限内进行摊销。

四、出租人对经营租赁的会计处理

(一) 租金的处理

在租赁期内各个期间,出租人应采用直线法或者其他系统合理的方法将经营租赁的租赁收款额确认为租金收入。如果其他系统合理的方法能够更好地反映因使用租赁资产所产生经济利益的消耗模式,则出租人应采用该方法。

(二) 出租人对经营租赁提供激励措施

出租人提供免租期的,出租人应将租金总额在不扣除免租期的整个租赁期内,按直线法或其他合理的方法进行分配,免租期内应当确认租金收入。出租人承担了承租人某些费用的,出租人应将该费用自租金收入总额中扣除,按扣除后的租金收入余额在租赁期内进行分配。

(三) 初始直接费用

出租人发生的与经营租赁有关的初始直接费用应当资本化至租赁标的资产的成本,在租赁期内按照与租金收入相同的确认基础分期计入当期损益。

(四) 折旧和减值

对于经营租赁资产中的固定资产,出租人应当采用类似资产的折旧政策计提折旧;对于其他经营租赁资产,应当根据该资产适用的企业会计准则,采用系统合理的方法进行摊销。

出租人应当按照《企业会计准则第 8 号——资产减值》的规定,确定经营租赁资产是否发生减值,并对已识别的减值损失进行会计处理。

(五) 可变租赁付款额

出租人取得的与经营租赁有关的可变租赁付款额,如果是与指数或比率挂钩的,应在租赁期开始日计入租赁收款额;除此之外的,应当在实际发生时计入当期损益。

(六) 经营租赁的变更

经营租赁发生变更的,出租人应自变更生效日开始,将其作为一项新的租赁进行会计处理,与变更前租赁有关的预收或应收租赁收款额视为新租赁的收款额。

第四节 特殊租赁业务的会计处理

一、转租赁

转租情况下,原租赁合同和转租赁合同通常都是单独协商的,交易对手也是不同的企业,租赁准则要求转租出租人对原租赁合同和转租赁合同分别根据承租人和出租人的会计处理要求,进行会计处理。

承租人在对转租赁进行分类时,转租出租人应基于原租赁中产生的使用权资产,而不是租赁资产(如作为租赁对象的不动产或设备)进行分类。原租赁资产不归转租出租人所有,原租赁资产也未计入其资产负债表。因此,转租出租人应基于其控制的资产(即使用权资产)进行会计处理。

原租赁为短期租赁,且转租出租人作为承租人已按照租赁准则采用简化会计处理方法的,应将转租赁分类为经营租赁。

【例3-37】 烟台兴茂机械制造有限公司(原租赁承租人)与乙公司(原租赁出租人)就6 000平方米办公场所签订了一项为期5年的租赁(原租赁)。在第三年年初,烟台兴茂机械制造有限公司将该6 000平方米办公场所转租给丙企业,期限为原租赁的剩余3年时间(转租赁)。假设不考虑初始直接费用。

要求:若你是烟台兴茂机械制造有限公司的财务人员,请根据资料判断本公司作为出租人时的租赁类型。

解析:烟台兴茂机械制造有限公司应基于原租赁形成的使用权资产对转租赁进行分类。本例中,转租赁的期限覆盖了原租赁的所有剩余期限,综合考虑其他因素,烟台兴茂机械制造有限公司判断其实质上转移了与该项使用权资产有关的几乎全部风险和报酬,烟台兴茂机械制造有限公司将该项转租赁分类为融资租赁。烟台兴茂机械制造有限公司的会计处理如下。

(1)终止确认与原租赁相关且转给丙企业(转租承租人)的使用权资产,并确认转租赁投资净额。

(2)将使用权资产与转租赁投资净额之间的差额确认为损益。

(3)在资产负债表中保留原租赁的租赁负债,该负债代表应付原租赁出租人的租赁付款额。

在转租期间,中间出租人既要确认转租赁的融资收益,也要确认原租赁的利息费用。

二、生产商或经销商出租人的融资租赁会计处理

生产商或经销商通常为客户提供购买或租赁其产品或商品的选择。如果生产商或经销商,出租其产品或商品构成融资租赁,则该交易产生的损益,应相当于按照考虑适用的交易量或商业折扣后的正常售价直接销售标的资产所产生的损益。构成融资租赁的,生产商或

经销商出租人在租赁期开始日,应当按照租赁资产公允价值与租赁收款额按市场利率折现的现值两者孰低确认收入,并按照租赁资产账面价值扣除未担保余值的现值后的余额结转销售成本,收入和销售成本的差额作为销售损益。

由于取得融资租赁所发生的成本,主要与生产商或经销商赚取的销售利得相关,生产商或经销商出租人应当在租赁期开始日将其计入损益。即与其他融资租赁出租人不同,生产商或经销商出租人取得融资租赁所发生的成本,不属于初始直接费用,不计入租赁投资净额。

【例 3-38】 烟台兴茂机械制造有限公司是一家设备生产商,与乙公司(生产型企业)签订了一份租赁合同,向乙公司出租所生产的设备,合同主要条款如下。

(1) 租赁资产:设备A。

(2) 租赁期:2023年1月1日至2025年12月31日,共3年。

(3) 租金支付:自2023年起每年年末支付年租金1 000 000元。

(4) 租赁合同规定的利率:5%(年利率),与市场利率相同。

(5) 该设备于2023年1月1日的公允价值为2 700 000元,账面价值为2 000 000元。

(6) 烟台兴茂机械制造有限公司取得该租赁发生的相关成本为5 000元。

(7) 该设备于2023年1月1日交付乙公司,预计使用寿命为8年,无残值;租赁期届满时,乙公司可以100元购买该设备,预计租赁到期日该设备的公允价值不低于1 500 000元,乙公司对此金额提供担保;租赁期内该设备的保险、维修等费用均由乙公司自行承担。假设不考虑其他因素和各项税费影响。

要求:若你是烟台兴茂机械制造有限公司的财务人员,请根据资料编制与公司相关的会计分录。

解析:

(1) 判断租赁类型。本例中,租赁期满乙公司可以远低于租赁到期日租赁资产公允价值的金额购买租赁资产,烟台兴茂机械制造有限公司认为其可以合理确定乙公司将行使购买选择权。综合考虑其他因素,与该项资产所有权有关的几乎所有风险和报酬已实质转移给乙公司,因此烟台兴茂机械制造有限公司将该租赁认定为融资租赁。

(2) 计算租赁期开始日租赁收款额按市场利率折现的现值,确定收入金额。

租赁收款额 = 租金 × 期数 + 购买价格 = 1 000 000 × 3 + 100 = 3 000 100(元)

租赁收款额按市场利率折现的现值 = 1 000 000 × (P/A, 5%, 3) + 100 × (P/F, 5%, 3)
  = 2 723 286(元)

按照租赁资产公允价值与租赁收款额按市场利率折现的现值两者孰低的原则,确认收入为2 700 000元。

(3) 计算租赁资产账面价值扣除未担保余值的现值后的余额,确定销售成本金额。

销售成本 = 账面价值 − 未担保余值的现值 = 2 000 000 − 0 = 2 000 000(元)

(4) 烟台兴茂机械制造有限公司相关会计分录。

① 2023年1月1日(租赁期开始日)的会计分录。

借:应收融资租赁款——租赁收款额　　　　　　　　　　　　　　3 000 100
　　贷:营业收入　　　　　　　　　　　　　　　　　　　　　　　2 700 000
　　　　应收融资租赁款——未实现融资收益　　　　　　　　　　　　300 100

借：营业成本　　　　　　　　　　　　　　　　　　　　　　　　2 000 000
　　　贷：库存商品　　　　　　　　　　　　　　　　　　　　　　　　2 000 000
借：销售费用　　　　　　　　　　　　　　　　　　　　　　　　　　5 000
　　　贷：银行存款　　　　　　　　　　　　　　　　　　　　　　　　　5 000

烟台兴茂机械制造有限公司在确定营业收入和租赁投资净额(即应收融资租赁款)时,是基于租赁资产的公允价值。因此,烟台兴茂机械制造有限公司需要根据租赁收款额、未担保余值和租赁资产公允价值重新计算租赁内含利率。

$1\,000\,000 \times (P/A, r, 3) + 100 \times (P/F, r, 3) = 2\,700\,000$(元)

$r = 5.4606\% \approx 5.46\%$,租赁期内未实现融资收益分配表如表3-4所示。

表3-4　　　　　　　　　未实现融资收益分配表　　　　　　　　　单位:元

日期 ①	租赁收款额 ②	确认的融资收益 ③=期初⑤×5.46%	应收租赁款减少额 ④=②-③	应收租赁款净额 期末⑤=期初⑤-④
2023年1月1日	—	—	—	2 700 000
2023年12月31日	1 000 000	147 436	852 564	1 847 436
2024年12月31日	1 000 000	100 881	899 119	948 317
2025年12月31日	1 000 000	51 783*	948 217*	100
2025年12月31日	100	—	100	0
合计	3 000 100	300 100	2 700 000	—

注:*作尾数调整,51 783=1 000 000-948 217;948 217=948 317-100。

② 2023年12月31日的会计分录。

借：应收融资租赁款——未实现融资收益　　　　　　　　　　　　147 436
　　　贷：租赁收入　　　　　　　　　　　　　　　　　　　　　　　　147 436
借：银行存款　　　　　　　　　　　　　　　　　　　　　　　1 000 000
　　　贷：应收融资租赁款——租赁收款额　　　　　　　　　　　　　1 000 000

2024年12月31日和2025年12月31日会计分录略。

③ 租赁期届满收到购买价款时的会计处理。

借：银行存款　　　　　　　　　　　　　　　　　　　　　　　　　　100
　　　贷：应收融资租赁款——租赁收款额　　　　　　　　　　　　　　　100

为吸引客户,生产商或经销商出租人有时以较低利率报价。使用该利率会导致出租人在租赁期开始日确认的收入偏高。在这种情况下,生产商或经销商出租人应当将销售利得限制为采用市场利率所能取得的销售利得。

三、售后租回交易的会计处理

若企业(卖方兼承租人)将资产转让给其他企业(买方兼出租人),并从买方兼出租人租回该项资产,则卖方兼承租人和买方兼出租人均应按照售后租回交易的规定进行会计处理。

企业应当按照《企业会计准则第 14 号——收入》的规定,评估确定售后租回交易中的资产转让是否属于销售,并区别进行会计处理。

在标的资产的法定所有权转移给出租人并将资产租赁给承租人之前,承租人可能会先获得标的资产的法定所有权。但是,是否具有标的资产的法定所有权本身并非会计处理的决定性因素。如果承租人在资产转移给出租人之前已经取得对标的资产的控制,则该交易属于售后租回交易。如果承租人未能在资产转移给出租人之前取得对标的资产的控制,那么即使承租人在资产转移给出租人之前先获得标的资产的法定所有权,该交易也不属于售后租回交易。

(一) 售后租回交易中的资产转让属于销售

卖方兼承租人应当按原资产账面价值中与租回获得的使用权有关的部分,计量售后租回所形成的使用权资产,并仅就转让至买方兼出租人的权利确认相关利得或损失。买方兼出租人根据其他适用的企业会计准则对资产购买进行会计处理,并根据租赁准则对资产出租进行会计处理。

如果销售对价的公允价值与资产的公允价值不同,或者出租人未按市场价格收取租金,企业应当进行以下调整。

(1) 将销售对价低于市场价格的款项,作为预付租金进行会计处理。

(2) 将销售对价高于市场价格的款项,作为买方兼出租人向卖方兼承租人提供的额外融资进行会计处理。同时,承租人按照公允价值调整相关销售利得或损失,出租人按市场价格调整租金收入。

在进行上述调整时,企业应当按以下两者中较易确定者进行。

(1) 销售对价的公允价值与资产的公允价值的差异。

(2) 合同付款额的现值与按市场租金计算的付款额的现值的差异。

(二) 售后租回交易中的资产转让不属于销售

卖方兼承租人不终止确认所转让的资产,而应当将收到的现金作为金融负债,并按照《企业会计准则第 22 号——金融工具确认和计量》的规定进行会计处理。买方兼出租人不确认被转让资产,而应当将支付的现金作为金融资产,并按照《企业会计准则第 22 号——金融工具确认和计量》的规定进行会计处理。

(三) 售后租回交易示例

1. 售后租回交易中的资产转让不属于销售

【例 3-39】 烟台兴茂机械制造有限公司(卖方兼承租人)以 24 000 000 元的价格向乙公司(买方兼出租人)出售一栋建筑物,款项已收存银行。交易前该建筑物的账面原值是 24 000 000 元,累计折旧是 4 000 000 元。与此同时,烟台兴茂机械制造有限公司与乙公司签订了合同,取得了该建筑物 18 年的使用权(全部剩余使用年限为 40 年),年租金为 2 000 000 元,于每年年末支付,租赁期满时,烟台兴茂机械制造有限公司将以 100 元购买该建筑物。根据交易的条款和条件,烟台兴茂机械制造有限公司转让建筑物不满足《企业会计准则第 14 号——收入》中关于销售成立的条件。假设不考虑初始直接费用和各项税费的影响。该建筑物在销售当日的公允价值为 36 000 000 元。

要求:请根据资料分别编制烟台兴茂机械制造有限公司和乙公司在租赁期开始日的会计分录。

解析：

（1）烟台兴茂机械制造有限公司对该交易的会计处理。

借：银行存款　　　　　　　　　　　　　　　　　　　　　　　　　　24 000 000
　　贷：长期应付款　　　　　　　　　　　　　　　　　　　　　　　　　24 000 000

（2）乙公司对该交易的会计处理。

借：长期应收款　　　　　　　　　　　　　　　　　　　　　　　　　　24 000 000
　　贷：银行存款　　　　　　　　　　　　　　　　　　　　　　　　　　24 000 000

2. 售后租回交易中的资产转让属于销售

【例3-40】 烟台兴茂机械制造有限公司（卖方兼承租人）以40 000 000元的价格向乙公司（买方兼出租人）出售一栋建筑物，款项已收存银行。交易前该建筑物的账面原值是24 000 000元，累计折旧是4 000 000元。与此同时，烟台兴茂机械制造有限公司与乙公司签订了合同，取得了该建筑物18年的使用权（全部剩余使用年限为40年），年租金为2 400 000元，于每年年末支付。根据交易的条款和条件，烟台兴茂机械制造有限公司转让建筑物符合《企业会计准则第14号——收入》中关于销售成立的条件。假设不考虑初始直接费用和各项税费的影响。该建筑物在销售当日的公允价值为36 000 000元。乙公司均确定租赁内含年利率为4.5%。

要求：请根据资料分别编制烟台兴茂机械制造有限公司和乙公司在租赁期开始日和后续计量的会计分录。

解析：由于该建筑物的销售对价并非公允价值，烟台兴茂机械制造有限公司和乙公司分别进行了调整，以按照公允价值计量销售收益和租赁应收款。超额售价4 000 000元（40 000 000－36 000 000）作为乙公司向烟台兴茂机械制造有限公司提供的额外融资进行确认。

年付款额现值为29 183 980元（年付款额2 400 000元，共18期，按每年4.5%进行折现），其中，4 000 000元与额外融资相关，25 183 980元与租赁相关（分别对应年付款额328 948元和2 071 052元），具体计算过程如下：

年付款额现值＝2 400 000×(P/A,4.5%,18)＝29 183 980（元）

额外融资年付款额＝4 000 000÷29 183 980×2 400 000＝328 948（元）

租赁相关年付款额＝2 400 000－328 948＝2 071 052（元）

（1）在租赁期开始日，烟台兴茂机械制造有限公司的会计处理。

① 按与租回获得的使用权部分占该建筑物的原账面金额的比例计算售后租回所形成的使用权资产。

使用权资产＝(24 000 000－4 000 000)×(25 183 980÷36 000 000)
　　　　　＝13 991 100（元）

② 计算与转让至乙公司的权利相关的利得。

出售该建筑物的全部利得＝36 000 000－20 000 000＝16 000 000（元），其中：

与该建筑物使用权相关利得＝16 000 000×(25 183 980÷36 000 000)
　　　　　　　　　　　　＝11 192 880（元）

与转让至乙公司的权利相关的利得＝16 000 000－11 192 880＝4 807 120（元）

③ 烟台兴茂机械制造有限公司的会计分录。

与额外融资相关的会计分录：

借：银行存款　　　　　　　　　　　　　　　　　　　　　　　4 000 000
　　贷：长期应付款　　　　　　　　　　　　　　　　　　　　　　　4 000 000

与租赁相关的会计分录：

借：银行存款　　　　　　　　　　　　　　　　　　　　　　　36 000 000
　　使用权资产　　　　　　　　　　　　　　　　　　　　　　　13 991 100
　　累计折旧——建筑物　　　　　　　　　　　　　　　　　　　4 000 000
　　租赁负债——未确认融资费用　　　　　　　　　　　　　　　12 094 956
　　贷：固定资产——建筑物——原值　　　　　　　　　　　　　　24 000 000
　　　　租赁负债——租赁付款额　　　　　　　　　　　　　　　　37 278 936
　　　　资产处置损益　　　　　　　　　　　　　　　　　　　　　4 807 120

分录中"租赁负债——租赁付款额"的金额为烟台兴茂机械制造有限公司年付款2 400 000元中的2 071 052元乘以18年后的金额。后续烟台兴茂机械制造有限公司支付的年付款额2 400 000元中的2 071 052元作为租赁付款额处理，剩下的328 948元作为以下两项进行会计处理：结算金融负债4 000 000元而支付的款项；利息费用。

利息费用＝25 183 980×4.5％＋4 000 000×4.5％
　　　　＝1 133 279＋180 000＝1 313 279（元）

长期应付款减少额＝328 948－180 000＝148 948（元）

第一年年末的会计分录：

借：租赁负债——租赁付款额　　　　　　　　　　　　　　　　2 071 052
　　长期应付款　　　　　　　　　　　　　　　　　　　　　　　148 948
　　利息费用　　　　　　　　　　　　　　　　　　　　　　　1 313 279
　　贷：租赁负债——未确认融资费用　　　　　　　　　　　　　1 133 279
　　　　银行存款　　　　　　　　　　　　　　　　　　　　　　2 400 000

（2）综合考虑租期占该建筑物剩余使用年限的比例等因素，乙公司将该建筑物的租赁分类为经营租赁。

① 在租赁期开始日，乙公司对该交易的会计处理。

借：固定资产——建筑物　　　　　　　　　　　　　　　　　　36 000 000
　　长期应收款　　　　　　　　　　　　　　　　　　　　　　4 000 000
　　贷：银行存款　　　　　　　　　　　　　　　　　　　　　　40 000 000

租赁期开始日之后，乙公司将从烟台兴茂机械制造有限公司处年收款额2 400 000元中的2 071 052元作为租赁收款额进行会计处理。从烟台兴茂机械制造有限公司处年收款额中的其余328 948元作为以下两项进行会计处理：结算金融资产4 000 000元而收到的款项；利息收入。

② 第一年年末，乙公司的会计处理。

借：银行存款　　　　　　　　　　　　　　　　　　　　　　　2 400 000
　　贷：租赁收入　　　　　　　　　　　　　　　　　　　　　　2 071 052
　　　　利息收入　　　　　　　　　　　　　　　　　　　　　　180 000
　　　　长期应收款　　　　　　　　　　　　　　　　　　　　　148 948

课堂结账测试

(注：每章课堂结账测试设置为撕页式，便于保存。既可用作检验学生对知识点掌握情况，又可作为课堂点名，记入平时成绩)

班级_____ 姓名_____ 学号_____ 日期_____ 分数_____

一、单项选择题(每题 4 分,共计 20 分)

1. 租赁是指在一定期间内,出租人将资产的( )让与承租人以获取对价的合同。
   A. 使用权　　　　B. 控制权　　　　C. 所有权　　　　D. 保管权
2. 短期租赁是指在租赁期开始日,租赁期不超过( )个月的租赁。
   A. 3　　　　　　B. 6　　　　　　C. 9　　　　　　D. 12
3. 下列各项中,出租人提供租赁资产使其可供承租人使用的起始日期是( )。
   A. 租赁合同签订日　B. 租赁期开始日　C. 租赁期　　　　D. 租赁开始日
4. 乙公司将一台管理用固定资产以短期租赁方式租赁给甲公司,租赁期为 10 个月,月租金为 2 000 元,出租人给予承租人 2 个月的免租期,租金从第 3 个月开始,每期期初支付。下列说法中,正确的是( )。
   A. 甲公司前 2 个月不确认租金费用
   B. 甲公司每个月确认 2 000 元租金费用
   C. 乙公司每个月确认 1 600 元租金收入
   D. 乙公司前 2 个月不确认租金收入
5. 某项使用权资产租赁,甲公司租赁期开始日之前支付的租赁付款额为 20 万元,租赁期开始日尚未支付的租赁付款额的现值为 100 万元,甲公司发生的初始直接费用为 2 万元,已享受的租赁激励为 5 万元。甲公司该项使用权资产的初始成本为( )万元。
   A. 120　　　　　B. 122　　　　　C. 117　　　　　D. 97

二、多项选择题(每题 5 分,共计 25 分)

1. 一项合同要被分类为租赁,下列条件中应当满足的有( )。
   A. 存在一定期间　　　　　　　　B. 存在已经识别的资产
   C. 客户取得该资产所有权　　　　D. 客户控制了已识别资产的使用权
2. 下列租赁形式中,承租人可以选择不确认使用权资产和租赁负债的有( )。
   A. 短期租赁　　　B. 融资租赁　　　C. 低价值租赁　　D. 经营租赁
3. 下列各项中,关于承租人的会计处理表述不正确的有( )。
   A. 承租人不再将租赁区分为经营租赁或融资租赁
   B. 对所有租赁均确认使用权资产和租赁负债,并分别计提折旧和利息费用
   C. 为评估租赁是否合适发生的律师费、差旅费属于初始直接费用
   D. 租赁负债应当按照租赁期开始日尚未支付的租赁付款额进行初始计量
4. 下列各项中,通常可以分类为融资租赁的有( )。
   A. 在租赁期届满时,租赁资产的所有权转移给承租人
   B. 租赁资产性质特殊,如果不作较大改造,只有承租人才能使用

C. 资产的所有权虽然不转移,但租赁期占租赁资产使用寿命的大部分

D. 在租赁开始日,租赁收款额的现值几乎相当于租赁资产的公允价值

5. 2022 年年末发生的一项融资租赁业务中,出租人租出资产在租赁开始日的账面价值为 8 900 万元,公允价值为 9 100 万元,应收租金合计为 9 200 万元,应收租金的现值为 9 101 万元,支付谈判费等初始直接费用 1 万元。租赁期开始日确认此项租赁的会计处理对当期期末编制的资产负债表、利润表的有关项目的影响有(　　)。

A. 导致"货币资金"项目减少 1 万元

B. 导致"融资租赁资产"项目减少 8 900 万元

C. 对当期税前利润的影响金额为增加 200 万元

D. 导致"长期应收款"项目增加 9 200 万元

三、判断题(每题 3 分,共 15 分)

1. 包含购买选择权的租赁也应当按照短期租赁处理。　　　　　　　　　　　　　　　(　　)
2. 出租方应在租赁期开始日将租赁分为融资租赁和经营租赁。　　　　　　　　　　　(　　)
3. 承租人在计算租赁付款额的现值时,只能使用租赁内含利率作为折现率。　　　　　(　　)
4. 承租人无法合理确定租赁期届满时能够取得租赁资产所有权的,应当在租赁期与租赁资产剩余使用寿命两者孰短的期间内计提折旧。　　　　　　　　　　　　　　　　　　　　(　　)
5. 租赁期自租赁期开始日起计算,包括出租人为承租人提供的免租期。　　　　　　　(　　)

四、实务题(共 40 分)

2022 年 12 月 1 日,甲公司与乙公司签订了一份租赁合同,从乙公司租入生产设备一台。租赁合同主要条款如下:①租赁资产:全新生产设备。②租赁期开始日:2023 年 1 月 1 日。③租赁期:2023 年 1 月 1 日至 2026 年 12 月 31 日,共 48 个月。④固定租金支付:自 2023 年 1 月 1 日,每年年末支付租金 210 万元。如果甲公司能够在每年年末的最后一天及时付款,则给予减少租金 10 万元的奖励。⑤租赁开始日租赁资产的公允价值:该设备在 2023 年 1 月 1 日的公允价值为 690 万元,账面价值为 520 万元。⑥初始直接费用:签订租赁合同过程中乙公司发生可归属于租赁项目的手续费、佣金 3.021 1 万元。⑦担保余值和未担保余值均为 0。⑧全新生产设备的使用寿命为 5 年。

假定租赁内含利率为 6%,且甲公司均在每年年末付款,不考虑其他因素。

要求:请根据上述资料回答下列问题。

(1) 判断乙公司的租赁类型,并说明理由。

(2) 计算乙公司租赁收款额、租赁投资净额和未实现融资收益。

(3) 编制租赁期开始日乙公司的会计分录。

(4) 编制乙公司 2023 年 12 月 31 日收取租金及分摊未实现融资收益相关的会计分录。

第四章 政 府 补 助

知识导航

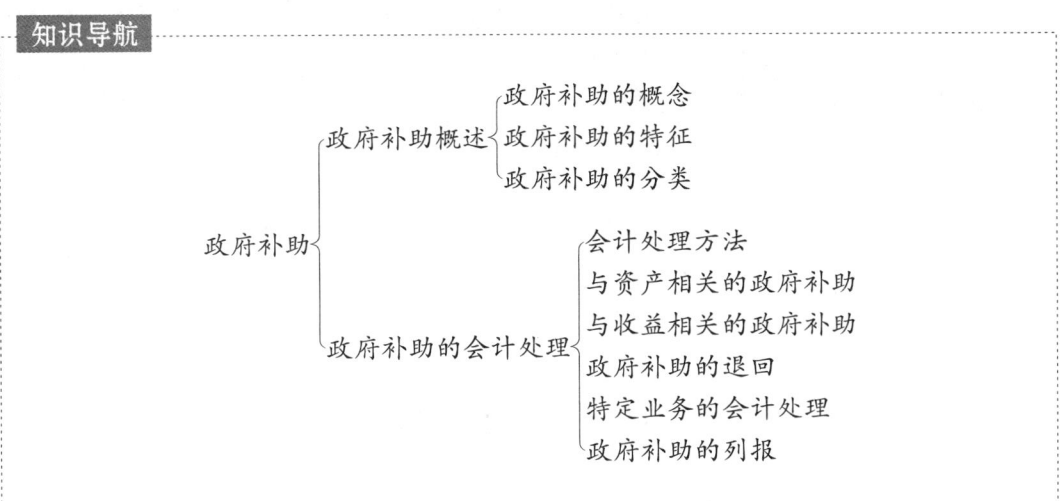

学习目标

1. 知识目标
(1) 了解政府补助的相关概念。
(2) 理解政府补助的特征及分类。
(3) 掌握政府补助的会计处理。
2. 能力目标
能够准确分析并处理政府补助业务。
3. 素质目标
带领学生感受我国政府对新能源汽车产业发展的扶持,培养学生的绿色发展责任意识,提升学生的民族自豪感。

 寓德于教

比亚迪申请 66.66 亿元新能源汽车推广补助

党的二十大报告中,绿色发展战略升级,同时首次提出积极稳妥推进碳达峰碳中和目标。绿色发展所要求的产业结构、能源结构、交通运输结构等调整优化,节能降碳先进技术研发和推广应用;"双碳"目标中要控制的化石能源消耗、交通的清洁低碳转型,都需要新能源汽车及其连带产业来实现。

比亚迪作为中国新能源汽车行业的龙头企业,是新能源汽车补贴大户。根据年报梳理发现,2020—2022年比亚迪新能源补贴收入分别为23.02亿元、58.67亿元、104.38亿元,累计收入186.07亿元。2023年6月2日,西安市工业和信息化局公布的《关于比亚迪汽车有限公司申请2020—2022年度新能源汽车推广应用补助资金清算的公示》显示,比亚迪申请新能源汽车推广应用中央财政补助资金的车辆共计806 791辆,金额共计66.66亿元。其中,2020年共申请了2 510辆,总金额为3 936.50万元;2021年共申请27 699辆,总金额为39 346.80万元;2022年共申请776 582辆,总金额为623 322.90万元。

资料来源:每日经济新闻,2023-6-13,《66.66亿补贴,比亚迪西安的相互成就》,https://baijiahao.baidu.com/s? id=1768593326485547395,有删节。

请思考:

1. 政府部门给予比亚迪的新能源汽车相关补贴,应如何进行会计处理?
2. 我国政府部门对新能源汽车企业进行补贴可以带来哪些积极影响?

第一节 政府补助概述

一、政府补助的概念

根据《企业会计准则第16号——政府补助》(以下简称政府补助准则)的规定,政府补助是指企业从政府无偿取得货币性资产或非货币性资产。其主要形式包括政府对企业的无偿拨款、税收返还、财政贴息,以及无偿给予非货币性资产等。通常情况下,直接减征、免征、增加计税抵扣额、抵免部分税额等不涉及资产直接转移的经济资源,不适用政府补助准则。但是,部分减免税款需要按照政府补助准则进行会计处理。例如,属于一般纳税人的加工型企业根据税法规定招用自主就业退役士兵,并按定额扣减增值税的,应当将减征的税额计入当期损益,借记"应交税费——应交增值税(减免税额)"账户,贷记"其他收益"账户;又如,即征即退的增值税,先按规定缴纳增值税,然后根据退回的增值税税额,借记"银行存款"等账户,贷记"其他收益"账户。另外,按规定直接减免应交的增值税税额的,也计入其他收益。还需要说明的是,增值税出口退税不属于政府补助。根据税法规定,在对出口货物取得的收入免征增值税的同时,退付出口货物前道环节发生的进项税额,增值税出口退税实际上是政府退回企业事先垫付的进项税,所以不属于政府补助。企业超比例安排残疾人就业或者为安排残疾人就业做出显著成绩,按规定收到的奖励,记入"其他收益"账户。

二、政府补助的特征

(一)政府补助是来源于政府的经济资源

政府主要是指行政事业单位及类似机构。对企业收到的来源于其他方的补助,如有确凿证据表明政府是补助的实际拨付者,其他方只是起到代收代付的作用,则该项补助也属于来源于政府的经济资源。

【特别提示】
某集团公司母公司收到一笔政府补助款,有确凿证据表明该补助款实际的补助对象为该母公司下属子公司,母公司只是起到代收代付作用,在这种情况下,该补助款属于对子公司的政府补助。

(二)政府补助是无偿的

政府补助是企业取得来源于政府的经济资源,不需要向政府交付商品或服务等对价,即政府补助是无偿的。无偿性是政府补助的基本特征。这一特征将政府补助与政府作为企业所有者投入的资本、政府购买服务等互惠性交易区别开来。政府如以企业所有者身份向企业投入资本,享有相应的所有权权益,政府与企业之间是投资者与被投资者的关系,属于互惠交易。企业从政府取得的经济资源,如果与企业销售商品或提供劳务等活动密切相关,且来源于政府的经济资源是企业商品或服务的对价或者是对价的组成部分,应当按照《企业会计准则第14号——收入》的规定进行会计处理,不适用政府补助准则。

三、政府补助的分类

根据政府补助准则规定,政府补助应当划分为与资产相关的政府补助和与收益相关的政府补助,这是因为两类政府补助给企业带来经济利益或者弥补相关成本或费用的形式不同,从而在具体会计处理上存在差别。

(一)与资产相关的政府补助

与资产相关的政府补助,是指企业取得的、用于购建或以其他方式形成长期资产的政府补助。通常情况下,相关补助文件会要求企业将补助资金用于取得长期资产。长期资产将在较长的期间内给企业带来经济利益,会计上有两种处理方法可供选择:一是将与资产相关的政府补助确认为递延收益,随着资产的使用而逐步结转入损益;二是将补助冲减资产的账面价值,以反映长期资产的实际取得成本。

(二)与收益相关的政府补助

与收益相关的政府补助,是指除与资产相关的政府补助之外的政府补助。此类补助主要是用于补偿企业已发生或即将发生的费用或损失。受益期相对较短,所以通常在满足补助所附条件时计入当期损益或冲减相关成本。

第二节 政府补助的会计处理

一、会计处理方法

(一)政府补助的确认条件

根据政府补助准则的规定,政府补助同时满足下列条件的,才能予以确认:一是企业能够满足政府补助所附条件;二是企业能够收到政府补助。

判断企业能够收到政府补助,应着眼于分析和落实企业能够符合财政扶持政策规定的相关条件且预计能够收到财政扶持资金的"确凿证据"。例如,关注政府补助的发放主体是否具备相应的权力和资质,补助文件中索引的政策依据是否适用,申请政府补助的流程是否合法合规,是否已经履行完毕补助文件中的要求,实际收取资金前是否需要政府部门的实质性审核,同类型政府补助过往实际发放情况,补助文件是否有明确的支付时间,政府是否具备履行支付义务的能力等因素。

(二) 政府补助的计量

政府补助为货币性资产的,应当按照收到或应收的金额计量。如果企业已经实际收到补助资金,应当按照实际收到的金额计量;如果资产负债表日企业尚未收到补助资金,但企业在符合了相关政策规定后就相应获得了收款权,且与之相关的经济利益很可能流入企业,企业应当在这项补助成为应收款时按照应收的金额计量。

政府补助为非货币性资产的,应当按照公允价值计量;公允价值不能可靠取得的,按照名义金额计量。

(三) 政府补助的会计处理方法

政府补助有两种会计处理方法:一是总额法,在确认政府补助时将政府补助全额确认为收益,而不是作为相关资产账面价值或者费用的扣减;二是净额法,将政府补助作为相关资产账面价值或所补偿费用的扣减。

根据《企业会计准则——基本准则》的要求,同一企业不同时期发生的相同或者相似的交易或者事项,应当采用一致的会计政策,不得随意变更。确需变更的,应当在附注中说明。企业应当根据经济业务的实质,判断某一类政府补助业务应当采用总额法还是净额法,通常情况下,对同类或类似政府补助业务只能选用一种方法。同时,企业对该业务应当一贯地运用该方法,不得随意变更。

与企业日常活动相关的政府补助,应当按照经济业务实质,计入其他收益或冲减相关成本费用。与企业日常活动无关的政府补助,计入营业外收支。通常情况下,若政府补助补偿的成本费用是营业利润之中的项目,或该补助与日常销售等经营行为密切相关,如增值税即征即退等,则认为该政府补助与日常活动相关。企业选择总额法对与日常活动相关的政府补助进行会计处理的,应增设"其他收益"账户进行核算。"其他收益"账户核算总额法下与日常活动相关的政府补助,以及其他与日常活动相关且应直接记入本账户的项目。对于总额法下与日常活动相关的政府补助,企业在实际收到或应收时,或者将先确认为递延收益的政府补助分摊计入损益时,借记"银行存款""其他应收款""递延收益"等账户,贷记"其他收益"账户。

二、与资产相关的政府补助

(一) 总额法

总额法即按照补助资金的金额借记有关资产账户,贷记"递延收益"账户;然后在相关资产使用寿命内按合理、系统的方法分期计入损益。如果企业先收到补助资金,再购建长期资产,则应当在开始对相关资产计提折旧或摊销时,开始将递延收益分期计入损益;如果企业先开始购建长期资产,再收到补助资金,则应当在相关资产的剩余使用寿命内按照合理、系统的方法将递延收益分期计入损益。企业对与资产相关的政府补助选择总额法后,为避免出现前后方法不一致的情况,结转递延收益时不得冲减相关成本费用,而是将递延收益分期转入其他收益或营业外收入,借记"递延收益"账户,贷记"其他收益"或"营业外收入"账户。相关资产在使用寿命结束时或结束前被处置(出售、转让、报废等),尚未分摊的递延收益余额应当一次性转入资产处置当期的损益,不再予以递延。

(二)净额法

净额法是将补助冲减相关资产账面价值,企业按照扣减了政府补助后的资产价值对相关资产计提折旧或进行摊销。

【特别提示】

实务中存在政府无偿给予企业长期非货币性资产的情况,如无偿给予的土地使用权和天然起源的天然林等。对无偿给予的非货币性资产,企业在收到时,应当按照公允价值,借记有关资产账户,贷记"递延收益"账户,在相关资产使用寿命内按合理、系统的方法分期计入损益,借记"递延收益"账户,贷记"其他收益"或"营业外收入"账户。

【例4-1】 烟台兴茂机械制造有限公司按照国家有关政策,购置环保设备可以申请补贴以补偿其环保支出。公司于2015年1月向政府有关部门提交了210万元的补助申请,作为对其购置环保设备的补贴。2015年3月15日,收到了政府补贴款210万元。2015年4月20日,购入不需安装环保设备,实际成本为480万元,使用寿命10年,采用直线法计提折旧(不考虑净残值)。2023年4月,公司的这台设备发生毁损。假设本例中不考虑相关税费。

要求:若你是烟台兴茂机械制造有限公司的财务人员,请对上述政府补助业务进行会计处理。

解析:烟台兴茂机械制造有限公司有总额法和净额法两种处理方式。

方法一:选择总额法进行会计处理。

(1) 2015年3月15日实际收到财政拨款,确认递延收益。

借:银行存款　　　　　　　　　　　　　　　　　　　　　　　　2 100 000
　　贷:递延收益　　　　　　　　　　　　　　　　　　　　　　　　2 100 000

(2) 2015年4月20日购入设备。

借:固定资产　　　　　　　　　　　　　　　　　　　　　　　　4 800 000
　　贷:银行存款　　　　　　　　　　　　　　　　　　　　　　　　4 800 000

(3) 自2015年5月起每个资产负债表日(月末)计提折旧,同时分摊递延收益。

① 计提折旧(假设该设备用于污染物排放测试,折旧费用计入制造费用)。

借:制造费用　　　　　　　　　　　　　　　　　　　　　　　　40 000
　　贷:累计折旧　　　　　　　　　　　　　　　　　　　　　　　　40 000

② 分摊递延收益(月末)。

借：递延收益　　　　　　　　　　　　　　　　　　　　　　17 500
　　贷：其他收益　　　　　　　　　　　　　　　　　　　　　　17 500

(4) 2023年4月设备毁损，同时转销递延收益余额。

① 设备毁损。

借：固定资产清理　　　　　　　　　　　　　　　　　　　960 000
　　累计折旧　　　　　　　　　　　　　　　　　　　　　3 840 000
　　贷：固定资产　　　　　　　　　　　　　　　　　　　4 800 000

借：营业外支出　　　　　　　　　　　　　　　　　　　　960 000
　　贷：固定资产清理　　　　　　　　　　　　　　　　　　960 000

② 转销递延收益余额。

借：递延收益　　　　　　　　　　　　　　　　　　　　　420 000
　　贷：营业外收入　　　　　　　　　　　　　　　　　　　420 000

方法二：选择净额法进行会计处理。

(1) 2015年3月15日实际收到财政拨款。

借：银行存款　　　　　　　　　　　　　　　　　　　　2 100 000
　　贷：递延收益　　　　　　　　　　　　　　　　　　　2 100 000

(2) 2015年4月20日购入设备。

借：固定资产　　　　　　　　　　　　　　　　　　　　4 800 000
　　贷：银行存款　　　　　　　　　　　　　　　　　　　4 800 000

借：递延收益　　　　　　　　　　　　　　　　　　　　2 100 000
　　贷：固定资产　　　　　　　　　　　　　　　　　　　2 100 000

(3) 自2015年5月起每个资产负债表日(月末)计提折旧。

借：制造费用　　　　　　　　　　　　　　　　　　　　　22 500
　　贷：累计折旧　　　　　　　　　　　　　　　　　　　　22 500

(4) 2023年4月设备毁损。

借：固定资产清理　　　　　　　　　　　　　　　　　　　540 000
　　累计折旧　　　　　　　　　　　　　　　　　　　　2 160 000
　　贷：固定资产　　　　　　　　　　　　　　　　　　　2 700 000

借：营业外支出　　　　　　　　　　　　　　　　　　　　540 000
　　贷：固定资产清理　　　　　　　　　　　　　　　　　　540 000

三、与收益相关的政府补助

(一) 用于补偿企业以后期间的相关成本费用或损失

用于补偿企业以后期间的相关成本费用或损失的，在收到时应当先判断企业能否满足政府补助所附条件。根据政府补助准则的规定,只有满足政府补助确认条件的才能予以确认。客观情况通常表明企业能够满足政府补助所附条件,企业应当将补助确认为递延收益,并在确认相关费用或损失的期间,计入当期损益或冲减相关成本。

【例 4-2】 烟台兴茂机械制造有限公司于 2020 年 3 月 15 日与企业所在地地方政府签订合作协议,根据协议约定,当地政府将向公司提供 1 000 万元奖励资金,用于公司的人才激励和人才引进奖励,公司必须按年向当地政府报送详细的资金使用计划并按规定用途使用资金。协议同时还约定,公司自获得奖励起 10 年内注册地址不迁离本区,否则政府有权追回奖励资金。烟台兴茂机械制造有限公司于 2020 年 4 月 10 日收到 1 000 万元补助资金,分别在 2020 年 12 月、2021 年 12 月、2022 年 12 月使用了 400 万元、300 万元和 300 万元,用于发放给总裁级别类高管年度奖金。

要求:若你是烟台兴茂机械制造有限公司的财务人员,请对上述业务中所涉及的政府补助业务选择净额法进行相应会计处理。

解析:本例中,烟台兴茂机械制造有限公司在实际收到补助资金时应当先判断是否满足递延收益确认条件。

如果客观情况表明公司在未来 10 年内离开该地区的可能性很小,比如通过成本效益分析认为公司迁离该地区的成本大大高于收益,则公司在收到补助资金时应当记入"递延收益"账户,实际按规定用途使用补助资金时,再计入当期损益。

(1) 2020 年 4 月 10 日实际收到补贴资金。

借:银行存款　　　　　　　　　　　　　　　　　　　　　　　10 000 000
　　贷:递延收益　　　　　　　　　　　　　　　　　　　　　　　　10 000 000

(2) 2020 年 12 月、2021 年 12 月、2022 年 12 月公司将补贴资金发放高管奖金,相应结转递延收益。

① 2020 年 12 月结转递延收益。

借:递延收益　　　　　　　　　　　　　　　　　　　　　　　4 000 000
　　贷:管理费用　　　　　　　　　　　　　　　　　　　　　　　　4 000 000

② 2021 年 12 月结转递延收益。

借:递延收益　　　　　　　　　　　　　　　　　　　　　　　3 000 000
　　贷:管理费用　　　　　　　　　　　　　　　　　　　　　　　　3 000 000

③ 2022 年 12 月结转递延收益。

借:递延收益　　　　　　　　　　　　　　　　　　　　　　　3 000 000
　　贷:管理费用　　　　　　　　　　　　　　　　　　　　　　　　3 000 000

如果烟台兴茂机械制造有限公司在收到补助资金时暂时无法确定能否满足政府补助所附条件(即在未来 10 年内不得离开该地区),则应当将收到的补助资金先记入"其他应付款"账户,待客观情况表明企业能够满足政府补助所附条件后再转入"递延收益"账户。

(二) 用于补偿企业已发生的相关成本费用或损失

用于补偿企业已发生的相关成本费用或损失的,直接计入当期损益或冲减相关成本。

这类补助通常与企业已经发生的行为有关,是对企业已发生的成本费用或损失的补偿,或是对企业过去行为的奖励。

【例4-3】 烟台兴茂机械制造有限公司生产并销售一种先进的模具产品,按照国家有关规定,公司的这种产品适用增值税即征即退政策,即先按照规定征收增值税,然后按照实际缴纳增值税税额返还70%。2022年1月,公司实际缴纳增值税税额100万元。2022年2月,实际收到返还的增值税税额70万元,2022年2月烟台兴茂机械制造有限公司收到实际返还的增值税税额。

要求:若你是烟台兴茂机械制造有限公司的财务人员,请对上述业务中所涉及的政府补助业务进行相应会计处理。

解析:上述返还的增值税属于补偿已发生的相关成本费用的,应直接计入当期损益。

借:银行存款　　　　　　　　　　　　　　　　　　　　　　700 000
　　贷:其他收益　　　　　　　　　　　　　　　　　　　　　700 000

【例4-4】 烟台兴茂机械制造有限公司2023年5月遭受重大自然灾害,并于2023年7月20日收到了政府补助资金100万元。2023年7月20日,烟台兴茂机械制造有限公司实际收到补助资金并选择按总额法进行会计处理。

要求:若你是烟台兴茂机械制造有限公司的财务人员,请对上述业务中所涉及的政府补助业务进行相应会计处理。

解析:本例中的补助金属于补偿已经发生的损失的,应直接冲减当期损失。

借:银行存款　　　　　　　　　　　　　　　　　　　　　　1 000 000
　　贷:营业外收入　　　　　　　　　　　　　　　　　　　　1 000 000

四、政府补助的退回

根据政府补助准则的规定,已计入损益的政府补助需要退回的,应当在需要退回的当期分情况按照以下规定进行会计处理。

(1)初始确认时冲减相关资产账面价值的,调整资产账面价值。
(2)存在相关递延收益的,冲减相关递延收益账面余额,超出部分计入当期损益。
(3)属于其他情况的,直接计入当期损益。

此外,对于属于前期差错的政府补助退回,应当按照前期差错更正进行追溯调整。

【例4-5】 承接[例4-1]资料。假设2016年5月,有关部门在对烟台兴茂机械制造有限公司的检查中发现,公司不符合申请补助的条件,要求公司退回补助款。烟台兴茂机械制造有限公司于当月退回了补助款210万元。

要求:假定你是烟台兴茂机械制造有限公司的财务人员,请对上述业务中所涉及的政府补助业务进行相应会计处理。

解析:烟台兴茂机械制造有限公司有总额法和净额法两种处理方式。

(1)烟台兴茂机械制造有限公司选择总额法进行会计处理。

应当结转递延收益,并将超出部分计入当期损益。因为以前期间计入其他收益,所以本例中这部分退回的补助冲减应退回当期的其他收益。

借：递延收益　　　　　　　　　　　　　　　　　　　　　　1 890 000
　　其他收益　　　　　　　　　　　　　　　　　　　　　　　　210 000
　　贷：银行存款　　　　　　　　　　　　　　　　　　　　　　2 100 000

（2）烟台兴茂机械制造有限公司选择净额法进行会计处理。

应当视同一开始就没有收到政府补助，调整固定资产的账面价值，将实际退回金额与账面价值调整数之间的差额计入当期其他收益。

借：固定资产　　　　　　　　　　　　　　　　　　　　　　2 100 000
　　其他收益　　　　　　　　　　　　　　　　　　　　　　　　210 000
　　贷：银行存款　　　　　　　　　　　　　　　　　　　　　　2 100 000
　　　　累计折旧　　　　　　　　　　　　　　　　　　　　　　　210 000

【例4-6】　烟台兴茂机械制造有限公司于2019年11月与某开发区政府签订合作协议，在开发区内投资设立生产基地。协议约定，开发区政府自协议签订之日起6个月内向烟台兴茂机械制造有限公司提供300万元产业补贴资金用于奖励该企业在开发区内投资，烟台兴茂机械制造有限公司自获得补贴起5年内注册地址不迁离本区。如果公司在此期限内提前搬离开发区，开发区政府允许公司按照实际留在本区的时间保留部分补贴，并按剩余时间追回补贴资金。烟台兴茂机械制造有限公司于2020年1月3日收到补贴资金。

假设烟台兴茂机械制造有限公司在实际收到补助资金时，客观情况表明烟台兴茂机械制造有限公司在未来5年内搬离开发区的可能性很小，公司应当在收到补助资金时记入"递延收益"账户。

要求：若你是烟台兴茂机械制造有限公司的财务人员，请对上述业务中所涉及的政府补助业务进行相应会计处理。

解析：本例中，由于协议约定如果提前搬离开发区，开发区政府有权追回部分补助，说明公司每留在开发区内一年，就有权取得与这一年相关的补助，与这一年补助有关的不确定性基本消除，补贴收益得以实现，所以公司应当将该补助在5年内平均摊销结转计入损益。

（1）2020年1月3日烟台兴茂机械制造有限公司实际收到补贴资金。

借：银行存款　　　　　　　　　　　　　　　　　　　　　　3 000 000
　　贷：递延收益　　　　　　　　　　　　　　　　　　　　　3 000 000

（2）2020年12月31日及以后年度，烟台兴茂机械制造有限公司分期将递延收益结转入当期损益。

借：递延收益　　　　　　　　　　　　　　　　　　　　　　　600 000
　　贷：其他收益　　　　　　　　　　　　　　　　　　　　　　600 000

假设2022年1月，因烟台兴茂机械制造有限公司重大战略调整，搬离开发区，开发区政府根据协议要求甲企业退回补贴180万元。

借:递延收益	1 800 000	
贷:其他应付款		1 800 000

五、特定业务的会计处理

(一) 综合性项目政府补助

综合性项目政府补助同时包含与资产相关的政府补助和与收益相关的政府补助,企业需要将其进行分解并分别进行会计处理;难以区分的,企业应当将其整体归类为与收益相关的政府补助进行处理。

【例4-7】 2022年6月15日,某市科技创新委员会与烟台兴茂机械制造有限公司签订了科技计划项目合同书,拟对烟台兴茂机械制造有限公司的研究项目提供研究补助资金。该项目总预算为600万元,其中,市科技创新委员会资助200万元,公司自筹400万元。政府资助的200万元用于补助设备费60万元,材料费15万元,加工费95万元,差旅费10万元,会议费5万元,专家咨询费8万元,管理费用7万元,本例中除设备费外的其他各项费用都计入研究支出。市科技创新委员会应当在合同签订之日起30日内将资金拨付给公司。根据双方约定,公司应当按合同规定的开支范围,对市科技创新委员会资助的经费实行专款专用。项目实施期限为自合同签订之日起30个月,期满后公司如未通过验收,在该项目实施期满后3年内不得再向市政府申请科技补贴资金。烟台兴茂机械制造有限公司于2022年7月10日收到补助资金,在项目期内按照合同约定的用途使用了补助资金,其中,公司于2022年7月25日按项目合同书的约定购置了相关设备,设备成本150万元,其中使用补助资金60万元,该设备使用年限为10年,采用直线法计提折旧(不考虑净残值)。假设本例中不考虑相关税费。

要求:若你是烟台兴茂机械制造有限公司的财务人员,请对上述业务中所涉及的政府补助业务进行相应会计处理。

解析:本例中,烟台兴茂机械制造有限公司收到的政府补助是综合性项目政府补助,需要区分与资产相关的政府补助和与收益相关的政府补助并分别进行处理,假设公司对收到的与资产相关的政府补助选择净额法进行会计处理。

(1) 2022年7月10日烟台兴茂机械制造有限公司实际收到补贴资金。

借:银行存款	2 000 000	
贷:递延收益		2 000 000

(2) 2022年7月25日购入设备。

借:固定资产	1 500 000	
贷:银行存款		1 500 000
借:递延收益	600 000	
贷:固定资产		600 000

(3) 自2022年8月起每个资产负债表日(月末)计提折旧,折旧费用计入研发支出。

借：研发支出　　　　　　　　　　　　　　　　　　　　　　　7 500
　　贷：累计折旧　　　　　　　　　　　　　　　　　　　　　　　7 500

（4）对其他与收益相关的政府补助，烟台兴茂机械制造有限公司应当按照相关经济业务的实质确定是计入其他收益还是冲减相关成本费用，在公司按规定用途实际使用补助资金时计入损益，或者在实际使用的当期期末根据当期累计使用的金额计入损益，借记"递延收益"账户，贷记有关损益账户。

（二）政策性优惠贷款贴息

政策性优惠贷款贴息是政府为支持特定领域或区域发展，根据国家宏观经济形势和政策目标，对承贷企业的银行借款利息给予的补贴。企业取得政策性优惠贷款贴息的，应当区分财政将贴息资金拨付给贷款银行和财政将贴息资金直接拨付给受益企业两种情况，分别进行会计处理。

1. 财政将贴息资金拨付给贷款银行

在财政将贴息资金拨付给贷款银行的情况下，由贷款银行以政策性优惠利率向企业提供贷款。这种方式下，受益企业按照优惠利率向贷款银行支付利息，没有直接从政府取得利息补助，企业可以选择下列方法之一进行会计处理：一是以实际收到的金额作为借款的入账价值，按照借款本金和该政策性优惠利率计算借款费用。通常情况下，实际收到的金额即为借款本金。二是以借款的公允价值作为借款的入账价值并按照实际利率法计算借款费用，实际收到的金额与借款公允价值之间的差额确认为递延收益，递延收益在借款存续期内采用实际利率法摊销，冲减相关借款费用。企业选择了上述两种方法之一后，应当一致地运用，不得随意变更。

在财政将贴息资金拨付给贷款银行的情况下，向企业发放贷款的银行并不是受益主体，其仍然按照市场利率收取利息，只是一部分利息来自企业，另一部分利息来自财政贴息。所以金融企业发挥的是中介作用，并不需要确认与贷款相关的递延收益。

2. 财政将贴息资金直接拨付给受益企业

财政将贴息资金直接拨付给受益企业，企业先按照同类贷款市场利率向银行支付利息，财政部门定期与企业结算贴息。在这种方式下，由于企业先按照同类贷款市场利率向银行支付利息，其实际收到的借款金额通常就是借款的公允价值，企业应当将对应的贴息冲减相关借款费用。

六、政府补助的列报

（一）政府补助在利润表上的列报

企业应当在利润表中的"营业利润"项目之上单独列报"其他收益"项目，计入其他收益的政府补助在该项目中反映。冲减相关成本费用的政府补助，在相关成本费用项目中反映。与企业日常经营活动无关的政府补助，在利润表的"营业外支出"项目中列报。

（二）政府补助的附注披露

企业应当在附注中披露与政府补助有关的下列信息。

（1）政府补助的种类、金额和列报项目。

(2)计入当期损益的政府补助金额。

(3)本期退回的政府补助金额及原因。

因政府补助涉及递延收益、其他收益、营业外收入以及成本费用等多个报表项目,为了全面反映政府补助情况,企业应当在附注中单设项目披露政府补助的相关信息。

课堂结账测试

(注:每章课堂结账测试设置为撕页式,便于保存。既可用作检验学生对知识点掌握情况,又可作为课堂点名,记入平时成绩)

班级_____ 姓名_____ 学号_____ 日期_____ 分数_____

一、单项选择题(每题 4 分,共计 20 分)

1. 下列各项中,政府部门的下列行为,不属于企业取得的政府补助的是( )。
   A. 对企业贷款利息给予的补贴　　　B. 无偿拨付给企业的技术改造专项资金
   C. 作为企业所有者投入的资本　　　D. 先征后返的增值税

2. 12 月,甲公司取得政府无偿拨付的技术改造资金 100 万元、增值税出口退税 30 万元、财政贴息 50 万元。不考虑其他因素,甲公司 12 月获得的政府补助金额是( )万元。
   A. 180　　　B. 150　　　C. 100　　　D. 130

3. 企业享受的下列税收优惠中,属于政府补助的是( )。
   A. 增值税出口退税　　　B. 免征的企业所得税
   C. 减征的企业所得税　　　D. 先征后返的企业所得税

4. 甲公司为高新技术企业,2022 年销售 A 产品 5 台,每台市场售价 20 万元。A 产品符合国家产业政策,根据规定企业以 16 万元/台的价格出售给消费者,政府给予补助 4 万元/台。不考虑其他因素,甲公司下列会计处理符合企业会计准则规定的是( )。
   A. 企业应确认其他收益 20 万元　　　B. 企业应确认主营业务收入 100 万元
   C. 企业应确认递延收益 20 万元　　　D. 企业应确认主营业务收入 80 万元

5. 2022 年度,甲公司发生的有关交易或事项如下:①因生产并销售环保型冰柜收到政府补贴 40 万元。按规定甲公司每销售一台环保型冰柜,政府给予补贴 500 元。该环保型冰柜每台生产成本为 900 元,国家规定的销售价格为 600 元。②为研发第二代节能环保型冰柜发生研发费用 900 万元,税法允许税前抵扣 1 575 万元。③按规定直接定额减免企业所得税 300 万元。④按规定收到即征即退的增值税 200 万元。不考虑其他因素,甲公司应作为政府补助进行会计处理的是( )。
   A. 事项①收到的 40 万元　　　B. 事项③减免的 300 万元
   C. 事项②可税前抵扣的 1 575 万元　　　D. 事项④收到的 200 万元

二、多项选择题(每题 5 分,共计 25 分)

1. 下列各项中,属于企业获得的政府补助的有( )。
   A. 研究阶段费用化支出按 100% 加计扣除　　　B. 政府无偿拨付给企业的技术改造专项资金
   C. 政府对企业贷款利息给予的补贴　　　D. 减免企业所得税 500 万元

2. 甲公司对政府补助采用总额法进行会计处理,甲公司 2023 年 5 月收到下列各项政府补助款中,应在收到时确认为当期损益的有( )。
   A. 上月用电补助款 20 万元　　　B. 新型实验设备购置补助款 40 万元
   C. 失业保险稳岗返还款 41 万元　　　D. 即征即退的增值税税款 20 万元

3. 下列关于企业接受政府无偿划拨非货币性资产的说法中,符合企业会计准则的有( )。
   A. 通常按该资产的公允价值计量

103

B. 公允价值无法可靠取得时按评估价值计量
C. 支付的与资产相关的税费计入资产成本
D. 公允价值无法可靠取得时按名义金额计量

4. 下列各项中,关于企业取得的政府补助会计处理的表述,错误的有( )。
   A. 财政直接拨付受益企业的贴息资金采用总额法进行会计处理
   B. 对同类或类似政府补助业务只能选用一种方法,不得随意变更
   C. 与资产相关和与收益相关的政府补助难以区分时,全部作为与资产相关的政府补助
   D. 总额法下,相关资产处置时尚未摊销完的相关政府补助继续按期摊销计入各期损益

5. 下列各项中,关于企业取得与收益相关政府补助的说法,正确的有( )。
   A. 用于补偿以后期间的相关成本费用或损失的,收到时应先判断能否满足政府补助所附条件
   B. 用于补偿以后期间的相关成本费用或损失的,收到时暂无法确定是否满足政府补助条件的,应当先作为预收款项计入"其他应付款"账户
   C. 用于补偿以后期间的相关成本费用或损失的,有客观情况表明企业能够满足政府补助所附条件的应确认递延收益
   D. 用于补偿已发生的相关成本费用或损失的,直接计入当期损益或冲减相关成本费用

三、判断题(每题 3 分,共 15 分)

1. 政府补助可以分为与资产相关的政府补助和与收益相关的政府补助。 ( )
2. 以名义金额计量的政府补助,在取得时计入当期损益。 ( )
3. 计入递延收益的政府补助作为非流动资产,在"递延收益"项目中单独列示。 ( )
4. 初始确认时冲减成本费用的政府补助需要退回的,直接计入当期损益。 ( )
5. 对于与收益相关的政府补助,企业应当选择采用总额法或净额法进行会计处理。选择总额法的,应当冲减相关成本费用或营业外支出。 ( )

四、实务题(共 40 分)

甲公司发生的与政府补助有关交易和事项如下(不考虑相关税费及其他因素)。

(1) 2020 年 7 月 1 日,甲公司收到政府对其老片研发项目补助款 1 200 万元并存入银行,其中 900 万元用于补助新建研发大厦,300 万元用于补助研发芯片技术。政府规定,对研发大厦建成当年(考核期)甲公司招聘的研发人员人数和研发芯片的绩效进行考核,若考核不达标则需退回全部补助款。截至 2020 年 12 月 31 日,研发大厦尚未建成。甲公司不确定考核期内能否达到政府规定的考核标准。甲公司采用总额法核算政府补助。

(2) 2021 年 6 月 30 日,研发大厦建成达到预定可使用状态,总成本为 6 000 万元,预计使用 50 年,采用年限平均法计提折旧。预计净残值为 0;当日,甲公司预计能够达到政府规定的考核期考核标准。2021 年 7 月至 12 月发生研发费用 1 000 万元,因不符合资本化条件,全部计入当期损益。截至 2021 年 12 月 31 日,甲公司达到了政府规定的考核期考核标准。

(3) 2023 年 6 月 30 日,甲公司为整合芯片业务,将研发大厦以 7 800 万元出售,当日出售研发大厦的款项已收存银行。

要求:请根据上述资料(1)~(3),分别进行与甲公司政府补助相关的会计处理。

第五章　非货币性资产交换

知识导航

非货币性资产交换
├─ 非货币性资产交换概述
│　├─ 非货币性资产交换的相关概念
│　└─ 非货币性资产交换不涉及的交易和事项
└─ 非货币性资产交换的会计处理
　　├─ 非货币性资产交换的确认原则
　　├─ 非货币性资产交换的计量原则
　　├─ 商业实质的判断
　　├─ 以公允价值为基础计量的会计处理
　　├─ 以账面价值为基础计量的会计处理
　　├─ 涉及多项非货币性资产交换的会计处理
　　└─ 非货币性资产交换的信息披露

学习目标

1. 知识目标
(1) 了解非货币性资产交换的概念和特征。
(2) 理解非货币性资产交换的认定方法。
(3) 掌握以公允价值计量和以账面价值计量的非货币性资产交换的会计处理。
2. 能力目标
能够应用非货币性资产交换的原理,正确解决实务中非货币性资产交换的会计处理问题。
3. 素质目标
(1) 科学设计非货币性资产交换方案,提升创新能力,勇于挑战。
(2) 关注国企战略重组政策和案例,坚定"四个自信"。

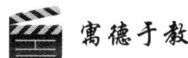 寓德于教

中国交建分拆子公司重组上市

继宁夏建材公告重组事项后,甘肃祁连山水泥集团股份有限公司(以下简称"祁连山")作为中国建材集团有限公司(以下简称"中国建材")整合水泥业务的最后一块拼图,也于2022年5月12日披露了重大资产重组预案。预案显示,祁连山拟将全部资产及负债置

出,与中国交通建设集团有限公司(以下简称"中国交建")及中国城乡控股集团有限公司(以下简称"中国城乡")下属的6家设计院进行资产置换。交易完成后,祁连山将退出水泥行业,未来从事工程设计咨询业务。其控股股东将变更为中国交建,实际控制人将变更为中交集团。当日,中国交建和中国建材均就此发布相关公告。中国交建称,通过本次分拆重组上市,公司将公规院、一公院、二公院重组上市后的新主体打造成为下属工程设计咨询领域的独立上市平台。中国建材称,资产重组完成后,预计祁连山将不再是公司的附属公司。

祁连山此次披露的交易方案包括重大资产置换、发行股份购买资产及募集配套资金等三个部分。首先,祁连山拟将全部资产及负债置出,并与中国交建下属公规院100%股权、一公院100%股权、二公院100%股权和中国城乡下属的西南院100%股权、东北院100%股权、能源院100%股权中的等值部分进行资产置换。其次,祁连山拟以10.62元/股的价格,向中国交建、中国城乡发行股份购买置入资产的差额部分。此外,公司还将采取向特定对象非公开发行的方式募集配套资金。通过上述交易,中国建材能够解决内部的同业竞争问题,其水泥资产能够进一步整合。

通过此次重组,中国交建将分拆子公司"借壳"上市。重组预案显示,此次交易中,中国交建拟置入的资产为公规院、一公院、二公院100%股权;中国城乡拟置入的资产为西南院、东北院、能源院100%股权。六家设计院主要经营工程勘察、设计咨询以及监理检测业务,主要聚焦于交通及市政两大领域,在公路、市政设计领域均排名前列。借助本次交易,中交集团将实现对设计板块的整合。中交集团合计持有中国交建58.70%的股份,持有中国城乡100%的股份,同为中国交建和中国城乡的控股股东及实际控制人。

资料来源:证券日报,2022-05-12,《央企又有大动作!中国建材进一步整合水泥资产 中国交建分拆子公司重组上市》,http://www.zqrb.cn/gscy/gongsi/2022-05-12/A1652369837104.html,有删节。

请思考:

1. 央企重组整合加快推进,对我国宏观经济和不断增强"四个自信"有什么重大意义?
2. 阅读中国建材和祁连山的资产置换案例,思考国企改革对国企自身发展有什么重大意义?

第一节 非货币性资产交换概述

一、非货币性资产交换的相关概念

(一) 非货币性资产的概念

非货币性资产有别于货币性资产的最基本特征是其在将来为企业带来的经济利益(即货币金额)是不固定的或不可确定的。如果资产在将来为企业带来的经济利益(即货币金额)是固定的或可确定的,则该资产是货币性资产;反之,如果资产在将来为企业带来的经济利益(即货币金额)是不固定的或不确定的,则该资产是非货币性资产。例如,企业持有固定资产的主要目的是用于生产经营,通过折旧方式将其磨损价值转移到产品成本或服务中,然后通过产品销售或提供服务获利,固定资产在将来为企业带来的经济利益(即货币金额)是不固定的或不可确定的,因此,固定资产属于非货币性资产。

(二)非货币性资产交换的概念和特征

根据《企业会计准则第 7 号——非货币性资产交换》(以下简称非货币性资产交换准则)的规定,非货币性资产交换,是指企业主要以固定资产、无形资产、投资性房地产和长期股权投资等非货币性资产进行的交换。该交换不涉及或只涉及少量的货币性资产(即补价)。从非货币性资产交换的概念可以看出,非货币性资产交换具有以下三种特征。

(1)非货币性资产交换的交易对象主要是非货币性资产。

(2)非货币性资产交换是以非货币性资产进行交换的行为。交换,通常是指一个企业和另一个企业之间的互惠转让,通过转让,企业以让渡其他资产或劳务或者承担其他义务而取得资产或劳务(或偿还负债)。非互惠的非货币性资产转让不属于本章所述的非货币性资产交换,如企业捐赠非货币性资产等。

(3)非货币性资产交换一般不涉及货币性资产,但有时也可能涉及少量的货币性资产。通常情况下,交易双方对于某项交易是否为非货币性资产交换的判断是一致的。

【特别提示】
　　对非货币性资产交换进行判断,企业应从自身的角度,根据交易的实质判断相关交易是否属于本章定义的非货币性资产交换,不应基于交易双方的情况进行判断。例如,投资方以一项固定资产出资取得对被投资方的权益性投资,对于投资方来说,换出资产为固定资产,换入资产为长期股权投资,属于非货币性资产交换;对于被投资方来说,虽取得了实物资产,但属于接受权益性投资,不属于非货币性资产交换。

(三)非货币性资产交换的认定

非货币性资产交换一般不涉及货币性资产,或只涉及少量货币性资产即补价。非货币性资产交换准则规定,认定涉及少量货币性资产的交换为非货币性资产交换,通常以补价占整个资产交换金额的比例是否低于 25% 作为参考比例。

具体来说,从收到补价的企业来看,收到的补价的公允价值占换出资产公允价值(或占换入资产公允价值和收到的货币性资产之和)的比例低于 25% 的,视为非货币性资产交换;从支付补价的企业来看,支付的货币性资产占换入资产公允价值(或占换出资产公允价值与支付的补价的公允价值之和)的比例低于 25% 的,视为非货币性资产交换;如果上述比例高于 25%(含 25%)的,则不视为非货币性资产交换,适用《企业会计准则第 14 号——收入》等相关准则的规定。

$$支付补价方的判定比例 = 支付的补价 \div 换入资产的公允价值 \times 100\%$$
$$收到补价方的判定比例 = 收到的补价 \div 换出资产的公允价值 \times 100\%$$

二、非货币性资产交换不涉及的交易和事项

本章所指非货币性资产交换不涉及以下交易和事项。

(1)换出资产为存货的非货币性资产交换。企业以存货换取客户的非货币性资产的,换出存货的企业相关的会计处理适用《企业会计准则第 14 号——收入》。

(2)非货币性资产交换中涉及的企业合并。非货币性资产交换中涉及企业合并的,适

用《企业会计准则第 20 号——企业合并》《企业会计准则第 2 号——长期股权投资》和《企业会计准则第 33 号——合并财务报表》。

(3) 非货币性资产中涉及的金融资产。非货币性资产交换中涉及由《企业会计准则第 22 号——金融工具确认和计量》规定的金融资产的,金融资产的确认、终止确认和计量适用《企业会计准则第 22 号——金融工具确认和计量》和《企业会计准则第 23 号——金融资产转移》。

(4) 非货币性资产交换中涉及使用权资产或应收融资租赁款。非货币性资产交换中涉及由《企业会计准则第 21 号——租赁》规定的使用权资产或应收融资租赁款等的,相关资产的确认、终止确认和计量适用《企业会计准则第 21 号——租赁》。

(5) 非货币性资产交换构成权益性交易。非货币性资产交换的一方直接或间接对另一方持股且以股东身份进行交易,或者非货币性资产交换的双方均受同一方或相同的多方最终控制,且该非货币性资产交换的交易实质是交换的一方向另一方进行了权益性分配或交换的一方接受了另一方权益性投入,应当适用权益性交易的有关会计处理规定。例如,集团重组中发生的非货币性资产划拨、划转行为,在股东或最终控制方的安排下,企业无代价或以明显不公平的代价将非货币性资产转让给其他企业或接受其他企业的非货币性资产,该类转让的实质是企业进行了权益性分配或接受了权益性投入,不适用本章所述的非货币性资产交换会计处理,应当适用权益性交易的有关会计处理规定。企业应当遵循实质重于形式的原则判断非货币性资产交换是否构成权益性交易。

(6) 其他不适用非货币性资产交换准则的交易和事项。其他不适用非货币性资产交换准则的交易和事项包括:①企业从政府无偿取得非货币性资产,比如,政府无偿提供非货币性资产给企业建造固定资产等的,适用《企业会计准则第 16 号——政府补助》。②企业将非流动资产或处置组分配给所有者的,适用《企业会计准则第 42 号——持有待售的非流动资产、处置组和终止经营》。③企业以非货币性资产向职工发放非货币性福利的,适用《企业会计准则第 9 号——职工薪酬》。④企业以发行股票形式取得的非货币性资产,相当于以权益工具换入非货币性资产,其成本确定适用相关资产准则。⑤企业用于非货币性资产交换的非货币性资产应当符合资产的概念并满足资产的确认条件,且作为资产列报于企业的资产负债表上。因此,企业用于交换的资产目前尚未列报于资产负债表上,或不存在或尚不属于本企业的,适用其他相关会计准则。

第二节 非货币性资产交换的会计处理

一、非货币性资产交换的确认原则

企业应当分别按照下列原则对非货币性资产交换中的换入资产进行确认,对换出资产终止确认:对于换入资产,应当在其符合资产概念并满足资产确认条件时予以确认;对于换出资产,应当在其满足资产终止确认条件时终止确认。例如,某企业在非货币性资产交换中的换入资产或换出资产均为固定资产,按照《企业会计准则第 4 号——固定资产》和《企业会计准则第 14 号——收入》的规定,换入的固定资产应当在与该固定资产有关的经济利益很可能流入企业,且成本能够可靠地计量时确认;换出的固定资产应当以换入企业取得该固定资产控制权时点作为处置时点终止确认。

非货币性资产交换中的资产应当符合资产的概念并满足资产的确认条件,且作为资产列报于企业的资产负债表上。因此,通常情况下,换入资产的确认时点与换出资产的终止确认时点应当相同或相近。

实务中,由于资产控制权转移所必需的运输或转移程序等方面的原因(如资产运输至对方地点所需的合理运输时间、办理股权或房产过户手续等),可能导致换入资产满足确认条件的时点与换出资产满足终止确认条件的时点存在短暂不一致的情况,企业可以按照重要性原则,在换入资产满足确认条件和换出资产满足终止确认条件孰晚的时点进行会计处理。在换入资产的确认时点与换出资产的终止确认时点存在不一致的情况下,在资产负债表日,企业应当按照下列原则进行会计处理:换入资产满足资产确认条件,换出资产尚未满足终止确认条件的,在确认换入资产的同时,将交付换出资产的义务确认为一项负债,如其他应付款;换入资产尚未满足资产确认条件,换出资产满足终止确认条件的,在终止确认换出资产的同时,将取得换入资产的权利确认为一项资产,如其他应收款。

二、非货币性资产交换的计量原则

(一) 以公允价值为基础计量

非货币性资产交换同时满足下列两个条件的,应当以公允价值和应支付的相关税费作为换入资产的成本,公允价值与换出资产账面价值的差额计入当期损益:①该项交换具有商业实质。②换入资产或换出资产的公允价值能够可靠地计量。

换入资产和换出资产公允价值均能够可靠计量的,应当以换出资产公允价值作为确定换入资产成本的基础,一般来说,取得资产的成本应当按照所放弃资产的对价来确定,在非货币性资产交换中,换出资产就是放弃的对价,如果其公允价值能够可靠确定,应当优先考虑按照换出资产的公允价值作为确定换入资产成本的基础;如果有确凿证据表明换入资产的公允价值更加可靠的,应当以换入资产公允价值为基础确定换入资产的成本。

对于非货币资产交换中,换入资产和换出资产的公允价值均能够可靠计量的情形,企业在判断是否有确凿证据表明换入资产的公允价值更加可靠时,应当考虑确定公允价值所使用的输入值层次,企业可以参考以下情况:第一层次输入值为公允价值提供了最可靠的证据,第二层次直接或间接可观察的输入值比第三层次不可观察输入值为公允价值提供更确凿的证据。实务中,在考虑了补价因素的调整后,正常交易中换入资产的公允价值和换出资产的公允价值通常是一致的。

(二) 以账面价值为基础计量

不具有商业实质或交换涉及资产的公允价值均不能可靠计量的非货币性资产交换,应当按照换出资产的账面价值和应支付的相关税费,作为换入资产的成本,无论是否支付补价,均不确认损益;收到或支付的补价作为确定换入资产成本的调整因素。

三、商业实质的判断

(一) 判断条件

企业发生的非货币性资产交换,满足下列条件之一的,视为具有商业实质。

(1) 换入资产的未来现金流量在风险、时间分布或金额方面与换出资产显著不同。

企业应当对比考虑换入资产与换出资产的未来现金流量在风险、时间分布或金额三个方面的差异,对非货币性资产交换是否具有商业实质进行综合判断。通常情况下,只要换入资产和换出资产的未来现金流量在其中某个方面存在显著不同,即表明满足商业实质的判断条件。

(2) 使用换入资产所产生的预计未来现金流量现值与继续使用换出资产所产生的预计未来现金流量现值不同,且其差额与换入资产和换出资产的公允价值相比是重大的。

企业如按照上述第(1)个条件难以判断某项非货币性资产交换是否具有商业实质,即可根据第(2)个条件,通过计算换入资产和换出资产的预计未来现金流量现值,进行比较后判断。资产预计未来现金流量现值,应当按照资产在持续使用过程和最终处置时预计产生的税后未来现金流量(使用企业自身的所得税税率),根据企业自身而不是市场参与者对资产特定风险的评价,选择恰当的折现率对预计未来现金流量折现后的金额加以确定,以体现资产对企业自身的特定价值。

从市场参与者的角度分析,换入资产和换出资产预计未来现金流量在风险、时间分布或金额方面可能相同或相似,但是,鉴于换入资产的性质和换入企业经营活动的特征等因素,换入资产与换入企业其他现有资产相结合,能够比换出资产产生更大的作用,使换入企业受该换入资产影响的经营活动部分产生的现金流量,与换出资产明显不同,即换入资产对换入企业的使用价值与换出资产对该企业的使用价值明显不同,使换入资产预计未来现金流量现值与换出资产发生明显差异,则表明交换具有商业实质。

(二)交换涉及的资产类别与商业实质的关系

企业在判断非货币性资产交换是否具有商业实质时,还可以从资产是否属于同一类别进行分析,因为不同类非货币性资产因其产生经济利益的方式不同,一般来说其产生的未来现金流量风险、时间分布或金额也不相同,因而不同类非货币性资产之间的交换是否具有商业实质,通常较易判断。不同类非货币性资产是指在资产负债表中列示为不同报表项目的资产,比如固定资产、投资性房地产、生物资产、长期股权投资、无形资产等都是不同类别的资产。例如,企业以一项用于出租的投资性房地产交换一项固定资产自用,属于不同类非货币性资产交换,在这种情况下,企业就将未来现金流量由每期产生的租金流,转化为该项资产独立产生,或包括该项资产的资产组协同产生的现金流。通常情况下,由定期租金带来的现金流量与用于生产经营的固定资产产生的现金流量在风险、时间分布或金额方面有所差异,因此,该两项资产的交换具有商业实质。

同类非货币性资产交换是否具有商业实质,通常较难判断,需要根据上述两项判断条件综合判断。企业应当重点关注的是换入资产和换出资产为同类资产的情况,同类资产产生的未来现金流量既可能相同,也可能显著不同,其之间的交换因而可能具有商业实质,也可能不具有商业实质。例如,A 企业将自己拥有的一幢建筑物,与 B 企业拥有的在同一地点的另一幢建筑物相交换,两幢建筑物的建造时间、建造成本等均相同,但两者未来现金流量的风险、时间分布或金额可能显著不同。

四、以公允价值为基础计量的会计处理

非货币性资产交换具有商业实质且公允价值能够可靠计量的,应当以换出资产的公允价值和应支付的相关税费作为换入资产的成本,除非有确凿证据表明换入资产的公允价值

比换出资产公允价值更加可靠。其中,计入换入资产的应支付的相关税费应当符合相关会计准则对资产初始计量成本的规定。例如,换入资产为存货的,包括相关税费、使该资产达到目前场所和状态所发生的运输费、装卸费、保险费以及可归属于该资产的其他成本;换入资产为固定资产的,包括相关税费、使该资产达到预定可使用状态前所发生的可归属于该资产的运输费、装卸费、安装费和专业人员服务费等。

在以公允价值为基础计量的情况下,不论是否涉及补价,只要换出资产的公允价值与其账面价值不相同,就一定会涉及损益的确认,因为换出资产公允价值与换出资产账面价值的差额,通常是通过非货币性资产交换予以实现的。

企业应当在换出资产终止确认时,将换出资产的公允价值与其账面价值之间的差额计入当期损益。换出资产的公允价值不能够可靠计量,或换入资产和换出资产的公允价值均能够可靠计量但有确凿证据表明换入资产的公允价值更加可靠的,应当在终止确认时,将换入资产的公允价值与换出资产账面价值之间的差额计入当期损益。

非货币性资产交换的会计处理,视换出资产的类别不同而有所区别:①换出资产为固定资产、在建工程、生产性生物资产、无形资产的,换出资产公允价值和换出资产账面价值的差额,计入资产处置损益。②换出资产为长期股权投资的,换出资产公允价值和换出资产账面价值的差额,计入投资收益。③换出资产为投资性房地产的,按换出资产公允价值或换入资产公允价值确认其他业务收入,按换出资产账面价值结转其他业务成本,两者之间的差额计入当期损益。

换入资产与换出资产涉及相关税费的,按照相关税收规定计算确定。

(一)不涉及补价的情况

【例5-1】 2023年7月,烟台兴茂机械制造有限公司以生产经营过程中使用的一台设备交换B打印机公司生产的一批打印机,换入的打印机作为固定资产管理。烟台兴茂机械制造有限公司和B公司均为增值税一般纳税人,适用的增值税税率均为13%。

烟台兴茂机械制造有限公司设备的账面原价为150万元,在交换日的累计折旧为45万元,公允价值为90万元。B公司打印机的账面价值为110万元,在交换日的市场价格为90万元,计税价格等于市场价格。

B公司换入烟台兴茂机械制造有限公司的设备是生产打印机过程中需要使用的设备。假设烟台兴茂机械制造有限公司此前没有为该项设备计提资产减值准备,整个交易过程中,除支付该项设备的运杂费15 000元外,没有发生其他相关税费;B公司此前也没有为库存打印机计提存货跌价准备,其在整个交易过程中没有发生除增值税以外的其他税费。

要求:请根据资料分别编制烟台兴茂机械制造有限公司和B公司的会计分录。

解析:整个资产交换过程未涉及收付货币性资产,该项交换属于非货币性资产交换。

本例对烟台兴茂机械制造有限公司来讲,换入的打印机是经营过程中必需的资产,对B公司来讲,换入的设备是生产打印机过程中必须使用的机器,两项资产交换后对换入企业的特定价值显著不同,两项资产的交换具有商业实质;同时,两项资产的公允价值都能够可靠地计量,符合以公允价值计量的两个条件,因此,烟台兴茂机械制造有限公司和B公司均应当以换出资产的公允价值为基础,确定换入资产的成本,并确认产生的损益。

(1)烟台兴茂机械制造有限公司的会计处理。

换入资产的增值税进项税额 = 900 000 × 13% = 117 000(元)

换出设备的增值税销项税额＝900 000×13％＝117 000(元)

借：固定资产清理	1 050 000
累计折旧	450 000
贷：固定资产——设备	1 500 000
借：固定资产清理	15 000
贷：银行存款	15 000
借：固定资产——打印机	900 000
应交税费——应交增值税(进项税额)	117 000
资产处置损益	165 000
贷：固定资产清理	1 065 000
应交税费——应交增值税(销项税额)	117 000

(2) B公司的会计处理。

根据增值税的有关规定，企业以库存商品换入其他资产，视同销售行为发生，应计算增值税销项税额，缴纳增值税。

换出打印机的增值税销项税额＝900 000×13％＝117 000(元)

换入设备的增值税进项税额＝900 000×13％＝117 000(元)

若B公司换出存货的交易符合《企业会计准则第14号——收入》规定的收入确认条件。

借：固定资产——设备	900 000
应交税费——应交增值税(进项税额)	117 000
贷：主营业务收入	900 000
应交税费——应交增值税(销项税额)	117 000
借：主营业务成本	1 100 000
贷：库存商品——打印机	1 100 000

(二) 涉及补价的情况

在以公允价值为基础确定换入资产成本的情况下，发生补价的，支付补价方和收到补价方应当分别按以下情况处理。

1. 支付补价方

(1) 以换出资产的公允价值为基础计量的，应当以换出资产的公允价值，加上支付补价的公允价值和应支付的相关税费，作为换入资产的成本，换出资产的公允价值与其账面价值之间的差额计入当期损益。

(2) 有确凿证据表明换入资产的公允价值更加可靠的，即以换入资产的公允价值为基础计量的，应以换入资产的公允价值和应支付的相关税费作为换入资产的初始计量金额，换入资产的公允价值减去支付补价的公允价值，与换出资产账面价值之间的差额计入当期损益。

2. 收到补价方

(1) 以换出资产的公允价值为基础计量的，应当以换出资产的公允价值，减去收到补价的公允价值，加上应支付的相关税费，作为换入资产的成本，换出资产的公允价值与其账面价值之间的差额计入当期损益。

(2) 有确凿证据表明换入资产的公允价值更加可靠的，即以换入资产的公允价值为基础计量的,应以换入资产的公允价值和应支付的相关税费作为换入资产的初始计量金额,换入资产的公允价值加上收到补价的公允价值,与换出资产账面价值之间的差额计入当期损益。

【特别提示】

在涉及补价的情况下,对于支付补价方而言,作为补价的货币性资产构成换入资产所放弃对价的一部分,对于收到补价方而言,作为补价的货币性资产构成换入资产的一部分。

【例5-2】 2023年6月1日,烟台兴茂机械制造有限公司以一台设备换入B公司的一辆小轿车。

在交换日,烟台兴茂机械制造有限公司设备的账面原值为250 000元,已提折旧100 000元,公允价值为175 000元;B公司小轿车的公允价值为150 000元,账面原值为175 000元,已提折旧15 000元。双方协议,B公司支付烟台兴茂机械制造有限公司28 250元补价,烟台兴茂机械制造有限公司负责把该设备运至B公司,烟台兴茂机械制造有限公司因此发生设备运费10 000元,以银行存款支付。

烟台兴茂机械制造有限公司未对该设备计提减值准备,B公司对小轿车已计提减值准备5 000元。烟台兴茂机械制造有限公司和B公司均为增值税一般纳税人,增值税税率均为13%,上述交易中涉及的增值税进项税额可抵扣且已得到认证,不考虑其他税费。

假设双方交易具有商业实质,且设备和小轿车的公允价值是能够可靠计量的,可采用公允价值计价。

要求:根据上述资料,判断交易类型是否为非货币性交易并分别编制烟台兴茂机械制造有限公司和B公司的会计分录。

解析:该项资产交换涉及收付货币性资产,即补价28 250元,其中3 250元为增值税。从收到补价的烟台兴茂机械制造有限公司看,收到的补价25 000元占换出资产公允价值175 000元的比例为14.29%(25 000÷175 000×100%),该比例小于25%,故此交易属非货币性资产交换,应按照非货币性资产交换准则核算。从支付补价的B公司看,支付的补价25 000元占换入资产的公允价值175 000元的比例为14.29%(25 000÷175 000×100%),该比例小于25%,故此交易属非货币性资产交换,应按照非货币性资产交换准则核算。

(1)烟台兴茂机械制造有限公司的会计处理。

换入小轿车的入账价值=175 000-25 000=150 000(元)

借:固定资产清理	150 000
累计折旧	100 000
贷:固定资产——设备	250 000
借:固定资产清理	10 000
贷:银行存款	10 000
借:固定资产——小轿车	150 000
应交税费——应交增值税(进项税额)	19 500
银行存款	28 250
贷:固定资产清理	175 000
应交税费——应交增值税(销项税额)	22 750

借：固定资产清理　　　　　　　　　　　　　　　　　　　　　　15 000
　　贷：资产处置损益　　　　　　　　　　　　　　　　　　　　　　15 000

(2) B公司的会计处理。

B公司换入设备的入账价值＝150 000＋25 000＝175 000(元)

借：固定资产清理　　　　　　　　　　　　　　　　　　　　　　155 000
　　累计折旧　　　　　　　　　　　　　　　　　　　　　　　　　15 000
　　固定资产减值准备　　　　　　　　　　　　　　　　　　　　　5 000
　　贷：固定资产——小轿车　　　　　　　　　　　　　　　　　　175 000

借：固定资产——设备　　　　　　　　　　　　　　　　　　　　175 000
　　应交税费——应交增值税(进项税额)　　　　　　　　　　　　22 750
　　贷：银行存款　　　　　　　　　　　　　　　　　　　　　　　28 250
　　　　固定资产清理　　　　　　　　　　　　　　　　　　　　　150 000
　　　　应交税费——应交增值税(销项税额)　　　　　　　　　　　19 500

借：资产处置损益　　　　　　　　　　　　　　　　　　　　　　　5 000
　　贷：固定资产清理　　　　　　　　　　　　　　　　　　　　　　5 000

五、以账面价值为基础计量的会计处理

非货币性资产交换不具有商业实质，或者虽然具有商业实质但换入资产和换出资产的公允价值均不能可靠计量的，应当以换出资产账面价值为基础确定换入资产成本，无论是否支付补价，均不确认损益。

(一) 不涉及补价的情况

在以账面价值为基础计量的情况下，对于换入资产，应当以换出资产的账面价值和应支付的相关税费作为换入资产的初始计量金额；对于换出资产，终止确认时不确认损益。

(二) 涉及补价的情况

对于以账面价值为基础计量的非货币性资产交换，涉及补价的，应当将补价作为确定换入资产初始计量金额的调整因素，分以下两种情况进行处理：①支付补价方应当以换出资产的账面价值，加上支付补价的账面价值和应支付的相关税费，作为换入资产的初始计量金额，不确认损益。②收到补价方应当以换出资产的账面价值，减去收到补价的公允价值，加上应支付的相关税费，作为换入资产的初始计量金额，不确认损益。

【例5-3】烟台兴茂机械制造有限公司拥有一台专有设备，该设备账面原价900万元，已计提折旧660万元，B公司拥有一项长期股权投资，账面价值180万元，两项资产均未计提减值准备。

烟台兴茂机械制造有限公司决定以其专有设备交换B公司的长期股权投资，该专有设备是生产某种产品必需的设备。由于专有设备系当时专门制造、性质特殊，其公允价值不能可靠计量；B公司拥有的长期股权投资的公允价值也不能可靠计量。经双方商定，B公司支付了40万元补价。假定交易不考虑相关税费。

要求：根据上述资料，判断交易类型是否为非货币性交易并分别编制烟台兴茂机械制造有限公司和B公司的会计分录。

解析：对烟台兴茂机械制造有限公司而言，收到的补价 40 万元除以换出资产账面价值 240 万元为 16.67%，该比例小于 25%。因此，该项交换属于非货币性资产交换，B 公司的情况也类似。由于两项资产的公允价值不能可靠计量，烟台兴茂机械制造有限公司和 B 公司换入资产的成本均应当按照换出资产的账面价值确定。

(1) 烟台兴茂机械制造有限公司的会计处理。

借：固定资产清理	2 400 000
累计折旧	6 600 000
贷：固定资产——专有设备	9 000 000
借：长期股权投资	2 000 000
银行存款	400 000
贷：固定资产清理	2 400 000

(2) B 公司的会计处理。

借：固定资产——专有设备	2 200 000
贷：长期股权投资	1 800 000
银行存款	400 000

六、涉及多项非货币性资产交换的会计处理

(一) 以公允价值为基础计量的情况

1. 以换出资产的公允价值为基础计量的

(1) 对于同时换入的多项资产，由于通常无法将换出资产与换入的某项特定资产相对应，应当按照各项换入资产的公允价值的相对比例（换入资产的公允价值不能够可靠计量的，可以按照换入的金融资产以外的各项资产的原账面价值的相对比例或其他合理的比例），将换出资产公允价值总额（涉及补价的，加上支付补价的公允价值或减去收到补价的公允价值）分摊至各项换入资产，以分摊额和应支付的相关税费作为各项换入资产的成本进行初始计量。需要说明的是，如果同时换入的多项非货币性资产中包含由《企业会计准则第 22 号——金融工具确认和计量》规范的金融资产，应当按照《企业会计准则第 22 号——金融工具确认和计量》的规定进行会计处理，在确定换入的其他多项资产的初始计量金额时，应当将金融资产公允价值从换出资产公允价值总额中扣除。

(2) 对于同时换出的多项资产，应当将各项换出资产的公允价值与其账面价值之间的差额，在各项换出资产终止确认时计入当期损益。

2. 以换入资产的公允价值为基础计量的

(1) 对于同时换入的多项资产，应当以各项换入资产的公允价值和应支付的相关税费作为各项换入资产的初始计量金额。

(2) 对于同时换出的多项资产，由于通常无法将换出资产与换入的某项特定资产相对应，应当按照各项换出资产的公允价值的相对比例（换出资产的公允价值不能够可靠计量的，可以按照各项换出资产的账面价值的相对比例），将换入资产的公允价值总额（涉及补价的，减去支付补价的公允价值或加上收到补价的公允价值）分摊至各项换出资产，分摊额与各项换出资产账面价值之间的差额，在各项换出资产终止确认时计入当期损益。需要说明

的是,如果同时换出的多项非货币性资产中包含由《企业会计准则第22号——金融工具确认和计量》规范的金融资产,该金融资产应当按照《企业会计准则第22号——金融工具确认和计量》和《企业会计准则第23号——金融资产转移》的规定判断换出的该金融资产是否满足终止确认条件并进行终止确认的会计处理。在确定其他各项换出资产终止确认的相关损益时,终止确认的金融资产公允价值应当从换入资产公允价值总额中扣除。

【例5-4】 烟台兴茂机械制造有限公司和乙公司均为增值税一般纳税人,适用的增值税税率均为13%。2023年6月,为适应业务发展的需要,经协商,烟台兴茂机械制造有限公司决定以生产经营过程中使用的设备和货车换入乙公司生产经营过程中使用的小汽车和客运汽车。

烟台兴茂机械制造有限公司设备的账面原价为1 800万元,在交换日的累计折旧为300万元,公允价值为1 350万元;货车的账面原价为600万元,在交换日的累计折旧为480万元,公允价值为100万元。

乙公司小汽车的账面原价为1 300万元,在交换日的累计折旧为690万元,公允价值为709.5万元;客运汽车的账面原价为1 300万元,在交换日的累计折旧为680万元,公允价值为700万元。乙公司另外向烟台兴茂机械制造有限公司支付银行存款45.765万元,其中包括由于换出和换入资产公允价值不同而支付的补价40.5万元,以及换出资产销项税额与换入资产进项税额的差额5.265万元。

假定烟台兴茂机械制造有限公司和乙公司都没有为换出资产计提减值准备;烟台兴茂机械制造有限公司换入乙公司的小汽车、客运汽车作为固定资产使用和管理;乙公司换入烟台兴茂机械制造有限公司的设备、货车作为固定资产使用和管理。假定烟台兴茂机械制造有限公司和乙公司上述交易涉及的增值税进项税额按照税法规定可抵扣且已得到认证;不考虑其他相关税费。

要求:根据上述资料,判断交易类型是否为非货币性交易并分别编制烟台兴茂机械制造有限公司和乙公司的会计分录。

解析:40.5÷(1 350+100)×100%=2.79%<25%,可以认定这一涉及多项资产的交换行为属于非货币性资产交换。

对于烟台兴茂机械制造有限公司而言,为了拓展运输业务,需要小汽车、客运汽车等,乙公司为了扩大产品生产,需要设备和货车,换入资产对换入企业均能发挥更大的作用。因此,该项涉及多项资产的非货币性资产交换具有商业实质;同时,各单项换入资产和换出资产的公允价值均能可靠计量,因此,烟台兴茂机械制造有限公司和乙公司均应当以公允价值为基础确定换入资产的总成本,确认产生的相关损益。同时,按照各单项换入资产的公允价值占换入资产公允价值总额的比例,确定各单项换入资产的成本。

(1)烟台兴茂机械制造有限公司的会计处理。

① 根据税法的有关规定计算换出资产、换入资产的增值税税额。

换出设备的增值税销项税额=1 350×13%=175.5(万元)

换出货车的增值税销项税额=100×13%=13(万元)

换入小汽车、客运汽车的增值税进项税额=(709.5+700)×13%=183.235(万元)

② 计算换入资产、换出资产公允价值总额。

换出资产公允价值总额=1 350+100=1 450(万元)

换入资产公允价值总额＝709.5＋700＝1 409.5(万元)

③ 计算换入资产总成本。

换入资产总成本＝换出资产公允价值－补价＋应支付的相关税费
　　　　　　　＝1 450－40.5＋0＝1 409.5(万元)

④ 计算确定换入各项资产的公允价值占换入资产公允价值总额的比例。

小汽车公允价值占换入资产公允价值总额的比例＝709.5÷1 409.5×100％＝50.30％

客运汽车公允价值占换入资产公允价值总额的比例＝700÷1 409.5×100％＝49.70％

⑤ 计算确定换入各项资产的成本。

小汽车的成本＝1 409.5×50.30％＝708.98(万元)

客运汽车的成本＝1 409.5×49.70％＝700.52(万元)

⑥ 烟台兴茂机械制造有限公司相关会计分录。

借：固定资产清理	16 200 000
累计折旧	7 800 000
贷：固定资产——设备	18 000 000
——货车	6 000 000

借：固定资产——小汽车	7 089 800
——客运汽车	7 005 200
应交税费——应交增值税(进项税额)	1 832 350
银行存款	457 650
资产处置损益	1 700 000
贷：固定资产清理	16 200 000
应交税费——应交增值税(销项税额)	1 885 000

(2) 乙公司的会计处理。

① 根据税法的有关规定计算换入资产、换出资产的增值税税额。

换入货车的增值税进项税额＝100×13％＝13(万元)

换入设备的增值税进项税额＝1 350×13％＝175.5(万元)

换出小汽车、客运汽车的增值税销项税额＝(709.5＋700)×13％＝183.235(万元)

② 计算换入资产、换出资产公允价值总额。

换入资产公允价值总额＝1 350＋100＝1 450(万元)

换出资产公允价值总额＝709.5＋700＝1 409.5(万元)

③ 确定换入资产总成本。

换入资产总成本＝换出资产公允价值＋支付的补价＝1 409.5＋40.5＝1 450(万元)

④ 计算确定换入各项资产的公允价值占换入资产公允价值总额的比例。

设备公允价值占换入资产公允价值总额的比例＝1 350÷1 450×100％＝93.10％

货车公允价值占换入资产公允价值总额的比例＝100÷1 450×100％＝6.90％

⑤ 计算确定换入各项资产的成本。

设备的成本＝1 450×93.10％＝1 349.95(万元)

货车的成本＝1 450×6.90％＝100.05(万元)

⑥ 乙公司相关会计分录。

借：固定资产清理		12 300 000
累计折旧		13 700 000
贷：固定资产——小汽车		13 000 000
——客运汽车		13 000 000
借：固定资产——设备		13 499 500
——货车		1 000 500
应交税费——应交增值税(进项税额)		1 885 000
贷：固定资产清理		12 300 000
应交税费——应交增值税(销项税额)		1 832 350
银行存款		457 650
资产处置损益		1 795 000

(二) 以账面价值为基础计量的情况

对于以账面价值为基础计量的非货币性资产交换，如涉及换入多项资产或换出多项资产，或者同时换入和换出多项资产的，应当分别对换入的多项资产、换出的多项资产进行会计处理。

(1) 对于换入的多项资产，由于通常无法将换出资产与换入的某项特定资产相对应，应当按照各项换入资产的公允价值的相对比例(换入资产的公允价值不能够可靠计量的，也可以按照各项换入资产的原账面价值的相对比例或其他合理的比例)，将换出资产的账面价值总额(涉及补价的，加上支付补价的账面价值或减去收到补价的公允价值)分摊至各项换入资产，加上应支付的相关税费，作为各项换入资产的初始计量金额。

(2) 对于同时换出的多项资产，各项换出资产终止确认时均不确认损益。

【例5-5】 2023年5月，烟台兴茂机械制造有限公司因经营战略发生较大转变，产品结构发生较大调整，原生产产品的专有设备、生产产品的专利技术等已不符合生产新产品的需要，经与乙公司协商，将其专用设备连同专利技术与乙公司正在建造过程中的一幢建筑物，以及对A公司的长期股权投资进行交换。

烟台兴茂机械制造有限公司换出专有设备的账面原价为1 200万元，已提折旧750万元；专利技术账面原价为450万元，已摊销金额为270万元；乙公司在建工程截止到交换日的成本为525万元，对A公司的长期股权投资账面余额为150万元。

由于烟台兴茂机械制造有限公司持有的专有设备和专利技术市场上已不多见，其公允价值不能可靠计量。乙公司的在建工程因完工程度难以合理确定，其公允价值不能可靠计量，乙公司对A公司长期股权投资的公允价值也不能可靠计量。假定烟台兴茂机械制造有限公司和乙公司均未对上述资产计提减值准备，假定不考虑相关税费等因素。

要求：根据上述资料，判断交易类型是否为非货币性交易并分别编制烟台兴茂机械制造有限公司和乙公司的会计分录。

解析：本例不涉及收付货币性资产，属于非货币性资产交换。由于换入资产、换出资产的公允价值均不能可靠计量，应当以换出资产账面价值总额作为换入资产的成本，各项换入资产的成本，应当按各项换入资产的账面价值占换入资产账面价值总额的比例分配后确定。

(1) 烟台兴茂机械制造公司的会计处理。
① 计算换入资产、换出资产账面价值总额。
换入资产账面价值总额＝525＋150＝675(万元)
换出资产账面价值总额＝(1 200－750)＋(450－270)＝630(万元)
② 确定换入资产总成本。
换入资产总成本＝630(万元)
③ 计算各项换入资产账面价值占换入资产账面价值总额的比例。
在建工程占换入资产账面价值总额的比例＝525÷675×100％＝77.80％
长期股权投资占换入资产账面价值总额的比例＝150÷675×100％＝22.20％
④ 确定各项换入资产成本。
在建工程成本＝630×77.80％＝490.14(万元)
长期股权投资成本＝630×22.20％＝139.86(万元)
⑤ 烟台兴茂机械制造有限公司相关会计分录。

借：固定资产清理　　　　　　　　　　　　　　　　　　　　　4 500 000
　　累计折旧　　　　　　　　　　　　　　　　　　　　　　　7 500 000
　　　贷：固定资产——专有设备　　　　　　　　　　　　　　12 000 000

借：在建工程　　　　　　　　　　　　　　　　　　　　　　　4 901 400
　　长期股权投资　　　　　　　　　　　　　　　　　　　　　1 398 600
　　累计摊销　　　　　　　　　　　　　　　　　　　　　　　2 700 000
　　　贷：固定资产清理　　　　　　　　　　　　　　　　　　4 500 000
　　　　　无形资产——专利技术　　　　　　　　　　　　　　4 500 000

(2) 乙公司的会计处理。
① 计算换入资产、换出资产账面价值总额。
换入资产账面价值总额＝(1 200－750)＋(450－270)＝630(万元)
换出资产账面价值总额＝525＋150＝675(万元)
② 确定换入资产总成本。
换入资产总成本＝675(万元)
③ 计算各项换入资产账面价值占换入资产账面价值总额的比例。
专有设备占换入资产账面价值总额的比例＝450÷630×100％＝71.40％
专利技术占换入资产账面价值总额的比例＝180÷630×100％＝28.60％
④ 确定各项换入资产成本。
专有设备成本＝675×71.40％＝481.95(万元)
专利技术成本＝675×28.60％＝193.05(万元)
⑤ 乙公司相关会计分录。

借：固定资产——专有设备　　　　　　　　　　　　　　　　　4 819 500
　　无形资产——专利技术　　　　　　　　　　　　　　　　　1 930 500
　　　贷：在建工程　　　　　　　　　　　　　　　　　　　　5 250 000
　　　　　长期股权投资　　　　　　　　　　　　　　　　　　1 500 000

七、非货币性资产交换的信息披露

根据非货币资产交换准则的规定,企业应当在财务报告附注中披露与非货币性资产交换有关的下列信息。

(1) 非货币性资产交换是否具有商业实质及其原因。判断一项非货币性资产交换是否具有商业实质的依据是什么,该判断依据是否合理。

(2) 非货币性资产交换中换入资产、换出资产的类别。非货币性资产交换中换入资产、换出资产的类别是指企业在非货币性资产交换中,以什么资产与什么资产交换,即交换资产的性质。例如,烟台兴茂机械制造有限公司以一批库存商品与S股份有限公司的一套设备进行交换等。

(3) 非货币性资产交换中换入资产初始计量金额的确定方式。非货币性资产交换中换入资产初始计量金额的确定方式是指企业在非货币性资产交换中,换入资产成本是以换入资产公允价值为基础确定,还是以换出资产公允价值为基础确定,或是以换出资产账面价值为基础确定。

(4) 非货币性资产交换中换入资产、换出资产的公允价值以及换出资产的账面价值。

(5) 非货币性资产交换确认的损益。非货币性资产交换确认的损益是指企业在非货币性资产交换中,确认的非货币性资产交换收益或损失是多少。

课堂结账测试

(注:每章课堂结账测试设置为撕页式,便于保存。既可用作检验学生对知识点掌握情况,又可作为课堂点名,记入平时成绩)

班级_____ 姓名_____ 学号_____ 日期_____ 分数_____

一、单项选择题(每题 5 分,共计 25 分)

1. 不考虑其他因素,下列各项属于非货币性资产的是(　　)。
   A. 银行承兑汇票　　B. 预收账款　　C. 实收资本　　D. 其他权益工具投资

2. 下列各项交易或事项中,适用非货币性资产交换准则进行会计处理的是(　　)。
   A. 甲公司以持有的商业汇票换取乙公司的设备
   B. 乙公司以一项固定资产出资取得对甲公司的权益性投资
   C. 甲公司以一项投资性房地产交换乙公司一项非专利技术,并以银行存款收取补价,所收取不含税补价占换出投资性房地产公允价值的 20%
   D. 甲公司以一批存货交换乙公司持有的对丙公司的长期股权投资

3. 甲公司以一台设备换入乙公司的一项专利技术,交换日甲公司换出设备的账面价值为 500 万元,公允价值为 800 万元并开具了增值税专用发票,当日双方办妥了专利技术所有权转让手续,并支付手续费 2 万元。经评估确认,该专利技术的公允价值为 700 万元(免征增值税),甲公司另收到乙公司以银行存款支付的 204 万元,甲、乙公司均为增值税一般纳税人,适用的增值税税率均为 13%,不考虑其他因素,甲公司换入专利技术的入账价值是(　　)万元。
   A. 700　　B. 702　　C. 800　　D. 904

4. A 公司用一栋厂房换入 B 公司一项专利权。厂房的账面价值为 2 000 万元,已计提折旧 400 万元,已计提减值准备 200 万元。A 公司另向 B 公司支付补价 200 万元。若厂房与专利权的公允价值均无法可靠取得,不考虑相关税费,A 公司换入专利权的入账价值是(　　)万元。
   A. 2 000　　B. 1 600　　C. 1 400　　D. 1 200

5. 甲公司以 A 设备换入乙公司专利权。交换日,A 设备账面原价为 136 万元,已计提折旧 18 万元,已计提减值准备 16 万元,公允价值无法合理确定;专利权公允价值为 144 万元。甲公司另向乙公司支付补价 4 万元,该项交换具有商业实质。假定不考虑税费等因素,该项交换对甲公司当期损益的影响金额是(　　)万元。
   A. 46　　B. 38　　C. 36　　D. 42

二、多项选择题(每题 5 分,共计 20 分)

1. 下列各项中,属于货币性资产的有(　　)。
   A. 投资性房地产　　B. 库存现金　　C. 应收账款　　D. 应收票据

2. 下列各项关于甲公司发生的交易或事项中,不属于非货币性资产交换的有(　　)。
   A. 签发银行承兑汇票支付设备租赁费
   B. 以持有的对丙公司股权换取丁公司股权(确认为采用权益法核算的长期股权投资)并收到补价,所收取补价占整个资产交换金额的比例为 5%
   C. 以库存原材料和银行存款偿付所欠乙公司款项
   D. 发行自身普通股取得乙公司 60% 股权

3. 下列各项中,对以公允价值为基础计量的单项非货币性资产交换的会计处理,表述正确的有( )。
   A. 应当以换入资产账面价值为基础确定换入资产的成本
   B. 对于换出资产,企业应当在终止确认换出资产时,将换出资产的公允价值与其账面价值之间的差额计入当期损益
   C. 换出资产的公允价值不能够可靠计量的,应当以换出资产的账面价值和应支付的相关税费作为换入资产的初始计量金额
   D. 有确凿证据表明换入资产的公允价值更加可靠的,应当在终止确认时,将换入资产的公允价值与换出资产账面价值之间的差额计入当期损益

4. 以公允价值为基础计量并且涉及补价的非货币性资产交换,换出方在确定计入当期损益的金额时,应当考虑的因素有( )。
   A. 支付补价的公允价值
   B. 换入资产的账面价值
   C. 换出资产的账面价值
   D. 收到补价的公允价值

三、判断题(每题 3 分,共 15 分)

1. 预付账款属于货币性资产。 ( )
2. 非货币性资产交换中不涉及货币性资产。 ( )
3. 企业以非货币性资产向职工发放非货币性福利,应按非货币性资产交换准则处理。 ( )
4. 不具有商业实质的非货币性资产交换,以账面价值为基础进行会计处理。 ( )
5. 若补价占整个资产交换金额的比例低于 30%,则属于非货币性资产交换。 ( )

四、实务题(共 40 分)

2023 年 7 月 1 日,甲公司经协商以其持有的对联营企业丙公司长期股权投资交换乙公司拥有的一幢办公楼。交换日,甲公司持有的对丙公司长期股权投资账面价值为 860 万元,其中,投资成本 600 万元,损益调整 200 万元,其他综合收益 60 万元(因被投资单位其他债权投资公允价值变动形成),无其他权益变动,未计提减值准备,在交换日的公允价值为 900 万元。乙公司持有的办公楼的账面原价为 800 万元,已计提折旧 120 万元,未计提减值准备,在交换日的公允价值为 980 万元。甲公司另支付补价 80 万元给乙公司,并为取得办公楼支付相关手续费 20 万元;乙公司为取得股权投资支付相关费用 8 万元。

甲公司换入办公楼后直接用于对外经营出租,采用公允价值模式进行后续计量。乙公司换入对丙公司投资作为长期股权投资,采用权益法核算。假定不考虑相关税费及其他因素。

要求:请根据上述资料,回答下列问题。

(1) 判断甲公司角度该项交换是否属于非货币性资产交换并说明理由。
(2) 分别计算该项交换对甲公司损益的影响金额,并编制相关会计分录。
(3) 计算该项交换对乙公司损益的影响金额,并编制相关会计分录。

第六章 债务重组

知识导航

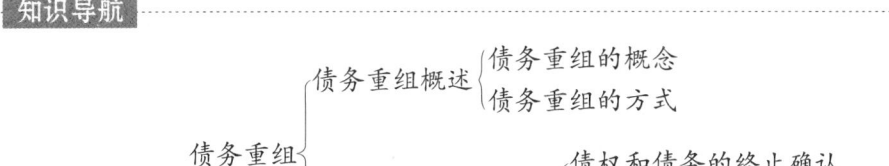

学习目标

1. 知识目标

(1) 了解债务重组的附注披露内容。

(2) 理解债务重组的含义和债务重组的方式。

(3) 掌握以资产清偿债务、将债务工具转为权益工具、修改其他债务条件等不同债务重组方式下的会计处理。

2. 能力目标

(1) 能够准确判断债务重组中所运用的债务重组方式。

(2) 能够运用所学知识对发生的债务重组事项进行正确的会计处理。

3. 素质目标

(1) 学习遇到困难时勇于直面困难、勇敢自救、自强不息的企业家精神。

(2) 发展会计价值思维,能够将企业战略目标融入财务方案。

(3) 树立终身学习和与时俱进的理念。

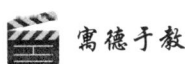 寓德于教

华盛控股破产重整成功案例

2021年4月22日,天长市人民法院作出(2021)皖1181破申3号《决定书》,决定启动华盛科技控股股份有限公司(以下简称"华盛控股")预重整程序,并指定北京德恒(合肥)律师事务所担任华盛控股预重整临时管理人。该重整计划采取"以股抵债与现金清偿相结合""债务和资产同步剥离"的模式,即华盛控股设立全资子公司(即偿债项目公司),将其名下全部可用于变现偿债的资产剥离至偿债项目公司。华盛控股的债权人,有权选择以该偿债项目公司股权抵偿其债权,或以现金方式直接清偿其债权。选择"以股抵债"清偿方式的债权人按其

获得的偿债项目公司股权比例,向管理人另行支付以现金方式清偿的债权所需的全部偿债资金及破产费用、共益债务等全部费用。

在重整过程中,人民法院运用多种方式方法,力促重整成功,小额债权人的基本生存权也得到了保障。在人民法院指导下,管理人在华盛公司的重整计划中对20万元以下的小额债权人,设计了按债权金额80%予以一次性现金清偿的偿债方案(华盛公司普通债权人的模拟破产清算清偿率仅为18.33%)。上述特殊偿债安排,切实保障了小额债权人的基本生存权,在严格落实《中华人民共和国企业破产法》(以下简称破产法)相关法律规定的同时,体现了《破产法》的"温度"。

在华盛控股重整过程中,人民法院积极利用府院联动机制,通过法院与政法委及其他相关部门的联动、协调,积极协助华盛公司获得相关政策支持,做好职工、其他债权人的矛盾化解工作,提高破产案件的办理效率。

最终历时一年多,华盛控股于2023年4月4日收到天长法院送达的民事裁定书,确认公司《重整计划》执行完毕。2023年4月4日,天长法院依法裁定,确认华盛科技控股股份有限公司重整计划执行完毕。5月9日,华盛控股成功复牌。

资料来源:作者根据华盛控股公告及新闻报道整理。

请思考:
1. 华盛控股在此次债务重组中,运用了哪些债务重组的方式?
2. 华盛控股能够破产重组成功的原因有哪些?

第一节 债务重组概述

一、债务重组的概念

债务重组涉及债权人和债务人,对债权人而言为"债权重组",对债务人而言为"债务重组",为便于表述统称"债务重组"。根据《企业会计准则第12号——债务重组》(以下简称债务重组准则)的规定,债务重组,是指在不改变交易对手方的情况下,经债权人和债务人协定或法院裁定,就清偿债务的时间、金额或方式等重新达成协议的交易。

【特别提示】
债务重组不强调在债务人发生财务困难的背景下进行,也不论债权人是否作出让步。也就是说,无论何种原因导致债务人未按原定条件偿还债务,也无论双方是否同意债务人以低于债务的金额偿还债务,只要债权人和债务人就债务条款重新达成了协议,就符合债务重组的概念。

(一)关于交易对手方

债务重组是在不改变交易对手方的情况下进行的交易。实务中经常出现第三方参与相关交易的情形。例如,某公司以不同于原合同条款的方式代债务人向债权人偿债;新组建的公司承接原债务人的债务,与债权人进行债务重组;资产管理公司从债权人处购得债权,再与债务人进行债务重组。在上述情形下,企业应当先考虑债权和债务是否发生终止确认,适用《企业会计准则第 22 号——金融工具确认和计量》和《企业会计准则第 23 号——金融资产转移》等准则,再就债务重组交易适用《企业会计准则第 12 号——债务重组》。

(二) 关于债权和债务的范围

债务重组涉及的债权和债务,是指《企业会计准则第 22 号——金融工具确认和计量》规范的债权和债务,不包括合同资产、合同负债、预计负债,但包括租赁应收款和租赁应付款。债务重组中涉及的债权、重组债权、债务、重组债务和其他金融工具的确认、计量和列报,适用《企业会计准则第 22 号——金融工具确认和计量》和《企业会计准则第 37 号——金融工具列报》等金融工具相关准则。

(三) 关于债务重组的范围

通过债务重组形成企业合并的,适用《企业会计准则第 20 号——企业合并》。债务人以股权投资清偿债务或者将债务转为权益工具,可能对应导致债权人取得被投资单位或债务人控制权,在合并财务报表层面,债权人取得资产和负债的确认与计量适用《企业会计准则第 20 号——企业合并》的有关规定。

债务重组构成权益性交易的,应当适用权益性交易的有关会计处理规定,债权人和债务人不确认构成权益性交易的债务重组相关损益。债务重组构成权益性交易的情形包括:①债权人直接或间接对债务人持股,或者债务人直接或间接对债权人持股,且持股方以股东身份进行债务重组。②债权人与债务人在债务重组前后均受同一方或相同的多方最终控制,且该债务重组的交易实质是债权人或债务人进行了权益性分配或接受了权益性投入。

【例 6-1】 烟台兴茂机械制造有限公司是乙公司股东,为了弥补乙公司临时性经营现金流短缺,烟台兴茂机械制造有限公司向乙公司提供 1 000 万元无息借款,并约定于 6 个月后收回。借款期满时,尽管乙公司具有充足的现金流,烟台兴茂机械制造有限公司仍然决定免除乙公司部分本金还款义务,仅收回 200 万元借款。

要求:请根据资料判断此次交易是否属于债务重组。

解析:在此项交易中,如果烟台兴茂机械制造有限公司不以股东身份而是以市场交易者身份参与交易,在乙公司具有足够偿债能力的情况下不会免除其部分本金。因此,烟台兴茂机械制造有限公司和乙公司应当将该交易作为权益性交易,不确认债务重组相关损益。

债务重组中不属于权益性交易的部分仍然应当确认债务重组相关损益。

【例 6-2】 烟台兴茂机械制造有限公司是乙公司股东,为了弥补乙公司临时性经营现金流短缺,烟台兴茂机械制造有限公司向乙公司提供 1 000 万元无息借款,并约定于 6 个月后收回。借款期满时,乙公司出现财务困难,其他债权人对其债务普遍进行了减半的豁免,烟台兴茂机械制造有限公司决定免除乙公司部分本金还款义务,仅收回 200 万元借款。

要求:请根据资料判断此次交易是否属于债务重组。

解析:其他债权人对其债务普遍进行了减半的豁免,那么烟台兴茂机械制造有限公司作为股东比其他债权人多豁免 300 万元债务的交易应当作为权益性交易,正常豁免 500 万元债务的交易应当确认债务重组相关损益。

二、债务重组的方式

(一) 债务人以资产清偿债务

债务人以资产清偿债务,是债务人转让其资产给债权人以清偿债务的债务重组方式。

债务人用于偿债的资产通常是已经在资产负债表中确认的资产,如现金、应收账款、长期股权投资、投资性房地产、固定资产、在建工程、生物资产、无形资产等。债务人以日常活动产出的商品或服务清偿债务的,用于偿债的资产可能体现为存货等资产。

在受让上述资产后,按照相关会计准则要求及本企业会计核算要求,债权人核算相关受让资产的类别可能与债务人不同。例如,债务人以作为固定资产核算的房产清偿债务,债权人可能将受让的房产作为投资性房地产核算;债务人以部分长期股权投资清偿债务,债权人可能将受让的投资作为金融资产核算;债务人以存货清偿债务,债权人可能将受让的资产作为固定资产核算等。

除上述已经在资产负债表中确认的资产外,债务人也可能以不符合确认条件而未予确认的资产清偿债务。例如,债务人以未确认的内部产生品牌清偿债务,债权人在获得的商标权符合无形资产确认条件的前提下作为无形资产核算。在少数情况下,债务人还可能以处置组(即一组资产和与这些资产直接相关的负债)清偿债务。

(二) 债务人将债务转为权益工具

债务人将债务转为权益工具,这里的权益工具,是指根据《企业会计准则第 37 号——金融工具列报》分类为权益工具的金融工具,会计处理上体现为"股本""实收资本""资本公积"等账户。

实务中,有些债务重组名义上采用"债转股"的方式,但同时附加相关条款,如约定债务人在未来某个时点有义务以某一金额回购股权,或债权人持有的股份享有强制分红权等。对于债务人,这些"股权"可能并不是根据《企业会计准则第 37 号——金融工具列报》分类为权益工具的金融工具,从而不属于债务人将债务转为权益工具的债务重组方式。债权人和债务人还可能协议以一项同时包含金融负债成分和权益工具成分的复合金融工具替换原债权债务,这类交易也不属于债务人将债务转为权益工具的债务重组方式。

(三) 修改其他条款

修改债权和债务的其他条款,是债务人不以资产清偿债务,也不将债务转为权益工具,而是改变债权和债务的其他条款的债务重组方式,如调整债务本金、改变债务利息、变更还款期限等。其他条款的债权和债务经修改后,分别形成重组债权和重组债务。

(四) 组合方式

组合方式,是采用债务人以资产清偿债务、债务人将债务转为权益工具、修改其他条款三种方式中一种以上的方式组合成清偿债务的债务重组方式。例如,债权人和债务人约定,由债务人以机器设备清偿部分债务,将另一部分债务转为权益工具,调减剩余债务的本金,但利率和还款期限不变。又如,债务人以现金清偿部分债务,同时将剩余债务展期等。

第二节 债务重组的会计处理

一、债权和债务的终止确认

债务重组中涉及的债权和债务的终止确认,应当遵循《企业会计准则第 22 号——金融工具确认和计量》和《企业会计准则第 23 号——金融资产转移》有关金融资产和金融负债终止确认的规定。债权人在收取债权现金流量的合同权利终止时,终止确认债权,债务人在债务的现时义务解除时,终止确认债务。

债权人与债务人之间进行的债务重组涉及债权和债务的认定,以及清偿方式和期限等的协商,通常需要经历较长时间,如破产重整中进行的债务重组。因此,债务人只有在符合上述终止确认条件时,才能终止确认相关债务,并确认债务重组相关损益。在签署债务重组合同的时点,如果债务的现时义务尚未解除,债务人不能确认债务重组相关损益。

对于在报告期间已经开始协商,但在报告期资产负债表日后的债务重组,不属于资产负债表日后调整事项。

对于终止确认的债权,债权人应当结转已计提的减值准备中该债权应终止确认部分的金额。对于终止确认的分类为以公允价值计量且其变动计入其他综合收益的债权,之前计入其他综合收益的累计利得或损失应当从其他综合收益中转出,记入"投资收益"账户。

(一) 以资产清偿债务或将债务转为权益工具

对于以资产清偿债务或者将债务转为权益工具方式进行的债务重组,由于债权人在拥有或控制相关资产时,通常其收取债权现金流量的合同权利也同时终止,债权人一般可以终止确认该债权。同样地,由于债务人通过交付资产或权益工具解除了其清偿债务的现时义务,债务人一般可以终止确认该债务。

(二) 修改其他条款

对于债权人,债务重组是通过调整债务本金、改变债务利息、变更还款期限等修改合同条款方式进行的,合同修改前后的交易对手方没有发生改变,合同涉及的本金、利息等现金流量很难在本息之间及债务重组前后作出明确分割,即很难单独识别合同的特定可辨认现金流量。因此通常情况下,应当整体考虑是否对全部债权的合同条款作出了实质性修改。如果作出实质性修改,或者债权人与债务人之间签订协议,以获取实质上不同的新金融资产方式替换债权,应当终止确认原债权,并按照修改后的条款或新协议确认新金融资产。

对于债务人,如果对债务或部分债务的合同条款作出"实质性修改"形成重组债务,或者债权人与债务人之间签订协议,以承担"实质上不同"的重组债务方式替换债务,债务人应当终止确认原债务,同时按照修改后的条款确认一项新金融负债。其中,如果重组债务未来现金流量(包括支付和收取的某些费用)现值与原债务的剩余期间现金流量现值之间的差异超过10%,则意味着新的合同条款进行了"实质性修改"或者重组债务是"实质上不同"的,有关现值的计算均采用原债务的实际利率。

(三) 组合方式

对于债权人,与上述"修改其他条款"部分的分析类似,通常情况下应当整体考虑是否终止确认全部债权。由于组合方式涉及多种债务重组方式,一般可以认为对全部债权的合同条款作出了实质性修改,从而终止确认全部债权,并按照修改后的条款确认新金融资产。

对于债务人,组合中以资产清偿债务或将债务转为权益工具方式进行的债务重组,如果债务人清偿该部分债务的现时义务已经解除,应终止确认该部分债务。组合中以修改其他条款方式进行的债务重组,需要根据具体情况,判断对应的部分债务是否满足终止确认条件。

二、债权人的会计处理

(一) 以资产清偿债务或将债务转为权益工具

1. 债权人受让金融资产

债权人受让包括现金在内的单项或多项金融资产的,应当按照《企业会计准则第22

号——金融工具确认和计量》的规定进行确认和计量。金融资产初始确认时,应当以其公允价值计量,金融资产确认金额与债权终止确认日账面价值之间的差额,应记入"投资收益"账户。收取的金融资产的公允价值与交易价格(即放弃债权的公允价值)存在差异的,应当按照《企业会计准则第 22 号——金融工具确认和计量》第三十四条的规定处理。

(1) 取得的股权投资为交易性金融资产。

借:交易性金融资产　　　　　　　　(交易性金融资产公允价值)
　　投资收益　　　　　　　　　　　　(交易费用)
　　坏账准备
　　贷:应收账款等
　　　　银行存款　　　　　　　　　　(支付的交易费用)
　　　　投资收益　　　　　　　　　　(差额)

(2) 取得的股权投资为其他权益工具投资。

借:其他权益工具投资　　　　　　　(其他权益工具投资的公允价值＋交易费用)
　　坏账准备
　　贷:应收账款等
　　　　银行存款　　　　　　　　　　(支付的交易费用)
　　　　投资收益　　　　　　　　　　(差额)

(3) 取得的股权投资为子公司投资(同一控制)。

借:长期股权投资
　　(被合并方所有者权益相对于最终控制方而言的账面价值×持股比例)
　　坏账准备
　　贷:应收账款等
　　　　资本公积——资本/股本溢价　(差额也可能在借方)

(4) 取得的股权投资为子公司投资(非同一控制)。

借:长期股权投资　　　　　　　　　(放弃债权的公允价值)
　　坏账准备
　　贷:应收账款等
　　　　投资收益　　　　　　　　　　(放弃债权公允价值与账面价值的差额)

(5) 将债权转为权益工具(对联营企业或合营企业的权益性投资)。

借:长期股权投资　　　　　　　　　(放弃债权公允价值＋直接相关税费)
　　坏账准备
　　贷:应收账款等
　　　　银行存款等　　　　　　　　　(支付的直接相关税费)
　　　　投资收益　　　　　　　　　　(放弃债权公允价值与账面价值的差额)

2. 债权人受让非金融资产

债权人初始确认受让的金融资产以外的资产时,应当按照下列原则以成本计量。

(1) 存货的成本,包括放弃债权的公允价值,以及使该资产达到当前位置和状态所发生的可直接归属于该资产的税金、运输费、装卸费、保险费等其他成本。

（2）对联营企业或合营企业投资的成本，包括放弃债权的公允价值，以及可直接归属于该资产的税金等其他成本。

（3）投资性房地产的成本，包括放弃债权的公允价值，以及可直接归属于该资产的税金等其他成本。

（4）固定资产的成本，包括放弃债权的公允价值，以及使该资产达到预定可使用状态前所发生的可直接归属于该资产的税金、运输费、装卸费、安装费、专业人员服务费等其他成本。确定固定资产成本时，应当考虑预计弃置费用。

（5）无形资产的成本，包括放弃债权的公允价值，以及使该资产达到预定用途所发生的可直接归属于该资产的税金等其他成本。放弃债权的公允价值与账面价值之间的差额，记入"投资收益"账户。会计分录如下。

借：库存商品等　　　　　　　　　（放弃债权公允价值－增值税进项税额＋直接相关税费）
　　应交税费——应交增值税　　　（进项税额）
　　坏账准备
　贷：应收账款等
　　　银行存款等　　　　　　　　（支付的直接相关税费）
　　　投资收益　　　　　　　　　（放弃债权公允价值与账面价值的差额）

【特别提示】
债权人和债务人以资产清偿债务方式进行债务重组的，债权人初始确认受让非金融资产时，应以放弃债权的公允价值和可直接归属于受让资产的其他成本作为受让资产初始计量成本。如果债权人与债务人间的债务重组是在公平交易的市场环境中达成的交易，放弃债权的公允价值通常与受让资产的公允价值相等，且通常不高于放弃债权的账面余额。

3. 债权人受让多项资产

债权人受让多项非金融资产，或包括金融资产、非金融资产在内的多项资产的，应按照《企业会计准则第22号——金融工具确认和计量》的规定，确认和计量受让的金融资产；按照受让的金融资产以外的各项资产在债务重组合同生效日的公允价值比例，对放弃债权在合同生效日的公允价值扣除受让金融资产当日公允价值后的净额进行分配，并以此为基础分别确定各项资产的成本。放弃债权的公允价值与账面价值之间的差额，记入"投资收益"账户。

4. 债权人受让处置组

债务人以处置组清偿债务的，应当按照《企业会计准则第22号——金融工具确认和计量》和其他相关准则的规定，对处置组中的金融资产和负债进行初始计量，然后按照金融资产以外的各项资产在债务重组合同生效日的公允价值比例，对放弃债权在合同生效日的公允价值以及承担的处置组中负债的确认金额之和，扣除受让金融资产当日公允价值后的净额进行分配，并以此为基础分别确定各项资产的成本。放弃债权的公允价值与账面价值之间的差额，记入"投资收益"账户。

5. 债权人将受让的资产或处置组划分为持有待售类别

债务人以资产或处置组清偿债务，且债权人在取得日未将受让的相关资产或处置组作为非流动资产和非流动负债核算,而是将其划分为持有待售类别的,债权人应当在初始计量时,对假定其不划分为持有待售类别情况下的初始计量金额和公允价值减去出售费用后的净额进行比较,以两者孰低计量。

(二) 修改其他条款

债务重组采用以修改其他条款方式进行的,如果修改其他条款导致全部债权终止确认,债权人应当按照修改后的条款以公允价值初始计量新的金融资产,新金融资产的确认金额与债权终止确认日账面价值之间的差额,记入"投资收益"账户。

如果修改其他条款未导致债权终止确认,债权人应当根据其分类,继续以摊余成本、以公允价值计量且其变动计入其他综合收益,或者以公允价值计量且其变动计入当期损益进行后续计量。对于以摊余成本计量的债权,债权人应当根据重新议定合同的现金流量变化情况,重新计算该重组债权的账面余额,并将相关利得或损失记入"投资收益"账户。重新计算的该重组债权的账面余额,应当根据将重新议定或修改的合同现金流量按债权原实际利率折现的现值确定;购买或源生的已发生信用减值的重组债权,应按经信用调整的实际利率折现。对于修改或重新议定合同所产生的成本或费用,债权人应当调整修改后的重组债权的账面价值,并在修改后重组债权的剩余期限内摊销。

(三) 组合方式

债务重组采用组合方式进行的,一般可以认为对全部债权的合同条款作出了实质性修改,债权人应当按照修改后的条款,以公允价值初始计量新的金融资产和受让的新金融资产,按照受让的金融资产以外的各项资产在债务重组合同生效日的公允价值比例,对放弃债权在合同生效日的公允价值扣除受让金融资产和重组债权当日公允价值后的净额进行分配,并以此为基础分别确定各项资产的成本。放弃债权的公允价值与账面价值之间的差额,记入"投资收益"账户。

三、债务人的会计处理

(一) 债务人以资产清偿债务

1. 债务人以金融资产清偿债务

债务人以单项或多项金融资产清偿债务的,债务的账面价值与偿债金融资产账面价值的差额,记入"投资收益"账户。偿债金融资产已计提减值准备的,应结转已计提的减值准备。对于已分类为以公允价值计量且其变动计入其他综合收益的债务工具投资清偿债务的,之前计入其他综合收益的累计利得或损失应当从其他综合收益中转出,记入"投资收益"账户。对于已指定为以公允价值计量且其变动计入其他综合收益的非交易性权益工具投资清偿债务的,之前计入其他综合收益的累计利得或损失应当从其他综合收益中转出,记入"盈余公积""利润分配——未分配利润"等账户。会计分录如下:

借:应付账款等　　　　　　　　　　　　　　(债务的账面价值)
　　贷:其他债权投资等　　　　　　　　　　(偿债金融资产账面价值)
　　　　投资收益　　　　　　　　　　　　　(差额)

2. 债务人以非金融资产清偿债务

债务人以单项或多项非金融资产清偿债务,或者以包括金融资产和非金融资产在内的多项资产清偿债务的,不需要区分资产处置损益和债务重组损益,也不需要区分不同资产的处置损益,而应将所清偿债务账面价值与转让资产账面价值之间的差额,记入"其他收益——债务重组收益"账户。偿债资产已计提减值准备的,应结转已计提的减值准备。

债务人以包含非金融资产的处置组清偿债务的,应当将所清偿债务和处置组中负债的账面价值之和,与处置组中资产的账面价值之间的差额,记入"其他收益——债务重组收益"账户。处置组所属的资产组或资产组组合按照《企业会计准则第 8 号——资产减值》分摊了企业合并中取得的商誉的,该处置组应当包含分摊至处置组的商誉。处置组中的资产已计提减值准备的,应结转已计提的减值准备。

通常情况下,债务重组不属于企业的日常活动,因此债务重组中如债务人以日常活动产出的商品或服务清偿债务的,不应按收入准则确认为商品或服务的销售处理。债务人以日常活动产出的商品或服务清偿债务的,应当将所清偿债务账面价值与存货等相关资产账面价值之间的差额,记入"其他收益——债务重组收益"账户。会计分录如下。

借:应付账款等
  贷:库存商品、固定资产清理等　　　　　　(转让资产的账面价值)
    其他收益——债务重组收益　　　　　　　(差额)

(二) 债务人将债务转为权益工具

债务重组采用将债务转为权益工具方式进行的,债务人初始确认权益工具时,应当按照权益工具的公允价值计量,权益工具的公允价值不能可靠计量的,应当按照所清偿债务的公允价值计量。并将所清偿债务账面价值与权益工具确认金额之间的差额,记入"投资收益"账户。债务人因发行权益工具而支出的相关税费等,应当依次冲减资本溢价、盈余公积、未分配利润等。会计分录如下。

借:应付账款等
  贷:股本(实收资本)
    资本公积——股本/资本溢价
    投资收益

(三) 修改其他条款

债务重组采用修改其他条款方式进行的,如果修改其他条款导致债务终止确认,债务人应当按照公允价值计量重组债务,终止确认的债务账面价值与重组债务确认金额之间的差额,记入"投资收益"账户。

如果修改其他条款未导致债务终止确认,或者仅导致部分债务终止确认,对于未终止确认的部分债务,债务人应当根据其分类,继续以摊余成本、以公允价值计量且其变动计入当期损益,或采用其他适当方法进行后续计量。对于以摊余成本计量的债务,债务人应当根据重新议定合同的现金流量变化情况,重新计算该重组债务的账面价值,并将相关利得或损失记入"投资收益"账户。重新计算的该重组债务的账面价值,应当根据将重新议定或修改的合同现金流量按债务的原实际利率或按《企业会计准则第 24 号——套期会计》第二十三条规定的重新计算的实际利率(如适用)折现的现值确定。对于修改或重新议定合同所产生的成本或费用,债务人应当调整修改后的重组债务的账面价值,并在修改后重组债务的剩余期限内摊销。

(四) 组合方式

债务重组采用以资产清偿债务、将债务转为权益工具、修改其他条款等方式的组合进行的,对于权益工具,债务人应当在初始确认时按照权益工具的公允价值计量,权益工具的公允价值不能可靠计量的,应当按照所清偿债务的公允价值计量。对于修改其他条款形成的重组债务,债务人应当参照上文"修改其他条款"部分的内容,确认和计量重组债务。所清偿债务的账面价值与转让资产的账面价值以及权益工具和重组债务的确认金额之和的差额,记入"其他收益——债务重组收益"或"投资收益"(仅涉及金融工具时)账户。

> 【特别提示】
> 对于企业因破产重整而进行的债务重组交易,由于涉及破产重整的债务重组协议执行过程及结果存在重大不确定性,企业通常应在破产重整协议履行完毕后确认债务重组收益,除非有确凿证据表明上述重大不确定性已经消除。

【例6-3】 2023年6月18日,烟台兴茂机械制造有限公司向乙公司销售商品一批,应收乙公司款项的入账金额为380万元。烟台兴茂机械制造有限公司将该应收款项分类为以摊余成本计量的金融资产。乙公司将该应付账款分类为以摊余成本计量的金融负债。

2023年10月18日,双方签订债务重组合同,乙公司以一项作为无形资产核算的非专利技术偿还该欠款。该无形资产的账面余额为400万元,累计摊销额为40万元,已计提减值准备8万元。10月22日,双方办理完成该无形资产转让手续,烟台兴茂机械制造有限公司支付评估费用16万元。当日,烟台兴茂机械制造有限公司应收款项的公允价值为348万元,已计提坏账准备28万元,乙公司应付款项的账面价值为380万元。若不考虑相关税费。

要求:请根据上述资料,分别对债权人和债务人涉及的债务重组业务进行会计处理。

解析:

(1)债权人的会计处理。

2023年10月22日,债权人取得该无形资产的成本为债权公允价值348万元与评估费用16万元的合计364万元。其会计处理如下。

借:无形资产　　　　　　　　　　　　　　　　　　　　3 640 000
　　坏账准备　　　　　　　　　　　　　　　　　　　　　 280 000
　　投资收益　　　　　　　　　　　　　　　　　　　　　　40 000
　　贷:应收账款　　　　　　　　　　　　　　　　　　　　　　3 800 000
　　　　银行存款　　　　　　　　　　　　　　　　　　　　　　 160 000

(2)债务人的会计处理。

借:应付账款　　　　　　　　　　　　　　　　　　　　3 800 000
　　累计摊销　　　　　　　　　　　　　　　　　　　　　 400 000
　　无形资产减值准备　　　　　　　　　　　　　　　　　　80 000
　　贷:无形资产　　　　　　　　　　　　　　　　　　　　　　4 000 000
　　　　其他收益——债务重组收益　　　　　　　　　　　　　　 280 000

【例6-4】 承接[例6-3]资料。假设烟台兴茂机械制造有限公司管理层决议,受让该非专利技术后将在半年内将其出售,当日无形资产的公允价值为348万元,预计未来出售该非专利技术时将发生4万元的出售费用,该非专利技术满足持有待售资产确认条件。

要求:请根据资料对债权人涉及的债务重组业务进行会计处理。

解析:10月22日,债权人对该非专利技术进行初始确认时,按照无形资产入账价值364万元与公允价值减出售费用344万元(348-4)孰低计量。其会计处理如下。

借:持有待售资产——无形资产　　　　　　　　　　　　　　3 440 000
　　坏账准备　　　　　　　　　　　　　　　　　　　　　　　280 000
　　资产减值损失　　　　　　　　　　　　　　　　　　　　　240 000
　　贷:应收账款　　　　　　　　　　　　　　　　　　　　　　　3 800 000
　　　　银行存款　　　　　　　　　　　　　　　　　　　　　　　160 000

【例6-5】 2023年4月10日,烟台蓬达股份有限公司从乙公司购买一批材料,约定6个月后烟台蓬达股份有限公司应结清款项300万元(假定无重大融资成分)。乙公司将该应收款项分类为以公允价值计量且其变动计入当期损益的金融资产;烟台蓬达股份有限公司将该应付款项分类为以摊余成本计量的金融负债。

2023年10月12日,烟台蓬达股份有限公司因无法支付货款与乙公司协商进行债务重组,双方商定乙公司将该债权转为对烟台蓬达股份有限公司的股权投资。12月20日,乙公司办结了对烟台蓬达股份有限公司的增资手续,烟台蓬达股份有限公司和乙公司分别支付手续费等相关费用4.5万元和3.6万元。

债转股后烟台蓬达股份有限公司总股本为300万元,乙公司持有的抵债股权占烟台蓬达股份有限公司总股本的25%,对烟台蓬达股份有限公司具有重大影响,烟台蓬达股份有限公司股权公允价值不能可靠计量。烟台蓬达股份有限公司应付款项的账面价值仍为300万元。

2023年8月30日,应收款项和应付款项的公允价值均为255万元。2023年10月12日,应收款项和应付款项的公允价值均为228万元。2023年12月20日,应收款项和应付款项的公允价值仍为228万元。

要求:假定不考虑其他相关税费,请根据资料分别对债权人和债务人涉及的债务重组业务进行会计处理。

解析:
(1)债权人的会计处理。
① 8月30日的会计处理。

借:公允价值变动损益　　　　　　　　　　　　　　　　　　450 000
　　贷:交易性金融资产——公允价值变动　　　　　　　　　　　450 000

② 10月12日的会计处理。

借:公允价值变动损益　　　　　　　　　　　　　　　　　　270 000
　　贷:交易性金融资产——公允价值变动　　　　　　　　　　　270 000

③ 12月20日,乙公司对烟台蓬达股份有限公司长期股权投资的成本为应收款项公允价值228万元与相关税费3.6万元的合计231.6万元。

```
借：长期股权投资——鹏达股份                          2 316 000
    交易性金融资产——公允价值变动                      720 000
    贷：交易性金融资产——成本                         3 000 000
        银行存款                                        36 000
```

(2) 债务人的会计处理。

12月20日，由于烟台蓬达股份有限公司股权的公允价值不能可靠计量，初始确认权益工具公允价值时应当按照所清偿债务的公允价值228万元计量，并扣除因发行权益工具支出的相关税费4.5万元。其会计处理如下。

```
借：应付账款                                      3 000 000
    贷：实收资本                                     750 000
        资本公积——资本溢价                         1 485 000
        银行存款                                       45 000
        投资收益                                      720 000
```

【例6-6】 2022年11月5日，烟台兴茂机械制造有限公司向乙公司赊购一批材料，含税价为234万元。2023年9月10日，烟台兴茂机械制造有限公司因发生财务困难，无法按合同约定偿还债务，双方协商进行债务重组。乙公司同意烟台兴茂机械制造有限公司用其生产的商品、作为固定资产管理的机器设备和一项债券投资抵偿欠款。当日，该债权的公允价值为210万元，烟台兴茂机械制造有限公司用于抵债的商品市价（不含增值税）为90万元，抵债设备的公允价值为75万元，用于抵债的债券投资市价为23.55万元。

抵债资产于2023年9月20日转让完毕，烟台兴茂机械制造有限公司发生设备运输费用0.65万元，乙公司发生设备安装费用1.5万元。

乙公司以摊余成本计量该项债权。2023年9月20日，乙公司对该债权已计提坏账准备19万元，债券投资市价为21万元。乙公司将受让的商品、设备和债券投资分别作为库存商品、固定资产和以公允价值计量且其变动计入当期损益的金融资产核算。

烟台兴茂机械制造有限公司以摊余成本计量该项债务。2023年9月20日，烟台兴茂机械制造有限公司用于抵债的商品成本为70万元；抵债设备的账面原价为150万元，累计折旧为40万元，已计提减值准备18万元；烟台兴茂机械制造有限公司以摊余成本计量用于抵债的债券投资，债券票面价值总额为15万元，票面利率与实际利率一致，按年付息。当日，该项债务的账面价值仍为234万元。

烟台兴茂机械制造有限公司和乙公司均为增值税一般纳税人，适用增值税税率为13%，经税务机关核定，该项交易中商品和设备的计税价格分别为90万元和75万元。

要求：假定不考虑其他相关税费，请根据资料分别对债权人和债务人涉及的债务重组业务进行会计处理。

解析：

(1) 债权人的会计处理。

库存商品可抵扣增值税 = 90 × 13% = 11.7（万元）

设备可抵扣增值税税额 = 75 × 13% = 9.75（万元）

库存商品的成本 = 90 ÷ (90 + 75) × (210 − 23.55 − 11.7 − 9.75) = 90（万元）

固定资产的成本 = 75 ÷ (90 + 75) × (210 − 23.55 − 11.7 − 9.75) = 75（万元）

2023年9月20日,乙公司的会计处理如下。

① 结转债务重组相关损益。

借:库存商品	900 000
在建工程——在安装设备	750 000
应交税费——应交增值税(进项税额)	214 500
交易性金融资产	210 000
坏账准备	190 000
投资收益	75 500
贷:应收账款	2 340 000

② 支付安装成本。

借:在建工程——在安装设备	15 000
贷:银行存款	15 000

③ 安装完毕达到可使用状态。

借:固定资产——××设备	765 000
贷:在建工程——在安装设备	765 000

(2)债务人的会计处理。

借:固定资产清理	920 000
累计折旧	400 000
固定资产减值准备	180 000
贷:固定资产	1 500 000
借:固定资产清理	6 500
贷:银行存款	6 500
借:应付账款	2 340 000
贷:固定资产清理	926 500
库存商品	700 000
应交税费——应交增值税(销项税额)	214 500
债权投资——成本	150 000
其他收益——债务重组收益	349 000

四、债务重组的信息披露

债务重组中涉及的债权、重组债权、债务、重组债务和其他金融工具的披露,应当按照《企业会计准则第37号——金融工具列报》的规定处理。此外,债权人和债务人还应当在附注中披露与债务重组有关的额外信息。

债权人应当在附注中披露与债务重组有关的下列信息。

(1)根据债务重组方式,分组披露债权账面价值和债务重组相关损益。分组时,债权人可以按照以资产清偿债务方式、将债务转为权益工具方式、修改其他条款方式、组合方式为标准分组,也可以根据重要性原则以更细化的标准分组。

(2)债务重组导致的对联营企业或合营企业的权益性投资增加额,以及该投资占联营企业或合营企业股份总额的比例。

债务人应当在附注中披露与债务重组有关的下列信息。

(1) 根据债务重组方式,分组披露债务账面价值和债务重组相关损益。分组的标准与对债权人的要求类似。

(2) 债务重组导致的股本等所有者权益的增加额。

报表使用者可能关心与债务重组相关的其他信息。例如,债权人和债务人是否具有关联方关系;再如,如何确定债务转为权益工具方式中的权益工具,以及修改其他条款方式中的新重组债权或重组债务等的公允价值;又如,是否存在与债务重组相关的或有事项等,企业应当根据《企业会计准则第13号——或有事项》《企业会计准则第22号——金融工具确认和计量》《企业会计准则第36号——关联方披露》《企业会计准则第37号——金融工具列报》《企业会计准则第39号——公允价值计量》等准则规定,披露相关信息。

课堂结账测试

(注:每章课堂结账测试设置为撕页式,便于保存。既可用作检验学生对知识点掌握情况,又可作为课堂点名,记入平时成绩)

班级_____ 姓名_____ 学号_____ 日期_____ 分数_____

一、单项选择题(每题 4 分,共计 20 分)

1. 下列交易或事项,一般适用《企业会计准则第 12 号——债务重组》的是( )。
   A. 向银行出售应收账款
   B. 因债务人发生财务困难债权人豁免其部分债务
   C. 以未来应收货款本金及其利息进行资产证券化
   D. 签发商业承兑汇票支付购货款

2. 将债务转为权益工具,权益工具公允价值不能可靠计量的,债务人应当按照所清偿债务的公允价值计量。所清偿债务账面价值与权益工具确认金额之间的差额,计入( )。
   A. 营业外支出   B. 投资收益   C. 资本公积   D. 信用减值损失

3. 债务人以资产清偿债务时,影响债权人损益确认金额的因素是( )。
   A. 受让资产的账面价值   B. 受让资产的公允价值
   C. 计提的坏账准备   D. 为受让非金融资产发生的相关税费

4. 2023 年 1 月 1 日,甲公司与乙公司进行债务重组,当日甲公司应收乙公司账款账面余额为 100 万元,已提坏账准备 8 万元,其公允价值为 90 万元,乙公司以一批存货抵偿上述账款,该批存货公允价值为 100 万元,增值税为 13 万元。甲公司为取得库存商品支付的运杂费为 4 万元,不考虑其他因素。甲公司债务重组取得存货的入账价值为( )万元。
   A. 100   B. 81   C. 75   D. 80

5. 2023 年 1 月 1 日,甲公司与乙公司进行债务重组。在重组日,甲公司应收乙公司账款账面余额为 200 万元,已提坏账准备 10 万元,其公允价值为 180 万元;乙公司以持有 A 公司 3%股权抵偿上述账款,该项股权投资的公允价值为 170 万元。甲公司为取得该项股权投资支付直接相关费用 1 万元,取得该项股权投资后,甲公司将其作为交易性金融资产核算。假定不考虑其他因素,则甲公司债务重组取得交易性金融资产的入账价值为( )万元。
   A. 170   B. 171   C. 180   D. 181

二、多项选择题(每题 5 分,共计 25 分)

1. 以固定资产抵偿债务进行债务重组时,对于债务人而言,下列各项中影响其损益计算的有( )。
   A. 固定资产的原价   B. 固定资产的累计折旧
   C. 固定资产的减值准备   D. 所清偿债务的账面价值

2. 债务人以非现金资产抵偿债务的,所清偿债务账面价值与抵债资产账面价值之间的差额,可能计入( )。
   A. 投资收益   B. 其他收益   C. 营业外支出   D. 主营业务成本

3. 某公司清偿债务的下列方式中,属于债务重组的有( )。
   A. 债权人减免债务人部分债务本金   B. 债权人减免债务人应支付的利息

C. 延长债务偿还期限　　　　　　　　D. 债务人将债务转为权益工具

4. 2023年1月1日,甲公司以摊余成本计量的"应收账款——乙公司"账户余额为1 000万元,已计提坏账准备200万元。2023年4月1日,甲公司与乙公司签订债务重组合同,合同约定,乙公司以两项资产清偿债务,包括一项公允价值为100万元的其他债权投资和一项公允价值为600万元的固定资产。当日,该应收账款的公允价值为750万元,双方于当日办理完成相关资产的转让手续,甲公司取得资产后不改变原资产用途。假定不考虑增值税等其他因素,关于甲公司会计处理的表述中,正确的有(　　)。
   A. 确认投资收益减少50万元　　　　B. 确认其他债权投资增加100万元
   C. 确认其他收益减少100万元　　　　D. 确认固定资产增加600万元

5. 甲公司的下列各项交易中,不应按债务重组准则进行会计处理的有(　　)。
   A. 放弃应收债权取得对子公司投资　　B. 放弃应收债权取得对合营企业投资
   C. 放弃应收债权取得其他权益工具投资　D. 放弃应收债权取得交易性金融资产

三、判断题(每题3分,共15分)

1. 债务重组以债务人发生财务困境为背景。　　　　　　　　　　　　　　(　　)
2. 债务人在破产清算期间进行的债务重组应按破产清算有关会计处理规定处理。(　　)
3. 以无形资产清偿债务方式进行债务重组的,所清偿债务公允价值与转让无形资产公允价值的差额计入当期损益。　　　　　　　　　　　　　　　　　　　　　　　　　　(　　)
4. 债务重组是指在不改变交易对手的情况下,经债权人和债务人协定或法院裁定,就清偿债务的时间、金额或方式等重新达成协议的交易。　　　　　　　　　　　　　　　　(　　)
5. 债务重组中涉及金融工具的确认和计量,应适用金融工具确认和计量准则。　(　　)

四、实务题(共40分)

甲公司应收乙公司账款余额为2 000万元,已提坏账准备200万元,因乙公司发生财务困难,甲公司于2023年6月10日与乙公司进行债务重组,合同签订日甲公司应收债权的公允价值为1 700万元。甲公司同意乙公司以处置组抵偿上述债务,处置组中包括其他权益工具投资、库存商品、一台机器设备及一笔短期借款,合同签订日的公允价值分别为400万元、420万元、980万元和200万元。2023年6月30日,甲公司和乙公司办理完成处置组转让手续,双方解决债权债务关系。该日,乙公司其他权益工具投资的公允价值为405万元,短期借款的公允价值为200万元。

假定甲公司取得处置组中的资产和负债分的分类与乙公司相同,不考虑其他因素的影响。

要求:请根据上述资料,计算甲公司在债务重组中取得的其他权益工具投资、库存商品、机器设备及短期借款的入账价值,并编制2023年6月30日甲公司债务重组的会计分录。

第七章　会计变更与差错更正

知识导航

会计变更与差错更正
- 会计变更与差错更正概述
  - 会计政策概述
  - 会计政策变更概述
  - 会计估计概述
  - 会计估计变更概述
  - 会计政策与会计估计及其变更的划分
  - 前期差错概述
- 会计变更的会计处理
  - 会计政策变更的会计处理
  - 会计估计变更的会计处理
- 差错更正的会计处理
  - 前期差错更正的会计处理
  - 前期差错更正的披露

学习目标

1. 知识目标
(1) 了解会计政策、会计估计和前期差错的概念。
(2) 掌握会计政策变更和会计估计变更的基本会计处理原理并应用。
(3) 掌握前期差错的基本会计处理原理并应用。
2. 能力目标
(1) 能够科学合理地选择不同的会计政策和会计估计。
(2) 能够准确地更正前期会计差错。
3. 素质目标
(1) 构建会计中和思维,为企业选择合适的会计政策和会计估计。
(2) 具有诚信和谨慎的会计职业道德,树立知错能改的道德观。

 寓德于教

宁波乐惠国际工程装备股份有限公司
关于公司前期会计差错更正及定期报告更正的公告(节选)

宁波乐惠国际工程装备股份有限公司(以下简称"公司")于2023年5月10日召开第三

届董事会第十二次会议、第三届监事会第十次会议。会议审议通过了《关于公司会计差错更正的议案》，同意公司根据《企业会计准则第28号——会计政策、会计估计变更和差错更正》《公开发行证券的公司信息披露编报规则第19号——财务信息的更正及相关披露》和上海证券交易所的相关文件规定，对公司2022年第一季度报告、2022年半年度报告、2022年第三季度报告会计差错进行更正，具体情况如下。

一、概述

公司2020年开展白酒装备业务(以下简称"业务")以拓宽公司业务范围，提高公司市场份额，为公司业绩提供新的业务增长点。2020—2021年，公司承接白酒装备业务，然后部分交由泸州市润达机械设备有限公司(以下简称"泸州润达")等公司执行并完成交付。上述期间共获取白酒装备订单4.52亿元(以下均为不含税)，上述订单在2022年已验收3.48亿元。截至2022年12月31日，未验收订单1.04亿元。

二、会计差错更正的原因及说明

公司认为，2020—2021年公司与泸州润达合作探索，并由公司承担了设计工作。因此在交易过程中，公司承担了向客户转让商品的主要责任，且公司有权自主选择供应商以履行合同。因此将公司在该业务的角色判定为主要责任人，并按照全额法于2022年第一季度至第三季度确认白酒装备业务收入合计3.48亿元，该收入确认未经公司聘请的外部审计机构审计。

公司于2022年第四季度根据《企业会计准则第14号——收入》及应用指南的相关规定，对该事项的收入确认进行了更为审慎的评估，并与审计师进行了充分沟通，评估及沟通后认为由于公司在交易过程中不承担存货风险，商品材料直接发放到泸州润达等公司并由其独立完成设备制造及货物发放，运输途中的风险由泸州润达等公司承担，同时合同约定货款支付进度、支付时间和方式与客户付款方式同步同比例，公司亦未通过提供重大的服务将上述商品材料与其他商品整合成合同约定的组合产出转让给客户。公司在该业务中不完全具备主要责任人的特征，对所有该模式下的业务按照净额法确认收入。因此，公司调整了2022年第一季度报告、2022年半年度报告和2022年第三季度报告相关报表的营业收入、营业成本相关科目。

该调整不会对公司与泸州润达合资设立泸州乐惠润达智能装备有限公司之后的业务产生影响。

三、具体情况及对公司的影响

本次变更白酒设备业务的收入确认方法构成会计差错更正，根据《企业会计准则第28号——会计政策、会计估计变更和差错更正》、中国证监会发布的《公开发行证券的公司信息披露编报规则第15号——财务报告的一般规定》《公开发行证券的公司信息披露编报规则第19号——财务信息的更正及相关披露》的相关规定，公司拟对已披露的2022年第一季度报告、2022年半年度报告、2022年第三季度报告中相关财务数据进行更正。

2022年度末将前述公司不具备主要责任人特征的业务收入按净额法确认，同时调减收入、成本321 611 246.60元。本次差错更正，对公司2022年第一季报告、2022年半年度报告、2022年第三季度报告的营业收入、营业成本等数据有影响。

资料来源：节选自《宁波乐惠国际工程装备股份有限公司关于公司前期会计差错更正及定期报告更正的公告》。

请思考：
1. 宁波乐惠国际工程装备股份有限公司采用了哪种方式进行差错更正，并说明原因。
2. 企业在差错更正时应该注意什么？对财务人员有何启示？

第一节 会计变更与差错更正概述

一、会计政策概述

会计政策是指企业在会计确认、计量和报告中所采用的原则、基础和会计处理方法。其中，原则是指按照企业会计准则规定的、适合企业会计核算的具体会计原则；基础是指为了将会计原则应用于交易或者事项而采用的基础，如计量基础（即计量属性），包括历史成本、重置成本、可变现净值、现值和公允价值等；会计处理方法是指企业在会计核算中按照法律、行政法规或者国家统一的会计制度等规定采用或者选择的、适合本企业的具体会计处理方法。会计政策具有以下三个方面的特点。

1. 会计政策的选择性

会计政策是在允许的会计原则、计量基础和会计处理方法中作出指定或具体选择。由于企业经济业务的复杂性和多样化，某些经济业务在符合会计原则和计量基础的要求下，可以有多种会计处理方法，即存在不止一种可供选择的会计政策。例如，确定发出存货的实际成本时可以在先进先出法、加权平均法或者个别计价法中进行选择。如果企业发生的某种交易或事项没有具体会计准则规定其相应的会计政策时，企业应当运用其判断并在考虑与财务报告使用者的经济决策需求是否相关，以及所提供的财务信息是否可靠的前提下，自行确定一项恰当的会计政策并应用于该交易或事项。

2. 会计政策应当在会计准则规定的范围内选择

在我国，会计准则和会计制度属于行政规章，会计政策所包括的具体会计原则、计量基础和具体会计处理方法由会计准则或会计制度规定，具有一定的强制性。企业应当在法规所允许的范围内选择适合本企业实际情况的会计政策，即企业在发生某项经济业务时，应当从允许的会计原则、计量基础和会计处理方法中选择出适合本企业特点的会计政策。

3. 会计政策的层次性

会计政策包括会计原则、计量基础和会计处理方法三个层次。例如，《企业会计准则第13号——或有事项》规定的以该义务是企业承担的现时义务、履行该义务很可能导致经济利益流出企业、该义务的金额能够可靠地计量作为预计负债的确认条件就是确认预计负债时要遵循的会计原则；会计基础是为将会计原则体现在会计核算中而采用的计量基础，例如，《企业会计准则第8号——资产减值》中涉及的公允价值就是计量基础；《企业会计准则第14号——收入》规定的满足一定条件的情况下，按某一时段内履行的履约义务确认收入就是会计处理方法。会计原则、计量基础和会计处理方法三者是一个具有逻辑性的、密不可分的整体，会计政策通过这个整体才能得以应用和落实。

企业应披露采用的重要会计政策，不具有重要性的会计政策可以不予披露。判断会计政策是否重要，应当考虑与会计政策相关的项目的性质和金额。企业应当披露的重要会计政策包括但不限于以下内容：①发出存货成本的计量，是指企业确定发出存货成本所采用的会计处理。例如，企业发出存货成本的计量是采用先进先出法，还是采用其他计量方法。②长期股权投资的后续计量，是指企业取得长期股权投资后的会计处理。例如，企业对被投资单位的长期股权投资是采用成本法，还是采用权益法核算。③投资性房地产的后续计量，是指企业在资产负债表日对投资性房地产进行后续计量所采用的计量方法。例如，企业对投资性房地产的后续计量是采用成本模式，还是采用公允价值模式。④固定资产的初始计量，是指对取得的固定资产初始成本的计量。例如，企业取得的固定资产初始成本是以购买价款，还是以购买价款的现值为基础进行计量。⑤无形资产的确认，是指对无形项目的支出是否确认为无形资产。例如，企业内部研究开发项目开发阶段的支出是确认为无形资产，还是在发生时计入当期损益。⑥非货币性资产交换的计量，是指非货币性资产交换事项中对换入资产成本的计量。例如，非货币性资产交换是以换出资产的公允价值作为确定换入资产成本的基础，还是以换出资产的账面价值作为确定换入资产成本的基础。⑦借款费用的处理，是指借款费用的会计处理方法，即是采用资本化，还是采用费用化。⑧合并政策，是指编制合并财务报表所采用的原则。例如，母公司与子公司的会计年度不一致的处理原则、合并范围的确定原则等。

二、会计政策变更概述

会计政策变更是指企业对相同的交易或者事项由原来采用的会计政策改用另一会计政策的行为。为保证会计信息的可比性，使财务报表使用者在比较企业一个以上期间的财务报表时，能够正确判断企业的财务状况、经营成果和现金流量的趋势。一般情况下，企业采用的会计政策，在每一会计期间和前后各期应当保持一致，不得随意变更。否则，会削弱会计信息的可比性。

（一）可以变更会计政策的情形

1. 法律、行政法规或者国家统一的会计制度等要求变更

法律、行政法规或者国家统一的会计制度等要求变更，是指按照法律、行政法规以及国家统一的会计制度的规定，要求企业采用新的会计政策，则企业应当按照法律、行政法规以及国家统一的会计制度的规定改变原会计政策，按照新的会计政策执行。

2. 会计政策变更能够提供更可靠、更相关的会计信息

由于经济环境、客观情况的改变，使企业原采用的会计政策所提供的会计信息，不能恰当地反映企业的财务状况、经营成果和现金流量等情况。在这种情况下，应改变原有会计政策，按变更后新的会计政策进行会计处理，以便对外提供更可靠、更相关的会计信息。例如，企业一直采用成本模式对投资性房地产进行后续计量，如果企业能够从房地产交易市场上持续地取得同类或类似房地产的市场价格及其他相关信息，从而能够对投资性房地产的公允价值作出合理的估计，此时，企业可以将投资性房地产的后续计量方法由成本模式变更为公允价值模式。

（二）不属于会计政策变更的情形

1. 本期发生的交易或者事项与以前相比具有本质差别而采用新的会计政策

会计政策是针对特定类型的交易或事项，如果发生的交易或事项与其他交易或事项有本质区别，那么，企业实际上是为新的交易或事项选择适当的会计政策，并没有改变原有的

会计政策。例如,将自用的办公楼改为出租,不属于会计政策变更,而是采用新的会计政策。

2. 对初次发生的或不重要的交易或者事项采用新的会计政策

对初次发生的某类交易或事项采用适当的会计政策,并未改变原有的会计政策。例如,企业原在生产经营过程中使用少量的低值易耗品,并且价值较低,故企业在领用低值易耗品时一次计入费用;该企业于近期投产新产品,所需低值易耗品比较多,且价值较大,企业对领用的低值易耗品处理方法改为五五摊销法。该企业低值易耗品在企业生产经营中所占的费用比例并不大,改变低值易耗品处理方法后,对损益的影响也不大,属于不重要的事项,会计政策在这种情况下的改变不属于会计政策变更。

三、会计估计概述

会计估计是指财务报表中具有计量不确定性的货币金额。其中的"计量不确定性",是指当财务报表中的货币金额不能直接观察取得而必须进行估计时,所产生的不确定性。由于会计估计不能直接观察取得,进行会计估计时,涉及以最近可利用的信息为基础作的判断和假设,并可能会使用某些计量技术。会计估计具有以下三个方面的特点。

1. 会计估计的存在是受经济活动中内在的不确定性因素的影响

在会计核算中,企业总是力求保持会计核算的可靠性,但有些经济业务本身具有不确定性。例如,坏账、固定资产折旧年限、固定资产残余价值、无形资产摊销年限等,因而需要根据经验作出估计。

2. 进行会计估计时,往往以最近可利用的信息或资料为基础,并使用相应的计量技术

企业在会计核算中,由于经营活动中内在的不确定性,不得不经常进行估计。一些估计的主要目的是确定资产或负债的账面价值,如坏账准备、担保责任引起的负债;另一些估计的主要目的是确定将在某一期间记录的收益或费用的金额,如某一期间的折旧、摊销的金额。企业在进行会计估计时,通常是根据当时的情况和经验,通过使用计量技术中的估值方法(如期权定价模型)或估计方法,以一定的信息或资料为基础进行。但是,随着时间的推移、环境的变化,进行会计估计的基础可能会发生变化,因此,进行会计估计所依据的信息或者资料不得不经常发生变化。由于最新的信息是最接近目标的信息,以其为基础所作的估计最接近实际,所以进行会计估计时,应以最近可利用的信息或资料为基础。

3. 进行会计估计并不会削弱会计确认和计量的可靠性

企业为了定期、及时地提供有用的会计信息,将延续不断的经营活动人为地划分为一定的期间,并在权责发生制的基础上对企业的财务状况和经营成果进行定期确认和计量。例如,在会计分期的情况下,许多企业的交易跨越若干会计年度,以至于需要在一定程度上作出决定:某一年度发生的开支,哪些可以合理地预期能够产生其他年度以收益形式表示的利益,从而全部或部分向后递延;哪些可以合理地预期在当期能够得到补偿,从而确认为费用。由于会计分期和货币计量的前提,在确认和计量过程中,不得不对许多尚在延续中、其结果尚未确定的交易或事项予以估计入账。

企业应当披露重要的会计估计,不具有重要性的会计估计可以不披露。判断会计估计是否重要,应考虑与会计估计相关项目的性质和金额。企业应披露的重要会计估计内容包括但不限于以下内容:①存货可变现净值的确定。②采用公允价值模式下的投资性房地产公允价值的确定。③固定资产的预计使用寿命与净残值;固定资产的折旧方法。④使用寿

命有限的无形资产的预计使用寿命与净残值。⑤可收回金额按照资产组的公允价值减去处置费用后的净额确定的,确定公允价值减去处置费用后的净额的方法。可收回金额按照资产组预计未来现金流量的现值确定的,预计未来现金流量的确定。⑥投入法或产出法的确定。⑦权益工具公允价值的确定。⑧债务人债务重组中转让的非现金资产的公允价值、由债务转成的股份的公允价值和修改其他债务条件后债务的公允价值的确定。债权人债务重组中受让的非现金资产的公允价值、由债权转成的股份的公允价值和修改其他债务条件后债权的公允价值的确定。⑨预计负债初始计量的最佳估计数的确定。⑩金融资产公允价值的确定。⑪承租人对未确认融资费用的分摊;出租人对未实现融资收益的分配。⑫非同一控制下企业合并成本的公允价值的确定。

四、会计估计变更概述

会计估计变更是指由于资产和负债的当前状况及预期经济利益和义务发生了变化,从而对资产或负债的账面价值或者资产的定期消耗金额进行调整。

由于企业经营活动中内在的不确定因素,许多财务报表项目不能准确地计量,只能进行估计,估计过程涉及以最近可以得到的信息为基础所作的判断。但是,估计毕竟是就现有资料对未来所作的判断,随着时间的推移,如果赖以进行估计的基础发生变化,或者取得了新的信息、积累了更多的经验或后来的发展可能不得不对估计进行修正,但会计估计变更的依据应当真实、可靠。会计估计的变更包括以下两种情形。

(1) 赖以进行估计的基础发生了变化。企业进行会计估计,总是依赖于一定的基础。如果其所依赖的基础发生了变化,则会计估计也应相应发生变化。例如,企业的某项无形资产摊销年限原定为10年,以后发生的情况表明,该资产的受益年限已不足10年,而相应调减摊销年限。

(2) 取得了新的信息、积累了更多的经验。企业进行会计估计是就现有资料对未来所作的判断,随着时间的推移,企业有可能取得新的信息、积累更多的经验,在这种情况下,企业可能不得不对会计估计进行修正,即发生会计估计变更。例如,企业应根据当时能够得到的信息,对应收账款每年按其余额的5%计提坏账准备。现在掌握了新的信息,判定不能收回的应收账款比例已达15%,企业改按15%的比例计提坏账准备。

【特别提示】
　　会计估计变更,并不意味着以前期间会计估计是错误的,只是由于情况发生变化,或者掌握了新的信息,积累了更多的经验,使得变更会计估计能够更好地反映企业的财务状况和经营成果。如果以前期间的会计估计是错误的,则属于前期差错,按前期差错更正的会计处理方法进行处理。

五、会计政策与会计估计及其变更的划分

企业应当在符合我国现行会计准则、制度和其他相关法律法规要求的前提下,以一贯性、适用性和成本效益原则为基础,正确选择和确定本企业采用的会计政策与会计估计,并正确划分会计政策变更与会计估计变更,按照不同的方法进行相关会计处理。

企业应当以变更事项的会计确认、计量基础和列报项目是否发生变更,作为判断该变更是会计政策变更,还是会计估计变更的划分基础。

(1) 以会计确认是否发生变更作为判断基础。《企业会计准则——基本准则》规定了资产、负债、所有者权益、收入、费用和利润六项会计要素的确认标准,是会计处理的首要环节。一般地,对会计确认的指定或选择是会计政策,其相应的变更是会计政策变更。会计确认的变更一般会引起列报项目的变更。例如,企业在前期将某项内部研究开发项目开发阶段的支出计入当期损益,而当期按照《企业会计准则第6号——无形资产》的规定,该项支出符合无形资产的确认条件,应当确认为无形资产。该事项的会计确认发生变更,即前期将研发费用确认为一项费用,而当期将其确认为一项资产。该事项中会计确认发生了变化,所以该变更是会计政策变更。

(2) 以计量基础是否发生变更作为判断基础。《企业会计准则——基本准则》规定了历史成本、重置成本、可变现净值、现值和公允价值五项会计计量属性,是会计处理的计量基础。一般,对计量基础的指定或选择是会计政策,其相应的变更是会计政策变更。例如,企业在前期对购入的价款超过正常信用条件延期支付的固定资产初始计量采用历史成本,而当期按照《企业会计准则第4号——固定资产》的规定,该类固定资产的初始成本应以购买价款的现值为基础确定。该事项的计量基础发生了变化,所以该变更是会计政策变更。

(3) 以列报项目是否发生变更作为判断基础。《企业会计准则第30号——报表列报》规定了财务报表项目应采用的列报原则。一般,对列报项目的指定或选择是会计政策,其相应的变更是会计政策变更。例如,某商业企业在前期按原会计准则规定将商品采购费用列入营业费用,当期根据《企业会计准则第1号——存货》的规定,将采购费用列入存货成本。因为列报项目发生了变化,所以该变更是会计政策变更。

(4) 根据会计确认、计量基础和列报项目所选择的,为取得与资产负债表项目有关的金额或数值(如预计使用寿命、净残值等)所采用的处理方法,不是会计政策,而是会计估计,其相应的变更是会计估计变更。例如,企业需要对某项资产采用公允价值进行计量,而公允价值的确定需要根据市场情况选择不同的处理方法。相应地,当企业面对的市场情况发生变化时,其采用的确定公允价值的方法变更是会计估计变更,不是会计政策变更。

企业可以采用以下具体方法划分会计政策变更与会计估计变更:分析并判断该事项是否涉及会计确认、计量基础选择或列报项目的变更,当至少涉及上述一项划分基础变更时,该事项是会计政策变更;不涉及上述划分基础变更时,该事项可以判断为会计估计变更。例如,企业在前期按原会计准则规定将购建固定资产相关的一般借款利息计入当期损益,当期根据新的会计准则的规定,将其予以资本化,企业因此将对该事项进行变更。该事项的计量基础未发生变更,即都是以历史成本作为计量基础;该事项的会计确认发生变更,即前期将借款费用确认为一项费用,而当期将其确认为一项资产。同时,会计确认的变更导致该事项在资产负债表和利润表相关项目的列报也发生变更。该事项涉及会计确认和列报的变更,所以属于会计政策变更。又如,企业原采用双倍余额递减法计提固定资产折旧,根据固定资产使用的实际情况,企业决定改用直线法计提固定资产折旧。该事项前后采用的两种计提折旧的方法都是以历史成本作为计量基础,对该事项的会计确认和列报项目也未发生变更,只是固定资产折旧、固定资产净值等相关金额发生了变化。因此,该事项属于会计估计变更。

六、前期差错概述

前期差错是指由于没有运用或错误运用下列两种信息,而对前期财务报表造成省略或错报。它具体包括:①编报前期财务报表时预期能够取得并加以考虑的可靠信息。②前期财务报告批准报出时能够取得的可靠信息。前期差错通常包括计算错误、应用会计政策错误、疏忽或曲解事实以及舞弊产生的影响等。

没有运用或错误运用上述两种信息而形成前期差错的情形主要有:①计算以及账户分类错误。②采用法律、行政法规或者国家统一的会计制度等不允许的会计政策。③对事实的疏忽或曲解,以及舞弊。

> 【特别提示】
> 就会计估计的性质来说,它是个近似值,随着更多信息的获得,会计估计可能需要进行修正,但是会计估计变更不属于前期差错更正。

第二节 会计变更的会计处理

一、会计政策变更的会计处理

(一)追溯调整法

追溯调整法,是指对某项交易或事项变更会计政策,视同该项交易或事项初次发生时即采用变更后的会计政策,并以此对财务报表相关项目进行调整的方法。采用追溯调整法时,对于比较财务报表期间的会计政策变更,应调整各期间净损益各项目和财务报表其他相关项目,视同该政策在比较财务报表期间一直采用。对于比较财务报表可比期间以前的会计政策变更的累积影响数,应调整比较财务报表最早期间的期初留存收益,财务报表其他相关项目的数字也应一并调整。

追溯调整法通常由以下步骤构成:

第一步,计算会计政策变更的累积影响数。

第二步,编制相关项目的调整分录。

第三步,调整列报前期财务报表相关项目及其金额。

第四步,附注说明。

其中,会计政策变更的累积影响数,是指按照变更后的会计政策对以前各期追溯计算的列报前期最早期初留存收益应有金额与现有金额之间的差额。根据上述概念的表述,会计政策变更的累积影响数可以分解为以下两个金额之间的差额。

(1)在变更会计政策当期,按变更后的会计政策对以前各期追溯计算,所得到的列报前期最早期初留存收益金额。

(2)在变更会计政策当期,列报前期最早期初留存收益金额。上述留存收益金额,包括盈余公积和未分配利润等项目,不考虑由于损益的变化而应当补分的利润或股利。

在财务报表只提供列报项目上一个可比会计期间比较数据的情况下,上述第(2)项,在变更会计政策当期,列报前期最早期初留存收益金额,即为上期资产负债表所反映的期初留存收益,可以从上年资产负债表项目中获得;需要计算确定的是第(1)项,即按变更后的会计政策对以前各期追溯计算,所得到的上期期初留存收益金额。

累积影响数通常可以通过以下步骤计算获得:

第一步,根据新会计政策重新计算受影响的前期交易或事项。

第二步,计算两种会计政策下的差异。

第三步,计算差异的所得税影响金额。

第四步,确定前期中的每一期的税后差异。

第五步,计算会计政策变更的累积影响数。

需要注意的是,对以前年度损益进行追溯调整或财务报表追溯重述的,应当重新计算各列报期间的每股收益。

【例7-1】 烟台兴茂机械制造有限公司2021年、2022年分别以1 800万元和440万元的价格从股票市场购入A、B两只以交易为目的的股票(假设不考虑购入股票发生的交易费用),市价一直高于购入成本。烟台兴茂机械制造有限公司采用成本与市价孰低法对购入股票进行计量。烟台兴茂机械制造有限公司从2023年起对其以交易为目的购入的股票由成本与市价孰低改为公允价值计量,由于保存的会计资料比较齐备,可以通过会计资料追溯计算。

假设所得税税率为25%,烟台兴茂机械制造有限公司按净利润的10%提取法定盈余公积,按净利润的5%提取任意盈余公积。烟台兴茂机械制造有限公司发行普通股4 500万股,未发行任何稀释性潜在普通股。两种方法计量的交易性金融资产账面价值如表7-1所示。

表7-1　　　　　两种方法计量的交易性金融资产账面价值　　　　　单位:万元

股票	成本与市价孰低	2021年年末公允价值	2022年年末公允价值
A股票	1 800	2 040	2 040
B股票	440	—	520

要求:若你是烟台兴茂机械制造有限公司的财务人员,请根据资料完成下列工作。

(1)计算改变交易性金融资产计量方法后的累积影响数。

(2)编制调整分录。

(3)对财务报表的相关项目作出调整和说明。

解析:根据上述资料,烟台兴茂机械制造有限公司的会计处理如下。

(1)计算改变交易性金融资产计量方法后的累积影响数。计算过程及结果如表7-2所示。

表7-2　　　　改变交易性金融资产计量方法后的累积影响数　　　　单位:万元

时间	公允价值	成本与市价孰低	税前差异	所得税影响	税后差异
2021年年末	2 040	1 800	240	60	180
2022年年末	520	440	80	20	60
合计	2 560	2 240	320	80	240

烟台兴茂机械制造有限公司2023年12月31日的比较财务报表列报前期最早期初为2022年1月1日。

烟台兴茂机械制造有限公司在2021年年末按公允价值计量的账面价值为2 040万元,按成本与市价孰低计量的账面价值为1 800万元,两者的所得税影响合计为60万元,两者差异的税后净影响额为180万元,为该公司2022年期初由成本与市价孰低计量改为公允价值计量的累积影响数。

烟台兴茂机械制造有限公司在2022年年末按公允价值计量的账面价值为2 560万元,按成本与市价孰低计量的账面价值为2 240万元,两者的所得税影响合计为80万元,两者差异的税后净影响额为240万元,其中,180万元是调整2022年年初累积影响数,60万元是调整2022年当期金额。

烟台兴茂机械制造有限公司按照公允价值重新计量2022年年末B股票账面价值,其结果为公允价值变动收益少计了80万元,所得税费用少计了20万元,净利润少计了60万元。

(2) 编制有关项目的调整分录。

① 对2021年有关事项的调整分录。

调整会计政策变更累积影响数。

借:交易性金融资产——公允价值变动　　　　　　　　　　　　　　　　2 400 000
　　贷:利润分配——未分配利润　　　　　　　　　　　　　　　　　　1 800 000
　　　　递延所得税负债　　　　　　　　　　　　　　　　　　　　　　　600 000

调整利润分配:按照净利润的10%提取法定盈余公积,按照净利润的5%提取任意盈余公积,共计提取盈余公积27万元(180×15%)。

借:利润分配——未分配利润　　　　　　　　　　　　　　　　　　　　270 000
　　贷:盈余公积　　　　　　　　　　　　　　　　　　　　　　　　　　270 000

② 对2022年有关事项的调整分录。

调整交易性金融资产。

借:交易性金融资产——公允价值变动　　　　　　　　　　　　　　　　　800 000
　　贷:利润分配——未分配利润　　　　　　　　　　　　　　　　　　　600 000
　　　　递延所得税负债　　　　　　　　　　　　　　　　　　　　　　　200 000

调整利润分配:按照净利润的10%提取法定盈余公积,按照净利润的5%提取任意盈余公积,共计提取盈余公积9万元(60×15%)。

借:利润分配——未分配利润　　　　　　　　　　　　　　　　　　　　　90 000
　　贷:盈余公积　　　　　　　　　　　　　　　　　　　　　　　　　　 90 000

(3) 财务报表调整和重述(财务报表略)。

① 资产负债表项目的调整。调增交易性金融资产年初余额320万元;调增递延所得税负债年初余额80万元;调增盈余公积年初余额36万元;调增未分配利润年初余额204万元。

② 利润表项目的调整。调增公允价值变动收益上年金额80万元;调增所得税费用上年金额20万元;调增净利润上年金额60万元;调增基本每股收益上年金额0.013 3元。

③ 所有者权益变动表项目的调整。调增盈余公积上年年初金额27万元,未分配利润

上年年初金额153万元,所有者权益合计上年年初金额180万元。调增盈余公积上年金额9万元,未分配利润上年金额51万元,所有者权益合计上年金额60万元。调增盈余公积本年年初金额36万元,未分配利润本年年初金额204万元,所有者权益合计本年年初金额240万元。

(二) 未来适用法

未来适用法,是指将变更后的会计政策应用于变更日及以后发生的交易或者事项,或者在会计估计变更当期和未来期间确认会计估计变更影响数的方法。

在未来适用法下,不需要计算会计政策变更产生的累积影响数,也无须重编以前年度的财务报表。企业会计账簿记录及财务报表上反映的金额,变更之日仍保留原有的金额,不因会计政策变更而改变以前年度的既定结果,而是在现有金额的基础上再按新的会计政策进行核算。

【例7-2】 烟台兴茂机械制造有限公司原对发出存货采用后进先出法,由于采用《企业会计准则第1号——存货》关于发出存货的规定,烟台兴茂机械制造有限公司从2023年1月1日起改用先进先出法。2023年1月1日存货的价值为500万元,烟台兴茂机械制造有限公司当年购入存货的实际成本为3 600万元,2023年12月31日按先进先出法计算确定的存货价值为900万元,当年销售额为5 000万元,假设该年度其他费用为240万元,所得税税率为25%。2023年12月31日按后进先出法计算的存货价值为440万元。

要求:根据上述材料,说明该变更对烟台兴茂机械制造有限公司的影响。

解析:烟台兴茂机械制造有限公司由于法律环境变化而改变会计政策,假定对其采用未来适用法进行处理,即对存货采用先进先出法从2023年及以后才适用,不需要计算2023年1月1日以前按先进先出法计算存货应有的余额以及对留存收益的影响金额。

计算确定会计政策变更对当期净利润的影响数如表7-3所示。

表7-3　　　　　　　　　当期净利润的影响数计算表　　　　　　　　　单位:万元

项目	先进先出法	后进先出法
营业收入	5 000	5 000
减:营业成本	3 200	3 660
其他费用	240	240
利润总额	1 560	1 100
减:企业所得税	390	275
净利润	1 170	825
差额	345	

烟台兴茂机械制造有限公司由于会计政策变更使当期净利润增加了345万元。其中,采用先进先出法的销售成本为:期初存货+购入存货实际成本-期末存货=500+3 600-900=3 200(万元);采用后进先出法的销售成本为:期初存货+购入存货实际成本-期末存货=500+3 600-440=3 660(万元)。

(三) 会计政策变更会计处理方法的选择

对于会计政策变更,企业应当根据具体情况,分别采用不同的会计处理方法。

(1) 法律、行政法规或者国家统一的会计制度等要求变更的情况下,企业应当分别以下情况进行处理：①国家发布相关的会计处理方法,则按照国家发布的相关会计处理规定进行会计处理。②国家没有发布相关的会计处理方法,则采用追溯调整法进行会计处理。

(2) 会计政策变更能够提供更可靠、更相关的会计信息的情况下,企业应当采用追溯调整法进行会计处理,将会计政策变更累积影响数调整列报前期最早期初留存收益,其他相关项目的期初余额和列报前期披露的其他比较数据也应当一并调整。

(3) 确定会计政策变更对列报前期影响数不切实可行的,应当从可追溯调整的最早期间期初开始应用变更后的会计政策;在当期期初确定会计政策变更对以前各期累积影响数不切实可行的,应当采用未来适用法处理。

不切实可行,是指企业在采取所有合理的方法后,仍然不能获得采用某项规定所必需的相关信息,而导致无法采用该项规定,则该项规定在此时是不切实可行的。

对于以下特定前期,对某项会计政策变更应用追溯调整法是不切实可行的：①应用追溯调整法的累积影响数不能确定。②应用追溯调整法要求对管理层在该期当时的意图作出假定。③应用追溯调整法要求对有关金额进行重大估计,并且不可能将提供有关交易发生时存在状况的证据(例如,有关金额确认、计量或披露日期存在事实的证据,以及在受变更影响的当期和未来期间确认会计估计变更影响的证据)和该期间财务报表批准报出时能够取得的信息与其他信息客观地加以区分。

在某些情况下,调整一个或者多个前期比较信息以获得与当期会计信息的可比性是不切实可行的。例如,企业因账簿、凭证超过法定保存期限而销毁,或因不可抗力因素(如火灾、水灾等)或因人为因素(如盗窃、故意毁坏等)而毁坏、遗失,可能使当期期初确定会计政策变更对以前各期累积影响数无法计算,即不切实可行。此时,会计政策变更应当采用未来适用法进行处理。

(四) 会计政策变更的披露

企业应当在附注中披露与会计政策变更有关的下列信息。

(1) 会计政策变更的性质、内容和原因,包括：对会计政策变更的简要阐述、变更的日期、变更前采用的会计政策和变更后所采用的新会计政策及会计政策变更的原因。

(2) 当期和各个列报前期财务报表中受影响的项目名称和调整金额,包括：采用追溯调整法时,计算出的会计政策变更的累积影响数;当期和各个列报前期财务报表中需要调整的净损益及其影响金额,以及其他需要调整的项目名称和调整金额。

(3) 无法进行追溯调整的,说明该事实和原因以及开始应用变更后会计政策的时点、具体应用情况,包括：无法进行追溯调整的事实;确定会计政策变更对列报前期累积影响数不切实可行的原因;在当期期初确定会计政策变更对以前各期累积影响数不切实可行的原因;开始应用新会计政策的时点和具体应用情况。

需要注意的是,在以后期间的财务报表中,不需要重复披露在以前期间的附注中已披露的会计政策变更的信息。

二、会计估计变更的会计处理

企业对会计估计变更应当采用未来适用法处理。即在会计估计变更当期及以后期间,采用新的会计估计,不改变以前期间的会计估计,也不调整以前期间的报告结果。

第一,会计估计变更仅影响变更当期的,其影响数应当在变更当期予以确认。例如,企业原按应收账款余额的 5% 提取坏账准备,由于企业不能收回应收账款的比例已达 10%,则企业改按应收账款余额的 10% 提取坏账准备。这类会计估计的变更,只影响变更当期。因此,应于变更当期确认。

第二,既影响变更当期,又影响未来期间的,其影响数应当在变更当期和未来期间予以确认。例如,企业的某项可计提折旧的固定资产,其有效使用年限或预计净残值的估计发生的变更,常常影响变更当期及以后使用年限内各个期间的折旧费用,这类会计估计的变更,应于变更当期及以后各期确认。

会计估计变更的影响数应计入变更当期与前期相同的项目中。为了保证不同期间的财务报表具有可比性,如果以前期间的会计估计变更的影响数计入企业日常经营活动损益,则以后期间也应计入日常经营活动损益;如果以前期间的会计估计变更的影响数计入特殊项目,则以后期间也应计入特殊项目。

第三,企业应当正确划分会计政策变更和会计估计变更,并按不同的方法进行相关会计处理。企业通过判断会计政策变更和会计估计变更划分基础,仍然难以对某项变更进行区分的,应当将其作为会计估计变更处理。

企业应当在附注中披露与会计估计变更有关的下列信息:

(1) 会计估计变更的内容和原因,包括变更的内容、变更日期,以及为什么要对会计估计进行变更。

(2) 会计估计变更对当期和未来期间的影响数,包括会计估计变更对当期和未来期间损益的影响金额,以及对其他各项目的影响金额。

(3) 会计估计变更的影响数不能确定的,披露这一事实和原因。

【例 7-3】 烟台兴茂机械制造有限公司于 2019 年 1 月 1 日起对某管理用设备计提折旧,该设备原价为 205 000 元,预计使用寿命为 10 年,预计净残值为 5 000 元,按年限平均法计提折旧。2023 年年初,由于新技术发展,烟台兴茂机械制造有限公司需要对该设备原估计的使用寿命和净残值作出修正,修正后该设备预计尚可使用年限为 2 年,预计净残值为 4 000 元。烟台兴茂机械制造有限公司适用的企业所得税税率为 25%。

要求:根据上述资料,说明烟台兴茂机械制造有限公司对于该变更应进行的会计处理。

解析:固定资产使用寿命和净残值的变更属于会计估计变更,应采用未来适用法。

(1) 不调整以前各期折旧,也不计算累积影响数。

(2) 变更日以后改按新的会计估计计提折旧。

按原估计,每年折旧额为 20 000 元,已计提折旧 4 年,共计 80 000 元,该项固定资产账面价值为 125 000 元,则第五年相关科目的期初余额如下:固定资产 205 000 元,累计折旧 80 000 元,固定资产账面价值 125 000 元。改变预计使用年限后,从 2023 年起每年计提的折旧费用为 60 500 元[(125 000−4 000)÷2]。2023 年不必对以前年度已计提折旧进行调整,只需按重新预计的尚可使用年限和净残值确定折旧费用。有关会计处理如下。

借:管理费用　　　　　　　　　　　　　　　　　　　　　　　　　60 500
　　贷:累计折旧　　　　　　　　　　　　　　　　　　　　　　　　60 500

(3) 财务报表附注说明为:此会计估计变更将减少 2023 年度净利润 30 375 元 [(60 500−20 000)×(1−25%)]。

第三节 差错更正的会计处理

一、前期差错更正的会计处理

如果财务报表项目的遗漏或错误表述可能影响财务报表使用者根据财务报表所作出的经济决策,则该项目的遗漏或错误是重要的。重要的前期差错,是指足以影响财务报表使用者对企业财务状况、经营成果和现金流量作出正确判断的前期差错。不重要的前期差错,是指不足以影响财务报表使用者对企业财务状况、经营成果和现金流量作出正确判断的前期差错。

前期差错的重要性取决于在相关环境下对遗漏或错误表述的规模和性质的判断。前期差错所影响的财务报表项目的金额或性质,是判断该前期差错是否具有重要性的决定性因素。一般来说,前期差错所影响的财务报表项目的金额越大、性质越严重,其重要性水平越高。

企业应当采用追溯重述法更正重要的前期差错,但确定前期差错累积影响数不切实可行的除外。追溯重述法,是指在发现前期差错时,视同该项前期差错从未发生过,从而对财务报表相关项目进行更正的方法。

(一) 不重要的前期差错的会计处理

对于不重要的前期差错,企业不需调整财务报表相关项目的期初数,但应调整发现当期与前期相同的相关项目。属于影响损益的,应直接计入本期与上期相同的净损益项目;属于不影响损益的,应调整本期与前期相同的相关项目。

(二) 重要的前期差错的会计处理

对于重要的前期差错,企业应当在其发现当期的财务报表中,调整前期比较数据。具体地说,企业应当在重要的前期差错发现当期的财务报表中,通过下述处理对其进行追溯更正。

(1) 追溯重述差错发生期间列报的前期比较金额。

(2) 如果前期差错发生在列报的最早前期之前,则追溯重述列报的最早前期的资产、负债和所有者权益相关项目的期初余额。

对于发生的重要的前期差错,如影响损益,应将其对损益的影响数调整发现当期的期初留存收益,财务报表其他相关项目的期初数也应一并调整;如不影响损益,应调整财务报表相关项目的期初数。

在编制比较财务报表时,对于比较财务报表期间的重要的前期差错,应调整各该期间的净损益和其他相关项目,视同该差错在产生的当期已经更正;对于比较财务报表期间以前的重要的前期差错,应调整比较财务报表最早期间的期初留存收益,财务报表其他相关项目的数字也应一并调整。

确定前期差错影响数不切实可行的,可以从可追溯重述的最早期间开始调整留存收益的期初余额,财务报表其他相关项目的期初余额也应当一并调整,也可以采用未来适用法。当企业确定前期差错对列报的一个或者多个前期比较信息的特定期间的累积影响数不切实可行时,应当追溯重述切实可行的最早期间的资产、负债和所有者权益相关项目的期初余额

(可能是当期);当企业在当期期初确定前期差错对所有前期的累积影响数不切实可行时,应当从确定前期差错影响数切实可行的最早日期开始采用未来适用法追溯重述比较信息。

【例7-4】 烟台兴茂机械制造有限公司在2023年发现,2022年公司漏记一项固定资产的折旧费用为300 000元,企业所得税申报表中未扣除该项费用。假设2022年适用企业所得税税率为25%,无其他纳税调整事项。公司按净利润的10%、5%提取法定盈余公积和任意盈余公积。公司发行股票份额为1 800 000股。假定税法允许调整应交所得税。

要求:若你是烟台兴茂机械制造有限公司的财务人员,请根据资料说明公司应进行的会计处理。

解析:2022年少计折旧费用300 000元;多计所得税费用75 000元(300 000×25%);多计净利润225 000元;多计应交税费75 000元(300 000×25%);多提法定盈余公积和任意盈余公积分别为22 500元(225 000×10%)、11 250元(225 000×5%)。

(1) 编制有关项目的调整分录。

① 补提折旧。

借:以前年度损益调整　　　　　　　　　　　　　　　　　　　300 000
　　贷:累计折旧　　　　　　　　　　　　　　　　　　　　　　　　300 000

② 调整应交所得税。

借:应交税费——应交所得税　　　　　　　　　　　　　　　　75 000
　　贷:以前年度损益调整　　　　　　　　　　　　　　　　　　　　75 000

③ 将"以前年度损益调整"账户余额转入利润分配。

借:利润分配——未分配利润　　　　　　　　　　　　　　　　225 000
　　贷:以前年度损益调整　　　　　　　　　　　　　　　　　　　　225 000

④ 调整利润分配有关金额。

借:盈余公积　　　　　　　　　　　　　　　　　　　　　　　33 750
　　贷:利润分配——未分配利润　　　　　　　　　　　　　　　　　33 750

上述会计处理也可以不通过"以前年度损益调整"账户。

(2) 财务报表调整和重述(财务报表略)。

烟台兴茂机械制造有限公司在列报2023年财务报表时,应调整2022年资产负债表有关项目的年初余额,利润表有关项目及所有者权益变动表的上年金额也应进行调整。

① 资产负债表项目的调整。调减固定资产300 000元;调减应交税费75 000元;调减盈余公积33 750元;调减未分配利润191 250元。

② 利润表项目的调整。调增营业成本上年金额300 000元;调减所得税费用上年金额75 000元;调减净利润上年金额225 000元;调减基本每股收益上年金额0.125元。

③ 所有者权益变动表项目的调整。调减前期差错更正项目中盈余公积上年金额33 750元,未分配利润上年金额191 250元,所有者权益合计上年金额225 000元。

二、前期差错更正的披露

企业应当在附注中披露与前期差错更正有关的下列信息。

(1) 前期差错的性质。

(2) 各个列报前期财务报表中受影响的项目名称和更正金额。

(3) 无法进行追溯重述的,说明该事实和原因,以及对前期差错开始进行更正的时点、具体更正情况。

在以后期间的财务报表中,不需要重复披露在以前期间的附注中已披露的前期差错更正的信息。

课堂结账测试

(注:每章课堂结账测试设置为撕页式,便于保存。既可用作检验学生对知识点掌握情况,又可作为课堂点名,记入平时成绩)

班级_____   姓名_____   学号_____   日期_____   分数_____

一、单项选择题(每题 4 分,共计 20 分)

1. 下列各项中,属于企业会计政策变更的是(   )。
   A. 将固定资产的折旧方法由年限平均法变更为年数总和法
   B. 将合同履约进度确定的方法由投入法变更为产出法
   C. 将发出存货的计价方法由先进先出法变更为加权平均法
   D. 将无形资产的剩余使用年限由 6 年变更为 4 年

2. 下列各项中,会计政策变更在采用追溯调整法时,不应考虑的因素是(   )。
   A. 变更导致损益变化而应补分的股利   B. 变更后资产的变动
   C. 变更导致所得税费用变动   D. 变更导致留存收益的变动

3. 下列各项中,不属于会计估计的是(   )。
   A. 预计负债初始计量的最佳估计数的确定   B. 投资性房地产公允价值的确定
   C. 投入法或产出法的确定   D. 固定资产以购买价款的现值为基础计量

4. 甲公司专门从事大型设备制造与销售,设立后即召开董事会会议,确定有关会计政策和会计估计事项。下列各项关于甲公司董事会确定的事项中不属于会计政策的是(   )。
   A. 母子公司会计年度不一致的处理原则   B. 存货发出采用先进先出法计价
   C. 固定资产折旧方法   D. 投资性房地产采用成本模式计量

5. 甲公司 2022 年 12 月 31 日发现 2021 年度多计管理费用 100 万元,并进行了企业所得税申报,甲公司适用企业所得税税率为 25%,按净利润的 10% 提取盈余公积。假设甲公司 2021 年度企业所得税申报的应纳税所得额大于零,则下列甲公司对此项重要前期差错进行更正的会计处理中正确的是(   )。
   A. 调整 2022 年度当期管理费用 100 万元   B. 调增 2021 年利润总额 75 万元
   C. 调增 2022 年年初未分配利润 67.5 万元   D. 调减 2022 年初盈余公积 7.5 万元

二、多项选择题(每题 5 分,共计 25 分)

1. 下列各项中,属于企业会计估计的有(   )。
   A. 劳务合同履约进度的确定   B. 投资性房地产后续计量模式的确定
   C. 金融资产预期信用损失金额的确定 D. 存货可变现净值的确定

2. 下列各项中,属于会计估计的有(   )。
   A. 固定资产预计使用寿命的确定   B. 无形资产预计残值的确定
   C. 投资性房地产采用公允价值计量   D. 收入确认时合同履约进度的确定

3. 2023 年 12 月 31 日,甲公司发现 2021 年 12 月收到投资者投入的一项行政管理用固定资产尚未入账,投资合同约定该固定资产价值为 1 000 万元(与公允价值相同)。预计使用年限为 5 年,预计净残值为 0,采用年限平均法计提折旧。甲公司将漏记该固定资产事项认定为重要的前期差错。不考虑其他

155

因素,下列表述中正确的有( )。
A. 增加2023年度管理费用200万元
B. 增加固定资产原价1 000万元
C. 增加累计折旧400万元
D. 减少2023年年初留存收益200万元
4. 下列各项中,属于企业应当披露的重要会计政策的有( )。
A. 存货可变现净值的确定
B. 投资性房地产的后续计量模式
C. 无形资产的确定
D. 其他权益工具投资公允价值的确定
5. 下列各项中,应采用未来适用法进行会计处理的有( )。
A. 无形资产摊销方法的改变
B. 投资性房地产后续计量由成本模式改为公允价值模式
C. 固定资产折旧年限的改变
D. 存货发出计价方法由移动加权平均法改为个别计价法

三、判断题(每题3分,共15分)

1. 固定资产预计净残值的改变属于会计估计变更。 ( )
2. 某项变更难以区分为会计政策变更和会计估计变更的,应作为会计估计变更处理。 ( )
3. 企业应采用追溯重述法更正所有的前期差错。 ( )
4. 会计政策变更应采用未来适用法进行会计处理。 ( )
5. 会计政策变更能够提供更可靠、更相关的会计信息时,可以进行会计政策变更。 ( )

四、实务题(共40分)

2023年1月,甲公司为内部审计部门对以下交易或事项的会计处理提出疑问:

(1) 2022年12月1日,甲公司与丁公司签订大型电子设备销售合同,合同规定甲公司向丁公司销售2台大型电子设备,销售价格为每台1 000万元,成本为每台600万元。同时甲公司又与丁公司签订补充合同,约定甲公司在2023年6月1日以每台1 030万元的价格回购该设备。甲公司于2022年12月1日收到丁公司支付的2 000万元并存入银行。当日甲公司发出商品。甲公司的会计处理如下。

借:银行存款 20 000 000
　　贷:主营业务收入 20 000 000

借:主营业务成本 12 000 000
　　贷:库存商品 12 000 000

(2) 甲公司2022年12月31日出售大型设备一套,协议约定采用分期收款方式,从销售次年年末开始,分5次于每年年末收款,每年收取500万元,共计2 500万元,成本为1 500万元。该大型设备在销售成立日的现销价格为2 000万元。甲公司在2022年年末确认收入,会计处理如下。

借:发出商品 15 000 000
　　贷:库存商品 15 000 000

要求:根据上述资料(1)和资料(2),逐项判断甲公司会计处理是否正确;如果不正确,简要说明理由,并编制有关差错更正的会计分录。(无须通过"以前年度损益调整"账户进行调整;不考虑相关税费的影响;答案中的金额单位以"万元"表示)

第八章 资产负债表日后事项

知识导航

资产负债表日后事项 ┬ 资产负债表日后事项概述 ┬ 资产负债表日后事项的概念
　　　　　　　　　　│　　　　　　　　　　　　├ 资产负债表日后事项涵盖的期间
　　　　　　　　　　│　　　　　　　　　　　　└ 资产负债表日后事项的内容
　　　　　　　　　　└ 资产负债表日后事项的会计处理 ┬ 资产负债表日后调整事项
　　　　　　　　　　　　　　　　　　　　　　　　　├ 资产负债表日后非调整事项
　　　　　　　　　　　　　　　　　　　　　　　　　└ 资产负债表日后事项的披露

学习目标

1. 知识目标

(1) 了解资产负债表日后调整事项和非调整事项的相关概念。

(2) 理解区分资产负债表日后调整事项和非调整事项。

(3) 掌握资产负债表日后调整事项和非调整事项的会计处理。

2. 能力目标

能够准确判断、分析、计算并处理资产负债表日后调整事项和非调整事项。

3. 素质目标

增强学生对会计职业道德的认识和理解，引导学生树立正确的价值观，保证会计信息的真实性。

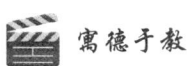
寓德于教

深圳证券交易所对*ST新联2022年年报的问询函（节选）

新华联文化旅游发展股份有限公司（以下简称"公司"）于2023年5月10日收到深圳证券交易所上市公司管理一部下发的《关于对新华联文化旅游发展股份有限公司2022年年报的问询函》（公司部年报问询函〔2023〕第91号，以下简称"问询函"），部分问询内容如下。

你公司于2023年4月19日披露的《2022年度业绩预告修正公告》（以下简称《公告》）显示，公司因对2022年年末长期股权投资计提资产减值损失8.8亿元，导致报告期末净资产为负。你公司股票已于2023年5月5日被实施退市风险警示。你公司分别于2022年11月4日及2022年11月30日披露的《关于参股公司股票将被司法拍卖的提示性公告》《关于参股公司股票司法拍卖被撤回的公告》显示，北京市第三中级人民法院拟于2022年

12月5日至6日拍卖你公司持有的长沙银行股份有限公司（以下简称"长沙银行"）股份，但申请人撤回相关拍卖申请。你公司于2023年1月12日披露的《关于参股公司股票将被司法拍卖的提示性公告》显示，你公司持有的长沙银行股份拟于2023年2月13日至14日重新拍卖。

你公司于2023年4月29日披露的《关于对深圳证券交易所关注函的回复公告》（以下简称《回函》）显示，你公司认为公司持有的长沙银行股票被司法拍卖的事项在资产负债表日存在，但后续是否会重新恢复司法拍卖尚存在重大不确定性，资产负债表日后司法拍卖成交的情况提供了新的或进一步证据，故根据上述事项及《企业会计准则第29号——资产负债表日后事项》判断，该事项为资产负债表日后调整事项，并对持有的长沙银行长期股权投资计提大额减值。根据《回函》，你公司根据拍卖成交价和剩余股权拍卖日市价之和低于长沙银行账面成本的金额计提长期股权投资减值准备。

资料来源：深圳证券交易所，2023-5-25，《关于对深圳证券交易所年报问询函的回复公告》，http://www.szse.cn/disclosure/listed/bulletinDetail/index.html?1751dd63-Ob8f-4312-9aa2-6cde8e6e2f76，有删节。

请思考：

1. 公司持有的长沙银行股份拍卖申请在报告期末已被撤销，相关股份于2023年才重新拍卖的事实，是否满足"资产负债表日已经存在的情况提供了新的或进一步证据的事项"？相关拍卖事项是否为资产负债表日后发生的新事项？

2. 会计人员如何才能提高服务技能，从而提供更高质量的会计信息？

第一节 资产负债表日后事项概述

一、资产负债表日后事项的概念

根据《企业会计准则第29号——资产负债表日后事项》（以下简称资产负债表日后事项准则）的规定，资产负债表日后事项，是指资产负债表日至财务报告批准报出日之间发生的有利或不利事项。理解这一定义，需要注意以下三个方面。

（一）资产负债表日

资产负债表日是指会计年度末和会计中期期末。中期是指短于一个完整的会计年度的报告期间，包括半年度、季度和月度。按照《会计法》规定，我国会计年度采用公历年度，即1月1日至12月31日。因此，年度资产负债表日是指每年的12月31日，中期资产负债表日是指各会计中期期末。例如，提供第一季度财务报告时，资产负债表日是该年度的3月31日；提供半年度财务报告时，资产负债表日是该年度的6月30日。

如果母公司或者子公司在国外，无论该母公司或子公司如何确定会计年度和会计中期，其向国内提供的财务报告都应根据我国《会计法》和企业会计准则的要求确定资产负债表日。

（二）财务报告批准报出日

财务报告批准报出日是指董事会或类似机构批准财务报告报出的日期，通常是指对财务报告的内容负有法律责任的单位或个人批准财务报告对外公布的日期。

财务报告的批准者包括所有者,所有者中的多数,董事会或类似的管理单位、部门和个人。根据《中华人民共和国公司法》(以下简称《公司法》)规定,董事会有权制订公司的年度财务预算方案、决算方案、利润分配方案和弥补亏损方案。因此,对于设置董事会的公司制企业,财务报告批准报出日是指董事会批准财务报告报出的日期。对于其他企业,财务报告批准报出日一般是指经理(厂长)会议或类似机构批准财务报告报出的日期。

(三) 有利事项和不利事项

资产负债表日后事项包括有利事项和不利事项。有利或不利事项,是指资产负债表日后对企业财务状况、经营成果等具有一定影响(既包括有利影响,也包括不利影响)的事项。如果某些事项的发生对企业并无任何影响,那么,这些事项既不是有利事项,也不是不利事项,也就不属于这里所说的资产负债表日后事项。

二、资产负债表日后事项涵盖的期间

资产负债表日后事项涵盖的期间是自资产负债表日次日起至财务报告批准报出日止的一段时间。对上市公司而言,这一期间内涉及几个日期,包括完成财务报告编制日、注册会计师出具审计报告日、董事会批准财务报告可以对外公布日、实际对外公布日等。具体而言,资产负债表日后事项涵盖的期间应当包括:

(1) 报告期间下一期间的第一天至董事会或类似机构批准财务报告对外公布的日期。

(2) 财务报告批准报出以后、实际报出之前,又发生与资产负债表日或其后事项有关的事项,并由此影响财务报告对外公布日期的,应以董事会或类似机构再次批准财务报告对外公布的日期为截止日期。

资产负债表日后事项涵盖期间如图8-1所示。

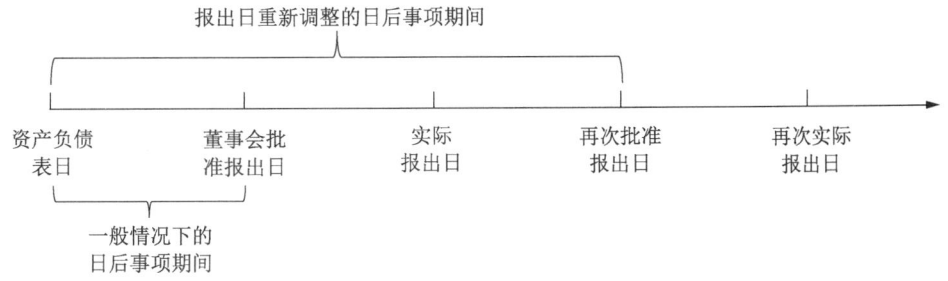

图8-1 资产负债表日后事项涵盖期间

【例8-1】 烟台兴茂机械制造有限公司2022年的年度财务报告于2023年2月20日编制完成,注册会计师完成年度财务报表审计工作并签署审计报告的日期为2023年4月17日,董事会批准财务报告对外公布的日期为2023年4月17日,财务报告实际对外公布的日期为2023年4月23日,股东大会召开日期为2023年5月10日。

要求:若你是烟台兴茂机械制造有限公司的财务人员,请对上述业务确定资产负债表日后事项涵盖的期间。

解析:根据资产负债表日后事项涵盖期间的规定,本例中,该公司2022年年报资产负债表日后事项涵盖的期间为2023年1月1日至2023年4月17日。如果在4月17日至23日之间发生了重大事项,需要调整财务报表相关项目的数字或需要在财务报表附注中披露,经调整或说明后的财务报告再经董事会批准报出的日期为2023年4月25日,实际报出的日期为2023年4月30日,则资产负债表日后事项涵盖的期间为2023年1月1日至2023年4月25日。

三、资产负债表日后事项的内容

(一) 调整事项

资产负债表日后调整事项,是指对资产负债表日已经存在的情况提供了新的或进一步证据的事项。

如果资产负债表日及所属会计期间已经存在某种情况,但当时并不知道其存在或者不能知道确切结果,资产负债表日后发生的事项能够证实该情况的存在或者确切结果,则该事项属于资产负债表日后事项中的调整事项。如果资产负债表日后事项对资产负债表日的情况提供了进一步的证据,证据表明的情况与原来的估计和判断不完全一致;则需要对原来的会计处理进行调整。

企业发生的调整事项,通常包括以下四种。

(1) 资产负债表日后诉讼案件结案,法院判决证实了企业在资产负债表日已经存在现时义务,需要调整原先确认的与该诉讼案件相关的预计负债,或确认一项新负债。

(2) 资产负债表日后取得确凿证据,表明某项资产在资产负债表日发生了减值或者需要调整该项资产原先确认的减值金额。

(3) 资产负债表日后进一步确定了资产负债表日前购入资产的成本或售出资产的收入。

(4) 资产负债表日后发现了财务报表舞弊或差错。

(二) 非调整事项

非调整事项,是指表明资产负债表日后发生的情况的事项,非调整事项的发生不影响资产负债表日企业的财务报表数字,只说明资产负债表日后发生了某些情况。

对于财务报告使用者而言,非调整事项说明的情况有的重要,有的不重要。其中重要的非调整事项虽然不影响资产负债表日的财务报表数字,但可能影响资产负债表日以后的财务状况和经营成果,不加以说明将会影响财务报告使用者作出正确估评和决策。因此,需要适当披露。企业发生的非调整事项,通常包括资产负债表日后发生重大诉讼、仲裁、承诺,资产负债表日后资产价格、税收政策、外汇汇率发生重大变化等。由此可见,非调整事项的特点是:①资产附表日并未发生或存在,完全是日后新发生的。②对理解和分析财务报告有重大影响。

(三) 调整事项与非调整事项的区别

资产负债表日后发生的某一事项究竟是调整事项,还是非调整事项,取决于该事项表明的情况在资产负债表日或资产负债表日以前是否已经存在。若该情况在资产负债表日或之前已经存在,则属于调整事项;反之,则属于非调整事项。这是因为,在会计期间假设下,调整事项虽然发生在资产负债表日的下一会计期间,但其指向的情况在资产负债表日已经存在,资产负债表日后所获得的证据只为资产负债表日已存在状况提供了进一步的证据,为便于真实、公允反映企业财务状况和经营成果,需要对资产负债表日的财务报表进行调整。

【特别提示】

在理解资产负债表日后事项的会计处理时,还需要明确以下两个问题。

(1) 如何确定资产负债表日后某一事项是调整事项,还是非调整事项,是对资产负债表日后事项进行会计处理的关键。调整和非调整事项是一个广泛的概念,就事项本身而言,可以有各种各样的性质,只要符合企业会计准则中对这两类事项的判断原则即可。另外,同一性质的事项可能是调整事项,也可能是非调整事项,这取决于该事项表明的情况是在资产负债表日或资产负债表日以前已经存在或发生,还是在资产负债表日后才发生的。

(2) 企业会计准则以列举的方式说明了资产负债表日后事项中,哪些属于调整事项,哪些属于非调整事项,但并没有列举详尽。实务中,会计人员应按照资产负债表日后事项的判断原则,确定资产负债表日后发生的事项中哪些属于调整事项,哪些属于非调整事项。

【例8-2】 烟台兴茂机械制造有限公司2022年10月向甲公司出售一批原材料,价款为2 000万元,根据销售合同,甲公司应在收到原材料后3个月内付款。至2022年12月31日,甲公司尚未付款。假定烟台兴茂机械制造有限公司在编制2022年度财务报告时有两种情况。

(1) 2022年12月31日烟台兴茂机械制造有限公司根据掌握的资料判断,甲公司有可能破产清算,估计该应收账款将有20%无法收回,故按20%的比例计提坏账准备;2023年1月20日,烟台兴茂机械制造有限公司收到通知,甲公司已被宣告破产清算,公司估计有70%的债权无法收回。

(2) 2022年12月31日甲公司的财务状况良好,烟台兴茂机械制造有限公司预计应收账款可按时收回;2023年1月20日,甲公司发生重大火灾,导致烟台兴茂机械制造有限公司50%的应收账款无法收回。

2023年3月15日,烟台兴茂机械制造有限公司的财务报告经批准对外公布。

要求:若你是烟台兴茂机械制造有限公司的财务人员,请根据资料判断上述事项分别属于调整事项还是非调整事项。

解析:

(1) 导致烟台兴茂机械制造有限公司应收账款无法收回的事实是甲公司财务状况恶化,该事实在资产负债表日已经存在,甲公司被宣告破产只是证实了资产负债表日甲公司财务状况恶化的情况。因此,甲公司破产导致烟台兴茂机械制造有限公司应收款项无法收回的事项属于调整事项。

(2) 导致烟台兴茂机械制造有限公司应收账款损失的因素是火灾,火灾是不可预计的,应收账款发生损失这一事实在资产负债表日以后才发生。因此,甲公司发生火灾导致甲公司应收款项发生坏账的事项属于非调整事项。

第二节 资产负债表日后事项的会计处理

一、资产负债表日后调整事项

(一) 调整事项的处理原则

企业发生的调整事项,应当调整资产负债表日的财务报表。对于年度财务报告而言,资产负债表日后事项发生在报告年度的次年,报告年度的有关账目已经结转,特别是损益类科目在结账后已无余额。因此,年度资产负债表日后发生的调整事项,应分别根据以下情况进行处理。

(1) 涉及损益的事项,通过"以前年度损益调整"账户核算。调整增加以前年度利润或调整减少以前年度亏损的事项,记入"以前年度损益调整"账户的贷方;调整减少以前年度利润或调整增加以前年度亏损的事项,记入"以前年度损益调整"账户的借方。

涉及损益的调整事项,如果发生在该企业资产负债表日所属年度(即报告年度)所得税汇算清缴前的,应调整报告年度应纳税所得额、应纳所得税税额;发生在该企业报告年度所得税汇算清缴后的,应调整本年度(即报告年度的次年)应纳所得税税额。

由于以前年度损益调整增加的所得税费用,记入"以前年度损益调整"账户的借方,同时贷记"应交税费——应交所得税"等账户;由于以前年度损益调整减少的所得税费用,记入"以前年度损益调整"账户的贷方,同时借记"应交税费——应交所得税"等账户。

调整完成后,将"以前年度损益调整"账户的贷方或借方余额,转入"利润分配——未分配利润"账户。

(2) 涉及利润分配调整的事项,直接在"利润分配——未分配利润"账户核算。

(3) 不涉及损益及利润分配的事项,调整相关账户。

(4) 通过上述会计处理后,还应同时调整财务报表相关项目的数字,包括:①资产负债表日编制的财务报表相关项目的期末数或本年发生数。②当期编制的财务报表相关项目的期初数或上年数。经过上述调整后,如果涉及报表附注内容的,还应当作出相应调整。

(二) 调整事项的具体会计处理方法

为简化处理,如无特殊说明,本章所有的例子均假定如下:

(1) 财务报告批准报出日是次年4月30日,企业所得税税率为25%,按净利润的10%提取法定盈余公积,提取法定盈余公积后不再作其他分配。

(2) 调整事项按税法规定均可调整应交纳的企业所得税。

(3) 涉及递延所得税资产的,均假定未来期间很可能取得用来抵扣暂时性差异的应纳税所得额。

(4) 不考虑报表附注中有关现金流量表项目的数字。

资产负债表日后调整事项及其会计处理,主要分为以下三种。

(1) 资产负债表日后诉讼案件结案,法院判决证实了企业在资产负债表日已经存在现时义务,需要调整原先确认的与该诉讼案件相关的预计负债,或确认一项新负债。这一事项是指导致诉讼的事项在资产负债表日已经发生,但尚不具备确认负债的条件而未确认,资产负债表日后至财务报告批准报出日之间获得了新的或进一步的证据(法院判决结果),表明符合负债的确认条件。因此,应在财务报告中确认为一项新负债;或者在资产负债表日虽已确认,但需要根据判决结果调整已确认负债的金额。

【例8-3】 烟台兴茂机械制造有限公司与甲公司签订一项销售合同,合同中订明烟台兴茂机械制造有限公司应在2022年8月销售给甲公司一批物资。由于烟台兴茂机械制造有限公司未能按照合同发货,致使甲公司发生重大经济损失。2022年12月,甲公司将烟台兴茂机械制造有限公司告上法庭,要求烟台兴茂机械制造有限公司赔偿450万元。2022年12月31日法院尚未判决,烟台兴茂机械制造有限公司按《企业会计准则第13号——或有事项》对该诉讼事项确认预计负债300万元。2023年2月10日,经法院判决烟台兴茂机械制造有限公司应赔偿甲公司400万元,双方均服从判决。判决当日,烟台兴茂机械制造有限公司向甲公司支付赔偿款400万元。两公司2022年所得税汇算清缴均在2023年3月20日完成(假定该项预计负债产生的损失不允许在预计时税前抵扣,只有在损失实际发生时,才允许税前抵扣)。

要求:请根据资料对两公司上述资产负债表日后事项业务分别进行会计处理。

解析:本例中,2023年2月10日的判决证实了两公司在资产负债表日(即2022年12月31日)分别存在现时赔偿义务和获赔权利。因此,两公司都应将"法院判决"这一事项作为调整事项进行处理。烟台兴茂机械制造有限公司和甲公司2022年所得税汇算清缴均在2023年3月20日完成。因此,应根据法院判决结果调整报告年度应纳税所得额和应纳所得税税额。

(1) 烟台兴茂机械制造有限公司的会计处理。

① 2023年2月10日,调整已确认的预计负债金额,并调整递延所得税资产。

借:以前年度损益调整	1 000 000
贷:其他应付款	1 000 000
借:应交税费——应交所得税	250 000
贷:以前年度损益调整(1 000 000×25%)	250 000
借:应交税费——应交所得税	750 000
贷:以前年度损益调整	750 000
借:以前年度损益调整	750 000
贷:递延所得税资产	750 000
借:预计负债	3 000 000
贷:其他应付款	3 000 000
借:其他应付款	4 000 000
贷:银行存款	4 000 000

2022年年末因确认预计负债300万元时已确认相应的递延所得税资产,资产负债表日后事项发生后递延所得税资产不复存在,故应冲销相应记录。

② 将"以前年度损益调整"账户余额转入未分配利润。

借:利润分配——未分配利润	750 000
贷:以前年度损益调整	750 000

③ 因净利润变动,调整盈余公积。

借:盈余公积	75 000
贷:利润分配——未分配利润(750 000×10%)	75 000

④ 调整报告年度财务报表相关项目的数字。

资产负债表项目的年末数调整:调减递延所得税资产75万元;调增其他应付款400万元,调减应交税费100万元,调减预计负债300万元;调减盈余公积7.5万元,调减未分配利润67.5万元。

利润表项目的调整：调增营业外支出 100 万元，调减所得税费用 25 万元，调减净利润 75 万元。

所有者权益变动表项目的调整：调减净利润 75 万元，提取盈余公积项目中盈余公积一栏调减 7.5 万元，未分配利润一栏调减 67.5 万元。

(2) 甲公司的会计处理。

① 2023 年 2 月 10 日，记录收到的赔款，并调整应交所得税。

借：其他应收款　　　　　　　　　　　　　　　　　　　　　　4 000 000
　　贷：以前年度损益调整　　　　　　　　　　　　　　　　　　　　4 000 000

借：以前年度损益调整　　　　　　　　　　　　　　　　　　　　1 000 000
　　贷：应交税费——应交所得税　　　　　　　　　　　　　　　　　1 000 000

借：银行存款　　　　　　　　　　　　　　　　　　　　　　　　4 000 000
　　贷：其他应收款　　　　　　　　　　　　　　　　　　　　　　　4 000 000

② 将"以前年度损益调整"账户余额转入未分配利润。

借：以前年度损益调整　　　　　　　　　　　　　　　　　　　　3 000 000
　　贷：利润分配——未分配利润　　　　　　　　　　　　　　　　　3 000 000

③ 因净利润增加，补提盈余公积。

借：利润分配——未分配利润　　　　　　　　　　　　　　　　　　300 000
　　贷：盈余公积　　　　　　　　　　　　　　　　　　　　　　　　　300 000

④ 调整报告年度财务报表相关项目的数字。

资产负债表项目的年末数调整：调增其他应收款 400 万元，调增应交税费 100 万元，调增盈余公积 30 万元，调增未分配利润 270 万元。

利润表项目的调整：调增营业外收入 400 万元，调增所得税费用 100 万元，调增净利润 300 万元。

所有者权益变动表项目的调整：调增净利润 300 万元，提取盈余公积项目中"盈余公积"一栏调增 30 万元，"未分配利润"一栏调增 270 万元。

(2) 资产负债表日后取得确凿证据，表明某项资产在资产负债表日发生了减值或者需要调整该项资产原先确认的减值金额。这一事项是指在资产负债表日，根据当时的资料判断某项资产可能发生了损失或减值，但没有最后确定是否会发生，因而按照当时的最佳估计金额反映在财务报表中。但在资产负债表日至财务报告批准报出日之间，所取得的确凿证据能证明该事实成立，即某项资产已经发生了损失或减值，则应对资产负债表日所作的估计予以修正。

【例 8-4】 2022 年 6 月，烟台兴茂机械制造有限公司销售给 W 公司一批产品，货款为 48 000 元(含增值税)，W 公司于 7 月份收到所购货物并验收入库，按合同规定，W 公司应于收到所购物资后的一个月内付款。由于 W 公司财务状况不佳，到 2022 年 12 月 31 日仍未付款。烟台兴茂机械制造有限公司于 12 月 21 日编制 2022 年度财务报表时，已为该项应收账款提取了坏账准备 2 400 元。

烟台兴茂机械制造有限公司于 2023 年 2 月 2 日(所得税汇算清缴前)收到法院通知，

W公司宣告破产清算,无力偿还所欠部分货款。烟台兴茂机械制造有限公司预计可收回应收账款的30%。烟台兴茂机械制造有限公司适用的企业所得税税率为25%。

要求:若你是烟台兴茂机械制造有限公司的财务人员,请根据资料对上述资产负债表日后事项业务进行会计处理。

解析:本例中,烟台兴茂机械制造有限公司收到法院通知后,首先可判断该事项属于资产负债表日后调整事项,然后应根据调整事项的处理原则进行处理。

(1) 补提坏账准备。

应补提的坏账准备=48 000×(1−30%)−2 400=31 200(元)

借:以前年度损益调整	31 200
贷:坏账准备	31 200

(2) 调整递延所得税资产。

递延所得税资产调整金额=31 200×25%=7 800(元)

借:递延所得税资产	7 800
贷:以前年度损益调整	7 800

(3) 将"以前年度损益调整"账户的余额转入利润分配。

借:利润分配——未分配利润	23 400
贷:以前年度损益调整	23 400

(4) 调整利润分配有关项目金额。

借:盈余公积	2 340
贷:利润分配——未分配利润	2 340

(5) 调整报告年度财务报表。

① 调整资产负债表项目的年末余额。

调减应收账款31 200元,调增递延所得税资产7 800元;调减盈余公积2 340元,调减未分配利润21 060元。

② 调整利润表项目的本年金额。

调增信用减值损失31 200元,调减所得税费用7 800元,调减净利润23 400元。

③ 调整所有者权益变动项目的本年金额。

"提取盈余公积"项目中,调减盈余公积2 340元,调减未分配利润21 060元,调减所有者权益合计23 400元。

(3) 资产负债表日后进一步确定了资产负债表日前购入资产的成本或售出资产的收入,主要包括:①若资产负债表日前购入的资产已经按暂估金额等入账,资产负债表日后获得证据,可以进一步确定该资产的成本,则应对已入账的资产成本进行调整。②企业在资产负债表日已根据收入确认条件确认资产销售收入,但资产负债表日后获得关于资产收入的进一步证据,如发生销售退回等,此时也应调整财务报表相关项目的金额。

需要说明的是,资产负债表日后发生的销售退回,既包括报告年度或报告中期销售的商品在资产负债表日后发生的销售退回,也包括以前期间销售的商品在资产负债表日后发生的销售退回。

资产负债表所属期间或以前期间所售商品在资产负债表日后退回的,应作为资产负债表日后调整事项处理。发生于资产负债表日后至财务报告批准报出日之间的销售退回事项,可能发生于该企业年度所得税汇算清缴之前,也可能发生于该企业年度所得税汇算清缴之后,其会计处理分别为:①涉及报告年度所属期间的销售退回发生于该企业报告年度所得税汇算清缴之前的,应调整报告年度利润表的收入、成本等,并相应调整报告年度的应纳税所得额以及报告年度应交所得税等。②资产负债表日后事项中涉及报告年度所属期间的销售退回发生于该企业报告年度所得税汇算清缴之后的,应调整报告年度会计报表的收入、成本等,但按照税法规定,在此期间的销售退回所涉及的应交所得税,应作为本年的纳税调整事项。

【例8-5】 烟台兴茂机械制造有限公司2022年11月8日销售一批商品给乙公司,取得收入120万元(不含税,增值税税率13%)。烟台兴茂机械制造有限公司发出商品后,按照正常情况已确认收入,并结转成本100万元(假定该公司销售商品不附退回条款)。2022年12月31日,该笔货款尚未收到,烟台兴茂机械制造有限公司未对应收账款计提坏账准备。2023年1月12日,由于产品质量问题,本批货物被退回。烟台兴茂机械制造有限公司于2023年2月28日完成2022年所得税汇算清缴。

要求:若你是烟台兴茂机械制造有限公司的财务人员,请对上述资产负债表日后事项业务进行会计处理。

解析:本例中,销售退回业务发生在资产负债表日后事项涵盖期间内,属于资产负债表日后调整事项。由于销售退回发生在烟台兴茂机械制造有限公司报告年度所得税汇算清缴之前,在所得税汇算清缴时,应扣除该部分销售退回所实现的应纳税所得额。

(1) 2023年1月12日,调整销售收入。

借:以前年度损益调整　　　　　　　　　　　　　　　　　　　　　　1 200 000
　　应交税费——应交增值税(销项税额)　　　　　　　　　　　　　　 156 000
　　贷:应收账款　　　　　　　　　　　　　　　　　　　　　　　　　1 356 000

(2) 调整销售成本。

借:库存商品　　　　　　　　　　　　　　　　　　　　　　　　　　1 000 000
　　贷:以前年度损益调整　　　　　　　　　　　　　　　　　　　　　1 000 000

(3) 调整应缴纳的所得税。

借:应交税费——应交所得税　　　　　　　　　　　　　　　　　　　　 50 000
　　贷:以前年度损益调整　　　　　　　　　　　　　　　　　　　　　　 50 000

(4) 将"以前年度损益调整"账户的余额转入利润分配。

借:利润分配——未分配利润　　　　　　　　　　　　　　　　　　　　 150 000
　　贷:以前年度损益调整　　　　　　　　　　　　　　　　　　　　　　150 000

(5) 调整盈余公积。

借:盈余公积　　　　　　　　　　　　　　　　　　　　　　　　　　　 15 000
　　贷:利润分配——未分配利润　　　　　　　　　　　　　　　　　　　 15 000

二、资产负债表日后非调整事项

(一) 非调整事项的处理原则

资产负债表日后发生的非调整事项,是表明资产负债表日后发生的情况的事项,与资产负债表日存在状况无关,不应当调整资产负债表日的财务报表。但有的非调整事项对财务报告使用者具有重大影响,如不加以说明,将不利于财务报告使用者作出正确估计和决策。因此,应在附注中进行披露。

(二) 非调整事项的具体会计处理办法

资产负债表日后发生的非调整事项,应当在报表附注中披露每项重要的资产负债表日后非调整事项的性质、内容及其对财务状况和经营成果的影响。无法作出估计的,应当说明原因。资产负债表日后非调整事项的主要例子包括但不限于以下八种。

(1) 资产负债表日后发生重大诉讼、仲裁和承诺。资产负债表日后发生的重大诉讼等事项,对企业影响较大,为防止误导投资者及其他财务报告使用者,应当在报表附注中披露。

(2) 资产负债表日后资产价格、税收政策、外汇汇率发生重大变化。资产负债表日后发生的资产价格、税收政策和外汇汇率的重大变化,虽然不会影响资产负债表日财务报表相关项目的数据,但对企业资产负债表日后期间的财务状况和经营成果有重大影响,应当在报表附注中予以披露。如发电企业资产负债表日后发生的上网电价的调整。

(3) 资产负债表日后因自然灾害导致资产发生重大损失。自然灾害导致的资产重大损失,对资产负债表日后财产状况的影响较大,有可能导致财务报表使用者作出错误决策。因此,企业应将其作为资产负债表日后非调整事项在财务报表附注中予以披露。

(4) 资产负债表日后发行股票和债券以及其他巨额举债。企业发行股票、债券以及向银行或非银行金融机构举借巨额债务都是比较重大的事项,虽然这一事项与企业资产负债表日的存在状况无关,但这一事项的披露能使财务报告使用者了解与此有关的情况及可能带来的影响。因此,应当在报表附注中披露。

(5) 资产负债表日后资本公积转增资本。企业以资本公积转增资本将会改变企业的资本(或股本)结构,影响较大,应当在报表附注中进行披露。

(6) 资产负债表日后发生巨额亏损。企业资产负债表日后发生巨额亏损将会对企业报告期以后的财务状况和经营成果产生重大影响,应当在报表附注中及时披露该事项,以便为投资者或其他财务报告使用者作出正确决策提供信息。

(7) 资产负债表日后发生企业合并或处置子公司。企业合并或者处置子公司的行为可以影响股权结构、经营范围等方面,对企业未来的生产经营活动能产生重大影响,应当在报表附注中进行披露。

(8) 资产负债表日后,企业利润分配方案中拟分配的以及经审议批准宣告发放的现金股利或利润。资产负债表日后,企业制订利润分配方案,拟分配或经审议批准宣告发放现金股利或利润的行为,并不会导致企业在资产负债表日形成现时义务,虽然该事项的发生可导致企业负有支付股利或利润的义务,但支付义务在资产负债表日尚不存在,不应该调整资产负债表日的财务报告。因此,该事项为非调整事项。但为便于财务报告使用者更充分地了解相关信息,企业需要在财务报告中适当披露该信息。

【特别提示】

（1）对于在报告期资产负债表日已经存在的债务，在其资产负债表日后期间与债权人达成的债务重组交易不属于资产负债表日后调整事项，不能据以调整报告期资产、负债项目的确认和计量。在报告期资产负债表中，债务重组中涉及的相关负债仍应按照达成债务重组协议前具有法律效力的有关协议等约定进行确认和计量。

（2）如果企业于资产负债表日对金融资产计提损失准备，资产负债表日至财务报告批准报出日之间，该笔金融资产到期并全额收回。对于这种情形，企业在资产负债表日后终止确认金融资产，属于表明资产负债表日后发生的情况的事项，即非调整事项。如果企业在资产负债表日考虑所有合理且有依据的信息，已采用预期信用损失法基于有关过去事项、当前状况以及未来经济状况预测计提了信用减值准备，不能仅因资产负债表日后交易情况认为已计提的减值准备不合理，并进而调整资产负债表日的财务报表。

三、资产负债表日后事项的披露

企业应当在附注中披露与资产负债表日后事项有关的下列信息。

（1）财务报告的批准报出者和财务报告的批准报出日。按照有关法律、行政法规等规定，企业所有者或其他方面有权对报出的报告进行修改的，企业应当披露这一情况。

（2）每项重要的资产负债表日后非调整事项的性质、内容及其对财务状况和经营成果的影响；若无法做出估计的，应当说明原因。企业若在资产负债表日后取得了影响资产负债表日存在情况的新的或进一步的证据，应当调整与之相关的披露信息。

课堂结账测试

(注：每章课堂结账测试设置为撕页式，便于保存。既可用作检验学生对知识点掌握情况，又可作为课堂点名，记入平时成绩)

班级_____ 姓名_____ 学号_____ 日期_____ 分数_____

一、单项选择题(每题 4 分,共计 20 分)

1. 在 2022 年度资产负债表日至财务报告批准报出日之间发生的下列事项中,属于资产负债表日后非调整事项的是(   )。
   A. 因自然灾害存货发生重大损失
   B. 解决在资产负债表日正在商议的债务重组协议
   C. 新证据表明资产负债表日对未决诉讼确认的预计负债过低
   D. 2022 年销售商品发生的退回

2. 2023 年 12 月 31 日,甲公司应收乙公司货款 1 000 万元,由于应收账款尚在信用期内,甲公司按照 5% 的逾期信用损失率计提坏账准备 50 万元,甲公司 2022 年财务报表于 2023 年 3 月 15 日经董事会批准对外报出。下列各项中,属于资产负债表日后调整事项的是(   )。
   A. 乙公司于 2023 年 1 月 10 日宣告破产,货款很可能无法收回
   B. 乙公司于 2023 年 2 月 24 日发生火灾,货款很可能无法收回
   C. 乙公司于 2023 年 3 月 5 日被另一家公司吸收合并,货款可以全部收回
   D. 乙公司于 2023 年 3 月 10 日发生安全事故,被相关监管部门责令停业,货款无法收回

3. 某上市公司 2019 年度财务会计报告于 2020 年 2 月 20 日完成,注册会计师签署审计报告的日期是 2020 年 4 月 15 日,经董事会批准对外公布的日期是 2020 年 4 月 21 日,正式对外公布的日期是 2020 年 4 月 30 日。该公司资产负债表日后事项涵盖的期间为(   )。
   A. 2020 年 1 月 1 日至 2020 年 4 月 15 日
   B. 2020 年 1 月 1 日至 2020 年 4 月 20 日
   C. 2020 年 1 月 1 日至 2020 年 4 月 21 日
   D. 2020 年 1 月 1 日至 2020 年 4 月 30 日

4. 下列各项中,资产负债表日后发生的调整事项在进行调整时,不能调整的是(   )。
   A. 利润表
   B. 所有者权益变动表
   C. 现金流量表附表
   D. 现金流量表正表

5. 如果报告年度资产附表日及以前售出的商品,在年度资产负债表日至财务会计报告批准报出日之间发生退回,应当(   )。
   A. 冲减退回当月的销售收入
   B. 计入退回当月的财务费用
   C. 作为资产负债表日后调整事项
   D. 作为资产负债表日后非调整事项

二、多项选择题(每题 5 分,共计 25 分)

1. 下列关于资产负债表日后事项的说法中,符合企业会计准则规定的有(   )。
   A. 资产负债表日后事项是资产负债表日次日至报告正式报出日之间发生的有利或不利事项
   B. 资产负债表日后事项中的不利事项需要进行调整,而有利事项无须进行调整
   C. 资产负债表日后事项不是在这个特定期间内发生的全部事项
   D. 财务报告批准报出机构是指董事会或类似机构

2. 甲公司在资产负债表日至财务报表批准报出日之间发生的下列事项中,不应作为调整事项调整资产负

债表日所属年度财务报表相关项目的有( )。
   A. 报告期销售商品,资产负债表日后期间发生销售退回
   B. 在资产负债表日后期间发生同一控制下企业合并
   C. 拟出售固定资产在资产负债表日后期间满足划分为持有待售类别的条件
   D. 发现报告年度财务报表存在重大差错
3. 下列各项中,属于资产负债表日后调整事项的有( )。
   A. 报告年度已售商品在资产负债表日后事项期间发生退回
   B. 资产负债表日后期间发生重大火灾损失
   C. 报告年度按暂估价值入账的固定资产在资产负债表日后事项期间办理完成竣工决算手续
   D. 资产负债表日后事项期间发现报告年度不重要的会计差错
4. 对于重要的资产负债表日后非调整事项,应披露其( )。
   A. 非调整事项性质
   B. 非调整事项对财务状况和经营成果的影响
   C. 非调整事项内容
   D. 非调整事项如无法作出估计,应说明原因
5. 下列各项中,属于资产负债表日后非调整事项特点的有( )。
   A. 在资产负债表日或以前已经存在
   B. 在资产负债表日并未发生或存在
   C. 对理解和分析报告年度财务报告产生重大影响
   D. 对按资产负债表日存在状况编制的财务报告产生重大影响

三、判断题(每题 3 分,共 15 分)

1. 企业在资产负债表日后发生严重火灾,损失仓库一栋,这一事项不属于调整事项。   (   )
2. 资产负债表日后事项涵盖的期间包括报告期间下一期间的第一天至财务报告实际对外公布的日期。
                                                                                (   )
3. 对资产负债表日后的非调整事项,只进行会计处理,不需要披露。   (   )
4. 资产负债表日后调整事项,涉及损益的事项,通过"以前年度损益调整"账户核算。   (   )
5. 资产负债表日后发行股票和债券等重大的事项,由于这一事项与企业资产负债表日的存在状况无关,所以无需在报表附注中披露。   (   )

四、实务题(共 40 分)

甲公司 2022 年度的财务报告,董事会于 2023 年 4 月 5 日批准对外公布。甲公司适用的企业所得税税率为 25%,2022 年度所得税汇算清缴于 2023 年 3 月 30 日完成,按净利润 10% 提取法定盈余公积。2023 年 1 月 1 日至 2023 年 4 月 5 日,该公司发生如下经济业务。

(1) 2023 年 2 月 5 日,发生产品退回。该产品是 2022 年 11 月甲公司向 H 公司销售的,其售价为 150 000 元,成本为 125 000 元,增值税税率为 13%,货款未收。因该产品存在严重质量问题,H 公司在 2022 年 12 月 25 要求甲公司退货。甲公司希望协商解决问题,但由于协商未果,H 公司最终退回产品。

(2) 甲公司 2022 年 12 月购入 A 材料一批,含税价为 50 万元,材料已验收入库,货款已通过银行支付。2023 年 1 月 20 日,甲公司材料仓库发生火灾,该批材料全部毁损。

要求:请根据上述资料(1)和资料(2),分别说明其属于资产负债表日后调整事项还是非调整事项;若为调整事项,编制相关会计分录。

第九章 企业合并

> 知识导航

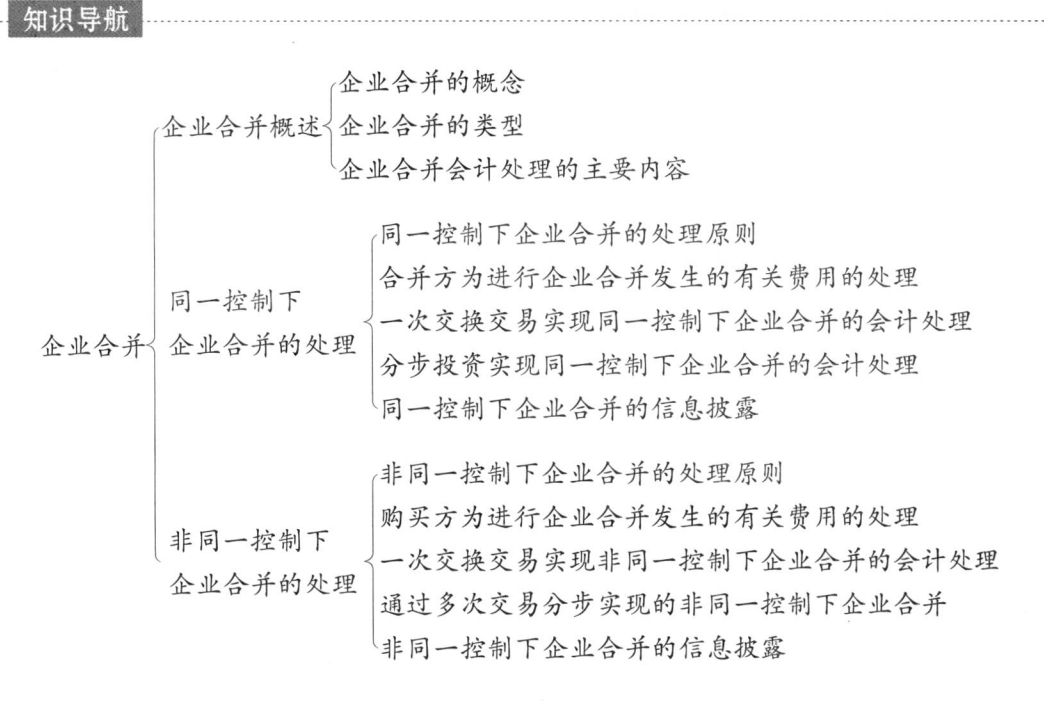

学习目标

1. 知识目标
(1) 了解企业合并的含义、企业合并的方式及企业合并的类型。
(2) 理解企业合并范围、同一控制与非同一控制企业合并的处理原则。
(3) 掌握同一控制下与非同一控制下企业合并的会计处理。
2. 能力目标
(1) 能够准确判断合并类型并计算不同合并类型下合并方的合并成本。
(2) 能够准确判断并处理同一控制和非同一控制下企业合并的业务或事项。
(3) 能够正确编制控股合并下购买日或合并日的合并报表。
3. 素质目标
让学生了解跨国并购成功的要素以及中国企业做强做大的决心,使学生感受中国企业内外兼修,具有重大的国际影响力。

 寓德于教

珠联璧合：三一重工并购普茨迈斯特

2012年1月30日，三一重工股份有限公司（以下简称"三一重工"）对外正式发布公告称，2012年1月21日，三一重工旗下控股公司三一德国有限公司（以下简称"三一德国"）及中信产业投资基金（香港）顾问有限公司（以下简称"中信产业基金"）与有"大象"之称的德国普茨迈斯特控股有限公司（以下简称"普茨迈斯特"）签订《转让及购买协议》，三一德国与中信产业基金共同出资3.6亿欧元收购普茨迈斯特100%股权，其中，三一德国出资3.24亿欧元占90%的股权，中信产业基金收购10%。

对三一重工来说，普茨迈斯特能够在国际化、智能制造、与第四次工业革命相兼容的概念与实践上面，带来适用的经验。对普茨迈斯特而言，该公司开发新业务的能力，可以借由三一重工的财务支持和资源，得以加强。三一重工驻普茨迈斯特董事长代表蒋向阳博士表示，与销售业绩的增长相比，并购更重要的意义在于，给了三一重工近距离观察西方领先企业的机会，对发达国家的市场要求、公司治理方式有了深刻认识。

到目前为止，三一重工和普茨迈斯特的合作，已经在培训、员工交换、研发和业务发展上面，取得了特别大的积极成果。两家公司联手能够取得比单打独斗好得多的结果。一加一已经创造了远远大于二的巨大成功。

资料来源：美通社，2022-06-21，《珠联璧合：三一重工收购普茨迈斯特十周年》，https://baijiahao.baidu.com/s?id=1736213848651743935，有删节。

请思考：
1. 三一重工并购普茨迈斯特属于哪种类型的企业合并？应如何进行会计处理？
2. 三一重工能够成功并购普茨迈斯特的原因有哪些？

第一节 企业合并概述

一、企业合并的概念

我国《企业会计准则第20号——企业合并》（以下简称企业合并准则）对企业合并的定义为将两个或两个以上单独的企业合并形成一个报告主体的交易或事项。国际会计准则理事会（IASB）的《国际财务报告准则第3号——企业合并》（IFRS3）中，将企业合并定义为将单独的主体或业务集合成一个报告主体。从会计角度，交易是否构成企业合并，进而是否能够按照企业合并准则进行会计处理，主要应关注以下两个方面。

（一）被购买方是否构成业务

企业合并本质上是一种购买行为，但其不同于单项资产的购买，而是一组有内在联系、为了某一既定的生产经营目的存在的多项资产组合或多项资产、负债构成的净资产的购买。企业合并的结果通常是一个企业取得了对一个或多个业务的控制权。即要形成会计意义上

的"企业合并",前提是被购买方的资产或负债组合要形成"业务"。如果一个企业取得了对另一个或多个企业的控制权,而被购买方(或被合并方)并不构成业务,则该交易或事项不形成企业合并。企业取得了不形成业务的一组资产或是净资产时,应将购买成本按购买日所取得各项可辨认资产、负债的相对公允价值基础进行分配,不按照企业合并准则进行处理。

1. 构成业务的要素

业务是指企业内部某些生产经营活动或资产负债的组合,该组合具有投入、加工处理和产出能力,能够独立计算其成本费用或所产生的收入。合并方在合并中取得的生产经营活动或资产的组合构成业务,通常应具备下列三个要素:①投入,是指原材料、人工、必要的生产技术等无形资产以及构成生产能力的机器设备等其他长期资产的投入。②加工处理过程,是指具有一定的管理能力、运营过程,能够组织投入形成产出能力的系统、标准、协议、惯例或规则。③产出,包括为客户提供的产品或服务、为投资者或债权人提供的股利或利息等投资收益,以及企业日常活动产生的其他收益。

【特别提示】

有关资产或资产、负债的组合要构成一项业务,不一定要同时具备上述三个要素,某些情况下具备投入和加工处理过程两个要素即可认为构成一项业务。

要构成业务不需要有关资产、负债的组合一定构成一个企业,或是具有某一具体法律形式。实务中,虽然也有企业只经营单一业务,但一般情况下企业的分公司、独立的生产车间、不具有独立法人资格的分部等也会构成业务。

2. 构成业务的判断条件

合并方在合并中取得的组合应当至少同时具有一项投入和一项实质性加工处理过程,且两者相结合对产出能力有显著贡献,该组合才构成业务。合并方在合并中取得的组合是否有实际产出并不是判断其构成业务的必要条件。企业应当考虑产出的下列情况,并分别判断加工处理过程是否是实质性的。

(1) 该组合在合并日无产出的,同时满足下列条件的加工处理过程应判断为是实质性的:①该加工处理过程对投入转化为产出至关重要。②该加工处理过程具备执行该过程所需技能、知识或经验的有组织的员工,且具备必要的材料、权利、其他经济资源等投入,如技术、研究和开发项目、房地产或矿区权益等。

(2) 该组合在合并日有产出的,满足下列条件之一的加工处理过程应判断为是实质性的:①该加工处理过程对持续产出至关重要,且具备执行该过程所需技能、知识或经验的有组织的员工。②该加工处理过程对产出能力有显著贡献,且该过程是独有、稀缺或难以取代的。企业在判断组合是否构成业务时,应当从市场参与者角度考虑,可以将其作为业务进行管理和经营,而不是根据合并方的管理意图或被合并方的经营历史来判断。

(二) 交易发生前后是否涉及对标的业务控制权的转移

从企业合并的概念看,是否形成企业合并,除要看取得的企业是否构成业务之外,关键是要看有关交易或事项发生前后,是否引起报告主体的变化。报告主体的变化产生于控制权的变化。在交易或事项发生以后,一方能够对另一方的生产经营决策实施控制,形成母子公司关系的,就涉及控制权的转移,从合并财务报告角度形成报告主体的变化;交易或事项发生以后,一方能够控制另一方的全部净资产,被合并的企业在合并后失去其法人资格,也涉及控制权及报告主体的变化,形成企业合并。实务中,对于交易或事项发生前后是否形成控制权的转移,应当遵循实质重于形式原则,综合可获得的各方面情况进行判断。

假定在企业合并前 A、B 两个企业为各自独立的法律主体,且构成业务,企业合并准则中所界定的企业合并,包括但不限于以下情形:①企业 A 通过增发自身的普通股自企业 B 原股东处取得企业 B 的全部股权,该交易事项发生后,企业 B 仍持续经营。②企业 A 支付对价取得企业 B 的净资产,该交易或事项发生后,撤销企业 B 的法人资格。③企业 A 以其资产作为出资投入企业 B,取得对企业 B 的控制权,该交易或事项发生后,企业 B 仍维持其独立法人资格继续经营。

二、企业合并的类型

(一) 按合并双方合并前后最终控制方是否变化进行分类

按合并双方合并前后是否属于同一方或相同的多方最终控制,企业合并分为同一控制下的企业合并和非同一控制下的企业合并两种。

1. 同一控制下的企业合并

同一控制下的企业合并是指参与合并的企业在合并前后均受同一方或相同的多方最终控制且该控制并非暂时性的。

判断某一企业合并是否属于同一控制下的企业合并,应当把握以下要点。

(1) 能够对参与合并各方在合并前后均实施最终控制的一方通常指企业集团的母公司。同一控制下的企业合并一般发生于企业集团内部,如集团内母子公司之间、子公司与子公司之间等。因为该类合并从本质上是集团内部企业之间的资产或权益的转移,能够对参与合并企业在合并前后均实施最终控制的一方为集团的母公司。

(2) 能够对参与合并的企业在合并前后均实施最终控制的相同多方是指根据合同或协议的约定,拥有最终决定参与合并企业的财务和经营政策,并从中获取利益的投资者群体。

(3) 实施控制的时间性要求是指参与合并各方在合并前后较长时间内为最终控制方所控制,具体是指在企业合并之前(即合并日之前),参与合并各方在最终控制方的控制时间一般在 1 年以上(含 1 年)。企业合并后所形成的报告主体在最终控制方的控制时间也应达到 1 年以上(含 1 年)。

(4) 企业之间的合并是否属于同一控制下的企业合并,应综合构成企业合并交易的各方面情况,按照实质重于形式的原则进行判断。通常情况下,同一控制下的企业合并是指发生在同一企业集团内部企业之间的合并。同受国家控制的企业之间发生的合并,不应仅仅因为参与合并各方在合并前后均受国家控制而将其作为同一控制下的企业合并。

2. 非同一控制下的企业合并

非同一控制下的企业合并是指参与合并各方在合并前后不受同一方或相同的多方最终控制的合并交易,即同一控制下企业合并以外的其他企业合并。

【特别提示】

同一控制下的企业合并,由于合并前后的最终控制方没有发生变化,合并双方的合并行为可能不完全是自愿进行和完成的,这种合并实质上一桩"事项",应以账面价值为计量基础。在合并日取得对其他参与合并企业控制权的一方为合并方,参与合并的其他企业为被合并方。

非同一控制下的企业合并,由于参与合并各方在合并前后不属于同一方或相同的多方最终控制,这种合并是非关联企业之间的合并,其实质上是一种交易,应以公允价值为计量基础。在购买日取得对其他参与合并企业控制权的一方即合并方,也称购买方,参与合并的其他企业即被合并方,也称被购买方。

3. 合并日或购买日的确定

合并日或购买日是指被合并方或被购买方净资产或生产经营决策的控制权转移给合并方或购买方的日期。同一控制下的企业合并,合并方实际取得对被合并方净资产或生产经营决策的控制权的日期,称为合并日;非同一控制下的企业合并的购买方实际取得被购买方的净资产或生产经营决策的控制权的日期,称为合并日或购买日。

确定合并日的基本原则是控制权转移的时点。同时满足以下五个条件的,可认定为实现了控制权的转移。

(1) 企业合并协议已获股东大会等内部权力机构通过。企业合并一般涉及的交易规模较大,无论是合并当期还是合并以后期间,均会对企业的生产经营产生重大影响,在能够对企业合并进行确认,形成实质性的交易前,该交易或事项应经过企业的内部权力机构批准,如对于股份有限公司,其内部权力机构一般指股东大会。

(2) 企业合并事项需要经过国家有关部门实质性审批的,已取得有关部门的批准。按照国家有关规定,企业购并需要经过国家有关部门批准的,取得相关批准文件是对企业合并交易或事项进行会计处理的前提之一。

(3) 参与合并各方已办理了必要的财产交接手续。作为合并方,其通过企业合并无论是取得对被合并方的股权还是取得被合并方的全部净资产,能够形成与取得股权或净资产相关的风险和报酬的转移,一般需办理相关的财产权交接手续,从而从法律上保障有关风险和报酬的转移。

(4) 合并方或购买方已支付了合并价款的大部分(一般应超过50%),并且有能力支付剩余款项。购买方要取得与被购买方净资产相关的风险和报酬,其前提是必须支付一定的对价,一般在合并日之前,合并方应当已经支付了购买价款的大部分,并且从其目前财务状况判断,有能力支付剩余款项。

(5) 合并方或购买方实际上已经控制了被合并方或被购买方的财务和经营政策,并享有相应的利益及承担风险。

【特别提示】

合并日(或购买日)与股权投资的交易日可能不一致。交易日是各单项投资在投资方财务报表中确认的日期,购买日则是购买方获得对被购买方控制权的日期。例如,A公司于2022年7月20日取得B公司25%的股权,能够对B公司施加重大影响,2023年5月8日A公司进一步取得B公司40%的股权,在其持股比例达到65%,能够对B公司实施控制。则2022年7月20日、2023年5月8日都属于股权交易日,但合并日只能是2023年5月8日。

(二) 按合并后主体的法律形式不同进行分类

按合并后主体的法律形式不同,企业合并分为控股合并、吸收合并和新设合并三种。在控股合并的情况下,合并方应在合并日确认因企业合并形成的对被合并方的长期股权投资;在吸收合并的情况下,合并方应在合并日确认合并中取得的被购买方各项可辨认资产、负债等。

1. 控股合并

合并方(或购买方,下同)通过企业合并交易或事项取得对被合并方(或被购买方,下同)的控制权,企业合并后能够通过所取得的股权等主导被合并方的生产经营决策并自被合并方的生产经营活动中获益,被合并方在企业合并后仍维持其独立法人资格继续经营的,为控股合并。

该类企业合并中,因合并方通过企业合并交易或事项取得了对被合并方的控制权,被合并方成为其子公司,在企业合并发生后,被合并方应当纳入合并方合并财务报表的编制范围,从合并财务报表角度,形成报告主体的变化。

2. 吸收合并

合并方在企业合并中取得被合并方的全部净资产,并将其有关资产负债并入合并方自身的账簿和报表进行核算。企业合并后,注销被合并方的法人资格,由合并方持有合并中取得的被合并方的资产、负债,在新的基础上继续经营,该类合并为吸收合并。

吸收合并中,因被合并方(或被购买方)在合并发生以后被注销,从合并方(或购买方)的角度需要解决的问题是,其在合并日(或购买日)取得的被合并方有关资产、负债入账价值的确定,以及为了进行企业合并支付的对价与所取得被合并方资产、负债的入账价值之间存在差额的处理。

企业合并继后期间,合并方应将合并中取得的资产、负债,作为本企业的资产、负债。

3. 新设合并

参与合并的各方在企业合并后法人资格均被注销,重新注册成立一家新的企业,由新注册成立的企业持有参与合并各企业的资产、负债,并在新的基础上经营的,为新设合并。

(三) 按涉及行业的不同进行分类

企业合并按涉及行业的不同可分为横向合并、纵向合并和混合合并三种。

1. 横向合并

横向合并,又称为水平式合并,是指同行业或相近行业的有关企业的合并,参与合并的企业在生产工艺、产品或劳务等方面相同或相近。横向合并的目的是发展规模经济、实现规模效益、优势互补,提高竞争能力。

2. 纵向合并

纵向合并,又称为垂直式合并,是指不同行业的有关企业的合并,参与合并的企业在生产工艺、产品或劳务等方面虽然不同或不相近,但却有一定的联系。纵向合并的目的往往是保证生产经营活动的配套、产供销各个环节的通畅。

3. 混合合并

混合合并是指生产工艺、产品或劳务并没有内在联系的诸企业的合并。混合合并的目的一般是分散经营风险。

三、企业合并会计处理的主要内容

企业合并有关的会计处理主要涉及两个方面的内容：一是合并日合并方如何对企业合并事项或交易进行确认和计量；二是合并日后是否需要以及如何编制合并财务报表。其中，对于合并交易或事项的确认与计量是本章的重点问题，而合并日后合并报表的内容将在第十章进行详细阐述。无论是同一控制下企业合并，还是非同一控制下企业合并，在合并日进行会计处理时，重点需要解决以下问题：

第一，合并方对合并日取得的净资产或股权如何计量？

第二，支付的合并对价如何计量？

第三，两者如果有差异，如何处理？

第四，支付的合并费用如何处理？

下面将依据我国《企业会计准则》，介绍企业合并的会计处理。

第二节 同一控制下企业合并的处理

一、同一控制下企业合并的处理原则

同一控制下企业合并本质上属于非交易性的集团内部的资产、负债重组，所以在会计处理时不使用公允价值计量，而使用账面价值计量。

（1）从最终控制方的角度出发，不会因为企业合并导致控制的资产价值增加。合并方在合并中确认取得的被合并方的资产、负债仅限于被合并方账面上原已确认的资产和负债，合并中不产生新的资产和负债。同一控制下的企业合并，从最终控制方的角度，其在企业合并发生前后能够控制的净资产价值量并没有发生变化，因此即便是在合并过程中，取得的净资产入账价值与支付的合并对价账面价值之间存在差额，同一控制下的企业合并中一般也不产生新的商誉因素，即不确认新的资产，但被合并方在企业合并前账面上原已确认的商誉应作为合并中取得的资产确认。

（2）不需要按照公允价值对被合并方的资产和负债进行调整。合并方在合并中取得的被合并方各项资产、负债应维持其在被合并方的原账面价值不变。被合并方在企业合并前采用的会计政策与合并方不一致的，应基于重要性原则，首先统一会计政策，即合并方应当按照本企业会计政策对被合并方资产、负债的账面价值进行调整，并以调整后的账面价值作为有关资产、负债的入账价值。进行上述调整的一个基本原因是将该项合并中涉及的合并方及被合并方作为一个整体对待，对于一个完整的会计主体，其对相关交易或事项应当采用相对统一的会计政策，在此基础上反映其财务状况和经营成果。在同一控制下的企业合并中，被合并方同时进行改制并对资产负债进行评估调账的，应以评估调账后的账面价值并入合并方。

（3）合并取得的净资产入账价值与合并对价账面价值的差额调整所有者权益项目。合并方在合并中取得的净资产的入账价值与为进行企业合并支付的对价账面价值之间的

差额,应当调整所有者权益相关项目,不计入企业合并当期损益。合并方在同一控制下的企业合并,本质上不作为购买,而是两个或多个会计主体权益的整合。合并方在企业合并中取得的价值量相对于所放弃价值量之间存在差额的,应当调整所有者权益。在根据合并差额调整合并方的所有者权益时,应先调整资本公积(资本溢价或股本溢价),资本公积(资本溢价或股本溢价)的余额不足冲减的,应冲减留存收益。

(4) 合并后形成报告主体视同在合并日及以前期间一直存在。对于同一控制下的控股合并,应视同合并后形成的报告主体自最终控制方开始实施控制时一直是一体化存续下来的,参与合并各方在合并以前期间实现的留存收益应体现为合并财务报表中的留存收益,在合并财务报表中,应以合并方的资本公积(或经调整后的资本公积中的资本溢价部分)为限,在所有者权益内部进行调整,将被合并方在合并日以前实现的留存收益中按照持股比例计算归属于合并方的部分自资本公积转入留存收益。

二、合并方为进行企业合并发生的有关费用的处理

合并方为进行企业合并发生的有关费用指合并方为进行企业合并发生的各项直接相关费用,如为进行企业合并支付的审计费用、资产评估费用以及有关的法律咨询费用等增量费用。同一控制下企业合并进行过程中发生的各项直接相关费用,应于发生时费用化计入当期损益,借记"管理费用"账户,贷记"银行存款"等账户。

【特别提示】
以发行权益性证券作为合并对价的,与所发行权益性证券相关的手续费、佣金等应自所发行权益性证券的溢价收入中扣除,在权益性证券发行无溢价或溢价金额不足以扣减的情况下,冲减留存收益(即盈余公积和未分配利润)。
以发行债券方式进行的企业合并,与发行债券相关的手续费、佣金等应计入负债的初始计量金额。

三、一次交换交易实现同一控制下企业合并的会计处理

(一) 一次交换交易实现同一控制下的吸收合并

同一控制下的吸收合并中,合并方主要涉及合并日取得被合并方资产、负债入账价值的确定,以及合并中取得有关净资产的入账价值与支付的合并对价账面价值之间差额的处理。

1. 合并方取得的被合并方资产和负债的计量

合并方对同一控制下吸收合并中取得的资产、负债应当按照相关资产、负债在被合并方的原账面价值入账。其中,对于合并方与被合并方在企业合并前采用的会计政策不同的,在将被合并方的相关资产和负债并入合并方的账簿和报表进行核算之前,首先应基于重要性原则,统一被合并方的会计政策,即应当按照合并方的会计政策对被合并方的有关资产、负债的账面价值进行调整后,以调整后的账面价值确认。

2. 合并差额的处理

合并方在确认了合并中取得的被合并方的资产和负债的入账价值后,区分不同对价情况进行处理。

(1) 以支付现金、非现金资产方式进行的该类合并,根据所确认的净资产入账价值与支付的现金、非现金资产账面价值的差额调整资本公积(资本溢价或股本溢价),资本公积(资本溢价或股本溢价)的余额不足冲减的,应冲减留存收益(即盈余公积和未分配利润)。

(2) 以发行权益性证券方式进行的该类合并,所确认的净资产入账价值与发行股份面值总额的差额,应计入资本公积(资本溢价或股本溢价),资本公积(资本溢价或股本溢价)的余额不足冲减的,相应冲减留存收益。

同一控制下的吸收合并,不同对价方式的具体会计处理如表 9-1 所示。

表 9-1　　　　　　　同一控制下吸收合并不同对价方式的会计处理表①

对价方式		会计处理	
支付资产实施合并	货币资金	借:有关资产账户 　　贷:有关负债账户 　　　　银行存款 　　　　资本公积	(取得的被合并方资产账面价值) (取得的被合并方负债账面价值) (支付的合并对价) (差额)
		若为借方差额,则以合并方"资本公积"账户的资本溢价或股本溢价贷方余额为上限,不足部分冲减合并方留存收益账面余额。以下同。	
	存货	借:有关资产账户 　　存货跌价准备 　　贷:有关负债账户 　　　　原材料/库存商品等 　　　　资本公积	(取得的被合并方资产账面价值) (作为对价的存货已提的跌价准备) (取得的被合并方负债账面价值) (作为对价的存货的原价) (差额)
	固定资产	借:固定资产清理 　　累计折旧 　　固定资产减值准备 　　贷:固定资产 借:有关资产账户 　　贷:有关负债账户 　　　　固定资产清理 　　　　资本公积	(作为对价的固定资产的账面价值) (作为对价的固定资产已计提的折旧) (作为对价的固定资产已计提的减值) (作为对价的固定资产的原价) (取得的被合并方资产账面价值) (取得的被合并方负债账面价值) (作为对价的固定资产的账面价值) (差额)
	无形资产	借:有关资产账户 　　累计摊销 　　无形资产减值准备 　　贷:有关负债账户 　　　　无形资产 　　　　资本公积	(取得的被合并方资产账面价值) (作为对价的无形资产已计提的摊销) (作为对价的无形资产已计提的减值) (取得的被合并方负债账面价值) (作为对价的无形资产的原价) (差额)

---

① 实务工作中,涉及增值税的,还应确认相关的增值税。下同。

(续表)

对价方式	会计处理	

发行股票实施合并	借：有关资产账户
	  贷：有关负债账户
	    股本
	    资本公积
	借：资本公积
	  贷：银行存款
	发行股票的手续费，以合并方"资本公积"账户的股本溢价贷方余额为上限，不足部分冲减合并方留存收益账面余额。
		（取得的被合并方资产账面价值）
		（取得的被合并方负债账面价值）
		（作为对价的股票的面值总额）
		（差额）
		（发行股票的手续费）
		（发行股票的手续费）

发行债券实施合并	借：有关资产账户
	  贷：有关负债账户
	    应付债券——面值
	    资本公积
	借：应付债券——利息调整
	  贷：银行存款
		（取得的被合并方资产账面价值）
		（取得的被合并方负债账面价值）
		（作为对价的债券的面值总额）
		（差额）
		（发行债券的手续费）
		（发行股票的手续费）

【例9-1】 W公司与K公司为同一集团内的两家全资子公司。2023年6月30日，W公司向K公司的股东定向增发1 000万股普通股（每股面值为1元，市价为4.8元）对K公司进行吸收合并，并于当日取得K公司净资产。合并后，K公司失去其法人资格，W公司以银行存款支付发行股票手续费15万元，支付合并直接相关的审计费、资产评估费等20万元。

W公司与K公司在合并前采用的会计政策相同，参与合并各方在2023年6月30日企业合并前有关资产负债情况如表9-2所示，其中W公司的资本公积全部为股本溢价。

表9-2   参与合并企业合并日的资产负债表（简表）

2023年6月30日   单位：元

项目	W公司		K公司	
	账面价值	公允价值	账面价值	公允价值
资产：				
货币资金	18 250 000	—	1 700 000	1 700 000
应收账款	11 000 000		8 100 000	8 100 000
存货	22 800 000		1 020 000	1 500 000
长期股权投资	20 000 000		7 600 000	13 200 000
固定资产	30 000 000		13 000 000	21 000 000
无形资产	18 000 000		2 000 000	6 000 000
商誉	—		—	—
资产总计	120 050 000	—	33 420 000	51 500 000

(续表)

项目	W公司		K公司	
	账面价值	公允价值	账面价值	公允价值
负债和所有者权益:				
短期借款	9 000 000	—	9 000 000	9 000 000
应付账款	16 000 000	—	1 200 000	1 200 000
其他应付款	1 500 000	—	1 200 000	1 200 000
负债合计	26 500 000	—	11 400 000	11 400 000
实收资本	35 000 000	—	10 000 000	
资本公积	21 000 000	—	6 000 000	—
盈余公积	15 000 000	—	2 000 000	
未分配利润	22 550 000		4 020 000	
所有者权益合计	93 550 000	—	22 020 000	40 100 000
负债和所有者权益总计	120 050 000		33 420 000	

要求:若你是W公司的财务人员,请对上述合并业务进行会计处理。

解析:因W公司与K公司为同一集团内的两家全资子公司,因此该项合并为同一控制下的企业合并。W公司在确认合并中取得的K公司的各项资产和负债时应采用账面价值为基础进行会计处理,W公司作为对价的股票应采用面值为基础进行会计处理,取得的净资产与支付对价的差额应调整所有者权益。

(1) 合并相关的会计处理。

借:库存现金等　　　　　　　　　　　　　　　　　　　　　　　1 700 000
　　应收账款　　　　　　　　　　　　　　　　　　　　　　　　8 100 000
　　库存商品等　　　　　　　　　　　　　　　　　　　　　　　1 020 000
　　长期股权投资　　　　　　　　　　　　　　　　　　　　　　7 600 000
　　固定资产　　　　　　　　　　　　　　　　　　　　　　　 13 000 000
　　无形资产　　　　　　　　　　　　　　　　　　　　　　　　2 000 000
　　贷:短期借款　　　　　　　　　　　　　　　　　　　　　　9 000 000
　　　　应付账款　　　　　　　　　　　　　　　　　　　　　　1 200 000
　　　　其他应付款　　　　　　　　　　　　　　　　　　　　　1 200 000
　　　　股本　　　　　　　　　　　　　　　　　　　　　　　 10 000 000
　　　　资本公积　　　　　　　　　　　　　　　　　　　　　 12 020 000

(2) 支付股票发行手续费相关的会计处理。

借:资本公积　　　　　　　　　　　　　　　　　　　　　　　　　150 000
　　贷:银行存款　　　　　　　　　　　　　　　　　　　　　　　150 000

(3) 支付合并直接相关的审计费、资产评估费相关的会计处理。

借:管理费用　　　　　　　　　　　　　　　　　　　　　　　　　200 000
　　贷:银行存款　　　　　　　　　　　　　　　　　　　　　　　200 000

【例 9-2】 承接[例 9-1]资料。若 W 公司以账面价为 2 300 万元(原价为 3 000 万元,累计折旧为 700 万元),公允价值为 3 900 万元的固定资产作为对价。其他资料不变。

要求:若你是 W 公司的财务人员,请对上述合并业务进行会计处理。

解析:W 公司作为对价的固定资产账面价值为 2 300 万元,合并中取得的 K 公司净资产账面价值为 2 202 万元,对价的账面价值比取得的可辨认净资产账面价值高 98 万元,应冲减 W 公司的所有者权益。W 公司所有者权益中资本公积为 2 100 万元,高于差额 98 万元,因此可以全额冲减 W 公司的资本公积。

(1) 结转作为对价的固定资产的账面价值。

借:固定资产清理	23 000 000
累计折旧	7 000 000
贷:固定资产	30 000 000

(2) 进行合并相关会计处理。

借:库存现金等	1 700 000
应收账款	8 100 000
库存商品等	1 020 000
长期股权投资	7 600 000
固定资产	13 000 000
无形资产	2 000 000
资本公积	980 000
贷:短期借款	9 000 000
应付账款	1 200 000
其他应付款	1 200 000
固定资产清理	23 000 000

(3) 支付股票发行手续费相关的会计处理。

借:资本公积	150 000
贷:银行存款	150 000

(4) 支付合并直接相关的审计费、资产评估费相关的会计处理。

借:管理费用	200 000
贷:银行存款	200 000

(二) 一次交换交易实现同一控制下的控股合并

同一控制下的控股合并中,合并方在合并日涉及两个方面的问题:一是对于因该项企业合并形成的对被合并方的长期股权投资的确认和计量;二是合并日合并财务报表的编制。本部分只对长期股权投资的确认进行讲解,合并日合并财务报表的编制将在第十章进行详细阐述。

1. 长期股权投资的确认和计量

按照《企业会计准则第 2 号——长期股权投资》的规定,同一控制下企业合并形成的长期股权投资,合并方应以合并日应享有被合并方账面所有者权益的份额,作为形成长期股权投资的初始投资成本。

2. 长期股权投资的初始投资成本与合并对价差额的处理

合并方确认的长期股权投资的初始投资成本与其支付对价账面价值的差额或与发行的权益性证券的面值的差额,应调整资本公积(资本溢价或股本溢价)。如果需要调减资本公积,应以原来合并方的资本公积(资本溢价或股本溢价)为限进行冲减,不足冲减的,依次冲减盈余公积和未分配利润。

同一控制下的控股合并,不同对价方式的具体会计处理如表9-3所示。

表9-3　　　　　　　同一控制下控股合并不同对价方式的会计处理表

对价方式		会计处理	
支付资产实施合并	货币资金	借:长期股权投资 　　贷:银行存款 　　　　资本公积	(被合并方所有者权益相对于最终控制方而言的账面价值×持股比例) (支付的合并对价) (差额)
		若为借方差额,则以合并方"资本公积"账户的资本溢价或股本溢价贷方余额为上限,不足部分冲减合并方留存收益账面余额。以下同。	
	存货	借:长期股权投资 　　存货跌价准备 　　贷:原材料/库存商品等 　　　　资本公积	(被合并方所有者权益相对于最终控制方而言的账面价值×持股比例) (作为对价的存货已计提的跌价准备) (作为对价的存货的原价) (差额)
	固定资产	借:固定资产清理 　　累计折旧 　　固定资产减值准备 　　贷:固定资产 借:长期股权投资 　　贷:固定资产清理 　　　　资本公积	(作为对价的固定资产的账面价值) (作为对价的固定资产已计提的折旧) (作为对价的固定资产已计提的减值) (作为对价的固定资产的原价) (被合并方所有者权益相对于最终控制方而言的账面价值×持股比例) (作为对价的固定资产的账面价值) (差额)
	无形资产	借:长期股权投资 　　累计摊销 　　无形资产减值准备 　　贷:无形资产 　　　　资本公积	(被合并方所有者权益相对于最终控制方而言的账面价值×持股比例) (作为对价的无形资产已计提的摊销) (作为对价的无形资产已计提的减值) (作为对价的无形资产的原价) (差额)
发行股票实施合并		借:长期股权投资 　　贷:股本 　　　　资本公积 借:资本公积 　　贷:银行存款	(被合并方所有者权益相对于最终控制方而言的账面价值×持股比例) (作为对价的股票的面值总额) (差额) (发行股票的手续费) (发行股票的手续费)
		发行股票的手续费,以合并方"资本公积"账户的股本溢价贷方余额为上限,不足部分冲减合并方留存收益账面余额。	

(续表)

对价方式		会计处理	
发行债券实施合并	借：长期股权投资		（被合并方所有者权益相对于最终控制方而言的账面价值×持股比例）
	贷：应付债券——面值		（作为对价的债券的面值总额）
	资本公积		（差额）
	借：应付债券——利息调整		（发行债券的手续费）
	贷：银行存款		（发行股票的手续费）

3. 合并前被合并方留存收益中归属于合并方部分的处理

对于被合并方在企业合并前实现的留存收益（盈余公积和未分配利润之和）中归属于合并方的部分，应按以下原则，自合并方的资本公积转入盈余公积和未分配利润。

（1）确认企业合并形成的长期股权投资后，合并方账面资本公积（资本溢价或股本溢价）贷方余额大于被合并方在合并前实现的留存收益中归属于合并方的部分，在合并资产负债表中，应将被合并方在合并前实现的留存收益中归属于合并方的部分自资本公积转入盈余公积和未分配利润。在合并工作底稿中，借记"资本公积"账户，贷记"盈余公积"和"未分配利润"账户。

（2）确认企业合并形成的长期股权投资后，合并方账面资本公积（资本溢价或股本溢价）贷方余额小于被合并方在合并前实现的留存收益中归属于合并方的部分的，在合并资产负债表中，应以合并方资本公积（资本溢价或股本溢价）的贷方余额为限，将被合并方在企业合并前实现的留存收益中归属于合并方的部分自资本公积转入盈余公积和未分配利润。在合并工作底稿中，借记"资本公积"账户，贷记"盈余公积"和"未分配利润"账户。因合并方的资本公积（资本溢价或股本溢价）余额不足，被合并方在合并前实现的留存收益中归属于合并方的部分在合并资产负债表中未予全额恢复的，合并方应当在会计报表附注中对这一情况进行说明。

【例 9-3】 A 公司与 G 公司为同一集团内的两家子公司。A 公司于 2023 年 7 月 31 日自母公司处取得 G 公司 80% 的股权，合并后 G 公司仍维持其独立法人资格继续经营。为进行该项企业合并，A 公司发行了 600 万股本公司普通股（面值为 1 元/股，市价 4 元/股）作为对价。假定 A 公司、G 公司采用的会计政策相同。合并日，A 公司及 G 公司的所有者权益构成如表 9-4 所示。

表 9-4　　　　　参与合并企业合并日的资产负债表（简表）

2023 年 7 月 31 日　　　　　　　　　　　　　　　　　　　　单位：元

A 公司		G 公司	
项目	金额	项目	金额
股本	35 000 000	股本	5 000 000
资本公积	10 000 000	资本公积	2 000 000
盈余公积	8 000 000	盈余公积	4 000 000
未分配利润	22 000 000	未分配利润	9 000 000
合计	75 000 000	合计	20 000 000

要求：若你是 A 公司的财务人员，请对上述合并业务进行会计处理。

解析：该合并为同一控制下的控股合并，应以账面价值为基础进行会计处理。

（1）A 公司在合并日确认长期股权投资。

长期股权投资入账价值＝20 000 000×80％＝16 000 000（元）

借：长期股权投资	16 000 000
贷：股本	6 000 000
资本公积——股本溢价	10 000 000

（2）合并前 G 公司留存收益中归属于 A 公司部分的处理。

进行上述处理后，对于企业合并前 G 公司实现的留存收益中归属于 A 公司的部分 [1 300×80％＝1 040（万元）] 应自资本公积（资本溢价或股本溢价）转入留存收益。本例中，A 公司在确认对 G 公司的长期股权投资以后，其资本公积的账面余额为 2 000 万元（1 000＋1 000），假定其中资本溢价或股本溢价的金额为 1 800 万元。在合并工作底稿中，应编制以下调整分录。

借：资本公积	10 400 000
贷：盈余公积	3 200 000
未分配利润	7 200 000

【例 9-4】 烟台兴茂机械制造有限公司与华顺公司为同一集团内的两家子公司。2023 年 6 月 30 日，烟台兴茂机械制造有限公司以一项账面价值为 300 万元的固定资产（原价 500 万元，累计折旧 200 万元）和一项账面价值为 320 万元的无形资产（原价 400 万元，累计摊销 80 万元）为对价取得华顺公司 100％的股权。合并日，烟台兴茂机械制造有限公司和华顺公司所有者权益构成如表 9-5 所示。

表 9-5　　　　　　参与合并企业合并日的资产负债表（简表）

2023 年 6 月 30 日　　　　　　　　　　　　　　　　　　　　单位：元

烟台兴茂机械制造有限公司		华顺公司	
项目	金额	项目	金额
实收资本	40 000 000	股本	2 500 000
资本公积	1 000 000	资本公积	1 500 000
盈余公积	8 000 000	盈余公积	2 000 000
未分配利润	16 000 000	未分配利润	4 000 000
合计	65 000 000	合计	10 000 000

要求：若你是烟台兴茂机械制造有限公司的财务人员，请对上述合并业务进行会计处理。

解析：该合并为同一控制下的控股合并，应以账面价值为基础进行会计处理。

（1）烟台兴茂机械制造有限公司在合并日确认长期股权投资。

长期股权投资入账价值＝10 000 000×100％＝10 000 000（元）

借:固定资产清理	3 000 000
累计折旧	2 000 000
贷:固定资产	5 000 000
借:长期股权投资	10 000 000
累计摊销	800 000
贷:固定资产清理	3 000 000
无形资产	4 000 000
资本公积	3 800 000

(2) 合并前华顺公司留存收益中归属于烟台兴茂机械制造有限公司部分的处理。

进行上述处理后,烟台兴茂机械制造有限公司资本公积账面余额为480万元(100＋380),假定全部属于资本溢价或股本溢价,小于华顺公司在合并前实现的留存收益中归属于烟台兴茂机械制造有限公司的部分600万元(200＋400),烟台兴茂机械制造有限公司编制合并财务报表时,应以账面资本公积(资本溢价或股本溢价)的余额为限,将华顺公司在合并前实现的留存收益中归属于烟台兴茂机械制造有限公司的部分相应转入盈余公积和未分配利润。合并工作底稿中的调整分录为:

借:资本公积	4 800 000
贷:盈余公积	1 600 000
未分配利润	3 200 000

四、分步投资实现同一控制下企业合并的会计处理

(一) 分步实现的吸收合并

如果通过多次投资分步实现同一控制下吸收合并的,按照前述同一控制下吸收合并相同的原则进行处理。

(二) 分步实现的控股合并

分步投资实现同一控制下的控股合并,相关处理规则如下。

(1) 以按持股比例计算的合并日应享有被合并方所有者权益账面价值的份额作为该项股权投资的初始投资成本。其中,"被合并方所有者权益账面价值"是指被合并方的所有者权益相对于最终控制方而言的账面价值。

(2) 合并日长期股权投资初始投资成本大于合并前原股权投资账面价值加上合并日进一步取得股份而支付对价的账面价值之和的差额,计入资本公积(股本溢价或资本溢价);长期股权投资初始投资成本小于合并前原股权账面价值加上合并日进一步取得股份而支付对价的账面价值之和的差额,冲减资本公积(股本溢价或资本溢价),资本公积不足冲减的,依次冲减盈余公积和未分配利润。

(3) 合并日之前持有的被合并方股权因采用权益法核算而涉及其他综合收益的,暂不进行会计处理,直至处置该项投资时采用与被投资单位直接处置相关资产或负债相同的基础进行会计处理;因采用权益法核算而确认的被投资单位净资产中除净损益、其他综合收益和利润分配以外的所有者权益其他变动,暂不进行会计处理,直至处置该项投资时转入当期损益。合并日之前持有的被合并方股权分类为以公允价值计量且其变动计入其他综合收益的

金融资产而确认的其他综合收益,应结转计入留存收益,不得计入当期损益。

【例9-5】 烟台兴茂机械制造有限公司与烟台益德商贸有限公司为同一集团内的两家子公司。烟台兴茂机械制造有限公司于2022年7月初用银行存款2 600万元取得烟台益德商贸有限公司30%的股份,当日烟台益德商贸有限公司可辨认净资产账面价值与公允价值相同,均为10 000万元。取得投资后,烟台兴茂机械制造有限公司派人参与烟台益德商贸有限公司的生产经营,对该投资采用权益法核算。2022年下半年烟台益德商贸有限公司实现净利润1 500万元,烟台兴茂机械制造有限公司确认投资收益450万元。在此期间,烟台益德商贸有限公司未宣告发放现金股利或利润。

2023年1月,烟台兴茂机械制造有限公司支付5 900万元进一步购入烟台益德商贸有限公司40%的股份,实现了与烟台益德商贸有限公司的合并。

合并日,烟台益德商贸有限公司可辨认净资产账面价值为11 500万元,公允价值为15 000万元,烟台益德商贸有限公司净资产公允价值高于其账面价值的差额属于固定资产评估增值;烟台益德商贸有限公司在最终控制方合并财务报表中的所有者权益账面价值为11 300万元。不考虑相关税费及其他会计事项。

要求:若你是烟台兴茂机械制造有限公司的财务人员,请对上述业务进行会计处理。

解析:

(1) 2022年7月初取得30%的股份。

借:长期股权投资——投资成本　　　　　　　　　　　　　　　　26 000 000
　　贷:银行存款　　　　　　　　　　　　　　　　　　　　　　　　26 000 000

投资当日占被投资方可辨认净资产公允价值的份额=10 000×30%=3 000(万元)

长期股权投资初始投资成本<享有被投资方可辨认净资产公允价值份额

因此,需要按照应享有烟台益德商贸有限公司可辨认净资产公允价值份额大于长期股权投资初始投资成本的差额,调整长期股权投资,同时计入营业外收入。

借:长期股权投资——投资成本　　　　　　　　　　　　　　　　4 000 000
　　贷:营业外收入　　　　　　　　　　　　　　　　　　　　　　　4 000 000

(2) 2022年确认投资收益。

借:长期股权投资——损益调整　　　　　　　　　　　　　　　　4 500 000
　　贷:投资收益　　　　　　　　　　　　　　　　　　　　　　　　4 500 000

(3) 2023年1月追加40%的股份。

合并日长期股权投资的初始投资成本=11 500×(30%+40%)=8 050(万元)

合并日长期股权投资的账面价值=2 600+400+450=3 450(万元)

应调整资本公积的金额=(3 450+5 900)-8 050=1 300(万元)

借:长期股权投资——投资成本　　　　　　　　　　　　　　　　80 500 000
　　资本公积　　　　　　　　　　　　　　　　　　　　　　　　　13 000 000
　　贷:长期股权投资——投资成本　　　　　　　　　　　　　　　30 000 000
　　　　　　　　　　——损益调整　　　　　　　　　　　　　　　 4 500 000
　　　　银行存款　　　　　　　　　　　　　　　　　　　　　　　59 000 000

【例 9-6】 承接[例 9-5]资料。若原持有股权分类为以公允价值计量且其变动计入其他综合收益的金融资产,2022 年年末该投资的公允价值为 2 700 万元。其他资料不变。

要求：若你是烟台兴茂机械制造有限公司的财务人员,请对上述合并业务进行会计处理。

解析：

(1) 2022 年 7 月初取得 30% 的股份。

借：其他权益工具投资——成本　　　　　　　　　　　　　　　26 000 000
　　　贷：银行存款　　　　　　　　　　　　　　　　　　　　26 000 000

(2) 2022 年年末确认公允价值变动。

借：其他权益工具投资——公允价值变动　　　　　　　　　　　1 000 000
　　　贷：其他综合收益　　　　　　　　　　　　　　　　　　 1 000 000

(3) 2023 年 1 月追加 40% 的股份。

合并日长期股权投资的初始投资成本 = 11 500 × (30% + 40%) = 8 050(万元)
合并日原股权的账面价值 = 2 600 + 100 = 2 700(万元)
应调整资本公积的金额 = (2 700 + 5 900) − 8 050 = 550(万元)

借：长期股权投资——投资成本　　　　　　　　　　　　　　　80 500 000
　　资本公积　　　　　　　　　　　　　　　　　　　　　　　 5 500 000
　　　贷：其他权益工具投资——成本　　　　　　　　　　　　26 000 000
　　　　　　　　　　　　　　——公允价值变动　　　　　　　 1 000 000
　　　　　银行存款　　　　　　　　　　　　　　　　　　　　59 000 000

五、同一控制下企业合并的信息披露

对于同一控制下的企业合并,合并方应当在合并当期报表附注中披露下列有关信息。

(1) 参与合并企业的基本情况。

(2) 属于同一控制下企业合并的判断依据。

(3) 合并日的确定依据。

(4) 以支付现金、转让非现金资产以及承担负债作为合并对价的,所支付对价在合并日的账面价值;以发行权益性证券作为合并对价的,合并中发行权益性证券的数量及定价原则,以及参与合并各方交换有表决权股份的比例。

(5) 被合并方的资产、负债在上一会计期间资产负债表日及合并日的账面价值;被合并方自合并当期期初至合并日的收入、净利润、现金流量等情况。

(6) 合并合同或协议约定将承担被合并方或有负债的情况。

(7) 被合并方采用的会计政策与合并方不一致所作调整情况的说明。

(8) 合并后已处置被合并方资产、负债的账面价值、处置价格等。

第三节 非同一控制下企业合并的处理

一、非同一控制下企业合并的处理原则

(一) 购买方合并成本的确定

1. 一般情况下合并成本的确定

企业合并成本为购买方为进行企业合并支付的现金或非现金资产、发生或承担的债务、发行的权益性证券等在购买日的公允价值。这就意味着：一方面，购买方在合并中付出的资产(或发生的负债)，其公允价值构成合并成本；另一方面，购买方在合并中付出的资产在按其账面价值注销的同时，需要将相关资产公允价值与账面价值的差额，作为资产处置损益计入当期损益。

合并中发生的各项直接相关费用。非同一控制下企业合并中发生的与企业合并直接相关的费用，包括为进行合并而发生的审计费用、法律服务费用、咨询费用等，与同一控制下企业合并进行过程中发生的有关费用处理原则一致。这里的合并中发生的各项直接相关费用，不包括与为进行企业合并发行的权益性证券或发行的债券相关的手续费佣金等，该部分费用应比照本章关于同一控制下企业合并中类似费用的处理原则处理。

2. 存在或有对价时合并成本的确定

某些情况下，合并各方可能在合并协议中约定，根据未来一项或多项或有事项的发生，购买方通过发行额外证券、支付额外现金或其他资产来追加合并对价，或者要求返还之前已经支付的对价。存在或有对价的，购买方应在购买日将或有对价作为企业合并转移对价的一部分，按其在购买日的公允价值计入企业合并成本。根据《企业会计准则第37号——金融工具列报》《企业会计准则第22号——金融工具确认和计量》以及其他相关准则的规定，或有对价符合权益工具和金融负债概念的，购买方应当将支付或有对价的义务确认为一项权益或负债；符合资产概念并满足资产确认条件的，购买方应当将符合合并协议约定条件的、对已支付的合并对价中可收回部分的权利确认为一项资产。

(二) 取得的可辨认净资产或股权的处理

非同一控制下企业合并本质上属于一项交易，所以在会计处理时应采用公允价值计量，而不是采用账面价值计量。取得的可辨认净资产或股权的具体计量方法如下。

(1) 吸收合并和新设合并情况下，购买方需要将取得的被购买方的资产和负债按其公允价值入账，即将被购买方的可辨认净资产按其公允价值入账。

(2) 控股合并情况下，购买方应当在购买日按所确定的合并成本作为长期股权投资的初始入账成本，以确认取得的被购买方的股权份额。

(三) 合并成本与取得的被购买方可辨认净资产公允价值份额之间差额的处理

购买方对于企业合并成本与确认的被购买方可辨认净资产公允价值份额的差额，应视情况分别处理。

(1) 企业合并成本大于合并中取得的被购买方可辨认净资产公允价值份额的差额，应确认为商誉。商誉在确认以后，持有期间不要求摊销，企业应当按照《企业会计准则第8号——资产减值》的规定对其进行减值测试，对于可收回金额低于账面价值的部分，计

提减值准备。

> **【特别提示】**
> 吸收合并情况下,该差额是购买方在其账簿及个别财务报表中应确认的商誉;控股合并情况下,该差额是指合并财务报表中应列示的商誉。

(2) 企业合并成本小于合并中取得的被购买方可辨认净资产公允价值份额的差额,应计入合并当期损益。企业合并准则中要求该种情况下,要对合并中取得的资产、负债的公允价值、作为合并对价的非现金资产或发行的权益性证券等的公允价值进行复核,复核结果表明所确定的各项可辨认资产和负债的公允价值确定是恰当的,应将企业合并成本低于取得的被购买方可辨认净资产公允价值份额之间的差额,计入合并当期的营业外收入,并在会计报表附注中予以说明。

> **【特别提示】**
> 在吸收合并的情况下,上述企业合并成本小于合并中取得的被购买方可辨认净资产公允价值的差额,应计入合并当期购买方的个别利润表;在控股合并的情况下,由于非同一控制下企业合并在合并日不编制合并利润表,应将上述差额直接调整合并资产负债表的留存收益。

(四) 企业合并成本或合并中取得的可辨认资产、负债公允价值的调整

非同一控制下企业合并处理的基本原则是确定公允价值,无论是作为合并对价付出的各项资产的公允价值,还是合并中取得被购买方各项可辨认资产、负债的公允价值,如果在购买日或合并当期期末,因各种因素影响无法合理确定的,合并当期期末,购买方应以暂时确定的价值为基础进行核算。

1. 购买日后 12 个月内对有关价值量的调整

合并当期期末,对合并成本或合并中取得的可辨认资产、负债以暂时确定的价值对企业合并进行处理的情况下,自购买日算起 12 个月内取得进一步的信息表明需对原暂时确定的企业合并成本或所取得的可辨认资产、负债的暂时性价值进行调整的,应视同在购买日发生,进行追溯调整,同时对以暂时性价值为基础提供的比较报表信息,也应进行相关的调整。

【例 9-7】 烟台兴茂机械制造有限公司于 2022 年 7 月 20 日对华美公司进行吸收合并,合并中取得的一项无形资产不存在活跃市场,为确定其公允价值,烟台兴茂机械制造有限公司聘请了有关的资产评估机构对其进行评估。至烟台兴茂机械制造有限公司 2022 年财务报告对外报出时,尚未取得评估报告。烟台兴茂机械制造有限公司在其 2022 年财务报告中对该项无形资产暂估的价值为 75 万元,预计使用年限为 5 年,净残值为 0,按照直线法计提折旧。该项企业合并中烟台兴茂机械制造有限公司确认商誉 110 万元。

若 2023 年 2 月,烟台兴茂机械制造有限公司取得了资产评估报告,确认该项无形资产的价值为 90 万元。则烟台兴茂机械制造有限公司应视同在购买日确定的该项无形资产的公允价值为 90 万元,相应调整 2022 年财务报告中确认的商誉价值(调减 15 万元)及利润表中的折旧费用[调增 $15 \div 5 \div 12 \times 5 = 1.25$(万元)]。进行有关调整后,烟台兴茂机械制造有

限公司在其2022年会计报表附注中应对有关情况作出说明。

2. 超过规定期限后的价值量调整

自购买日算起12个月以后对企业合并成本或合并中取得的可辨认资产、负债价值的调整,应当按照《企业会计准则第28号——会计政策、会计估计变更和会计差错更正》的原则进行处理,即对于企业合并成本、合并中取得可辨认资产、负债公允价值等进行的调整,应作为前期差错处理。

(五) 被购买方可辨认净资产公允价值的确定

1. 被购买方可辨认净资产的公允价值确认原则

被购买方可辨认净资产公允价值是指合并中取得的被购买方可辨认资产的公允价值减去负债公允价值后的余额。

被购买方各项可辨认资产、负债和或有负债,符合下列条件的,应当单独予以确认。

(1) 合并中取得的被购买方除了无形资产的其他各项资产(不仅限于被购买方原已确认的资产),其所带来的经济利益很可能流入企业且公允价值能够可靠地计量的,应当单独予以确认并按照公允价值计量。

(2) 合并中取得的无形资产,其公允价值能够可靠地计量的,应当单独确认为无形资产并按照公允价值计量。

(3) 合并中取得的被购买方除了或有负债的其他各项负债,履行有关的义务很可能导致经济利益流出企业且公允价值能够可靠地计量的,应当单独予以确认并按照公允价值计量。

(4) 对于购买方在合并中可能需要代被购买方承担的或有负债,在其公允价值能够可靠地计量的情况下,应当单独确认为负债并按照公允价值计量。

2. 被购买方可辨认净资产的公允价值确认方法

企业应当按照以下规定确认合并中取得的被购买方各项可辨认资产、负债及或有负债的公允价值。

(1) 货币资金,按照购买日被购买方的账面余额确定。

(2) 有活跃市场的股票、债券、基金等金融工具,按照购买日活跃市场中的市场价格确定。

(3) 应收款项,其中的短期应收款项,一般按照应收取的金额作为其公允价值;长期应收款项,应按适当的利率折现后的现值确定其公允价值。在确定应收款项的公允价值时,企业应考虑发生坏账的可能性及相关收款费用。

(4) 存货,对其中的产成品和商品按其估计售价减去估计的销售费用、相关税费以及购买方出售类似产成品或商品估计可能实现的利润确定;在产品按完工产品的估计售价减去至完工仍将发生的成本、估计的销售费用、相关税费,以及基于同类或类似产成品的基础上估计出售可能实现的利润确定;原材料按现行重置成本确定。

(5) 不存在活跃市场的金融工具,如权益性投资等,应当参照金融工具确认和计量的规定,采用估值技术确定其公允价值。

(6) 房屋建筑物、机器设备、无形资产,存在活跃市场的,应以购买日的市场价格为基础确定其公允价值;不存在活跃市场,但同类或类似资产存在活跃市场的,应参照同类或类似资产的市场价格确定其公允价值;同类或类似资产也不存在活跃市场的,应采用估值技术确定其公允价值。

（7）应付账款、应付票据、应付职工薪酬、应付债券、长期应付款，其中的短期负债，一般按照应支付的金额确定其公允价值；长期负债，应按适当的折现率折现后的现值作为其公允价值。

（8）取得的被购买方的或有负债，其公允价值在购买日能够可靠地计量的，应确认为预计负债。此项负债应当按照假定第三方愿意代购买方承担，就其所承担义务需要购买方支付的金额作为其公允价值。

（9）递延所得税资产和递延所得税负债，取得的被购买方各项可辨认资产、负债及或有负债的公允价值与其计税基础之间存在差额的，应当按照所得税的规定确认相应的递延所得税资产或递延所得税负债，所确认的递延所得税资产或递延所得税负债的金额不应折现。

二、购买方为进行企业合并发生的有关费用的处理

购买方为进行企业合并发生的有关费用指购买方为进行企业合并发生的各项直接相关费用，如为进行企业合并支付的审计费用、资产评估费用以及有关的法律咨询费用等增量费用。非同一控制下企业合并进行过程中发生的各项直接相关费用，应于发生时费用化计入当期损益，借记"管理费用"账户，贷记"银行存款"等账户。

> 【特别提示】
> 以发行权益性证券作为合并对价的，与所发行权益性证券相关的手续费、佣金等应自发行权益性证券的溢价收入中扣除，在权益性证券发行无溢价或溢价金额不足以扣减的情况下，冲减留存收益（即盈余公积和未分配利润）。
> 以发行债券方式进行的企业合并，与发行债券相关的手续费、佣金等应计入负债的初始计量金额。

三、一次交换交易实现非同一控制下企业合并的会计处理

（一）一次交换交易实现非同一控制下的吸收合并

非同一控制下的吸收合并中，购买方主要涉及合并日取得被合并方资产、负债入账价值的确定，作为合并对价的非货币性资产公允价值与账面价值差额的处理，以及合并中取得有关净资产的入账价值与支付的合并对价公允价值之间差额的处理。

1. 购买方取得的被合并方资产和负债的计量

非同一控制下的吸收合并，购买方在购买日应当将合并中取得的符合确认条件的各项可辨认资产、负债，按其公允价值确认为本企业的资产和负债。

2. 作为合并对价的非货币性资产公允价值与账面价值差额的处理

作为合并对价的有关非货币性资产在购买日的公允价值与其账面价值的差额，应根据不同资产进行会计处理。

（1）投出资产作为存货的，应按其公允价值确认主营业务收入或其他业务收入，按其账面价值结转主营业务成本或其他业务成本。

（2）投出资产作为固定资产或无形资产的，其差额计入资产处置损益。

（3）投资资产作为以公允价值计量的金融资产的，其公允价值与账面价值的差额计入投资收益或留存收益。金融资产持有期间公允价值变动形成的其他综合收益，应一并转入投资收益或留存收益。

3. 合并差额的处理

确定的企业合并成本与所取得的被购买方可辨认净资产公允价值之间的差额，视情况分别确认为商誉或是计入企业合并当期的损益（营业外收入）。

非同一控制下的吸收合并，不同对价方式的具体会计处理如表9-6所示。

表9-6　　　　　　　非同一控制下吸收合并不同对价方式的会计处理表

对价方式		会计处理	
支付资产实施合并	货币资金	借：有关资产账户 　　商誉 　贷：有关负债账户 　　　银行存款 　　　营业外收入	（取得的被合并方资产公允价值） （借方差额） （取得的被合并方负债公允价值） （支付的合并对价） （贷方差额）
	存货	借：有关资产账户 　　商誉 　贷：有关负债账户 　　　主营业务收入/其他业务收入 　　　营业外收入	（取得的被合并方资产公允价值） （借方差额） （取得的被合并方负债账面价值） （作为对价的存货的公允价值） （贷方差额）
		借：主营业务成本/其他业务成本 　　存货跌价准备 　贷：原材料/库存商品等	 （作为对价的存货已计提的跌价准备） （作为对价的存货的原价）
	固定资产	借：固定资产清理 　　累计折旧 　　固定资产减值准备 　贷：固定资产	（作为对价的固定资产的账面价值） （作为对价的固定资产已计提的折旧） （作为对价的固定资产已计提的减值） （作为对价的固定资产的原价）
		借：有关资产账户 　　商誉 　贷：有关负债账户 　　　固定资产清理 　　　营业外收入	（取得的被合并方资产公允价值） （借方差额） （取得的被合并方负债公允价值） （作为对价的固定资产的公允价值） （贷方差额）
		借：（或贷）固定资产清理 　贷：（或借）资产处置损益	（对价公允价值高于账面价值的差额）
	无形资产	借：有关资产账户 　　累计摊销 　　无形资产减值准备 　　商誉 　贷：有关负债账户 　　　无形资产 　　（或借）资产处置损益 　　　营业外收入	（取得的被合并方资产公允价值） （作为对价的无形资产已计提的摊销） （作为对价的无形资产已计提的减值） （借方差额） （取得的被合并方负债公允价值） （作为对价的无形资产的原价） （对价公允价值与账面价值的差额） （贷方差额）

(续表)

对价方式	会计处理	
发行股票实施合并	借：有关资产账户 　　商誉 　贷：有关负债账户 　　　股本 　　　资本公积 　　　营业外收入	（取得的被合并方资产公允价值） （借方差额） （取得的被合并方负债公允价值） （作为对价的股票的面值总额） （作为对价的股票公允价值与面值的差） （贷方差额）
	借：资本公积 　贷：银行存款	（发行股票的手续费） （发行股票的手续费）
发行债券实施合并	借：有关资产账户 　　商誉 　贷：有关负债账户 　　　应付债券——面值 　　（或　借）——利息调整 　　　营业外收入	（取得的被合并方资产公允价值） （借方差额） （取得的被合并方负债公允价值） （作为对价的债券的面值总额） （作为对价的债券公允价值与面值的差） （贷方差额）
	借：应付债券——利息调整 　贷：银行存款	（发行债券的手续费） （发行股票的手续费）

【例 9-8】 承接[例 9-1]资料。若 W 公司与 K 公司为两个单独的公司，合并前不存在任何关联关系。其他资料不变。

要求：若你是 W 公司的财务人员，请对上述合并业务进行会计处理。

解析：W 公司与 K 公司在合并前不存在任何关联关系，因此该项合并为非同一控制下的企业合并。W 公司在确认合并中取得的 K 公司的各项资产和负债时应采用公允价值为基础进行会计处理。

合并成本 = 4.8 × 1 000 = 4 800（万元）

取得的被合并方可辨认净资产公允价值 = 4 010（万元）

应确认的商誉 = 4 800 − 4 010 = 790（万元）

（1）合并相关的会计处理。

```
借：库存现金等                              1 700 000
    应收账款                               8 100 000
    库存商品等                             1 500 000
    长期股权投资                          13 200 000
    固定资产                              21 000 000
    无形资产                               6 000 000
    商誉                                   7 900 000
  贷：短期借款                             9 000 000
      应付账款                             1 200 000
      其他应付款                           1 200 000
      股本                                10 000 000
      资本公积                            38 000 000
```

(2) 支付股票发行手续费相关的会计处理。

借：资本公积 150 000
　　贷：银行存款 150 000

(3) 支付合并直接相关的审计费、资产评估费相关的会计处理。

借：管理费用 200 000
　　贷：银行存款 200 000

【例 9-9】 承接[例 9-2]资料。若 W 公司与 K 公司为两个单独的公司，合并前不存在任何关联关系。其他资料不变。

要求：若你是 W 公司的财务人员，请对上述合并业务进行会计处理。

解析：W 公司作为对价的固定资产账面价值为 2 300 万元，公允价值为 3 900 万元，公允价值高于账面价值的差额 1 600 万元应计入资产处置损益。

合并成本＝3 900(万元)

取得的被合并方可辨认净资产公允价值＝4 010(万元)

应确认的商誉＝3 900－4 010＝－110(万元)

(1) 结转作为对价的固定资产的账面价值。

借：固定资产清理 23 000 000
　　累计折旧 7 000 000
　　贷：固定资产 30 000 000

(2) 进行合并相关会计处理。

借：库存现金等 1 700 000
　　应收账款 8 100 000
　　库存商品等 1 500 000
　　长期股权投资 13 200 000
　　固定资产 21 000 000
　　无形资产 6 000 000
　　贷：短期借款 9 000 000
　　　　应付账款 1 200 000
　　　　其他应付款 1 200 000
　　　　固定资产清理 39 000 000
　　　　营业外收入 1 100 000

(3) 结转作为对价的固定资产处置损益。

借：固定资产清理 16 000 000
　　贷：资产处置损益 16 000 000

(4) 支付股票发行手续费相关的会计处理。

借：资本公积 150 000
　　贷：银行存款 150 000

(5) 支付合并直接相关的审计费、资产评估费相关的会计处理。

借：管理费用　　　　　　　　　　　　　　　　　　　　　　200 000
　　贷：银行存款　　　　　　　　　　　　　　　　　　　　　　　200 000

（二）一次交换交易实现非同一控制下的控股合并

非同一控制下的企业合并中,购买方取得对被购买方控制权的,在购买日应当按照确定的企业合并成本(不包括应自被投资单位收取的现金股利或利润),作为形成的对被购买方长期股权投资的初始投资成本,借记"长期股权投资"账户;按享有被投资单位已宣告但尚未发放的现金股利或利润,借记"应收股利"账户;按支付合并对价的公允价值为基础,结转相关对价;对价公允价值与账面价值的差额,应分不同的资产进行会计处理(与直接出售资产差额处理相同)。

非同一控制下的控股合并,不同对价方式的具体会计处理如表9-7所示。

表9-7　　　　　　非同一控制下控股合并不同对价方式的会计处理表

对价方式		会计处理	
支付资产实施合并	货币资金	借：长期股权投资 　　贷：银行存款	（支付的合并对价）
	存货	借：长期股权投资 　　贷：主营业务收入/其他业务收入 借：主营业务成本/其他业务成本 　　　存货跌价准备 　　贷：原材料/库存商品等	（作为对价的存货的公允价值） （作为对价的存货已计提的跌价准备） （作为对价的存货的原价）
	固定资产	借：固定资产清理 　　累计折旧 　　固定资产减值准备 　　贷：固定资产 借：长期股权投资 　　贷：固定资产清理 借：(或贷)固定资产清理 　　贷：(或借)资产处置损益	（作为对价的固定资产的账面价值） （作为对价的固定资产已计提的折旧） （作为对价的固定资产已计提的减值） （作为对价的固定资产的原价） （作为对价的固定资产的公允价值） （对价公允价值高于账面价值的差额）
	无形资产	借：长期股权投资 　　累计摊销 　　无形资产减值准备 　　贷：无形资产 　　　（或借）资产处置损益	 （作为对价的无形资产已计提的摊销） （作为对价的无形资产已计提的减值） （作为对价的无形资产的原价） （对价公允价值与账面价值的差额）
发行股票实施合并		借：长期股权投资 　　贷：股本 　　　　资本公积 借：资本公积 　　贷：银行存款	 （作为对价的股票的面值总额） （作为对价的股票公允价值与面值的差） （发行股票的手续费） （发行股票的手续费）

(续表)

对价方式	会计处理	
发行债券实施合并	借：长期股权投资 　　贷：应付债券——面值 　　（或借）——利息调整 借：应付债券——利息调整 　　贷：银行存款	（作为对价的债券的面值总额） （作为对价的债券公允价值与面值的差） （发行债券的手续费） （发行股票的手续费）

【例 9-10】 承接[例 9-3]资料。若 A 公司与 G 公司为两个单独的公司，合并前不存在任何关联关系。其他资料不变。

要求：若你是 A 公司的财务人员，请对上述合并业务进行会计处理。

解析：该合并为非同一控制下的控股合并，A 公司在购买日应按照支付对价的公允价值合计确认长期股权投资。

长期股权投资的初始入账价值＝600×4＝2 400（万元）

借：长期股权投资	24 000 000
贷：股本	6 000 000
资本公积	18 000 000

【例 9-11】 烟台兴茂机械制造有限公司以固定资产和无形资产的组合（固定资产的原价为 800 万元，已计提累计折旧 200 万元，公允价值为 1 000 万元；无形资产的原价为 1 000 万元，已计提累计摊销 600 万元，公允价值为 600 万元）作为对价，取得 S 公司 60% 有表决权的股份。购买日 S 公司所有者权益账面价值为 1 500 万元（其中，股本为 700 万元，资本公积为 300 万元，盈余公积为 200 万元，未分配利润为 300 万元），公允价值为 2 000 万元，在合并中烟台兴茂机械制造有限公司还用银行存款支付为合并而发生的审计、评估费用 40 万元，不考虑其他税费。

合并前，烟台兴茂机械制造有限公司资产负债表中的资本公积（资本溢价）项目金额为 500 万元，且烟台兴茂机械制造有限公司与 S 公司不受到相同一方或多方控制。

要求：若你是烟台兴茂机械制造有限公司的财务人员，请对上述合并业务进行会计处理。

解析：该合并为非同一控制下的控股合并，应以公允价值为基础进行会计处理。

长期股权投资的初始入账成本＝1 000＋600＝1 600（万元）

作为对价的固定资产处置损益＝1 000－(800－200)＝400（万元）

作为对价的无形资产处置损益＝600－(1 000－600)＝200（万元）

（1）结转作为对价的固定资产的账面价值。

借：固定资产清理	6 000 000
累计折旧	2 000 000
贷：固定资产	8 000 000

（2）确认长期股权投资。

借：长期股权投资　　　　　　　　　　　　　　　　　　　16 000 000
　　累计摊销　　　　　　　　　　　　　　　　　　　　　　6 000 000
　　贷：固定资产清理　　　　　　　　　　　　　　　　　　10 000 000
　　　　无形资产　　　　　　　　　　　　　　　　　　　　10 000 000
　　　　资产处置损益　　　　　　　　　　　　　　　　　　 2 000 000

（3）结转作为对价的固定资产处置损益。

借：固定资产清理　　　　　　　　　　　　　　　　　　　 4 000 000
　　贷：资产处置损益　　　　　　　　　　　　　　　　　　 4 000 000

（4）支付合并直接相关的审计费、资产评估费相关的会计处理。

借：管理费用　　　　　　　　　　　　　　　　　　　　　　 400 000
　　贷：银行存款　　　　　　　　　　　　　　　　　　　　　400 000

四、通过多次交易分步实现的非同一控制下企业合并

如果企业合并是通过多次交换交易分步实现的，则企业在每一单项交易发生时，应确认对被投资单位的投资。投资企业在持有被投资单位的部分股权后，通过增加持股比例等达到对被投资单位形成控制的，购买方应当区分个别财务报表和合并财务报表分别进行处理。

（一）个别财务报表中的处理

通过多次交换交易分步实现的企业合并，合并日改按成本法核算的长期股权投资的初始投资成本为合并日之前持有的被购买方的股权投资价值与合并日新增股权投资成本之和。购买方在个别报表中应按以下原则进行会计处理。

（1）购买方于购买日之前持有的被购买方的股权投资，分不同情况进行处理。其中，购买日前持有的股权投资作为长期股权投资并采用权益法核算的，为权益法核算下至购买日应有的账面价值；购买日前持有的股权投资作为金融资产并按公允价值计量的，为至购买日的公允价值。

（2）追加的投资，按照购买日支付对价的公允价值计量，并确认长期股权投资。购买方应当以购买日之前所持被购买方的股权投资的价值与购买日新增投资成本之和，作为该项投资的初始投资成本。

（3）购买方对于购买日之前持有的被购买方的股权投资涉及其他综合收益的，应区分不同的情况进行处理。若购买方原持有的股权投资按照权益法核算，则所确认的其他综合收益暂不进行处理，待处置该项投资时，采用与被投资方为直接处置相关资产或负债相同的基础进行会计处理；若购买方原持有的股权投资作为按公允价值计量的金融资产，则原计入其他综合收益的累计公允价值变动应当在改按成本法时转入留存收益。

【例9-12】 承接[例9-5]资料。若烟台兴茂机械制造有限公司与烟台益德商贸有限公司为两个单独的公司，合并前不存在任何关联关系。其他资料不变。

要求：若你是烟台兴茂机械制造有限公司的财务人员，请对上述合并业务进行会计处理。

解析：

（1）2022年7月初取得30%的股份。

借：长期股权投资——投资成本	26 000 000	
贷：银行存款		26 000 000

投资当日占被投资方可辨认净资产公允价值的份额＝10 000×30％＝3 000（万元）

长期股权投资初始投资成本＜享有被投资方可辨认净资产公允价值份额

因此，需要按照应享有烟台益德商贸有限公司可辨认净资产公允价值份额大于长期股权投资初始投资成本的差额调整长期股权投资，同时计入营业外收入。

借：长期股权投资——投资成本	4 000 000	
贷：营业外收入		4 000 000

（2）2022年确认投资收益。

借：长期股权投资——损益调整	4 500 000	
贷：投资收益		4 500 000

（3）2023年1月追加40％的股份。

合并日长期股权投资的初始投资成本＝（26 000 000＋4 000 000＋4 500 000）＋59 000 000＝93 500 000（元）

借：长期股权投资——投资成本	93 500 000	
贷：长期股权投资——投资成本		30 000 000
——损益调整		4 500 000
银行存款		59 000 000

【例9-13】 承接[例9-5]资料。若烟台兴茂机械制造有限公司与烟台益德商贸有限公司为两个单独的公司，合并前不存在关联关系；原持有股权分类为以公允价值计量且其变动计入其他综合收益的金融资产，2022年年末该投资的公允价值为2 700万元，其他资料不变。

要求：若你是烟台兴茂机械制造有限公司的财务人员，请对上述合并业务进行会计处理。

解析：

（1）2022年7月初取得30％的股份。

借：其他权益工具投资——成本	26 000 000	
贷：银行存款		26 000 000

（2）2022年年末确认公允价值变动。

借：其他权益工具投资——公允价值变动	1 000 000	
贷：其他综合收益		1 000 000

（3）2023年1月追加40％的股份。

长期股权投资的初始入账成本＝（2 600＋100）＋5 900＝8 600（万元）

借：长期股权投资——投资成本	86 000 000	
贷：其他权益工具投资——成本		26 000 000
——公允价值变动		1 000 000
银行存款		59 000 000

(4) 结转原计入其他综合收益的金额。

借：其他综合收益　　　　　　　　　　　　　　　　　　1 000 000
　　贷：盈余公积　　　　　　　　　　　　　　　　　　　　100 000
　　　　利润分配——未分配利润　　　　　　　　　　　　　900 000

(二) 合并财务报表中的处理

在合并财务报表中，购买方对于购买日之前持有的被购买方的股权，应当按照该股权在购买日的公允价值进行重新计量，并按以下原则处理。

(1) 购买方对于购买日之前持有的被购买方的股权，按照该股权在购买日的公允价值重新计量，公允价值与账面价值之间的差额计入当期投资收益。

(2) 购买日之前持有的被购买方的股权于购买日的公允价值，与购买日新购入股权所支付对价的公允价值之和，为合并财务报表中的合并成本。

(3) 在按上述计算的合并成本基础上，比较购买日被购买方可辨认净资产公允价值的份额，确定购买日应予确认的商誉，或者应计入发生当期损益的金额。

(4) 购买方对于购买日之前持有的被购买方的股权涉及其他综合收益的，与其相关的其他综合收益应当转为购买日所属当期的投资收益。

五、非同一控制下企业合并的信息披露

非同一控制下的企业合并，合并方应当在合并当期报表附注中披露下列有关信息。

(1) 参与合并企业的基本情况。

(2) 购买日的确定依据。

(3) 合并成本的构成及其账面价值、公允价值及公允价值的确定方法。

(4) 被购买方各项可辨认资产、负债在上一会计期间资产负债表日及购买日的账面价值和公允价值，企业合并中取得的被购买方无形资产的公允价值及公允价值的确定方法。

(5) 合并合同或协议约定将承担被购买方或有负债的情况。

(6) 被购买方自合并日起至报告期期末的收入、净利润、现金流量等情况。

(7) 商誉的金额及其确定方法。

(8) 因合并成本小于合并中取得的被购买方可辨认净资产公允价值的份额计入当期损益的金额。

(9) 合并后已处置或拟处置的被购买方资产、负债的账面价值，处置价格等。

课堂结账测试

(注:每章课堂结账测试设置为撕页式,便于保存。既可用作检验学生对知识点掌握情况,又可作为课堂点名,记入平时成绩)

班级_____ 姓名_____ 学号_____ 日期_____ 分数_____

一、单项选择题(每题 4 分,共计 20 分)

1. 同一控制下合并方在企业合并取得的价值量与所放弃价值量之间存在差额的,应( )。
   A. 调整营业外收入　　B. 调整营业外支出　　C. 调整资本公积　　D. 调整实收资本

2. 下列各项中,关于非同一控制下企业合并会计处理的表述,错误的是( )。
   A. 购买方支付的对价应以公允价值为基础进行处理
   B. 以实际取得的被购买方控制权的日期确定购买日
   C. 购买方确认在合并中取得的被购买方各项可辨认资产和负债仅局限于被购买方在合并前已经确认的资产和负债
   D. 合并财务报表中合并成本低于购买日可辨认净资产公允价值份额的差额计入当期损益

3. 甲公司和乙公司同为 A 集团的子公司,2023 年 1 月 1 日,甲公司以银行存款 15 000 万元取得乙公司 80%的股权,同日,乙公司可辨认净资产在最终控制方的账面价值为 20 000 万元,公允价值为 21 000 万元。2023 年 1 月 1 日,甲公司应确认的资本公积为( )万元。
   A. 1 000(借方)　　B. 1 000(贷方)　　C. 1 800(借方)　　D. 1 800(贷方)

4. 非同一控制下企业合并中,合并方为企业合并发生的审计、法律服务、评估咨询等中介费用以及其他相关费用,应于发生时计入( )。
   A. 管理费用　　　　　　　　　　B. 资本公积
   C. 长期股权投资的初始投资成本　　D. 营业外支出

5. 甲公司和乙公司为非同一控制下的两个公司。2023 年 8 月 1 日,甲公司发行 600 万股面值为 1 元/股的普通股作为对价取得乙公司 60%股权,普通股每股市价为 1.5 元/股。同日,乙企业可辨认净资产账面价值为 1 300 万元,公允价值为 1 500 万元。2023 年 8 月 1 日,甲公司取得的长期股权投资的入账价值为( )万元。
   A. 600　　B. 750　　C. 780　　D. 900

二、多项选择题(每题 5 分,共计 25 分)

1. 企业合并按合并后主体的法律形式不同,可以分为( )。
   A. 吸收合并　　B. 控股合并　　C. 横向合并　　D. 新设合并

2. 下列各项中,关于同一控制下企业合并的理解正确的有( )。
   A. 同一控制下企业合并,需要确认新的商誉
   B. 同一控制下企业合并,需要确认被合并方原有商誉
   C. 同一控制下企业合并,不确认新的商誉
   D. 同一控制下企业合并,不确认被合并方原有商誉

3. 下列各项中,确定非同一控制下企业合并的购买日,应当同时满足的条件有( )。
   A. 合并合同或协议已获股东大会等内部权力机构通过
   B. 已获得国家有关主管部门审批
   C. 已办理了必要的财产权交接手续
   D. 购买方已支付了购买价款的大部分(一般应超过50%),并且有能力支付剩余款项
4. 在同一控制下的企业合并中,合并方取得的净资产账面价值与支付的合并对价账面价值(或发行股份面值总额)的差额,可能调整( )。
   A. 盈余公积　　　　B. 资本公积　　　　C. 营业外收入　　　　D. 未分配利润
5. 下列各项中,关于新设合并的表述,正确的是( )。
   A. 会形成新的公司
   B. 新主体用资产收购合并方的净资产
   C. 新主体控制合并方的净资产
   D. 合并双方在合并完成后消亡

三、判断题(每题3分,共15分)

1. 吸收合并的,参与合并各方法律地位均丧失。( )
2. 以发行股票进行非同一控制下企业合并,发行股票相关的手续费计入管理费用。( )
3. 同一控制下的企业合并中所称的"控制非暂时性"是指参与合并各方在合并前、后较长的时间内受同一方或多方控制的时间通常在12个月以上。( )
4. 非同一控制下吸收合并,企业合并成本大于合并中取得的被购买方可辨认净资产公允价值份额的差额,应在合并报表中确认为商誉。( )
5. 非同一控制下企业合并,购买方作为对价的固定资产公允价值与账面价值的差额应确认为资产处置损益。( )

四、实务题(共40分)

甲公司和乙公司合并前不存在任何关联关系。有关企业合并的资料如下。

(1) 2023年5月16日,甲公司和乙公司达成合并协议,由甲公司采用控股合并方式将乙公司进行合并,合并后甲公司取得乙公司80%的股份。

(2) 2023年6月30日,甲公司以库存商品和无形资产作为对价对乙公司进行合并。作为合并对价的库存商品的公允价值为1 100万元,账面价值为950万元(原价为1 000万元,已计提的存货跌价准备为50万元);无形资产的公允价值为1 900万元,账面价值为2 050万元(原价为2 600万元,已计的累计摊销为400万元,已计提的减值准备为150万元)。

(3) 购买日乙公司可辨认净资产公允价值等于账面价值,其中股本2 000万元,资本公积500万元,盈余公积200万元,未分配利润800万元,共3 500万元。

不考虑相关税费的影响。

要求:请根据上述资料,回答下列问题。
(1) 确定购买日。
(2) 计算确定合并成本。
(3) 编制甲公司在购买日的会计分录。

第十章 合并财务报表

知识导航

合并财务报表
- 合并财务报表概述
  - 合并财务报表的概念与特点
  - 合并财务报表的分类
  - 合并财务报表的作用
- 合并范围的确定
  - 合并范围的确定原则
  - 母公司与子公司
  - 控制
- 合并财务报表编制原则、前期准备及程序
  - 合并财务报表的编制原则
  - 合并财务报表编制的前期准备事项
  - 合并财务报表的编制程序
- 长期股权投资与所有者权益的合并处理
  - 同一控制下企业合并长期股权投资与所有者权益的合并处理
  - 非同一控制下企业合并长期股权投资与所有者权益的合并处理
- 内部交易的合并处理
  - 内部存货交易的抵销处理
  - 内部固定资产交易的抵销处理
  - 内部无形资产交易的抵销处理
- 内部债权债务的合并处理
  - 内部债权债务抵销的原理
  - 内部债权债务抵销的会计处理
- 合并现金流量表的编制
  - 合并现金流量表概述
  - 编制合并现金流量表需要抵销的项目
  - 合并现金流量表中有关少数股东权益项目的反映

学习目标

1. 知识目标
(1) 了解合并财务报表的概念、组成部分以及编制程序。
(2) 理解合并范围的确定原则。
(3) 掌握内部股权交易的调整和抵销分录的编制方法、内部购销交易抵销分录的编制

方法、内部债权债务抵销分录的编制方法。

2. 能力目标

(1) 能够准确判断合并财务报表的合并范围。

(2) 能够正确编制合并日及合并日后合并财务报表的调整分录和抵销分录。

(3) 能够正确编制合并工作底稿并出具合并财务报表。

3. 素质目标

引导学生深入理解合并范围,强调以实际控制为判断依据,坚持实质重于形式的原则,培养学生基于马克思主义认识论,透过会计现象看会计本质。

 寓德于教

2022年王府井纳入合并范围的部分子公司

《王府井集团股份有限公司2022年年度报告》在"九、在其他主体中的权益"中披露的纳入合并范围的部分子公司信息如下。

(1) 王府井集团股份有限公司(以下简称"王府井")与北京首航国力商贸有限公司、共青城融发投资管理合伙企业(有限合伙)共同投资设立王府井首航超市有限公司(以下简称"首航超市"),注册资本金为10 000万元人民币,王府井持有的股权比例为48%。股东协议及公司章程规定,董事会成员5名,其中王府井委派2名,其他股东委派3名。设董事长一名,董事长及财务总监由王府井委派,董事长决定公司的经营计划、投资计划、年度财务预决算方案,聘任或者解聘公司总经理以及制定公司的基本管理制度等重大事项,其他事项由董事会成员的过半数通过。由于董事长对上述重要事项有决定权及财务总监由王府井委派,王府井对首航超市构成控制关系,将其纳入合并范围。

(2) 王府井集团股份有限公司直接持有北京新燕莎控股(集团)有限责任公司100%的股权,北京新燕莎控股(集团)有限责任公司持有北京燕莎友谊商城有限公司(以下简称"燕莎商城")50%的股权,根据燕莎商城公司章程的规定,重大事项由出席董事会的三分之二董事同意可通过,其他一般事项超过半数以上董事同意可通过。北京新燕莎控股(集团)有限责任公司在9名董事会成员中拥有6名董事,表决权比例为66.67%,能够控制燕莎商城的经营和财务,因此王府井将该公司纳入合并范围。

资料来源:上海证券交易所,2023-04-15,《王府井集团股份有限公司2022年年度报告》,http://static.sse.com.cn/disclosure/listedinfo/announcement/c/new/2023-04-15/600859_20230415_K2YY.pdf,有删节。

请思考:

1. 什么是合并范围?

2. 王府井判断是否对被投资方构成控制所依据的三要素是什么?

3. 控制的判断主要遵循了哪项会计信息质量要求?

第一节 合并财务报表概述

一、合并财务报表的概念与特点

(一) 合并财务报表的概念

合并财务报表又称合并会计报表,它是以母公司及其子公司形成的企业集团为会计主体,以公司及其子公司单独编制的个别财务报表为基础,由母公司编制,综合反映母公司和其全部子公司形成的企业集团整体财务状况、经营成果和现金流量的财务报表。

(二) 合并财务报表的特点

1. 与个别财务报表比较

编制合并财务报表是为了反映经济实质,而非法律形式上的合并会计主体的相关财务信息。与个别财务报表相比,合并财务报表有以下特点。

(1) 反映对象不同。个别财务报表反映的是独立的法人企业的财务状况、经营成果和现金流量情况,其反映对象是独立的法人企业,它既是经济意义上的会计主体,也是法律意义上的法律主体。合并财务报表反映的是母公司和子公司组成的企业集团整体的财务状况、经营成果和现金流量情况,其反映对象是由若干法人企业组成的企业集团,是经济意义上的会计主体,但不是法律意义上的法律主体。

(2) 编制主体不同。个别财务报表由独立的法人企业编制,每个企业都有义务编制个别财务报表。合并财务报表则是由企业集团中对其他企业有控制权的母公司编制,并不是所有企业都要编制合并财务报表。

【特别提示】
在多层控股时,往往由最终控股的母公司编制合并财务报表。在有需要的情况下,中层控股的公司才有可能编制合并财务报表。

(3) 编制基础不同。个别财务报表以账簿资料为编制基础,从设置账簿、编制分录、登记账簿到编制报表,遵循一套完整的会计核算流程。而合并财务报表以纳入合并范围内企业的个别财务报表为基础,根据有关资料,调整和抵销集团内部各公司之间发生的交易对合并财务报表的影响后编制。

(4) 编制方法不同。个别财务报表根据系统的账簿记录,直接或间接计算填列各报表项目。合并财务报表采用合并工作底稿这一特殊手段,把母公司和子公司的报表数据过入工作底稿中,并在工作底稿中编制调整与抵销分录,对个别财务报表的数据进行加总、抵销、调整,整理出合并数,据以填列合并财务报表。

2. 与汇总财务报表比较

汇总财务报表是指由行政管理部门根据所属企业报送的报表,对其各项目加总编制的财务报表。与汇总财务报表相比,合并财务报表有以下特点。

(1) 编制目的不同。汇总财务报表的主要目的是满足有关部或国家掌握了解整个行业或整个部门所属企业的财务经营情况的需要。合并财务报表主要是为了满足以母公司为主的企业集团的投资者、债权人及其他各方了解企业集团整体财务状况和经营成果的需要。

(2) 编报范围的确定依据不同。汇总财务报表的编报范围主要是以企业的隶属关系作为确定依据,即以企业是否归其管理,是否其下属企业作为确定编报范围的依据。合并财务报表是以母公司对子公司的控制关系作为确定依据。

(3) 编制方法不同。汇总财务报表采用简单加总的方法进行编制。合并财务报表则需要编制调整与抵销分录,运用合并财务报表工作底稿等方法进行编制。

二、合并财务报表的分类

(一) 按反映的具体内容不同进行分类

按合并财务报表反映的具体内容不同,合并财务报表分为合并资产负债表、合并利润表、合并所有者权益变动表、合并现金流量表以及附注。其中,合并资产负债表是由母公司编制的,反映报告期末企业集团整体的资产、负债和股东权益情况的报表;合并利润表是由母公司编制的、反映报告期内企业集团整体的经营成果情况的报表;合并所有者权益变动表是由母公司编制的、反映报告期内企业集团整体所有者权益变动情况的报表;合并现金流量表是由母公司编制的,反映报告期内企业集团整体的现金流入、现金流出数量及增减变动情况的报表;附注是对在合并资产负债表、合并利润表、合并现金流量表和合并所有者权益变动表等报表中列示项目的文字描述或明细资料,以及对未能在这些报表中列示项目的说明等。

(二) 按编制时间及目的不同进行分类

合并财务报表按编制时间及目的的不同,分为合并日合并财务报表和合并日后合并财务报表两类。其中,合并日合并财务报表是指取得控股权当天编制的合并报表;合并日后合并财务报表是指控股合并日后的每一个资产负债表日编制的合并报表。与合并日财务报表相比,在合并日以后的各报告期内发生了投资收益的确认、内部交易、股利分配等许多控股权取得日不曾有的经济事项,对与之相关的会计报表数据进行抵销和调整,就构成了合并日后合并财务报表工作底稿中与合并日合并财务报表工作底稿不同的内容。

【特别提示】

同一控制下的企业合并,母公司在合并日编制的合并报表包括合并资产负债表、期初至合并日的合并利润表和合并现金流量表;非同一控制下的企业合并,母公司在购买日只编制合并资产负债表。合并日后各个会计期末编制的合并财务报表,无论是同一控制企业合并还是非同一控制企业合并,都应包括合并资产负债表、合并利润表、合并现金流量表等。

三、合并财务报表的作用

(一) 反映集团整体的财务信息,满足利益相关者的信息需求

合并财务报表能够对外提供反映由母公司和子公司所组成的企业集团整体的财务状况、经营成果和现金流量的会计信息。控股合并后,母公司及其所属的子公司各自仍为独立

的法人实体,因此仍应单独编制各自的财务报表。但这些财务报表无法有效地反映整个企业集团的财务状况、经营成果和现金流量等信息,因此,还要编制合并财务报表,以便母公司及企业集团的投资者、债权人和其他报表使用者了解企业集团整体的财务信息。

> 【特别提示】
> 　　编制合并财务报表的前提是存在长期股权投资,但存在长期股权投资并不一定编制合并财务报表。合并财务报表的编制与否取决于投资方与被投资方是否存在控制与被控制关系。

(二) 反映集团真实的财务信息,避免利用内部交易粉饰报表

合并财务报表在一定程度上能遏制某些企业集团利用内部控股关系粉饰财务报表的行为。控股公司的发展衍生出一些新的问题,如某市控股公司利用对子公司的控制和从属关系,运用内部转移价格等手段,转移利润以达到避税的目的,或转移亏损以达到粉饰报表的目的。合并财务报表可以将企业集团内部交易所产生的收入及利润予以抵销,使财务报表能够客观真实地反映企业集团的财务状况和经营成果,有利于防止和避免控股公司人为操作利润、粉饰财务报表的现象。

第二节 合并范围的确定

一、合并范围的确定原则

合并范围是指可纳入合并财务报表的主体范围,正确界定合并范围是编制合并财务报表的重要前提。《企业会计准则第33号——合并财务报表》规定,合并财务报表的合并范围应以控制为基础予以确定。该准则同时还规定,母公司应当将其全部子公司纳入合并财务报表的合并范围(母公司是投资性主体时可能会有例外)。因此,合并范围的关键问题是正确理解"控制"的含义与判断标准,正确理解母公司、子公司的概念。

> 【特别提示】
> 　　如果母公司是投资性主体,则只应将那些为投资性主体的投资活动提供相应服务的子公司纳入合并范围,其他子公司不应予以合并,对这些不纳入合并范围的子公司的投资按照公允价值计量且其变动计入当期损益。如果一个投资性主体的母公司其本身不是投资性主体,则应当将此投资性主体控制的全部主体,包括此投资性主体以及通过投资性主体间接控制的主体,纳入合并财务报表范围。

二、母公司与子公司

母公司是指控制一个或一个以上主体(含企业、被投资单位可以分割的部分,以及企业所控制的结构化主体等)的主体。子公司是指被母公司控制的主体。

投资方通常应当对是否控制被投资方整体进行判断。因此,通常情况下子公司是投资

方控制的企业主体。但在极个别情况下，子公司可能是投资方控制的被投资方中可分割的部分。当有确凿证据表明同时满足下列条件并且符合相关法律法规规定的，投资方应当将被投资方的一部分视为被投资方可以分割的部分，进而判断是否控制该部分：①该部分的资产是偿还该部分负债或该部分其他权益的唯一来源，不能用于偿还该部分以外的被投资方的其他负债。②除与该部分相关的各方，其他方不享有与该部分资产相关的权利，也不享有与该部分资产剩余现金流量相关的权利。

被母公司控制的主体还可能是结构化主体。结构化主体是指被设计为表决权或类似权利并非决定该主体控制方的主导因素的主体。常见的结构化主体有证券化载体、资产抵押融资以及某些投资基金等。

三、控制

控制是指投资方拥有对被投资方的权力，通过参与被投资方的相关活动而享有可变回报，并且有能力运用对被投资方的权力影响其回报金额。控制的定义包括三个要素：①投资方拥有对被投资方的权力。②投资方因参与被投资方的相关活动而享有可变回报。③投资方有能力运用对被投资方的权力影响其回报金额。在判断投资方是否能够控制被投资方时，当且仅当投资方具备上述三个要素时，才能表明投资方能够控制被投资方。

投资方应当在综合考虑所有相关事实和情况的基础上，对是否控制被投资方进行判断。一旦相关事实和情况的变化导致对控制定义所涉及的相关要素发生变化的，投资方应当进行重新评估，相关事实和情况主要包括：①被投资方的设立目的。②被投资方的相关活动以及如何对相关活动作出决策。③投资方享有的权利是否使其目前有能力主导被投资方的相关活动。④投资方是否通过参与被投资方的相关活动而享有可变回报。⑤投资方是否有能力运用对被投资方的权力影响其回报金额。⑥投资方与其他方的关系。

（一）投资方拥有对被投资方的权力

投资方拥有对被投资方的权力是判断控制的第一要素。投资方能够主导被投资方的相关活动时，称投资方对被投资方享有"权力"。在判断投资方是否对被投资方拥有权力时，应注意以下四点：①权力只表明投资方主导被投资方相关活动的现时能力，并不要求投资方实际行使其权力。即，如果投资方拥有主导被投资方相关活动的现时能力，即使这种能力尚未被实际行使，也视为该投资方拥有对被投资方的权力。②权力是一种实质性权利，而不是保护性权利。③权力是为自己行使的，而不是代其他方行使。④权力通常表现为表决权，但有时也可能表现为其他合同安排。

【特别提示】

实质性权利是持有人在对相关活动进行决策时有实际能力行使的可执行权利，通常是当前可执行的权利，但某些情况下当前不可行使的权利也可能是实质性权利。

保护性权利是指仅为了保护权利持有人利益却没有赋予持有人对相关活动的决策权。保护性权利通常包括应由股东大会行使的修改公司章程，增加或减少注册资本，发行公司债券，公司合并、分立、解散或变更公司形式等事项持有的表决权。仅享有保护性权利的投资方不拥有对被投资方的权力。

投资方对被投资方的权力可能源自各种权利,如表决权、委派或罢免有能力主导被投资方相关活动的该被投资方关键管理人员或其他主体的权利、决定被投资方进行某项交易或否决某项交易的权利、由管理合同授予的决策权利等。这些权利单独或结合在一起,可能赋予对被投资方的权力。

除非有确凿证据表明其不能主导被投资方的相关活动,下列情况表明投资方对被投资方拥有权力。

(1) 投资方持有被投资方半数以上表决权。表决权是指投资方对被投资方经营计划、投资方案、年度财务预算方案和决算方案、利润分配方案和弥补亏损方案、内部管理机构的设置、聘任或解聘公司经理及确定其薪酬、公司的基本管理制度等事项进行表决而持有的权利。表决权通常与其出资比例或持股比例是一致的,但公司章程另有规定的除外。

在通常情况下,当被投资方的相关活动由持有半数以上表决权的投资方决定,或者主导被投资方相关活动的管理层多数成员(管理层决策由多数成员表决通过)由持有半数以上表决权的投资方聘任时,无论该表决权是否行使,持有被投资方过半数表决权的投资方拥有对投资方的权力。投资方持有被投资方半数以上表决权的情况通常包括以下三种:①投资方直接持有被投资方半数以上表决权。②投资方间接持有被投资方半数以上表决权。③投资方以直接和间接方式合计持有被投资方半数以上表决权。

【特别提示】
按我国现行合并财务报表的规定,在确定对间接持股的被投资单位的表决权比例时,应采用加法而不是乘法。例如,A公司拥有B公司90%的表决权,直接拥有C公司30%的表决权,B公司直接拥有C公司50%的表决权,则A公司间接拥有C公司50%的表决权,直接加间接合计持有C公司80%的表决权。

(2) 投资方持有被投资方半数或以下表决权,但通过与其他表决权持有人之间的协议能够控制半数以上表决权。投资方自己持有的表决权虽然只有半数或以下,但通过与其他表决权持有人之间的协议使其可以持有足以主导被投资方相关活动的表决权,从而拥有对被投资方的权力。例如,烟台兴茂机械制造公司、乙公司和丙公司分别持有F公司45%、30%和25%的普通股。F公司的相关活动通过股东会议半数以上表决权主导,在股东会议上,每股普通股享有一票表决权。烟台兴茂机械制造有限公司与乙公司签订协议,将乙公司持有F公司30%的表决权委托给烟台兴茂机械制造有限公司管理。因此,烟台兴茂机械制造有限公司通过与乙公司的协议拥有F公司半数以上的表决权,即拥有F公司的决策权力。

(3) 投资方持有被投资方半数或半数以下表决权,与其他表决权持有人之间也没有协议,但实质上拥有对被投资方的权力等。持有半数或半数以下表决权的投资方,应综合考虑下列事实和情况,以判断其持有的表决权与相关事实和情况相结合是否赋予投资方拥有对被投资方权力。

第一,投资方持有的表决权份额相对于其他投资方持有的表决权份额的大小,以及其他投资方持有表决权的分散程度。投资方持有的绝对表决权比例或相对于其他投资方持有的表决权比例越高,其现时能够主导被投资方相关活动的可能性越大;为否决投资方意见而需要联合的其他投资方越多,投资方现时能够主导被投资方相关活动的可能性越大。

【例10-1】 烟台兴茂机械制造有限公司持有A公司40％有表决权股份,剩余股份由分散的小股东持有,所有小股东单独持有的有表决权股份均未超过1％,且他们之间或其中一部分股东均未达成进行集体决策的协议。

本例中,在判断烟台兴茂机械制造有限公司是否拥有对A公司的权力时,烟台兴茂机械制造有限公司持有的A公司有表决权的股份(40％)虽然不足50％,但是,根据其他股东持有股份的相对规模及其分散程度,且其他股东之间未达成集体决策协议等情况,可以判断烟台兴茂机械制造有限公司拥有对A公司的权力。

第二,投资方和其他投资方持有的潜在表决权。潜在表决权是指获得被投资方表决权的权利,如可转换工具、可执行认股权证、远期股权购买合同或其他期权所产生的权利等。

第三,其他合同安排产生的权利。投资方可能通过持有的表决权和其他决策权相结合的方式使其当前能够主导被投资方的相关活动。例如,合同安排赋予投资方能够聘任被投资方董事会或类似权力机构多数成员,这些成员能够主导董事会或类似权力机构对相关活动的决策。但是,在不存在其他权利时,仅是被投资方对投资方的经济依赖(如供应商和其主要客户的关系)不会导致投资方对被投资方拥有权力。

第四,其他相关事实或情况。如果根据上述几项所列因素尚不足以判断投资方是否控制被投资方,应综合考虑投资方享有的权利、被投资方以往表决权行使情况及下列事实或情况进行判断:①投资方是否能够任命或批准被投资方的关键管理人员,这些关键管理人员能够主导被投资方的相关活动。②投资方是否能够出于自身利益决定或者否决被投资方的重大交易。③投资方是否能够控制被投资方董事会等类似权力机构成员的任命程序,或者从其他表决权持有人手中获得代理投票权。④投资方与被投资方的关键管理人员或董事会等类似权力机构中的多数成员是否存在关联关系(如被投资方首席执行官与投资方首席执行官为同一人)。⑤投资方与被投资方之间是否存在特殊关系(如被投资方的关键管理人员是投资方的现任或前任职工,被投资方的经营活动依赖于投资方,被投资方活动的重大部分有投资方参与其中或者是以投资方的名义进行等)。

(二)因参与被投资方的相关活动而享有可变回报

判断投资方是否控制被投资方的第二项基本要素是,因参与被投资方的相关活动而享有可变回报(回报模式)。投资方自被投资方取得的回报可能会随着被投资方业绩而变动的,视为享有可变回报。投资方应基于合同安排的实质而非回报的法律形式对回报的可变性进行评价。投资方的可变回报形式主要包括以下三种。

(1)股利、被投资方经济利益的其他分配(如被投资方发行的债务工具产生的利息)、投资方对被投资方投资的价值变动。

(2)因向被投资方的资产或负债提供服务而得到的报酬,因提供信用支持或流动性支持收取的费用或承担的损失,被投资方清算时在其剩余净资产中所享有的权益、税务利益,以及因涉入被投资方而获得的未来流动性。

(3)其他利益持有方无法得到的回报。例如,投资方将自身资产与被投资方的资产合并使用,以实现规模经济,达到节约成本,为稀缺产品提供资源,获得专有技术或限制某些运营或资产,从而提高投资方其他资产的价值。

投资方的可变回报通常体现为从被投资方获取股利。但受法律法规的限制,投资方有时无法通过分配被投资方利润或盈余的形式获得回报。例如,当被投资方的法律形式为信托机构时,其盈利可能不是以股利形式分配给投资者。因此,投资者需要根据具体情况,以投资方的投资目的为出发点,综合分析投资方是否获得除股利以外的其他可变回报,被投资方不能进行利润分配并不必然代表投资方不能获取可变回报。

(三) 有能力运用对被投资方的权力影响其回报金额

判断投资方是否控制被投资方的第三项基本要素是,有能力运用对被投资方的权力影响其回报金额(即权利模式与回报模式之间的关系)。只有当投资方不仅拥有对被投资方的权力,通过参与被投资方的相关活动而享有可变回报,并且有能力运用对被投资方的权力来影响其回报的金额时,投资方才控制被投资方。因此,拥有决策权的投资方在判断是否控制被投资方时,需要考虑其决策行为是以主要责任人的身份进行,还是以代理人的身份进行。此外,在其他方拥有决策权时,投资方还需要考虑其他方是否以代理人的身份代表该投资方行使决策权。

第三节 合并财务报表编制原则、前期准备及程序

一、合并财务报表的编制原则

合并财务报表的编制,除应遵循财务报表编制的一般原则和要求,如真实可靠、内容完整,还应当遵循以下原则和要求。

(1) 以个别财务报表为基础编制。合并财务报表并不是直接根据母公司和子公司账簿编制,而是利用母公司和子公司编制的反映各自财务状况和经营成果的财务报表提供的数据,通过合并财务报表的特有方法进行编制。以纳入合并范围的个别财务报表为基础,是客观性原则在合并财务报表编制时的具体体现。

(2) 一体性原则。合并财务报表反映的是企业集团的财务状况和经营成果,反映的是由多个法人企业组成的一个会计主体的财务情况,在编制合并财务报表时应当将母公司和所有子公司作为整体来看待,将其视为一个会计主体,母公司和子公司发生的经营活动都应当从企业集团这一整体的角度进行考虑。

(3) 重要性原则。与个别财务报表相比,合并财务报表涉及多个法人主体,涉及的经营活动的范围很广,母公司与子公司经营活动往往跨越不同行业界限,有时母公司与子公司经营活动甚至相差很大。此外,母公司与子公司、子公司相互之间发生的经济业务,对整个企业集团财务状况和经营成果影响不大时,为简化合并手续也应根据重要性原则进行取舍,可以不编制抵销分录而直接编制合并财务报表。

二、合并财务报表编制的前期准备事项

合并财务报表的编制涉及多个子公司,有的合并财务报表的合并范围甚至包括数百个子公司。为了使编制的合并财务报表准确、全面反映企业集团的真实情况,应当做好一系列的前期准备事项。

(一) 统一母子公司的会计政策

会计政策是指企业进行会计核算和编制财务报表时所采用的会计原则、会计程序和会

计处理方法,是编制财务报表的基础。统一母公司和子公司的会计政策是保证母子公司财务报表各项目反映内容一致的基础。为此,在编制财务报表前,应当尽可能统一母公司和子公司的会计政策,统一要求子公司所采用的会计政策与母公司保持致。对一些境外子公司,由于所在国或地区法律、会计准则等方面的原因,确实无法使其采用的会计政策与母公司所采用的会计政策保持一致,则应当要求其按照母公司所采用的会计政策重新编报财务报表,也可以由母公司根据自身所采用的会计政策,对境外子公司报送的财务表进行调整,以重编或调整编制的境外子公司财务报表,作为编制合并财务报表的基础。

(二) 统一母子公司的资产负债表日及会计期间

财务报表能够反映一定日期的财务状况和一定会计期间经营成果,母公司和子公司的个别财务报表只有在反映财务状况的日期和反映经营成果的会计期间一致的情况下,才能进行合并。为编制合并财务报表,应当统一企业集团内所有的子公司的资产负债表日和会计期间,使子公司的资产负债表日和会计期间与母公司的资产负债表日和会计期间保持一致,以便子公司提供相同资产负债表日和会计期间的财务报表。

对于境外子公司,由于所在地国家法律限制确实不能与母公司财务报表决算日和会计期间一致的,母公司应当按照自身的资产负债表日和会计期间对子公司的财务报表进行调整,以调整后的子公司财务报表为基础编制合并财务报表,也可以要求子公司按照母公司的资产负债表日和会计期间另行编制报送其个别财务报表。

(三) 对子公司以外币表示的财务报表进行折算

对母公司和子公司的财务报表进行合并,其前提是母子公司个别财务报表所采用的货币计量单位一致。我国允许外币业务比较多的企业采用某一外币作为记账本位币,境外企业一般也是采用其所在国或地区的货币作为其记账本位币。将这些企业的财务报表纳入合并时,应当将其折算为母公司所采用的记账本位币表示的财务报表,我国外币财务报表基本上采用的是现行汇率法,有关外币财务报表的具体折算方法在外币业务中已作论述,在此不再重复。

(四) 收集编制合并财务报表的相关资料

合并财务报表以母公司和其子公司的财务报表以及其他有关资料为依据,由母公司合并有关的数额编制。为编制合并财务报表,母公司应当要求子公司及时提供下列有关资料。

(1) 子公司相应期间的财务报表。

(2) 与母公司及与其他子公司之间发生的内部购销交易、债权债务、投资及其产生的现金流量和未实现内部销售损益的期初、期末余额及变动情况等资料。

(3) 子公司所有者权益变动和利润分配的有关资料。

(4) 编制合并财务报表所要求的其他资料,如非同一控制下企业合并购买日的公允价值资料。

三、合并财务报表的编制程序

合并财务报表的编制是一项极为复杂的工作,不仅涉及本企业会计业务和财务报表,而且还涉及纳入合并范围的子公司的会计业务和财务报表。为了使合并财务报表的编制工作有条不紊,应当按照一定的程序有步骤地进行。合并财务报表的编制程序大致如下。

(1) 设置合并工作底稿。合并工作底稿的作用是为合并财务报表的编制提供基础。在合并工作底稿中,对母公司和纳入合并范围的子公司的个别财务报表各项目的数额进行汇总和抵销处理,最终计算得出合并财务报表各项目的合并数。合并工作底稿的基本格式如表 10-1 所示。

表 10-1　　　　　　　　　　　　合并工作底稿(简表)　　　　　　　　　　　　单位:元

项目	母公司	子公司	合计数	调整与抵销分录		少数股东权益	合并数
				借方	贷方		
资产负债表项目			……				
货币资金							
……							
短期借款							
……							
实收资本							
……							
少数股东权益							
……							
利润表项目							
营业收入							
营业成本							
……							
净利润							
少数股东损益							
……							
现金流量表项目							
经营活动现金流量							
……							
所有者权益变动表项目							
年初未分配利润							
……							

(2)将母公司和纳入合并范围的子公司个别资产负债表、利润表及所有者权益变动表各项目的数据过入合并工作底稿,并在合并工作底稿中对母公司和子公司个别财务报表各项目的数据进行加总,计算得出个别资产负债表、个别利润表及个别所有者权益变动表各项目合计数金额。

(3)调整分录与抵销分录,将母公司与子公司、子公司相互之间发生的经济业务对个别财务报表有关项目的影响进行调整抵销处理。编制调整分录与抵销分录,进行调整抵销处理是合并财务报表编制的关键和主要内容,其目的在于将因会计政策及计量基础的差异而对个别财务报表的影响进行调整,以及将个别财务报表各项目的加总数据中重复的因素等予以抵销。

(4) 计算合并财务报表各项目的合并数额。即在母公司和纳入合并范围的子公司个别财务报表各项目加总数额的基础上,分别计算财务报表中的资产类项目、负债类项目、所有者权益类项目、收入类项目、成本类项目和费用类项目的合并数。其计算方法如下:①资产类项目,其合并数根据该项目加总的数额,加上该项目调整分录与抵销分录的借方发生额,减去该项目调整分录与抵销分录的贷方发生额计算确定。②负债类项目和所有者权益类项目,其合并数根据该项目加总的数额,减去该项调整分录与抵销分录的借方发生额,加上该项目调整分录与抵销分录的贷方发生额计算确定。③有关收益类项目,其合并数根据该项目加总的数额,减去该项目调整分录与抵销分录的借方发生额,加上该项目调整分录与抵销分录的贷方发生额计算确定。④有关成本费用类项目和有关利润分配的项目,其合并数根据该项目加总的数额,加上该项目调整分录与抵销分录的借方发生额,减去该项目调整分录与抵销分录的贷方发生额计算确定。

(5) 填列合并财务报表。即根据合并工作底稿中计算出的资产类项目、负债类项目、所有者权益类项目、收入类项目、成本类项目、费用类项目的合并数,填列正式的合并财务报表。

第四节 长期股权投资与所有者权益的合并处理

母公司对子公司的长期股权投资,一方面反映为长期股权投资以外的其他资产的减少,另一方面反映为长期股权投资的增加,在母公司个别资产负债表中作为资产类项目中的长期股权投资列示。子公司接受这一投资时,一方面增加资产,另一方面作为实收资本(或股本,下同)等处理;在其个别资产负债表中,一方面反映为实收资本(或股本)等的增加,另一方面反映为相对应的资产的增加。从企业集团整体来看,母公司对子公司进行的长期股权投资实际上相当于母公司将资本拨付下属核算单位,并不引起整个企业集团的资产、负债和所有者权益的增减变动。因此,编制合并财务报表时,应当在母公司与子公司财务报表数据简单相加的基础上,将母公司对子公司长期股权投资与子公司所有者权益予以抵销。

一、同一控制下企业合并长期股权投资与所有者权益的合并处理

(一) 合并日合并财务报表工作底稿中的相关抵销处理

根据企业会计准则的规定,同一控制下的控股合并,合并方应以合并日应享有被合并方所有者权益相对于最终控制方而言的账面价值的份额作为形成的长期股权投资的初始投资成本,初始投资成本与支付的合并对价账面价值(或发行股份面值总额)的差额,应当调整资本公积;资本公积不足冲减的,调整留存收益;同时,应编制控制权取得日合并资产负债表、年初至控制权取得日合并利润表和年初至控制权取得日合并现金流量表。

母公司在将购买取得子公司股权登记入账后,在编制合并资产负债表时,只需要将对子公司长期股权投资与子公司所有者权益中母公司所拥有的份额相抵销。具体会计处理

如下。

(1) 抵销子公司所有者权益与母公司所确认的长期股权投资。

借：股本
　　资本公积
　　其他综合收益　　　　　　　　（子公司报告价值）
　　盈余公积
　　未分配利润
　贷：长期股权投资　　　　　　　　（母公司对子公司长期股权投资报告价值）
　　　少数股东权益　　　　　　　　（子公司股东权益×少数股东持股比例）

(2) 根据子公司合并前留存收益中母公司享有部分调整母公司股东权益。同一控制下企业合并中按一体化存续原则，在合并财务报表上，对被合并方在企业合并前实现的留存收益中归属于合并方的部分，应自合并方资本公积（资本溢价或股本溢价）转入留存收益。

借：资本公积　　　　　　　　　　（子公司合并前留存收益×母公司持股比例）
　贷：盈余公积　　　　　　　　　　（子公司合并前盈余公积×母公司持股比例）
　　　未分配利润　　　　　　　　　（子公司合并前未分配利润×母公司持股比例）

【特别提示】

(1) 在合并财务报表工作底稿中编制调整、抵销分录时，应使用报表项目，而不是会计账户。

(2) 同一控制下企业合并取得的子公司抵销时不会产生差额，即不会产生商誉。

(3) 在母公司持有子公司部分股权的情况下，少数股东持有的股权在合并资产负债表中需以少数股东权益项目反映。

【例10-2】 烟台海德股份有限公司（以下简称"海德股份"）和烟台益德商贸股份有限公司（以下简称"益德商贸"）均为烟台华顺股份有限公司的子公司。2023年6月30日，海德股份发行400万股普通股（面值为1元/股）自烟台华顺股份有限公司处取得益德商贸100%的股权。假定海德股份和益德商贸采用相同的会计政策。合并前，海德股份和益德商贸的资产负债表资料如表10-2所示、利润表资料如表10-3所示。

表10-2　　　　　海德股份和益德商贸资产负债表相关资料
2023年6月30日　　　　　　　　　　　　　　　　　　单位：元

项目	海德股份	益德商贸
货币资金	5 524 000	230 000
以公允价值计量且其变动计入当期损益的金融资产	560 000	124 000
应收账款	2 238 000	872 000
存货	3 918 000	1 504 000
长期股权投资	3 240 000	1 240 000
固定资产	15 380 000	6 320 000

(续表)

项目	海德股份	益德商贸
无形资产	2 080 000	420 000
资产总计	32 940 000	10 710 000
短期借款	1 828 000	682 000
应付账款	2 451 600	943 400
长期借款	6 812 000	2 688 000
负债合计	11 091 600	4 313 400
股本	11 800 000	2 520 000
资本公积（股本溢价）	5 480 000	2 562 000
盈余公积	1 854 400	716 600
未分配利润	2 714 000	598 000
所有者权益合计	21 848 400	6 396 600
负债和所有者权益合计	32 940 000	10 710 000

表10-3　　　　　　　　海德股份和益德商贸利润表（简表）

2023年1月1日至6月30日　　　　　　　　　　　　　　　单位：元

项目	海德股份	益德商贸
一、营业收入	16 200 000	5 040 000
减：营业成本	6 480 000	2 940 000
税金及附加	540 000	420 000
销售费用	1 080 000	336 000
管理费用	864 000	210 000
财务费用	756 000	294 000
资产减值损失	270 000	84 000
加：公允价值变动损益	0	0
投资收益	1 080 000	420 000
二、营业利润	7 290 000	1 176 000
加：营业外收入	1 404 000	420 000
减：营业外支出	540 000	84 000
三、利润总额	8 154 000	1 512 000
减：所得税费用	2 160 000	294 000
四、净利润	5 994 000	1 218 000

要求：若你是海德股份的财务人员，请根据上述资料进行个别报表中的会计处理，编制合并财务报表工作底稿中的抵销分录。

解析：该合并为同一控制下企业合并，海德股份长期股权投资应按其在益德商贸所有者权益账面价值中占有的份额作为初始入账成本。

长期股权投资初始入账成本＝6 396 600×100％＝6 396 600(元)

借：长期股权投资　　　　　　　　　　　　　　　　　　6 396 600
　　贷：股本　　　　　　　　　　　　　　　　　　　　　　4 000 000
　　　　资本公积——股本溢价　　　　　　　　　　　　　　2 396 600

记录合并业务后，海德股份的资产负债表如表10-4所示。

表10-4　　　　　　　　　　　　海德股份资产负债表
　　　　　　　　　　　　　　　　2023年6月30日　　　　　　　　　　单位：元

资产项目	金额	负债和所有者权益项目	金额
货币资金	5 524 000	短期借款	1 828 000
交易性金融资产	560 000	应付账款	2 451 600
应收账款	2 238 000	长期借款	6 812 000
存货	3 918 000	负债合计	11 091 600
长期股权投资	9 636 600	股本	15 800 000
固定资产	15 380 000	资本公积	7 876 600
无形资产	2 080 000	盈余公积	1 854 400
		未分配利润	2 714 000
		所有者权益合计	28 245 000
资产总计	39 336 600	负债和所有者权益总计	39 336 600

海德股份的长期股权投资是按益德商贸净资产账面价值入账的，因此不存在商誉。在编制合并财务报表时，只需将海德股份的长期股权投资与益德商贸的所有者权益项目抵销。为此编制抵销分录如下。

① 借：股本　　　　　　　　　　　　　　　　　　　　　2 520 000
　　　资本公积　　　　　　　　　　　　　　　　　　　　2 562 000
　　　盈余公积　　　　　　　　　　　　　　　　　　　　　716 600
　　　未分配利润　　　　　　　　　　　　　　　　　　　　598 000
　　　　贷：长期股权投资　　　　　　　　　　　　　　　　6 396 600

同一控制下的控股合并中，合并后资产负债表的留存收益项目应当反映母子公司如果一直作为一个整体运行至合并日应实现的盈余公积和未分配利润的情况，因此应将被合并企业的盈余公积和未分配利润项目转出。

② 借：资本公积　　　　　　　　　　　　　　　　　　　1 314 600
　　　　贷：盈余公积　　　　　　　　　　　　　　　　　　716 600
　　　　　　未分配利润　　　　　　　　　　　　　　　　　598 000

海德股份编制合并财务报表的工作底稿如表 10-5 所示。

表 10-5　　　　　　　　　　　海德股份合并工作底稿

2023 年 6 月 30 日　　　　　　　　　　　　　　　　　　　　　单位：元

项目	海德股份	益德商贸	合计数	调整与抵销分录 借方	调整与抵销分录 贷方	合并数
资产负债表项目						
货币资金	5 524 000	230 000	5 754 000			5 754 000
交易性金融资产	560 000	124 000	684 000			684 000
应收账款	2 238 000	872 000	3 110 000			3 110 000
存货	3 918 000	1 504 000	5 422 000			5 422 000
长期股权投资	9 636 600	1 240 000	10 876 600		①6 396 600	4 480 000
固定资产	15 380 000	6 320 000	21 700 000			21 700 000
无形资产	2 080 000	420 000	2 500 000			2 500 000
资产总计	39 336 600	10 710 000	50 046 600		6 396 600	43 650 000
短期借款	1 828 000	682 000	2 510 000			2 510 000
应付账款	2 451 600	943 400	3 395 000			3 395 000
长期借款	6 812 000	2 688 000	9 500 000			9 500 000
负债合计	11 091 600	4 313 400	15 405 000			15 405 000
股本	15 800 000	2 520 000	18 320 000	①2 520 000		15 800 000
资本公积（股本溢价）	7 876 600	2 562 000	10 438 600	②1 314 600 ①2 562 000		6 562 000
盈余公积	1 854 400	716 600	2 571 000	①716 600	②716 600	2 571 000
未分配利润	2 714 000	598 000	3 312 000	①598 000	②598 000	3 312 000
所有者权益合计	28 245 000	6 396 600	34 641 600	7 711 200	1 314 600	28 245 000
负债和所有者权益总计	39 336 600	10 710 000	50 046 600			43 650 000
利润表项目						
营业收入	16 200 000	5 040 000	21 240 000			21 240 000
营业成本	6 480 000	2 940 000	9 420 000			9 420 000
税金及附加	540 000	420 000	960 000			960 000
销售费用	1 080 000	336 000	1 416 000			1 416 000
管理费用	864 000	210 000	1 074 000			1 074 000
财务费用	756 000	294 000	1 050 000			1 050 000
资产减值损失	270 000	84 000	354 000			354 000
投资收益	1 080 000	420 000	1 500 000			1 500 000

(续表)

项目	海德股份	益德商贸	合计数	调整与抵销分录		合并数
				借方	贷方	
营业利润	7 290 000	1 176 000	8 466 000			8 466 000
营业外收入	1 404 000	420 000	1 824 000			1 824 000
营业外支出	540 000	84 000	624 000			624 000
利润总额	8 154 000	1 512 000	9 666 000			9 666 000
所得税费用	2 160 000	294 000	2 454 000			2 454 000
净利润	5 994 000	1 218 000	7 212 000			7 212 000
抵销分录合计				7 711 200	7 711 200	

根据上述工作底稿编制海德股份取得控制权的合并资产负债表如表 10-6 所示、合并利润表如表 10-7 所示。

表 10-6　　　　　海德股份合并资产负债表

2023 年 6 月 30 日　　　　　　　　　　　　　　　　　　单位：元

资产项目	金额	负债和所有者权益项目	金额
货币资金	5 754 000	短期借款	2 510 000
交易性金融资产	684 000	应付账款	3 395 000
应收账款	3 110 000	长期借款	9 500 000
存货	5 422 000	负债合计	15 405 000
长期股权投资	4 480 000	股本	15 800 000
固定资产	21 700 000	资本公积	6 562 000
无形资产	2 500 000	盈余公积	2 571 000
		未分配利润	3 312 000
		所有者权益合计	28 245 000
资产总计	43 650 000	负债和所有者权益总计	43 650 000

表 10-7　　　　　海德股份合并利润表

2023 年 1 月 1 日至 6 月 30 日　　　　　　　　　　　　　单位：元

项目	海德股份
一、营业收入	21 240 000
减：营业成本	9 420 000
税金及附加	960 000
销售费用	1 416 000
管理费用	1 074 000

(续表)

项目	海德股份
财务费用	1 050 000
资产减值损失	354 000
加：公允价值变动损益	—
投资收益	1 500 000
二、营业利润	8 466 000
加：营业外收入	1 824 000
减：营业外支出	624 000
三、利润总额	9 666 000
减：所得税费用	2 454 000
四、净利润	7 212 000

【例10-3】承[例10-2]假设海德股份发行320万股普通股(面值为1元/股)自烟台华顺股份有限公司处取得益德商贸80%的股权,其他资料不变。

要求：若你是海德股份的财务人员,请根据上述资料进行个别报表中的会计处理,编制合并财务报表工作底稿中的抵销分录。

解析：海德股份对益德商贸投资的价值、应增加的股本、资本公积、盈余公积和未分配利润计算如下。

对益德商贸的初始确认金额=6 396 600×80%=5 117 280(元)

应增加的股本=3 200 000(元)

应增加的资本公积=5 117 280-3 200 000=1 917 280(元)

海德股份在益德商贸合并前形成的留存收益中享有的份额为：

盈余公积=716 600×80%=573 280(元)

未分配利润=598 000×80%=478 400(元)

海德股份上述投资的会计分录如下。

借：长期股权投资　　　　　　　　　　　　　　　　5 117 280
　　贷：股本　　　　　　　　　　　　　　　　　　　　　　3 200 000
　　　　资本公积——股本溢价　　　　　　　　　　　　　　1 917 280

记录合并业务后,海德股份的资产负债表如表10-8所示。

表10-8　　　　　　　　海德股份资产负债表

2023年6月30日　　　　　　　　　　　　　　　　　　　　　　单位：元

资产项目	金额	负债和所有者权益项目	金额
货币资金	5 524 000	短期借款	1 828 000
交易性金融资产	560 000	应付账款	2 451 600
应收账款	2 238 000	长期借款	6 812 000

(续表)

资产项目	金额	负债和所有者权益项目	金额
存货	3 918 000	负债合计	11 091 600
长期股权投资	8 357 280	股本	15 000 000
固定资产	15 380 000	资本公积	7 397 280
无形资产	2 080 000	盈余公积	1 854 400
		未分配利润	2 714 000
		所有者权益合计	26 965 680
资产总计	38 057 280	负债和所有者权益总计	38 057 280

在编制合并财务报表中,应将海德股份对益德商贸的股权投资与益德商贸所有者权益中海德股份享有的份额抵销,少数股东在益德商贸所有者权益中享有的份额作为少数股东权益列示。抵销分录如下。

① 借:股本　　　　　　　　　　　　　　　　　　　　　　　　　2 520 000
　　　资本公积　　　　　　　　　　　　　　　　　　　　　　　　2 562 000
　　　盈余公积　　　　　　　　　　　　　　　　　　　　　　　　716 600
　　　未分配利润　　　　　　　　　　　　　　　　　　　　　　　598 000
　　贷:长期股权投资　　　　　　　　　　　　　　　　　　　　　5 117 280
　　　　少数股东权益(6 396 600×20％)　　　　　　　　　　　　　1 279 320

同一控制下的控股合并中,合并后资产负债表的留存收益项目应当反映母子公司如果一直作为一个整体运行至合并日应实现的盈余公积和未分配利润。结转海德股份在益德商贸合并前形成的留存收益中享有的份额,会计分录如下。

② 借:资本公积　　　　　　　　　　　　　　　　　　　　　　　1 051 680
　　贷:盈余公积　　　　　　　　　　　　　　　　　　　　　　　573 280
　　　　未分配利润　　　　　　　　　　　　　　　　　　　　　　478 400

海德股份合并财务报表的工作底稿如表10-9所示。

表 10-9　　　　　　　　海德股份合并报表工作底稿(局部)

2023年6月30日　　　　　　　　　　　　　　　　　　　　　　　　　　　单位:元

项目	海德股份	益德商贸	合计数	调整与抵销分录		少数股东权益	合并数
				借方	贷方		
资产负债表项目							
货币资金	5 524 000	230 000	5 754 000				5 754 000
交易性金融资产	560 000	124 000	684 000				684 000
应收账款	2 238 000	872 000	3 110 000				3 110 000
存货	3 918 000	1 504 000	5 422 000				5 422 000
长期股权投资	8 357 280	1 240 000	9 597 280		①5 117 280		4 480 000

(续表)

项目	海德股份	益德商贸	合计数	调整与抵销分录 借方	调整与抵销分录 贷方	少数股东权益	合并数
固定资产	15 380 000	6 320 000	21 700 000				21 700 000
无形资产	2 080 000	420 000	2 500 000				2 500 000
资产总计	38 057 280	10 710 000	48 767 280		5 117 280		43 650 000
短期借款	1 828 000	682 000	2 510 000				2 510 000
应付账款	2 451 600	943 400	3 395 000				3 395 000
长期借款	6 812 000	2 688 000	9 500 000				9 500 000
负债合计	11 091 600	4 313 400	15 405 000				15 405 000
股本	15 000 000	2 520 000	17 520 000	①2 520 000			15 000 000
资本公积(股本溢价)	7 397 280	2 562 000	9 959 280	②1 051 680 ①2 562 000			6 345 600
盈余公积	1 854 400	716 600	2 571 000	①716 600	②573 280		2 427 680
未分配利润	2 714 000	598 000	3 312 000	①598 000	②478 400		3 192 400
少数股东权益						①1 279 320	1 279 320
所有者权益合计	26 965 680	6 396 600	33 362 280	7 448 280	1 051 680	1 279 320	28 245 000
负债和所有者权益总计	38 057 280	10 710 000	48 767 280				43 650 000
抵销分录合计				7 448 280	6 168 960	1 279 320	

根据上述工作底稿编制海德股份取得控制权日的合并资产负债表如表10-10所示,合并利润表同[例10-2]中的表10-7。

表 10-10   海德股份合并资产负债表

2023 年 6 月 30 日   单位:元

资产项目	金额	负债和所有者权益项目	金额
货币资金	5 754 000	短期借款	2 510 000
交易性金融资产	684 000	应付账款	3 395 000
应收账款	3 110 000	长期借款	9 500 000
存货	5 422 000	负债合计	15 405 000
长期股权投资	4 480 000	股本	15 000 000
固定资产	21 700 000	资本公积	6 345 600
无形资产	2 500 000	盈余公积	2 427 680
		未分配利润	3 192 400
		少数股东权益	1 279 320

(续表)

资产项目	金额	负债和所有者权益项目	金额
		所有者权益合计	28 245 000
资产总计	43 650 000	负债和所有者权益总计	43 650 000

(二) 合并日后合并财务报表工作底稿中的相关调整、抵销处理

1. 对子公司的个别财务报表进行调整

对于同一控制下企业合并中取得的子公司的个别财务报表,如果不存在与母公司会计政策和会计期间不一致的情况,则不需要对该子公司的个别财务报表进行调整,即不需要将该子公司的个别财务报表调整为公允价值反映的财务报表,只需要抵销内部交易对合并财务报表的影响即可。

2. 按权益法调整对子公司的长期股权投资

(1) 调整净损益的影响。对于自取得对子公司长期股权投资的年度起至编制合并资产负债表日之间,子公司实现的扣除已发放及已宣告发放的现金股利或利润后的剩余净损益,合并方按持股比例计算的应享有份额,在调整长期股权投资账面价值的同时,属于以前年度的调整留存收益,属于编制合并资产负债表当年的调整投资收益。

(2) 调整其他综合收益的影响。对于自取得对子公司长期股权投资的年度起至编制合并资产负债表日之间,子公司确认其他综合收益导致所有者权益变动中母公司按持股比例计算应享有的份额,在调整长期股权投资账面价值的同时,计入其他综合收益。

(3) 调整其他权益变动的影响。对于自取得对子公司长期股权投资的年度起至编制合并资产负债表日之间,子公司除发生净损益、分配利润以及确认其他综合收益以外所有者权益的其他变动,母公司按剩余持股比例计算的应享有份额,在调整长期股权投资账面价值的同时,计入资本公积(其他资本公积)。

3. 合并抵销处理

在合并工作底稿中,按照上述权益法核算的要求,对长期股权投资的金额进行调整后,长期股权投资的金额正好反映母公司在所有者权益中所拥有的份额。要编制合并财务报表,在此基础上还应当按编制合并财务报表的要求进行抵销处理,将母公司与子公司之间的内部交易对合并财务报表的影响予以抵销。

首先,将母公司对子公司调整后的长期股权投资与子公司账面所有者权益中所拥有的份额予以抵销。根据母公司在子公司所在者权益中享有份额的多少不同,可以将子公司分为全资子公司和非全资子公司,对于全资子公司,进行抵销处理时将对子公司长期股权投资的金额与子公司所有者权益全额抵销;而对于非全资子公司,则将长期股权投资与子公司所有者权益中母公司所有的金额进行抵销,不属于母公司的份额,即属于子公司少数股东的权益,应将其转为少数股东权益。

其次,将对子公司的投资收益与子公司当年利润分配相抵销,使合并财务报表反映母公司股东权益变动的情况。从单一企业来讲,当年实现的净利润加上年初未分配利润是企业利润分配的来源,企业对其进行分配,提取盈余公积、向股东分配股利以及留待以后年度的未分配利润(未分配利润可以理解为将这部分利润分配到下一会计年度)等,则是利润分配的去向。而子公司当年实现的净利润,可以分为两部分:一部分属于母公司所有,即母公司的投资收益；另一部分则属于少数股东所有，即少数股东收益。为了使合并财务报表反映母公司股东权益的变动情况及财务状况，则应当将母公司投资收益、少数股东收益和期初未分配利润与子公司当年利润分配以及未分配利润的金额相抵销。

最后，将被合并方在企业合并前实现的留存收益中归属于合并方的部分，自资本公积转入留存收益。

综上，同一控制下企业合并，合并日后合并财务报表编制过程中的调整、抵销处理如下：

（1）长期股权投资由成本法调整为权益法。长期股权投资由成本法调整为权益法的相关分录如表10-11所示。

表10-11　　　　　长期股权投资成本法调权益法相关分录

项目		追溯调整分录
调整净损益的影响	调整取得日至上期期末净损益的影响	调整金额 = (取得日至上期期末子公司累计实现净损益 − 取得日至上期期末子公司累计分派现金股利) × 母公司持股比例 借：长期股权投资 　　贷：未分配利润——年初 或做与上述相反的分录。
	调整本期净损益的影响	调整金额 = (本期子公司累计实现净损益 − 本期子公司累计分派现金股利) × 母公司持股比例 借：长期股权投资 　　贷：投资收益 或做与上述相反的分录。
调整其他综合收益的影响		调整金额 = 取得日至本期期末子公司其他综合收益累计变动金额 × 母公司持股比例 借：长期股权投资 　　贷：其他综合收益 或做与上述相反的分录。
调整其他权益变动的影响		调整金额 = 取得日至本期期末子公司其他权益变动累计变动金额 × 母公司持股比例 借：长期股权投资 　　贷：资本公积 或做与上述相反的分录。

（2）将母公司对子公司的股权投资余额与子公司的股东权益余额相抵销。

借：股本
　　资本公积
　　其他综合收益　　　　　（子公司期末报告价值）
　　盈余公积
　　未分配利润——年末
　贷：长期股权投资　　　（母公司对子公的长期股权投资按权益法调整后的金额）
　　　少数股东权益　　　（子公司期末股东权益×少数股东持股比例）

(3) 将母公司股权投资收益与子公司分配给母公司股利相抵销。

借：投资收益　　　　　　　　　　　　（子公司当年实现净利润×母公司持股比例）
　　少数股东损益　　　　　　　　　　（子公司当年实现净利润×子公司持股比例）
　　未分配利润——年初　　　　　　　（子公司年初未分配利润）
　贷：对所有者（股东）的分配　　　　　（子公司本期分配的利润）
　　　本期提取盈余公积　　　　　　　（子公司本期提取的盈余公积）
　　　未分配利润——年末　　　　　　（子公司年末未分配利润）

(4) 结转子公司合并前实现的留存收益中归属于母公司的部分。

借：资本公积　　　　　　　　　　　　（子公司合并前留存收益×母公司持股比例）
　贷：盈余公积　　　　　　　　　　　　（子公司合并前盈余公积×母公司持股比例）
　　　未分配利润——年初　　　　　　（子公司合并前未分配利润×母公司持股比例）

【例10-4】 海德股份于2022年1月1日，以25 600万元的价格取得集团内益德商贸80%的股权，使其成为子公司。海德股份和益德商贸2022年的资产负债表如表10-12所示、利润表如表10-13所示。

表10-12　　　　　　　　　　　资产负债表

2022年12月31日　　　　　　　　　　　　　　　　　　　　　　　单位：万元

资产	海德股份	益德商贸	负债和所有者权益（或股东权益）	海德股份	益德商贸
流动资产：			流动负债：		
货币资金	5 700	6 500	短期借款	10 000	4 800
交易性金融资产	3 000	5 000	交易性金融负债	4 000	2 400
衍生金融资产	—	—	衍生金融负债		
应收票据	7 200	3 600	应付票据	13 000	3 600
应收账款	8 500	5 100	应付账款	18 000	5 200
应收款项融资	—	—	预收款项	4 000	3 900
预付款项	1 500	2 500	合同负债	—	—
其他应收款	5 300	1 300	应付职工薪酬	5 000	1 600
存货	37 000	18 000	应交税费	2 700	1 400
合同资产	—	—	其他应付款	5 300	5 200
持有待售资产	—	—	持有待售负债	—	—
一年内到期的非流动资产	—	—	一年内到期的非流动负债	—	—
其他流动资产	1 800	1 000	其他流动负债	2 000	900
流动资产合计	70 000	43 000	流动负债合计	64 000	29 000

(续表)

资产	海德股份	益德商贸	负债和所有者权益（或股东权益）	海德股份	益德商贸
非流动资产：			非流动负债：		
债权投资	8 000	—	长期借款	4 000	5 000
其他债权投资	13 000	4 000	应付债券	20 000	7 000
长期应收款	—	—	租赁负债		
长期股权投资	—	—	长期应付款	6 000	
其他权益工具投资	—	—	预计负债		
其他非流动金融资产	40 000	—	递延收益		
投资性房地产	—	—	递延所得税负债		
固定资产	28 000	26 000	其他非流动负债		
在建工程	13 000	4 200	非流动负债合计	30 000	12 000
生产性生物资产	—	—	负债合计	94 000	41 000
油气资产	—	—	所有者权益：		
使用权资产	—	—	股本	40 000	20 000
无形资产	6 000	1 800	其他权益工具	—	—
开发支出	—	—	其中：优先股	—	—
商誉	2 000	—	永续债	—	—
长期待摊费用	—	—	资本公积	10 000	8 000
递延所得税资产	—	—	减：库存股		
其他非流动资产	—	—	其他综合收益		
非流动资产合计	110 000	36 000	专项储备	—	—
			盈余公积	18 000	3 200
			未分配利润	18 000	6 800
			所有者权益合计	86 000	38 000
资产总计	180 000	79 000	负债和所有者权益总计	180 000	79 000

表 10-13　　　　　　　　　　　利润表

2022 年度　　　　　　　　　　　　　　　　　　　　单位：万元

项目	海德股份	益德商贸
一、营业收入	150 000	94 800
减：营业成本	96 000	73 000

(续表)

项目	海德股份	益德商贸
税金及附加	1 800	1 000
销售费用	5 200	3 400
管理费用	6 000	3 900
研发费用	—	—
财务费用	1 200	800
其中：利息费用	—	—
利息收入	—	—
加：其他收益	—	—
投资收益（损失以"—"号填列）	9 800	200
其中：对联营企业和合营企业的投资收益	—	—
以摊余成本计量的金融资产终止确认收益（损益以"—"填列）	—	—
净敞口套期收益（损失以"—"号填列）	—	—
公允价值变动收益（损失以"—"号填列）	—	—
信用减值损失（损失以"—"号填列）	−200	−140
资产减值损失（损失以"—"号填列）	−400	−160
资产处置收益（损失以"—"号填列）	—	—
二、营业利润（亏损以"—"号填列）	49 000	12 600
加：营业外收入	1 600	2 400
减：营业外支出	2 600	1 000
三、利润总额（亏损总额以"—"号填列）	48 000	14 000
减：所得税费用	12 000	3 500
四、净利润（净亏损以"—"号填列）	36 000	10 500
（一）持续经营净利润（净亏损以"—"号填列）	36 000	10 500
（二）终止经营净利润（净亏损"—"号填列）	—	—

益德商贸2022年1月1日所有者权益总额为32 000万元，其中，股本为20 000万元，资本公积为8 000万元，盈余公积为1 200万元，未分配利润为2 800万元；2022年12月31日，所有者权益总额为38 000万元，其中，股本为20 000万元，资本公积为8 000万元，盈余公积为3 200万元，未分配利润为6 800万元。

益德商贸2022年全年实现净利润10 500万元，经公司董事会提议并经股东会批准，

2022年提取盈余公积2 000万元,向股东宣告分派现金股利4 500万元。

要求:若你是海德股份的财务人员,请根据上述资料进行个别报表中与取得长期股权投资有关的会计处理,编制2022年年末合并财务报表工作底稿中的调整、抵销分录。

解析:

(1) 2022年1月1日取得长期股权投资。

长期股权投资初始入账成本＝32 000×80％＝25 600(万元)

借:长期股权投资　　　　　　　　　　　　　　　　　　　　　256 000 000
　　贷:银行存款　　　　　　　　　　　　　　　　　　　　　　　　256 000 000

(2) 将长期股权投资成本法核算的结果调整为权益法核算的结果。

调整净损益的影响金额＝(10 500－4 500)×80％＝4 800(万元)

借:长期股权投资　　　　　　　　　　　　　　　　　　　　　48 000 000
　　贷:投资收益　　　　　　　　　　　　　　　　　　　　　　　　48 000 000

也可以将子公司实现净利润的影响与发放现金股利的影响分开调整。

借:长期股权投资　　　　　　　　　　　　　　　　　　　　　84 000 000
　　贷:投资收益　　　　　　　　　　　　　　　　　　　　　　　　84 000 000

借:投资收益　　　　　　　　　　　　　　　　　　　　　　　36 000 000
　　贷:长期股权投资　　　　　　　　　　　　　　　　　　　　　　36 000 000

经过上述调整分录后,海德股份对益德商贸长期股权投资的账面价值为30 400万元(25 600＋4 800)。海德股份对益德商贸长期股权投资的账面价值30 400万元与海德股份在益德商贸股东权益中所拥有的份额相等。

(3) 抵销海德股份对益德商贸的长期股权投资与益德商贸的所有者权益。

少数股东权益＝38 000×20％＝7 600(万元)

借:股本　　　　　　　　　　　　　　　　　　　　　　　　200 000 000
　　资本公积　　　　　　　　　　　　　　　　　　　　　　　80 000 000
　　盈余公积　　　　　　　　　　　　　　　　　　　　　　　32 000 000
　　未分配利润——年末　　　　　　　　　　　　　　　　　　68 000 000
　　贷:长期股权投资　　　　　　　　　　　　　　　　　　　　　　304 000 000
　　　　少数股东权益　　　　　　　　　　　　　　　　　　　　　　76 000 000

(4) 抵销海德股份股权投资收益与益德商贸分配给母公司股利。

借:投资收益　　　　　　　　　　　　　　　　　　　　　　84 000 000
　　少数股东损益　　　　　　　　　　　　　　　　　　　　21 000 000
　　未分配利润——年初　　　　　　　　　　　　　　　　　28 000 000
　　贷:提取盈余公积　　　　　　　　　　　　　　　　　　　　　　20 000 000
　　　　向股东分配利润　　　　　　　　　　　　　　　　　　　　　45 000 000
　　　　未分配利润——年末　　　　　　　　　　　　　　　　　　　68 000 000

(5) 结转益德商贸合并前实现的留存收益中归属于海德股份的部分。

结转的盈余公积金额＝1 200×80％＝960(万元)

结转的未分配利润金额＝2 800×80%＝2 240(万元)

借：资本公积　　　　　　　　　　　　　　　　　　　　　　　　32 000 000
　　贷：盈余公积　　　　　　　　　　　　　　　　　　　　　　　　9 600 000
　　　　未分配利润——年初　　　　　　　　　　　　　　　　　　22 400 000

(6) 抵销海德股份与益德商贸因股利发放而形成的内部债权债务。本例中益德商贸本年宣告分派现金股利4 500万元，股利款项尚未支付，益德商贸将其计入应付股利4 500万元。海德股份根据益德商贸宣告的分派现金股利的公告，按其所享有的金额确认的应收股利为3 600万元。这属于母公司与子公之间的债权债务，在编制合并财务报表时必须予以抵销。因此，相关抵销会计处理如下。

借：其他应付款——应付股利　　　　　　　　　　　　　　　　　36 000 000
　　贷：其他应收款——应收股利　　　　　　　　　　　　　　　　36 000 000

二、非同一控制下企业合并长期股权投资与所有者权益的合并处理

(一) 合并日合并财务报表工作底稿中的相关抵销处理

根据会计准则的规定，非同一控制下的控股合并，购买方在购买日应当按照确定的企业合并成本作为形成的对被购买方长期股权投资的初始投资成本，企业合并成本包括购买方付出的资产、发生或承担的负债、发行的权益性证券的公允价值，以及很可能发生的未来事项的金额。

合并企业在合并日应编制合并财务报表，以反映控制权取得日开始能够控制的经济资源情况。在合并资产负债表中，合并中取得的被购买方各项可辨认资产、负债应以其在购买日的公允价值计量。

长期股权投资成本大于合并中取得的被购买方可辨认净资产公允价值份额的差额，应确认为合并财务报表中的商誉；商誉确认后，以后各期不摊销，但每年年末进行减值测试，按照账面价值与可收回金额孰低的原则计量。长期股权投资成本小于合并中取得的被购买方可辨认净资产公允价值份额的差额，计入合并当期损益，调整合并资产负债表的未分配利润。

在非同一控制下的控股合并中，与同一控制下的企业合并相同，编制控制权取得日合并财务报表时，也需要抵销合并企业的长期股权投资与被合并企业的所有者权益；但与同一控制下的企业合并不同，非同一控制下的企业合并在控制权取得日只编制合并资产负债表；同时，合并方应单独设置备查簿，记录其长期股权投资成本与合并中取得的被购买方可辨认净资产公允价值份额的差额，作为合并当期及以后期间编制合并财务报表的基础。

1. 一次交换交易实现非同一控制下控股合并

(1) 将子公司可辨认净资产调整至公允价值。[①]

借：有关资产　　　　　　(购买日子公司有关资产公允价值大于账面价值的差额)
　　贷：有关负债　　　　(购买日子公司有关负债公允价值大于账面价值的差额)
　　　（或借）资本公积　　(差额)

[①] 该部分暂不考虑所得税的影响。

【特别提示】

在将子公司可辨认净资产的账面价值调整为公允价值时,需根据资产类账户和负债类账户在借贷记账法下的记账规则进行调整。若资产类项目在购买日的公允价值大于账面价值或负债类项目在购买日的公允价值小于账面价值,则按其差额借记有关资产类项目或负债类项目;若有关资产类在购买日的公允价值小于账面价值或负债类项目在购买日的公允价值大于账面价值,则按其差额贷记有关资产类项目或负债类项目。

(2) 将母公司对子公司的股权投资与子公司调整后的股东权益相抵销。

商誉=母公司合并成本-购买日子公司可辨认净资产公允价值×母公司持股比例

借:股本
  资本公积
  其他综合收益　　　　　　　(购买日子公司可辨认净资产公允价值)A
  盈余公积
  未分配利润
  商誉　　　　　　　　　　　　(B大于A×母公司持股比例的差额)D1
 贷:长期股权投资　　　　　　　　(母公司对该子公司长股权投资报告价值)B
  少数股东权益　　　　　　　　(A×少数股东持股比例)C
  (或)未分配利润　　　　　　　(B小于A×母公司持股比例的差额)D2

【特别提示】

上述分录中抵销的子公司的"资本公积"不是子公司账面资本公积的金额,而是将子公司可辨认净资产调整至公允价值后,子公司"资本公积"的余额。

2. 分步实现非同一控制下控股合并

(1) 对于购买日之前已经持有的对被购买方的股权投资,按照其在合并日的公允价值进行重新计量,公允价值与账面价值之差,计入当期投资收益。

借:长期股权投资　　　　　　　　(原股权在合并日的公允价值-原股权在合并日的账面价)
 贷:投资收益

(2) 购买方对于购买日之前持有的被购买方股权涉及的其他综合收益中购买方应享有的部分,转为购买日所属当期投资收益。

借:其他综合收益
 贷:投资收益

或相反会计分录。

(3) 将子公司可辨认净资产调整至公允价值。

借:(或贷)有关资产　　　　　　　(子公司有关资产公允价值大于账面价值之差)
 贷:(或借)有关负债　　　　　　(子公司有关负债公允价值大于账面价值之差)
  (或借)资本公积

(4) 将母公司对子公司的股权投资与子公司调整后的股东权益相抵销。

合并成本＝原股权在购买日的公允价值＋新支付对价的公允价值

合并商誉＝合并成本－购买日被购买方可辨认净资产公允价值×母公司持股比例

借：股本
　　资本公积
　　其他综合收益　　　　　　　　　　（购买日子公司可辨认净资产公允价值）A
　　盈余公积
　　未分配利润
　　商誉　　　　　　　　　　　　　　（B大于A×母公司持股比例的差额）D1
　贷：长期股权投资　　　　　　　　　（长期股权投资调整后的价值）B
　　少数股东权益　　　　　　　　　　（A×少数股东持股比例）C
　　（或）未分配利润　　　　　　　　（B小于A×母公司持股比例的差额）D2

【例10-5】 海德股份于2023年1月1日采用控股合并方式取得华瑞公司100%的股权,海德股份向华瑞公司股东发行10万股权益性证券,每股面值为1元,公允价值为17元。合并前海德股份、华瑞公司不受相同一方或多方的控制。

假定不考虑所得税、海德股份增发该普通股所发生的审计以及发行等相关费用,且表10-14中海德股份的资本公积全部为股本溢价。合并前海德股份和华瑞公司资产负债表资料如表10-14所示。

表10-14　　　　海德股份和华瑞公司资产负债表相关资料

2023年1月1日　　　　　　　　　　　　　　　　单位：元

项目	海德股份	华瑞公司账面价值	华瑞公司公允价值
货币资金	2 070 000	115 000	115 000
交易性金融资产	155 000	77 000	77 000
应收账款	298 000	310 000	310 000
存货	1 157 000	298 000	318 000
长期股权投资	960 000	544 000	544 000
固定资产	4 600 000	886 000	920 000
无形资产	520 000	170 000	210 000
资产总计	9 760 000	2 400 000	2 494 000
短期借款	512 800	315 000	315 000
应付账款	725 600	165 000	165 000
长期借款	2 048 000	480 000	480 000
负债合计	3 286 400	960 000	960 000
股本	3 620 000	1 280 000	—
资本公积	1 500 000	80 000	—
盈余公积	543 600	36 000	—
未分配利润	810 000	44 000	—

(续表)

项目	海德股份	华瑞公司账面价值	华瑞公司公允价值
所有者权益合计	6 473 600	1 440 000	1 534 000
负债和所有者权益合计	9 760 000	2 400 000	2 494 000

要求：若你是海德股份的财务人员，请根据上述资料进行个别报表中与取得长期股权投资有关的会计处理，编制购买日合并财务报表工作底稿中的调整、抵销分录。

解析：该合并为非同一控制下企业合并，在进行相关处理时应以公允价值为基础。

(1) 2023 年 1 月 1 日确认长期股权投资。

长期股权投资的初始入账成本 = 17×10 = 170(万元)

借：长期股权投资　　　　　　　　　　　　　　　　　　　　　1 700 000
　　贷：股本　　　　　　　　　　　　　　　　　　　　　　　　　　100 000
　　　　资本公积——股本溢价　　　　　　　　　　　　　　　　　1 600 000

记录合并业务后，海德股份的资产负债表如表 10-15 所示。

表 10-15　　　　　　　　　　　　海德股份资产负债表
　　　　　　　　　　　　　　　　　2023 年 1 月 1 日　　　　　　　　　　　　　　　　单位：元

资产项目	金额	负债和所有者权益项目	金额
货币资金	2 070 000	短期借款	512 800
交易性金融资产	155 000	应付账款	725 600
应收账款	298 000	长期借款	2 048 000
存货	1 157 000	负债合计	3 286 400
长期股权投资	2 660 000	股本	3 720 000
固定资产	4 600 000	资本公积	3 100 000
无形资产	520 000	盈余公积	543 600
		未分配利润	810 000
		所有者权益合计	8 173 600
资产总计	11 460 000	负债和所有者权益总计	11 460 000

(2) 将华瑞公司可辨认净资产调整至公允价值。由于购买日华瑞公司可辨认净资产的公允价值与账面价值不相等，需要在合并工作底稿中把华瑞公司资产负债表中各项目的账面价值调整为公允价值，并相应调整资本公积。

借：存货　　　　　　　　　　　　　　　　　　　　　　　　　　20 000
　　固定资产　　　　　　　　　　　　　　　　　　　　　　　　34 000
　　无形资产　　　　　　　　　　　　　　　　　　　　　　　　40 000
　　贷：资本公积　　　　　　　　　　　　　　　　　　　　　　　94 000

(3) 将海德股份对华瑞公司的股权投资与华瑞公司调整后的股东权益相抵销。海德股份在编制控制权取得日合并资产负债表时，需要将海德股份的长期股权投资项目与华瑞公司的所有者权益项目相抵销。海德股份对华瑞公司的长期股权投资为170元,华瑞公司可辨认净资产公允价值为153.4万元,母公司合并成本大于子公司可辨认净资产公允价值的差额16.6万元应确认为商誉。

华瑞公司调整后的资本公积＝80 000＋94 000＝174 000(元)

借：股本　　　　　　　　　　　　　　　　　　　　　　　1 280 000
　　资本公积　　　　　　　　　　　　　　　　　　　　　　　174 000
　　盈余公积　　　　　　　　　　　　　　　　　　　　　　　　36 000
　　未分配利润　　　　　　　　　　　　　　　　　　　　　　　44 000
　　商誉　　　　　　　　　　　　　　　　　　　　　　　　　166 000
　　贷：长期股权投资　　　　　　　　　　　　　　　　　　1 700 000

海德股份编制合并财务报表的工作底稿如表10-16所示。

表10-16　　　　　　海德股份合并报表工作底稿(局部)

2023年1月1日　　　　　　　　　　　　　　　　　　　　　　单位：元

项目	海德股份	华瑞公司	合计数	调整与抵销分录		合并数
				借方	贷方	
资产负债表项目						
货币资金	2 070 000	115 000	2 185 000			2 185 000
交易性金融资产	155 000	77 000	232 000			232 000
应收账款	298 000	310 000	608 000			608 000
存货	1 157 000	298 000	1 455 000	(2)20 000		1 475 000
长期股权投资	2 660 000	544 000	3 204 000		(3)1 700 000	1 504 000
固定资产	4 600 000	886 000	5 486 000	(2)34 000		5 520 000
无形资产	520 000	170 000	690 000	(2)40 000		730 000
商誉				(3)166 000		166 000
资产总计	11 460 000	2 400 000	13 860 000	260 000	1 700 000	12 420 000
短期借款	512 800	315 000	827 800			827 800
应付账款	725 600	165 000	890 600			890 600
长期借款	2 048 000	480 000	2 528 000			2 528 000
负债合计	3 286 400	960 000	4 246 400			4 246 400
股本	3 720 000	1 280 000	5 000 000	(3)1 280 000		3 720 000
资本公积(股本溢价)	3 100 000	80 000	3 180 000	(3)174 000	(2)94 000	3 100 000
盈余公积	543 600	36 000	579 600	(3)36 000		543 600
未分配利润	810 000	44 000	854 000	(3)44 000		810 000
所有者权益合计	8 173 600	1 440 000	9 613 600	1 534 000	94 000	8 173 600
负债和所有者权益总计	11 460 000	2 400 000	13 860 000			12 420 000
抵销分录合计				1 794 000	1 794 000	

根据上述工作底稿中的合并数即可编制合并资产负债表,如表 10-17 所示。

表 10-17　　　　　　　　　　海德股份合并资产负债表
　　　　　　　　　　　　　　　2023 年 1 月 1 日　　　　　　　　　　　　　　　　单位:元

资产项目	金额	负债和所有者权益项目	金额
货币资金	2 185 000	短期借款	827 800
交易性金融资产	232 000	应付账款	890 600
应收账款	608 000	长期借款	2 528 000
存货	1 475 000	负债合计	4 246 400
长期股权投资	1 504 000	股本	3 720 000
固定资产	5 520 000	资本公积	3 100 000
无形资产	730 000	盈余公积	543 600
商誉	166 000	未分配利润	810 000
		所有者权益合计	8 173 600
资产总计	12 420 000	负债和所有者权益总计	12 420 000

【例 10-6】　承接[例 10-5]资料。若海德股份支付 1 384 000 元的银行存款获得华瑞公司 100% 的股权,其他资料不变。合并前海德股份和华瑞公司资产负债表资料如表 10-14 所示。

要求:若你是海德股份的财务人员,请根据上述资料进行个别报表中与取得长期股权投资有关的会计处理,编制购买日合并财务报表工作底稿中的调整、抵销分录。

解析:该合并为非同一控制下企业合并,在进行相关处理时应以公允价值为基础。

(1) 2023 年 1 月 1 日确认长期股权投资。

　　借:长期股权投资　　　　　　　　　　　　　　　　　　　　　　　1 384 000
　　　　贷:银行存款　　　　　　　　　　　　　　　　　　　　　　　　　　1 384 000

记录上述合并业务后,海德股份的资产负债表如表 10-18 所示。

表 10-18　　　　　　　　　　海德股份资产负债表
　　　　　　　　　　　　　　　2023 年 1 月 1 日　　　　　　　　　　　　　　　　单位:元

资产项目	金额	负债和所有者权益项目	金额
货币资金	686 000	短期借款	512 800
交易性金融资产	155 000	应付账款	725 600
应收账款	298 000	长期借款	2 048 000
存货	1 157 000	负债合计	3 286 400
长期股权投资	2 344 000	股本	3 620 000
固定资产	4 600 000	资本公积	1 500 000
无形资产	520 000	盈余公积	543 600

(续表)

资产项目	金额	负债和所有者权益项目	金额
		未分配利润	810 000
		所有者权益合计	6 473 600
资产总计	9 760 000	负债和所有者权益总计	9 760 000

(2) 将华瑞公司可辨认净资产调整至公允价值。

借：存货　　　　　　　　　　　　　　　　　　　　　　　　20 000
　　固定资产　　　　　　　　　　　　　　　　　　　　　　34 000
　　无形资产　　　　　　　　　　　　　　　　　　　　　　40 000
　　贷：资本公积　　　　　　　　　　　　　　　　　　　　　　94 000

(3) 将海德股份对华瑞公司的股权投资与华瑞公司调整后的股东权益相抵销。海德股份在编制控制权取得日合并资产负债表时，需要将海德股份的长期股权投资项目与华瑞公司的所有者权益项目相抵销。海德股份对华瑞公司的长期股权投资为138.4万元，华瑞公司可辨认净资产公允价值为153.4万元，母公司合并成本小于子公司可辨认净资产公允价值的差额15万元应计入未分配利润。

华瑞公司调整后的资本公积＝80 000＋94 000＝174 000(元)

借：股本　　　　　　　　　　　　　　　　　　　　　　　1 280 000
　　资本公积　　　　　　　　　　　　　　　　　　　　　　174 000
　　盈余公积　　　　　　　　　　　　　　　　　　　　　　36 000
　　未分配利润　　　　　　　　　　　　　　　　　　　　　44 000
　　贷：长期股权投资　　　　　　　　　　　　　　　　　　1 384 000
　　　　未分配利润　　　　　　　　　　　　　　　　　　　150 000

根据调整与抵销分录，海德股份可编制合并财务报表工作底稿如表10-19所示。

表10-19　　　　　　　海德股份合并报表工作底稿(局部)

2023年1月1日　　　　　　　　　　　　　　　　　　　　　　单位：元

| 项目 | 海德股份 | 华瑞公司 | 合计数 | 调整与抵销分录 | | 合并数 |
				借方	贷方	
资产负债表项目						
货币资金	686 000	115 000	801 000			801 000
交易性金融资产	155 000	77 000	232 000			232 000
应收账款	298 000	310 000	608 000			608 000
存货	1 157 000	298 000	1 455 000	(2)20 000		1 475 000
长期股权投资	2 344 000	544 000	2 888 000		(3)1 384 000	1 504 000
固定资产	4 600 000	886 000	5 486 000	(2)34 000		5 520 000
无形资产	520 000	170 000	690 000	(2)40 000		730 000

(续表)

项目	海德股份	华瑞公司	合计数	调整与抵销分录 借方	调整与抵销分录 贷方	合并数
商誉						
资产总计	9 760 000	2 400 000	12 160 000	94 000	1 384 000	10 870 000
短期借款	512 800	315 000	827 800			827 800
应付账款	725 600	165 000	890 600			890 600
长期借款	2 048 000	480 000	2 528 000			2 528 000
负债合计	3 286 400	960 000	4 246 400			4 246 400
股本	3 620 000	1 280 000	4 900 000	(3)1 280 000		3 620 000
资本公积(股本溢价)	1 500 000	80 000	1 580 000	(3)174 000	(2)94 000	1 500 000
盈余公积	543 600	36 000	579 600	(3)36 000		543 600
未分配利润	810 000	44 000	854 000	(3)44 000	(3)150 000	960 000
所有者权益合计	6 473 600	1 440 000	7 913 600	1 534 000	244 000	6 623 600
负债和所有者权益总计	9 760 000	2 400 000	12 160 000			10 870 000
抵销分录合计				1 628 000	1 628 000	

根据上述工作底稿编制海德股份取得控制权日的合并资产负债表,如表10-20所示。

表10-20　　　　　　　　　　　　合并资产负债表
2023年1月1日　　　　　　　　　　　　　　　　　　　单位:元

资产项目	金额	负债和所有者权益项目	金额
货币资金	801 000	短期借款	827 800
交易性金融资产	232 000	应付账款	890 600
应收账款	608 000	长期借款	2 528 000
存货	1 475 000	负债合计	4 246 400
长期股权投资	1 504 000	股本	3 620 000
固定资产	5 520 000	资本公积	1 500 000
无形资产	730 000	盈余公积	543 600
		未分配利润	960 000
		所有者权益合计	6 623 600
资产总计	10 870 000	负债和所有者权益总计	10 870 000

【例10-7】 承接[例10-5]资料。若海德股份支付1 384 000元的银行存款获得华瑞公司80%的股权,其他资料不变。合并前海德股份和华瑞公司资产负债表资料如表10-14所示。

要求：若你是海德股份的财务人员，请根据上述资料进行个别报表中与取得长期股权投资有关的会计处理，编制购买日合并财务报表工作底稿中的调整、抵销分录。

解析：该合并为非同一控制下企业合并，在进行相关处理时应以公允价值为基础。

(1) 2023年1月1日确认长期股权投资。

  借：长期股权投资   1 384 000
    贷：银行存款   1 384 000

记录上述合并业务后，海德股份的资产负债表如表10-18所示。

(2) 将华瑞公司可辨认净资产调整至公允价值。

  借：存货   20 000
    固定资产   34 000
    无形资产   40 000
    贷：资本公积   94 000

(3) 将海德股份对华瑞公司的股权投资与华瑞公司调整后的股东权益相抵销。在编制控制权取得日合并资产负债表时，应将海德股份的长期股权投资项目与华瑞公司的所有者权益项目相抵销。其中，合并成本为138.40万元，合并中取得的被合并方可辨认净资产公允价值份额为122.72万元(153.4×80%)，合并成本大于被合并方可辨认净资产公允价值份额应确认商誉为15.68万元(138.40－122.72)。少数股东权益为30.68万元(153.40×20%)。

  借：股本   1 280 000
    资本公积   174 000
    盈余公积   36 000
    未分配利润   44 000
    商誉   156 800
    贷：长期股权投资   1 384 000
      少数股东权益   306 800

海德股份合并财务报表的工作底稿如表10-21所示。

表10-21   海德股份合并报表工作底稿(局部)

2023年1月1日   单位：元

项目	海德股份	华瑞公司	合计数	调整与抵销分录		少数股东权益	合并数
				借方	贷方		
资产负债表项目							
货币资金	686 000	115 000	801 000				801 000
交易性金融资产	155 000	77 000	232 000				232 000
应收账款	298 000	310 000	608 000				608 000
存货	1 157 000	298 000	1 455 000	(2)20 000			1 475 000
长期股权投资	2 344 000	544 000	2 888 000		(3)1 384 000		1 504 000
固定资产	4 600 000	886 000	5 486 000	(2)34 000			5 520 000

(续表)

项目	海德股份	华瑞公司	合计数	调整与抵销分录 借方	调整与抵销分录 贷方	少数股东权益	合并数
无形资产	520 000	170 000	690 000	(2)40 000			730 000
商誉				(3)156 800			156 800
资产总计	9 760 000	2 400 000	12 160 000	250 800	1 384 000		11 026 800
短期借款	512 800	315 000	827 800				827 800
应付账款	725 600	165 000	890 600				890 600
长期借款	2 048 000	480 000	2 528 000				2 528 000
负债合计	3 286 400	960 000	4 246 400				4 246 400
股本	3 620 000	1 280 000	4 900 000	(3)1 280 000			3 620 000
资本公积(股本溢价)	1 500 000	80 000	1 580 000	(3)174 000	(2)94 000		1 500 000
盈余公积	543 600	36 000	579 600	(3)36 000			543 600
未分配利润	810 000	44 000	854 000	(3)44 000			810 000
少数股东权益						(3)306 800	306 800
所有者权益合计	6 473 600	1 440 000	7 913 600	1 534 000	94 000	306 800	6 780 400
负债和所有者权益总计	9 760 000	2 400 000	12 160 000				11 026 800
抵销分录合计				1 784 800	1 478 000	306 800	

根据上述工作底稿中的合并数即可编制合并资产负债表如表10-22所示。

表 10-22　　　　　　　　　海德股份合并资产负债表

2023年1月1日　　　　　　　　　　　　　　　　　　　单位:元

资产项目	金额	负债和所有者权益项目	金额
货币资金	801 000	短期借款	827 800
交易性金融资产	232 000	应付账款	890 600
应收账款	608 000	长期借款	2 528 000
存货	1 475 000	负债合计	4 246 400
长期股权投资	1 504 000	股本	3 620 000
固定资产	5 520 000	资本公积	1 500 000
无形资产	730 000	盈余公积	543 600
商誉	156 800	未分配利润	810 000
		少数股东权益	306 800
		所有者权益合计	6 780 400
资产总计	11 026 800	负债和所有者权益总计	11 026 800

（二）合并日后合并财务报表工作底稿中的相关抵销处理

1. 对子公司的个别财务报表进行调整

（1）统一会计政策与会计期间。母公司应当统一子公司所采用的会计政策和会计期间，使子公司采用的会计政策和会计期间与母公司保持一致。如果子公司采用的会计政策和会计期间与母公司不一致，应当按照母公司的会计政策对子公司财务报表进行必要的调整。

（2）以购买日公允价值为基础调整子公司的可辨认净资产。根据母公司为该子公司设置的备查簿的记录，以记录的该子公司的各项可辨认资产、负债及或有负债等在购买日的公允价值为基础，通过编制调整分录，对该子公司的个别财务报表进行调整，以使子公司的个别财务报表反映为在购买日公允价值基础上确定的可辨认资产、负债及或有负债在本期资产负债表日的金额。

2. 按权益法调整对子公司的长期股权投资

在调整净损益影响时，应先将子公司以账面价值为基础的净利润调整为以公允价值为基础的净利润。对于子公司调整后的累计净利润扣除累计发放的现金股利或利润后的剩余净损益中，合并方按持股比例计算的应享有份额，在调整长期股权投资账面价值的同时，属于以前年度的调整留存收益，属于编制合并资产负债表当年的调整投资收益。

对于其他综合收益和其他权益变动的调整，同同一控制下企业合并的会计处理。

3. 合并抵销处理

第一，将母公司对子公司调整后的长期股权投资与子公司调整后的所有者权益中所拥有的份额予以抵销。对于全资子公司，进行抵销处理时将对子公司长期股权投资的金额与子公司所有者权益全额抵销，属于商誉的部分还应借记"商誉"；对于非全资子公司，则将长期股权投资与子公司所有者权益中母公司所有的金额进行抵销，不属于母公司的份额，即属于子公司少数股东的权益，应将其转为少数股东权益，其中属于商誉的部分还应借记"商誉"。

第二，将对子公司的投资收益与子公司当年利润分配相抵销，并确认少数股东享有的收益。为了使合并财务报表反映母公司股东权益的变动情况及财务状况，则应将母公司投资收益、少数股东收益和期初未分配利润与子公司当年利润分配以及未分配利润的金额相抵销。

综上，非同一控制下企业合并，合并日后合并财务报表编制过程中的调整、抵销处理如下。

（1）调整子公司可辨认净资产账面价值与公允价值的差。

借：有关资产　　　　　　　　　　（购买日子公司有关资产公允价值大于账面价值的差额）
　　贷：有关负债　　　　　　　　（购买日子公司有关负债公允价值大于账面价值的差额）
　　　　（或借）资本公积　　　　（差额）

借：未分配利润——年初　　　　　（以前年度因公允价值大于账面价值而应多确认的成本费用）
　　管理费用/销售费用/营业成本等　（本年因公允价值大于账面价值而应多确认的成本费用）
　　贷：固定资产——累计折旧（无形资产——累计摊销/存货等）

（2）长期股权投资由成本法调整为权益法。长期股权投资由成本法调整为权益法的相关分录如表10-23所示。

表 10-23　　　　　　　　长期股权投资成本法调权益法相关分录

项目		追溯调整分录
调整净损益的影响	调整取得日至上期期末净损益的影响	调整金额 = (取得日至上期期末子公司调整后累计实现净损益 − 取得日至上期期末子公司累计分派现金股利) × 母公司持股比例 借：长期股权投资 　　贷：未分配利润——年初 或做与上述相反的分录。
	调整本期净损益的影响	调整金额 = (本期子公司调整后累计实现净损益 − 本期子公司累计分派现金股利) × 母公司持股比例 借：长期股权投资 　　贷：投资收益 或做与上述相反的分录。
调整其他综合收益的影响		调整金额 = 取得日至本期期末子公司其他综合收益累计变动金额 × 母公司持股比例 借：长期股权投资 　　贷：其他综合收益 或做与上述相反的分录。
调整其他权益变动的影响		调整金额 = 取得日至本期期末子公司其他权益变动累计变动金额 × 母公司持股比例 借：长期股权投资 　　贷：资本公积 或做与上述相反的分录。

【特别提示】

非同一控制下企业合并，按照权益法调整净损益对长期股权投资的影响时，不能直接采用子公司账面的净损益，而应采用以购买日子公司相关资产、负债的公允价值为基础对子公司账面净损益进行调整后的金额。

（3）将母公司对子公司调整后的股权投资与子公司调整后的股东权益相抵销。

商誉＝母公司合并成本－购买日子公司可辨认净资产公允价值×母公司持股比例

借：股本　　　　　　　　　　　⎫
　　资本公积　　　　　　　　　　⎪
　　其他综合收益　　　　　　　　⎬　（子公司调整后期末报告价值）A
　　盈余公积　　　　　　　　　　⎪
　　未分配利润——年末　　　　　⎭

　　商誉　　　　　　　　　　　（B 大于 A×母公司持股比例的差额）D1
　　贷：长期股权投资　　　　　（母公司对子公司长股权投资调整后价值）B
　　　　少数股东权益　　　　　（A×少数股东持股比例）C
　　（或）未分配利润——年初　（B 小于 A×母公司持股比例的差额）D2

(4) 将母公司股权投资收益与子公司分配给母公司股利相抵销。

借：投资收益　　　　　　　　　　　　（子公司调整后当年实现净利润×母公司持股比例）
　　少数股东损益　　　　　　　　　　（子公司调整后当年实现净利润×子公司持股比例）
　　未分配利润——年初　　　　　　　（子公司年初未分配利润）
　　贷：对所有者(股东)的分配　　　　（子公司本期分配的利润）
　　　　本期提取盈余公积　　　　　　（子公司本期提取的盈余公积）
　　　　未分配利润——年末　　　　　（子公司年末未分配利润）

【例10-8】　承接[例10-5]资料。若合并日固定资产账面价值与公允价值的差异是管理用固定资产引起的，且固定资产与无形资产的剩余使用寿命均为10年，均采用年限平均法计提折旧或摊销；被购买方在购买日的存货已对外销售60%。

2023年度海德股份实现净利润为120 000元，按净利润的10%提取法定盈余公积，按净利润的20%向股东分派现金股利。

要求：若你是海德股份的财务人员，请根据上述资料编制2023年年末合并财务报表工作底稿中的调整、抵销分录。

解析：该合并为非同一控制下企业合并，在进行相关处理时应以公允价值为基础。

(1) 将华瑞公司可辨认净资产调整至公允价值。

① 调整购买日固定资产、无形资产、存货公允价值与账面价值的差额。

借：存货　　　　　　　　　　　　　　　　　　　　　　　　　　　　　20 000
　　固定资产　　　　　　　　　　　　　　　　　　　　　　　　　　　34 000
　　无形资产　　　　　　　　　　　　　　　　　　　　　　　　　　　40 000
　　贷：资本公积　　　　　　　　　　　　　　　　　　　　　　　　　94 000

② 调整由于华瑞公司固定资产、无形资产的公允价值大于账面价值而补提的固定资产折旧和无形资产摊销。

应补提的固定资产折旧＝920 000÷10－886 000÷10＝3 400(元)

应补提的无形资产摊销＝210 000÷10－170 000÷10＝4 000(元)

借：管理费用　　　　　　　　　　　　　　　　　　　　　　　　　　　7 400
　　贷：固定资产——累计折旧　　　　　　　　　　　　　　　　　　　3 400
　　　　无形资产——累计摊销　　　　　　　　　　　　　　　　　　　4 000

③ 调整由于华瑞公司存货的公允价值大于账面价值而应补确认的营业成本。

应补确认的营业成本＝(318 000－298 000)×60%＝12 000(元)

借：营业成本　　　　　　　　　　　　　　　　　　　　　　　　　　　12 000
　　贷：存货　　　　　　　　　　　　　　　　　　　　　　　　　　　12 000

(2) 长期股权投资由成本法调整为权益法。将华瑞公司以账面价值为基础的净利润调整为以公允价值为基础的净利润。

调整后的净利润＝120 000－(3 400＋4 000＋12 000)＝100 600(元)

在华瑞公司以公允价值为基础的净利润基础上进行权益法调整。

调整净损益的影响金额＝(100 600－120 000×20％)×100％＝76 600(元)

借：长期股权投资　　　　　　　　　　　　　　　　　　　　　76 600
　　贷：投资收益　　　　　　　　　　　　　　　　　　　　　　　　　76 600

(3) 将海德股份对华瑞公司调整后的股权投资与华瑞公司调整后的股东权益相抵销。

调整后"长期股权投资"项目金额＝1 700 000＋76 600＝1 776 600(元)

调整后华瑞公司"资本公积"项目金额＝80 000＋94 000＝174 000(元)

2023年年末盈余公积＝36 000＋120 000×10％＝48 000(元)

2023年年末未分配利润＝44 000＋(120 000－120 000×10％－120 000×20％－7 400－12 000)＝108 600(元)

借：股本　　　　　　　　　　　　　　　　　　　　　　　　　1 280 000
　　资本公积　　　　　　　　　　　　　　　　　　　　　　　　　174 000
　　盈余公积　　　　　　　　　　　　　　　　　　　　　　　　　　48 000
　　未分配利润　　　　　　　　　　　　　　　　　　　　　　　　108 600
　　商誉　　　　　　　　　　　　　　　　　　　　　　　　　　　166 000
　　贷：长期股权投资　　　　　　　　　　　　　　　　　　　　1 776 600

(4) 抵销海德股份股权投资收益与华瑞公司分配给母公司股利。

借：投资收益　　　　　　　　　　　　　　　　　　　　　　　　100 600
　　未分配利润——年初　　　　　　　　　　　　　　　　　　　　44 000
　　贷：提取盈余公积　　　　　　　　　　　　　　　　　　　　　12 000
　　　　向股东分配利润　　　　　　　　　　　　　　　　　　　　24 000
　　　　未分配利润——年末　　　　　　　　　　　　　　　　　108 600

(5) 抵销海德股份与华瑞公司因股利发放而形成的内部债权债务。

借：其他应付款——应付股利　　　　　　　　　　　　　　　　　24 000
　　贷：其他应收款——应收股利　　　　　　　　　　　　　　　　24 000

【例10-9】 瑞杰公司2022年1月1日以银行存款650 000元取得恒顺公司90％的股权,合并前瑞杰公司与恒顺公司不存在任何关联关系。合并日恒顺公司净资产公允价值为570 000元,净资产账面价值为520 000元(其中,股本360 000元,资本公积为100 000元,盈余公积为40 000元,未配利润为20 000元);瑞杰公司备查簿中记录的恒顺公司2023年1月1日某项管理用固定资产的账面价值为176 000元,公允价值为212 000元;某无形资产的账面价值为40 000元,公允价值为54 000元,如表10-24所示。除该表所列项目外,恒顺公司其他资产的账面价值与公允价值相同。

2022年,恒顺公司实现净利润90 000元,按净利润的10％提取法定盈余公积,按净利润的20％向股东分派现金股利;2023年,恒顺公司实现净利润100 000元,按净利润的10％提取法定盈余公积,按净利润的30％向股东分派现金股利。假定恒顺公司的会计政策和会计期间与瑞杰公司一致。

不考虑瑞杰公司和恒顺公司合并资产、负债的所得税影响。

表 10-24　　　　　　　　　　瑞杰公司备查簿　　　　　　　　　　单位：元

项目	账面价值	公允价值	公允价值与账面价值的差额	每年调整额	备注
恒顺公司					
流动资产	456 000	456 000			
非流动资产	336 000	376 000			
其中：固定资产	176 000	212 000	36 000	3 600	该固定资产为管理用固定资产，剩余摊销年限为 10 年，采用年限平均法计提折旧
无形资产	40 000	54 000	14 000	1 400	该无形资产剩余摊销年限为 10 年

要求：若你是瑞杰公司的财务人员，请根据上述资料进行个别报表中与取得长期股权投资有关的会计处理，编制合并日及合并日后合并财务报表工作底稿中的调整、抵销分录。

解析：该合并为非同一控制下企业合并，在进行相关处理时应以公允价值为基础。

（1）2022 年 1 月 1 日确认长期股权投资。

借：长期股权投资　　　　　　　　　　　　　　　　　　　　　　　　650 000
　　贷：银行存款　　　　　　　　　　　　　　　　　　　　　　　　　　650 000

（2）合并日合并财务报表工作底稿中的调整、抵销处理。

① 将恒顺公司可辨认净资产调整至公允价值。

借：固定资产　　　　　　　　　　　　　　　　　　　　　　　　　　36 000
　　无形资产　　　　　　　　　　　　　　　　　　　　　　　　　　14 000
　　贷：资本公积　　　　　　　　　　　　　　　　　　　　　　　　　　50 000

② 将瑞杰公司对恒顺公司的股权投资与恒顺公司调整后的股东权益相抵销。

商誉＝650 000－570 000×90％＝137 000（元）

调整后的资本公积＝100 000＋50 000＝150 000（元）

少数股东权益＝570 000×10％＝57 000（元）

借：股本　　　　　　　　　　　　　　　　　　　　　　　　　　　　360 000
　　资本公积　　　　　　　　　　　　　　　　　　　　　　　　　　150 000
　　盈余公积　　　　　　　　　　　　　　　　　　　　　　　　　　40 000
　　未分配利润　　　　　　　　　　　　　　　　　　　　　　　　　20 000
　　商誉　　　　　　　　　　　　　　　　　　　　　　　　　　　　137 000
　　贷：长期股权投资　　　　　　　　　　　　　　　　　　　　　　　　650 000
　　　　少数股东权益　　　　　　　　　　　　　　　　　　　　　　　　57 000

（3）2022 年年末合并财务报表工作底稿中的调整、抵销处理。

① 将恒顺公司可辨认净资产调整至公允价值。

调整合并日固定资产、无形资产公允价值与账面价值的差额。

借：固定资产	36 000	
无形资产	14 000	
贷：资本公积		50 000

调整由于恒顺公司固定资产、无形资产的公允价值大于账面价值而补提的固定资产折旧和无形资产摊销。

应补提的固定资产折旧＝212 000÷10－176 000÷10＝3 600(元)

应补提的无形资产摊销＝54 000÷10－40 000÷10＝1 400(元)

借：管理费用	5 000	
贷：固定资产——累计折旧		3 600
无形资产——累计摊销		1 400

② 长期股权投资由成本法调整为权益法。将恒顺公司以账面价值为基础的净利润调整为以公允价值为基础的净利润。

调整后的净利润＝90 000－(3 600＋1 400)＝85 000(元)

在恒顺公司以公允价值为基础的净利润基础上进行权益法调整。

调整净损益的影响金额＝(85 000－90 000×20％)×90％＝60 300(元)

借：长期股权投资	60 300	
贷：投资收益		60 300

③ 将瑞杰公司对恒顺公司调整后的股权投资与恒顺公司调整后的股东权益相抵销。

调整后"长期股权投资"项目金额＝650 000＋60 300＝710 300(元)

调整后恒顺公司"资本公积"项目金额＝100 000＋50 000＝150 000(元)

2022年年末盈余公积＝40 000＋90 000×10％＝49 000(元)

2022年年末未分配利润＝20 000＋(90 000－90 000×10％－90 000×20％－5 000)
＝78 000(元)

2022年年末少数股东权益＝(360 000＋150 000＋49 000＋78 000)×10％＝63 700(元)

借：股本	360 000	
资本公积	150 000	
盈余公积	49 000	
未分配利润	78 000	
商誉	137 000	
贷：长期股权投资		710 300
少数股东权益		63 700

④ 抵销瑞杰公司股权投资收益与恒顺公司分配给母公司股利。

借：投资收益(85 000×90％)	76 500	
少数股东损益(85 000×10％)	8 500	
未分配利润——年初	20 000	
贷：提取盈余公积(90 000×10％)		9 000
向股东分配利润(90 000×20％)		18 000
未分配利润——年末		78 000

⑤ 抵销瑞杰公司与恒顺公司因股利发放而形成的内部债权债务。

借：其他应付款——应付股利　　　　　　　　　　　　　　　　　18 000
　　贷：其他应收款——应收股利　　　　　　　　　　　　　　　　　　18 000

（4）2023年年末合并财务报表工作底稿中的调整、抵销处理。

① 将恒顺公司可辨认净资产调整至公允价值。调整合并日固定资产、无形资产公允价值与账面价值的差额。

借：固定资产　　　　　　　　　　　　　　　　　　　　　　　　36 000
　　无形资产　　　　　　　　　　　　　　　　　　　　　　　　14 000
　　贷：资本公积　　　　　　　　　　　　　　　　　　　　　　　　50 000

调整由于恒顺公司固定资产、无形资产的公允价值大于账面价值而补提的固定资产折旧和无形资产摊销。

应补提的固定资产折旧＝(212 000÷10－176 000÷10)×2＝7 200(元)
应补提的无形资产摊销＝(54 000÷10－40 000÷10)×2＝2 800(元)

借：未分配利润——年初　　　　　　　　　　　　　　　　　　　5 000
　　管理费用　　　　　　　　　　　　　　　　　　　　　　　　5 000
　　贷：固定资产——累计折旧　　　　　　　　　　　　　　　　　　7 200
　　　　无形资产——累计摊销　　　　　　　　　　　　　　　　　　2 800

② 长期股权投资由成本法调整为权益法。将恒顺公司以账面价值为基础的净利润调整为以公允价值为基础的净利润。

调整后的净利润＝100 000－(3 600＋1 400)＝95 000(元)
在恒顺公司以公允价值为基础的净利润基础上进行权益法调整。
调整净损益的影响金额＝(95 000－100 000×30％)×90％＝58 500(元)

借：长期股权投资　　　　　　　　　　　　　　　　　　　　　　58 500
　　贷：投资收益　　　　　　　　　　　　　　　　　　　　　　　　58 500

③ 将瑞杰公司对恒顺公司调整后的股权投资与恒顺公司调整后的股东权益相抵销。

调整后"长期股权投资"项目金额＝650 000＋60 300＋58 500＝768 800(元)
调整后恒顺公司"资本公积"项目金额＝100 000＋50 000＝150 000(元)
2023年年末盈余公积＝49 000＋100 000×10％－59 000(元)
2023年年末未分配利润＝78 000＋(100 000－100 000×10％－100 000×30％－5 000)
　　　　　　　　　　＝133 000(元)
2023年年末少数股东权益＝(360 000＋150 000＋59 000＋133 000)×10％＝70 200(元)

借：股本　　　　　　　　　　　　　　　　　　　　　　　　　360 000
　　资本公积　　　　　　　　　　　　　　　　　　　　　　　150 000
　　盈余公积　　　　　　　　　　　　　　　　　　　　　　　59 000
　　未分配利润　　　　　　　　　　　　　　　　　　　　　　133 000
　　商誉　　　　　　　　　　　　　　　　　　　　　　　　　137 000
　　贷：长期股权投资　　　　　　　　　　　　　　　　　　　　　768 800
　　　　少数股东权益　　　　　　　　　　　　　　　　　　　　　70 200

④ 抵销瑞杰公司股权投资收益与恒顺公司分配给母公司股利。

借：投资收益（95 000×90%） 85 500
　　少数股东损益（95 000×10%） 9 500
　　未分配利润——年初 78 000
　　贷：提取盈余公积（10 000×10%） 10 000
　　　　向股东分配利润（100 000×30%） 30 000
　　　　未分配利润——年末 133 000

⑤ 抵销瑞杰公司与恒顺公司因股利发放而形成的内部债权债务。

借：其他应付款——应付股利 30 000
　　贷：其他应收款——应收股利 30 000

第五节　内部交易的合并处理

一、内部存货交易的抵销处理

存货价值中包含的未实现内部销售损益是由于企业集团内部商品购销、劳务提供活动所引起的。在内部购销活动中，销售企业将集团内部销售作为收入确认并计算销售利润。而购买企业则是以支付购货的价款作为其成本入账；在本期内未实现对外销售而形成期末存货时，其存货价值中也相应地包括两部分内容：一部分为真正的存货成本（即销售企业销售该商品的成本）；另一部分为销售企业的销售毛利（即其销售收入减去销售成本的差额）。对于期末存货价值中包括的这部分销售毛利，从企业集团整体来看，并不是真正实现的利润。因为从整个企业集团来看，集团内部企业之间的商品购销活动实际上相当于企业内部物资调拨活动，既不会实现利润，也不会增加商品的价值。正是从这一意义上来说，将期末存货价值中包括的这部分销售企业作为利润确认的部分，称之为未实现内部销售损益。因此，在编制合并资产负债表时，应当将存货价值中包含的未实现内部销售损益予以抵销。

（一）当期内部购进商品的抵销

1. 购买企业内部购进的商品当期全部实现销售时的抵销处理

在企业内部购进的商品当期全部实现销售的情况下，对于销售企业来说，销售给其他成员企业商品与销售给集团外部企业情况下的会计处理相同，即在本期确认销售收入，结转销售成本、计算损益，并在其个别利润表中反映。对于购买企业来说：一方面要确认销售收入；另一方面要结转销售内部购进商品的成本，并在其个别利润表中分别作为营业收入和营业成本反映，并确认损益。这也就是说，对于同一购销业务，在销售企业和购买企业的个别利润表都作了反映。但从企业集团整体来看，这一购销业务只是实现了一次销售，其销售收入只是购买企业销售该产品的销售收入，其销售成本只是销售企业销售该商品的成本。销售企业销售该商品的收入属于内部销售收入，相应的购买企业销售该商品的销售成本则属于内部销售成本。因此，在编制合并财务报表时，应将重复反映的内部销售收入与内部销售成本予以抵销。具体抵销会计处理如下。

借：营业收入　　　　　　　　　　　　　　　　　　　　（内部销售价格）
　　贷：营业成本　　　　　　　　　　　　　　　　　　　（内部销售价格）

【例10-10】 烟台兴茂机械制造有限公司拥有 A 公司 70％的股权,系 A 公司的母公司。烟台兴茂机械制造有限公司本期个别利润表的营业收入中有 500 万元,系向 A 公司销售产品取得的销售收入,该产品销售成本为 380 万元。A 公司在本期将该产品全部售出,其销售收入为 610 万元,销售成本为 500 万元,并分别在其个别利润表中列示。不考虑相关税费等其他因素的影响。

要求：若你是烟台兴茂机械制造有限公司的财务人员,请根据上述资料编制合并财务报表工作底稿中与内部存货交易相关的抵销分录。

解析：购买方本期全部实现对外销售,因此从集团整体角度看,需要将按照内部交易价格虚增的销售收入和销售成本抵销。

借：营业收入　　　　　　　　　　　　　　　　　　　　　　5 000 000
　　贷：营业成本　　　　　　　　　　　　　　　　　　　　　5 000 000

2. 购买企业内部购进的商品未实现对外销售时的抵销处理

在内部购进的商品未实现对外销售的情况下,对于销售企业来说,应按照一般的销售业务确认销售收入,结转销售成本,计算销售利润,并在其利润表中列示。这一业务从整个企业集团来看,实际上只是商品存放地点发生变动,并没有真正实现企业集团对外销售,不应确认为销售收入、结转销售成本以及计算损益。因此,对于该内部购销业务,在编制合并财务报表时,应当将销售企业由此确认的内部销售收入和内部销售成本予以抵销。对于购买企业来说,则以支付的购货价款作为存货成本入账,并在其个别资产负债表中作为资产列示。因此,购买企业的个别资产负债表中存货的价值中包含有销售企业实现的销售毛利。销售企业由于内部购销业务实现的销售毛利,属于未实现内部销售损益。

存货价值中包含的未实现内部销售损益是由于企业集团内部商品购销活动所引起的。在内部购销活动中,销售企业将集团内部销售作为收入确认并计算销售利润。而购买企业则是以支付购货的价款作为其成本入账;在本期内未实现对外销售而形成期末存货时,其存货价值中也相应地包括两部分内容：一部分为真正的存货成本(即销售企业销售该商品的成本);另一部分为销售企业的销售毛利(即其销售收入减去销售成本的差额)。对于期末存货价值中包括的这部分销售毛利,从企业集团整体来看,并不是真正实现的利润。因为,集团内部企业之间的商品购销活动实际上相当于一个企业内部物资调拨活动,既不会实现利润,也不会增加商品的价值。所以,将期末存货价值中包括的在内部购销活动中被销售企业作为利润确认的部分,称之为未实现内部销售损益。如果合并财务报表将母公司与子公司财务报表中的存货简单相加,则虚增存货成本。因此,在编制合并资产负债表时,应当将存货价值中包含的未实现内部销售损益予以抵销。具体抵销会计处理如下。

借：营业收入　　　　　　　　　　　　　　　　　　　　（内部销售价格）
　　贷：营业成本　　　　　　　　　　　　　　　　　　　（存货成本）
　　　　存货　　　　　　　　　　　　　　　（未实现内部销售损益＝内部销售价格－存货成本）

【例10-11】 烟台兴茂机械制造有限公司系 A 公司的母公司。烟台兴茂机械制造有限公司本期个别利润表的营业收入中有 1 500 万元,系向 A 公司销售商品实现的收入,其商品成本为1 200万元,销售毛利率为20%。A公司本期从烟台兴茂机械制造有限公司购入的商品在本期均未实现销售。不考虑相关税费等其他因素的影响。

要求:若你是烟台兴茂机械制造有限公司的财务人员,请根据上述资料编制合并财务报表工作底稿中与内部存货交易相关的抵销分录。

解析:A公司期末存货中包含有1 500万元从烟台兴茂机械制造有限公司购进的商品,该存货中包含的未实现内部销售损益为300万元(1 500－1 200)。购买方本期未实现对外销售,因此从集团整体角度看,需要将内部销售收入、内部销售成本及存货价值中包含的未实现内部销售损益抵销。

借:营业收入　　　　　　　　　　　　　　　　　　　　　15 000 000
　　贷:营业成本　　　　　　　　　　　　　　　　　　　　12 000 000
　　　　存货　　　　　　　　　　　　　　　　　　　　　　 3 000 000

3. 内部购进的商品部分实现对外销售的抵销处理

可以将内部购买的商品分解为两部分来理解:一部分为当期购进并全部实现对外销售;另一部分为当期购进但未实现对外销售而形成期末存货。[例10-10]介绍的就是前部分的抵销处理,[例10-11]介绍的则是后部分的抵销处理。将[例10-10]和[例10-11]的抵销处理合并在一起,则就是第三种情况下的抵销处理。具体抵销会计处理如下。

(1)抵销当期购进并实现对外销售部分。

借:营业收入　　　　　　(内部销售价格×对外销售百分比)
　　贷:营业成本　　　　　(内部销售价格×对外销售百分比)

(2)抵销当期购进未实现对外销售部分。

借:营业收入　　　　　　(内部销售价格×尚未对外销售百分比)
　　贷:营业成本　　　　　(存货成本×尚未对外销售百分比)
　　　　存货　　　　　　　(内部销售利润×尚未对外销售百分比)

将上述两个抵销分录合并后的会计处理为:

借:营业收入　　　　　　(内部销售价格)
　　贷:营业成本　　　　　(内部销售价格×对外销售百分比＋存货成本×尚未对外销售百分比)
　　　　存货　　　　　　　(内部销售利润×尚未对外销售百分比)

【例10-12】烟台兴茂机械制造有限公司本期个别利润表的营业收入中有4 000万元,系向A公司销售产品取得的销售收入,该产品销售成本为2 800万元,销售毛利率为30%。A公司在本期将该批内部购进商品的70%实现销售,其销售收入为3 500万元,销售成本为2 800万元,销售毛利率为20%,并列示于其个别利润表中。不考虑相关税费等其他因素的影响。

要求:若你是烟台兴茂机械制造有限公司的财务人员,请根据上述资料编制合并财务报表工作底稿中与内部存货交易相关的抵销分录。

解析:该批商品的30%则形成A公司期末存货,即期末存货为1 200万元(4 000×30%),列示于A公司的个别资产负债表之中。将上述内部交易存货分为两部分,即70%的存货当期购进并全部实现对外销售,30%的存货当期购进但未实现对外销售而形成期末存货。

(1) 70%的存货当期购进并全部实现对外销售的抵销处理。

借：营业收入(40 000 000×70%)   28 000 000
 贷：营业成本   28 000 000

(2) 30%的存货当期购进但未实现对外销售而形成期末存货的抵销处理。

借：营业收入(40 000 000×30%)   12 000 000
 贷：营业成本(28 000 000×30%)   8 400 000
   存货(12 000 000×30%)   3 600 000

将上述两个分录合并，即合并财务报表工作底稿中的抵销分录为：

借：营业收入   40 000 000
 贷：营业成本(28 000 000＋8 400 000)   36 400 000
   存货(12 000 000×30%)   3 600 000

对于内部销售收入的抵销，也可按照如下方法抵销处理：①按照内部销售收入的数额，借记"营业收入"账户，贷记"营业成本"账户。②按照期末存货价值中包含的未实现内部销售损益的数额，借记"营业成本"账户，贷记"存货"账户。

【例 10-13】 承接[例 10-12]资料，烟台兴茂机械制造有限公司与 A 公司内部销售业务。

要求：若你是烟台兴茂机械制造有限公司的财务人员，请根据上述资料编制合并财务报表工作底稿中与内部存货交易相关的抵销分录。

解析：将其内部销售收入、销售成本以及期末存货中包含的未实现内部销售利润抵销。

借：营业收入   40 000 000
 贷：营业成本   40 000 000

借：营业成本   3 600 000
 贷：存货   3 600 000

(二) 连续编制合并财务报表时内部购进商品的抵销处理

对于以前内部购进商品全部实现对外销售的情况下，由于不涉及内部存货价值中包含的未实现内部销售损益的抵销处理，在本期连续编制合并财务报表时，不涉及对其进行处理的问题。但在以前内部购进并形成期末存货的情况下，在编制合并财务报表进行抵销处理时，存货价值中包含的未实现内部销售损益的抵销，直接影响上期合并财务报表中合并净利润金额的减少，最终影响合并所有者权益变动表中期末未分配利润的金额的减少。本期编制合并财务报表时，是以母公司和子公司本期个别财务报表为基础，而母公司和子公司个别财务报表中，未实现内部销售损益是作为其实现利润的部分包括在其期初未分配利润之中，以母子公司个别财务报表中期初未分配利润为基础计算得出的合并期初未分配利润的金额，就可能与上期合并财务报表中的期末未分配利润的金额不一致。因此，上期编制合并财务报表时，抵销的内部购进存货中包含的未实现内部销售损益，也对本期的期初未分配利润产生影响。本期编制合并财务报表时,应在合并母子公司期初未分配利润的基础上,将上期抵销的未实现内部销售损益对本期期初未分配利润的影响予以抵销,调整本期期初未分配利润的金额。

在连续编制合并财务报表的情况下,应先将上期抵销的存货价值中包含的未实现内部销售损益对本期期初未分配利润的影响予以抵销,调整本期期初未分配利润的金额;然后再对本期内部购进存货进行抵销处理。其具体抵销处理程序和方法如下。

(1) 抵销以前年度内部存货交易未实现利润对期初未分配利润的影响。

借:未分配利润——年初　　　　(以前内部购进存货价值中包含的未实现内部销售损益)
　　贷:营业成本

【特别提示】
这笔抵销分录,可以理解为上期内部购进的存货中包含的未实现内部销售损益在本期视同为实现利润,将未实现内部销售损益转为实现利润,冲减当期的合并成本。

(2) 抵销当年发生的内部存货交易。

借:营业收入　　　　　　　　　(内部销售价格)
　　贷:营业成本　　　　　　　　(内部销售价格)

(3) 抵销期末存货价值中包含的未实现内部交易利润。

借:营业成本
　　贷:存货　　　　　　　　　　(期末存货价值中包含的未实现内部销售损益)

【例10-14】承接[例10-12]资料,烟台兴茂机械制造有限公司与A公司内部购销资料、内部销售的抵销处理。本期烟台兴茂机械制造有限公司个别财务报表中向A公司销售商品取得销售收入为6 000万元,销售成本为4 200万元,烟台兴茂机械制造有限公司本期销售毛利率与上期相同,为30%。A公司个别财务报表中从烟台兴茂机械制造有限公司购进商品本期实现对外销售收入为5 625万元,销售成本为4 500万元,销售毛利率为20%。不考虑相关税费等其他因素的影响。

要求:若你是烟台兴茂机械制造有限公司的财务人员,请根据上述资料编制本期合并财务报表工作底稿中与内部存货交易相关的抵销分录。

解析:A公司期末内部购进形成的存货为2 700万元(期初存货1 200万元+本期购进存货6 000万元－本期销售成本4 500万元),存货价值中包含的未实现内部销售损益为810万元(2 700×30%)。

(1) 抵销以前年度内部存货交易未实现利润对期初未分配利润的影响。

借:未分配利润——年初　　　　　　　　　　　　　　3 600 000
　　贷:营业成本　　　　　　　　　　　　　　　　　　　3 600 000

(2) 抵销当年发生的内部存货交易。

借:营业收入　　　　　　　　　　　　　　　　　　600 000 000
　　贷:营业成本　　　　　　　　　　　　　　　　　　600 000 000

(3) 抵销期末存货价值中包含的未实现内部交易利润。

借：营业成本　　　　　　　　　　　　　　　　　　　　　　　81 000 000
　　贷：存货　　　　　　　　　　　　　　　　　　　　　　　　　　81 000 000

(三) 存货跌价准备的合并处理

1. 初次编制合并财务报表时存货跌价准备的合并处理

根据现行企业会计准则的规定，企业必须定期或者至少于年度终了时，对存货进行全面清查，采用成本与可变现净值孰低法进行期末计价，按单个存货项目计提存货跌价准备。其存货清查的范围既包括从企业集团外部购进形成的存货，也包括从企业集内部购进形成的存货。当企业本期计提的存货跌价准备中包括对内部销售形成的存货计提的跌价准备时，则涉及如何将对内部购进的存货计提的跌价准备进行抵销的问题。

某一商品因毁损、陈旧过时而导致其可变现净值下跌，从而计提跌价准备时，从整个企业集团来说，对这一毁损、陈旧的商品同样应当计提跌价准备。也就是说，某一商品在企业集团内某一成员企业计提跌价准备，企业集团也同样应当计提跌价准备。某商品计提跌价准备的金额，从单一企业来说，为该商品可变现净值低于取得成本的差额；而从企业集团来说，则是该商品可变现净值与企业集团范围内取得该商品成本的差额。某一商品的可变现净值，无论对于企业集团还是持有该商品的企业来说，基本上都是一致的。从商品的取得成本来说，持有内部购进商品的企业对该商品的取得成本包括销售企业所实现的利润，而对于企业集团整体来说，则是指从外部购买该商品的成本或生产这一产品的生产成本。编制合并财务报表时，计提存货跌价准备应当是将该商品的可变现净值与从企业集团的取得成本进行比较确定的计提金额。对内部销售形成的存货计提跌价准备的合并处理，从购买企业来看有以下两种情况。

(1) 购买企业本期期末内部购进存货的可变现净值低于其取得成本，但高于销售企业的销售成本。在这种情况下，从购买企业个别财务报表来说，购买企业按该存货的可变现净值低于其取得成本的金额，一方面，确认存货跌价准备并在其个别资产负债表中通过抵销存货项目的金额列示；另一方面，在利润表中作为资产减值损失列示。但从合并财务报表来说，随着内部购进存货包含的未实现内部销售损益的抵销，该存货在合并财务报表中列示的成本为抵销未实现内部销售损益后的成本。当该存货的可变现净值低于购买企业的取得成本，但高于该存货在合并财务报表中成本时，则不需要计提存货跌价准备。个别财务报表中计列的相应的存货跌价准备，也应予以抵销。具体抵销会计处理如下。

借：存货　　　　　　　　　　　　　（个别报表计提的跌价准备）
　　贷：资产减值损失

【例 10-15】 烟台兴茂机械制造有限公司系 A 公司的母公司，烟台兴茂机械制造有限公司本期向 A 公司销售商品 3 000 万元，其销成本为 2 100 万元。A 公司购进的该商品当期全部未实现对外销售而形成期末存货。A 公司期末对存货进行检查时，发现该商品已经部分陈旧，其可变现净值已降至 2 740 万元。为此，A 公司期末对该存货计提存货跌价准备 260 万元，并在其个别财务报表中列示。不考虑相关税费等其他因素的影响。

要求：若你是烟台兴茂机械制造有限公司的财务人员，请根据上述资料编制合并财务报表工作底稿中与内部销售存货相关的抵销分录。

解析：该存货的可变现净值降至2 740万元,高于抵销未实现内部销售损益后的金额(2 100万元),因此,从集团整体角度而言,该存货未发生减值,在编制合并财务报表时,应将A公司计提的与该存货有关的跌价准备转销。

(1) 抵销内部销售收入、内部销售成本及存货价值中包含的未实现内部销售损益。

存货中包含的未实现内部销售损益＝(3 000－2 100)×100％＝900(万元)

借：营业收入　　　　　　　　　　　　　　　　　　　　　30 000 000
　　贷：营业成本　　　　　　　　　　　　　　　　　　　21 000 000
　　　　存货　　　　　　　　　　　　　　　　　　　　　　9 000 000

(2) 抵销A公司本期计提的存货减值准备。

借：存货　　　　　　　　　　　　　　　　　　　　　　　 2 600 000
　　贷：资产减值损失　　　　　　　　　　　　　　　　　　2 600 000

(2) 购买企业本期期末内部购进存货的可变现净值,既低于该存货的取得成本,也低于销售企业的该存货的取得成本。在这种情况下,从购买企业个别财务报表来说,购买企业按该存货的可变现净值低于其取得成本的金额确认存货跌价准备。确认的存货跌价准备的金额,一方面,在其个别资产负债表中通过抵销存货项目列示;另一方面,在利润表中作为资产减值损失列示。购买企业在个别财务报表中确认的存货跌价准备的金额,既包括购买企业该商品取得成本高于销售企业销售成本(即取得成本)的差额(即抵销的未实现内部销售损益),也包括销售企业销售成本高于该商品可变现净值的差额。但从合并财务报表来说,随着内部购进存货价值中包含的未实现内部销售损益的抵销,在合并财务报表中列示的该存货的成本为抵销未实现内部销售损益后的成本。相对于购买企业该存货的取得成本高于销售企业销售该存货成本的差额部分计提的跌价准备的金额,已因未实现内部销售损益的抵销而抵销,故在编制合并财务报表时,应该将这部分金额予以抵销;而相对于销售企业销售该存货成本高于该存货可变现净值的部分而计提的跌价准备的金额,无论从购买企业来说,还是对于整个企业集团来说,都是应该计提的存货跌价准备,应该在合并财务报表中予以反映。具体抵销会计处理如下。

借：存货　　　　　　　　　(内部购进商品取得成本高于销售企业取得成本的数额)
　　贷：资产减值损失

【例10-16】 承接[例10-15]资料。若上述内部交易存货可变现净值为1 800万元,其他资料不变。

要求：若你是烟台兴茂机械制造有限公司的财务人员,请根据上述资料编制合并财务报表工作底稿中与内部销售存货相关的抵销分录。

解析：从个别财务报表角度而言,该批存货的成本为3 000万元,可变现净值为1 800万元,应计提1 200万元存货跌价准备;从合并财务报表角度而言,该批存货的成本为2 100万元,可变现净值为1 800万元,应计提300万元存货跌价准备。个别财务报表角度比合并财务报表角度的存货跌价准备高900万元(内部购进商品取得成本3 000万元高于销售企业取得成本2 100万元的数额),在编制合并财务报表时,应将其抵销。

(1) 抵销内部销售收入、内部销售成本及存货价值中包含的未实现内部销售损益。

借：营业收入	30 000 000	
贷：营业成本		21 000 000
存货		9 000 000

(2) 抵销 A 公司本期计提的存货减值准备。

借：存货	9 000 000	
贷：资产减值损失		9 000 000

2. 连续编制合并财务报表时存货跌价准备的合并处理

将上期资产减值损失中抵销的存货跌价准备对本期期初未分配利润的影响予以抵销，即按上期资产减值损失项目中抵销的存货跌价准备的数额，借记"存货"或"营业成本"账户，贷记"未分配利润——年初"账户。

对于本期对内部购进存货在个别财务报表中补提或者冲销的存货跌价准备的数额也应于予以抵销，借记"存货"账户，贷记"资产减值损失"账户。至于抵销存货跌价准备的数额，应当分别根据不同的情况进行处理：①本期内部购进存货的可变现净值低于持有该存货企业的取得成本但高于抵销未实现内部销售损益后取得成本（即销售企业该存货的取得成本）时，其抵销的存货跌价准备的金额为本期存货跌价准备的增加额。②本期内部购进存货的可变现净值低于抵销未实现内部销售损益后的取得成本（即销售企业的取得成本）时，其抵销的存货跌价准备的金额为相对于购买企业该存货的取得成本高于销售企业销售成本的差额部分计提的跌价准备的数额，扣除期初内部购进存货计提的存货跌价准备的金额后的余额，即本期期末存货中包含的未实现内部销售损益的金额，扣除期初内部购进存货计提的存货跌价准备的金额后的余额。

【例 10-17】 承接［例 10-15］资料。烟台兴茂机械制造有限公司与 A 公司之间本期未发生内部销售。本例期末存货系上期内部销售结存的存货。A 公司本期期末对存货清查时，该内部购进存货的可变现净值为 2 000 万元，A 公司期末存货跌价准备余额为 1 000 万元。

要求：若你是烟台兴茂机械制造有限公司的财务人员，请根据上述资料编制本期合并财务报表工作底稿中与内部销售存货相关的抵销分录。

解析：该内部购进存货的可变现净值由上期期末的 2 740 万元降至 2 000 万元，既低于 A 公司从烟台兴茂机械制造有限公司购买时的取得成本，也低于抵销未实现内部销售损益后的金额（即烟台兴茂机械制造有限公司销售该商品的成本 2 100 万元）。A 公司本期期末存货跌价准备余额 1 000 万元，从计提时间来看，包括上期期末计提结存的存货跌价准备 260 万元，还包括本期期末计提的存货跌价准备 740 万元。上期计提的部分，在编制上期合并财务报表时已将其与相应的资产减值损失相抵销，从而影响到本期的期初未分配利润。为此，对于这部分在本期编制合并财务报表时需要调整期初未分配利润的数额。而对于本期计提的 740 万元存货跌价准备，其中 640 万元是相对上期计提存货跌价准备后存货净额（2 740 万元）与烟台兴茂机械制造有限公司该内部销售商品的销售成本（2 100 万元）之间的差额计提的，而另外 100 万元则是烟台兴茂机械制造有限公司该内部销售商品的销售成本（2 100 万元）与其可变现净值（2 000 万元）之间计提的差额。从整个企业集团来说，前者应当予以抵销；后者则是属于应当计提的。

(1) 抵销以前年度内部存货交易未实现利润对期初未分配利润的影响。

借：未分配利润——年初　　　　　　　　　　　　　　　　　　　　　　9 000 000
　　贷：存货　　　　　　　　　　　　　　　　　　　　　　　　　　　　9 000 000

（2）抵销上期内部销售存货跌价准备的影响。

借：存货　　　　　　　　　　　　　　　　　　　　　　　　　　　　　2 600 000
　　贷：未分配利润——年初　　　　　　　　　　　　　　　　　　　　　2 600 000

（3）抵销本期内部销售存货跌价准备的影响。

借：存货　　　　　　　　　　　　　　　　　　　　　　　　　　　　　6 400 000
　　贷：资产减值损失　　　　　　　　　　　　　　　　　　　　　　　　6 400 000

二、内部固定资产交易的抵销处理

（一）内部交易形成的固定资产在购入当期的有关抵销处理

1. 抵销与内部交易形成的固定资产原价中包含的未实现内部销售损益

（1）企业集团内部产品销售给其他企业作为固定资产的抵销处理。

借：营业收入　　　　　　　　　　（内部交易销售方的收入）
　　贷：营业成本　　　　　　　　　（内部交易销售方的成本）
　　　　固定资产——原价　　　　　（未实现内部销售损益）

（2）企业集团内部固定资产销售给其他企业作为固定资产的抵销处理。

借：资产处置损益　　　　　　　　（内部交易价格高于原账面价值的差额）
　　贷：固定资产——原价

若内部交易价格低于该固定资产的原账面价值，则做与上述相反的会计处理。

2. 抵销内部交易形成的固定资产当期多计提的折旧

借：固定资产——累计折旧　　　　（当年多计提的折旧）
　　贷：管理费用/销售费用等

（二）到期前使用期间的各年期末的有关抵销处理

1. 抵销内部交易形成的固定资产原价中包含的未实现内部销售损益

借：未分配利润——年初
　　贷：固定资产——原价　　　　　（原价中包含的未实现内部销售损益）

2. 抵销以前会计期间内部交易形成的固定资产多计提的折旧

借：固定资产——累计折旧
　　贷：未分配利润——年初　　　　（以前期间内部交易形成的固定资产多计提的折旧）

3. 抵销本期内部交易形成的固定资产多计提的折旧费

借：固定资产——累计折旧
　　贷：管理费用等　　　　　　　　（本期内部交易形成的固定资产多计提的折旧）

【例10-18】　M公司是烟台兴茂机械制造有限公司的全资子公司。2021年12月15日，M公司以300万元的价格将其生产的产品销售给烟台兴茂机械制造有限公司，其销售成本为270万元。烟台兴茂机械制造有限公司购买该产品作为管理用固定资产使用,对该固定资产按15年的使用寿命采用年限平均法计提折旧,预计净残值为0。不考虑相关税费等其他因素的影响。

要求:若你是烟台兴茂机械制造有限公司的财务人员,请根据上述资料编制2021—2023年各年年末合并财务报表工作底稿中与内部交易形成的固定资产相关的抵销分录。

解析:该内部交易形成的固定资产原价中包含的未实现内部销售损益为300万元。根据固定资产折旧计提规则,该固定资产应从2022年1月开始计提折旧。

(1) 2021年编制合并财务报表时应编制的抵销分录。

借:营业收入　　　　　　　　　　　　　　　　　　　　　　　　　3 000 000
　　贷:营业成本　　　　　　　　　　　　　　　　　　　　　　　2 700 000
　　　　固定资产——原价　　　　　　　　　　　　　　　　　　　　300 000

(2) 2022年编制合并财务报表时应编制的抵销分录。

① 抵销内部交易形成的固定资产原价中包含的未实现内部销售损益。

借:未分配利润——年初　　　　　　　　　　　　　　　　　　　　　300 000
　　贷:固定资产——原价　　　　　　　　　　　　　　　　　　　　300 000

② 抵销本期内部交易形成的固定资产多计提的折旧费。

多计提的折旧额=300÷15-270÷15=2(万元)

借:固定资产——累计折旧　　　　　　　　　　　　　　　　　　　　20 000
　　贷:管理费用　　　　　　　　　　　　　　　　　　　　　　　　20 000

(3) 2023年编制合并财务报表时应编制的抵销分录。

① 抵销内部交易形成的固定资产原价中包含的未实现内部销售损益。

借:未分配利润——年初　　　　　　　　　　　　　　　　　　　　　300 000
　　贷:固定资产——原价　　　　　　　　　　　　　　　　　　　　300 000

② 抵销以前会计期间内部交易形成的固定资产多计提的折旧。

借:固定资产——累计折旧　　　　　　　　　　　　　　　　　　　　20 000
　　贷:未分配利润——年初　　　　　　　　　　　　　　　　　　　200 000

③ 抵销本期内部交易形成的固定资产多计提的折旧费。

多计提的折旧额=300÷15-270÷15=2(万元)

借:固定资产——累计折旧　　　　　　　　　　　　　　　　　　　　20 000
　　贷:管理费用　　　　　　　　　　　　　　　　　　　　　　　　20 000

(三) 到期后至清理前各使用期间各期末的有关抵销处理

由于固定资产使用期满提足折旧后不再计提折旧,在使用期满尚未报废清理期间各年的抵销分录中,不存在按包含在固定资产原价中的年初未实现利润多提折旧问题。

1. 抵销内部交易形成的固定资产原价中包含的未实现内部销售损益

借:未分配利润——年初
　　贷:固定资产——原价　　　　　　　　　(原价中包含的未实现内部销售损益)

2. 抵销以前会计期间内部交易形成的固定资产多计提的折旧

借：固定资产——累计折旧
　　贷：未分配利润——年初　　　　　（以前期间内部交易形成的固定资产多计提的折旧）

实际上，上述两笔抵销分录中的金额是相同的。因此，也可以合并编制一笔分录：

借：固定资产——累计折旧
　　贷：固定资产——原价　　　　　　（原价中包含的未实现内部销售损益）

【例10-19】承接[例10-18]资料。假设烟台兴茂机械制造有限公司该内部交易形成的固定资产在2037年（第十六年）仍继续使用。

要求：若你是烟台兴茂机械制造有限公司的财务人员，请根据上述资料编制2037年合并财务报表工作底稿中与内部交易形成的固定资产相关的抵销分录。

解析：本例中固定资产为2021年12月购入，使用寿命15年，到期时间为2036年12月，因此2037年属于超期使用。

（1）抵销内部交易形成的固定资产原价中包含的未实现内部销售损益。

借：未分配利润——年初　　　　　　　　　　　　　　　　3 000 000
　　贷：固定资产——原价　　　　　　　　　　　　　　　　　　3 000 000

（2）抵销以前会计期间内部交易形成的固定资产多计提的折旧。

借：固定资产——累计折旧　　　　　　　　　　　　　　　3 000 000
　　贷：未分配利润——年初　　　　　　　　　　　　　　　　3 000 000

（四）清理期的有关抵销分录

1. 内部销售形成的固定资产使用寿命未满提前进行清理时的抵销处理

对于销售企业来说，因内部交易所实现的利润，应作为期初未分配利润的一部分结转到购买企业对该内部交易形成的固定资产进行清理的会计期间。所以，企业应先调整期初未分配利润中的未实现内部销售损益；然后，在固定资产使用寿命未满进行清理的会计期间仍需计提折旧，本期计提的折旧费中仍然包含多计提的折旧额，因此需要将多计提的折旧额予以抵销。具体抵销会计处理如下。

（1）调整期初未分配利润。

① 抵销内部交易形成的固定资产原价中包含的未实现内部销售损益的影响。

借：未分配利润——年初
　　贷：资产处置损益　　　　　　（原价中包含的未实现内部销售损益）

② 抵销以前会计期间内部交易形成的固定资产多计提的折旧的影响。

借：资产处置损益　　　　　　（以前期间内部交易形成的固定资产多计提的折旧）
　　贷：未分配利润——年初

（2）抵销本期内部交易形成的固定资产多计提的折旧费的影响。

借：资产处置损益　　　　　　（本期内部交易形成的固定资产多计提的折旧）
　　贷：管理费用等

上述三笔抵销分录可以合并编制一笔抵销分录：

借：未分配利润——年初
　　贷：资产处置损益　　　　　　　　　　　　　　（尚未按未实现利润多提的折旧）
　　　　管理费用等　　　　　　　　　　　　　　　（当年按未实现利润多提的折旧）

【例10-20】 承接[例10-18]资料。假定烟台兴茂机械制造有限公司于2034年对该项固定资产进行清理报废，该固定资产清理净收入为340 000元。

要求：若你是烟台兴茂机械制造有限公司的财务人员，请根据上述资料编制2034年合并财务报表工作底稿中与内部交易形成的固定资产相关的抵销分录。

解析：上述内部交易形成的固定资产使用寿命为15年，于2034年清理属于提前2年清理。

（1）抵销内部交易形成的固定资产原价中包含的未实现内部销售损益的影响。

借：未分配利润——年初　　　　　　　　　　　　　　　　　　　300 000
　　贷：资产处置损益　　　　　　　　　　　　　　　　　　　　　　300 000

（2）抵销以前会计期间内部交易形成的固定资产多计提的折旧的影响。

借：资产处置损益　　　　　　　　　　　　　　　　　　　　　　240 000
　　贷：未分配利润——年初　　　　　　　　　　　　　　　　　　　240 000

（3）抵销本期内部交易形成的固定资产多计提的折旧费的影响。

借：资产处置损益　　　　　　　　　　　　　　　　　　　　　　 20 000
　　贷：管理费用　　　　　　　　　　　　　　　　　　　　　　　　20 000

上述三笔抵销分录可以合并编制一笔抵销分录：

借：未分配利润——年初　　　　　　　　　　　　　　　　　　　 60 000
　　贷：资产处置损益　　　　　　　　　　　　　　　　　　　　　 40 000
　　　　管理费用　　　　　　　　　　　　　　　　　　　　　　　 20 000

2. 内部销售形成的固定资产使用寿命届满进行清理时的抵销处理

内部交易的固定资产在试用期满转入清理的情况下，一方面，由于固定资产实体已退出企业集团，期初未分配利润中的固定资产内部交易的未实现利润随之转为实现，而且该固定资产原值已注销，所以，不存在抵销固定资产原价中包含的未实现利润的问题；另一方面，由于不存在未实现利润，随着固定资产的清理，其累计折旧额已经注销，也就不存在对按未实现利润多提折旧的抵销问题。但是，需要将当年按期初未实现利润多提的折旧导致的本年管理费用与期初未分配利润进行调整。具体抵销会计处理如下。

借：未分配利润——年初
　　贷：管理费用　　　　　　　　　　　　　　　　　（当年按未实现利润多提的折旧）

【例10-21】 承接[例10-18]资料。假设烟台兴茂机械制造有限公司在2036年该固定资产使用期满时对其报废清理，该固定资产报废清理时实现固定资产清理净收益290 000元。

要求：若你是烟台兴茂机械制造有限公司的财务人员，请根据上述资料编制2036年合并财务报表工作底稿中与内部交易形成的固定资产相关的抵销分录。

解析：上述内部交易形成的固定资产使用寿命为15年，于2036年清理属于使用寿命期限届满时的清理。

借：未分配利润——年初　　　　　　　　　　　　　　　　20 000
　　贷：管理费用　　　　　　　　　　　　　　　　　　　　　　　20 000

3. 内部销售形成的固定资产超期使用进行清理时的抵销处理

内部交易的固定资产在超期使用进行清理时，由于固定资产已退出企业集团，其价值已注销，年初未分配利润中的固定资产内部销售未实现利润已转为实现，不存在抵销未实现利润的问题；由于已超期使用，本年已不再计提折旧，所以不必调整当期多计提折旧的影响。因此，超期使用清理年度的年末合并财务报表工作底稿中不必编制任何抵销分录。

【例10-22】承接［例10-18］资料。假设烟台兴茂机械制造有限公司该内部交易形成的固定资产于2039年对该项固定资产进行清理报废，该固定资产清理净收入为10 000元。

要求：若你是烟台兴茂机械制造有限公司的财务人员，请根据上述资料编制2039年合并财务报表工作底稿中与内部交易形成的固定资产相关的抵销分录。

解析：上述内部交易形成的固定资产使用寿命为15年，于2039年清理属于超期使用清理，当年年末合并财务报表工作底稿中不必编制与此相关的抵销分录。

三、内部无形资产交易的抵销处理

（一）内部交易形成的无形资产在购入当期的有关抵销处理

1. 抵销与内部交易形成的无形资产原价中包含的未实现内部销售损益

借：资产处置损益　　　　　　　　（内部交易价格高于原账面价值的差额）
　　贷：无形资产——原价

若内部交易价格低于该无形资产的原账面价值，则做与上述相反的会计处理。

2. 抵销内部交易形成的无形资产当期多计提的摊销

借：无形资产——累计摊销　　　　（当年多计提的摊销）
　　贷：管理费用等

（二）购入至摊销完毕各年期末的有关抵销处理

1. 抵销内部交易形成的无形资产原价中包含的未实现内部销售损益

借：未分配利润——年初
　　贷：无形资产——原价　　　　（原价中包含的未实现内部销售损益）

2. 抵销以前会计期间内部交易形成的无形资产多计提的摊销

借：无形资产——累计摊销
　　贷：未分配利润——年初　　　（以前期间内部交易形成的无形资产多计提的摊销）

3. 抵销本期内部交易形成的无形资产多计提的摊销费

借：无形资产——累计摊销
　　贷：管理费用等　　　　　　　（本期内部交易形成的无形资产多计提的摊销）

【例10-23】 烟台兴茂机械制造有限公司系A公司的母公司。2021年1月21日,烟台兴茂机械制造有限公司向A公司转让无形资产一项,转让价格为810万元,该无形资产的账面成本为670万元。A公司购入该无形资产后,即投入使用,确定使用年限为5年。

要求:若你是烟台兴茂机械制造有限公司的财务人员,请根据上述资料编制2021—2025年各年年末合并财务报表工作底稿中与内部交易形成的无形资产相关的抵销分录。

解析:该内部交易形成的无形资产原价中包含的未实现内部销售损益为140万元。根据无形资产摊销计提规则,该无形资产应从2021年1月开始计提摊销。

(1) 2021年编制合并财务报表时应编制的抵销分录。

① 抵销内部交易形成的无形资产原价中包含的未实现内部销售损益。

借:资产处置损益　　　　　　　　　　　　　　　　　　　　　　1 400 000
　　贷:无形资产——原价　　　　　　　　　　　　　　　　　　　　　1 400 000

② 抵销本期内部交易形成的固定资产多计提的摊销费。

本期多计提的摊销＝810÷5－670÷5＝28(万元)

借:无形资产——累计摊销　　　　　　　　　　　　　　　　　　　280 000
　　贷:管理费用　　　　　　　　　　　　　　　　　　　　　　　　　280 000

(2) 2022年编制合并财务报表时应编制的抵销分录。

① 抵销内部交易形成的无形资产原价中包含的未实现内部销售损益。

借:未分配利润——年初　　　　　　　　　　　　　　　　　　　1 400 000
　　贷:无形资产——原价　　　　　　　　　　　　　　　　　　　　　1 400 000

② 抵销以前会计期间内部交易形成的无形资产多计提的摊销。

借:无形资产——累计摊销　　　　　　　　　　　　　　　　　　　280 000
　　贷:未分配利润——年初　　　　　　　　　　　　　　　　　　　　280 000

③ 抵销本期内部交易形成的无形资产多计提的摊销费。

借:无形资产——累计摊销　　　　　　　　　　　　　　　　　　　280 000
　　贷:管理费用　　　　　　　　　　　　　　　　　　　　　　　　　280 000

(3) 2023年编制合并财务报表时应编制的抵销分录。

① 抵销内部交易形成的无形资产原价中包含的未实现内部销售损益。

借:未分配利润——年初　　　　　　　　　　　　　　　　　　　1 400 000
　　贷:无形资产——原价　　　　　　　　　　　　　　　　　　　　　1 400 000

② 抵销以前会计期间内部交易形成的无形资产多计提的摊销。

借:无形资产——累计摊销　　　　　　　　　　　　　　　　　　　560 000
　　贷:未分配利润——年初　　　　　　　　　　　　　　　　　　　　560 000

③ 抵销本期内部交易形成的无形资产多计提的摊销费。

借:无形资产——累计摊销　　　　　　　　　　　　　　　　　　　280 000
　　贷:管理费用　　　　　　　　　　　　　　　　　　　　　　　　　280 000

(4) 2024年编制合并财务报表时应编制的抵销分录。

① 抵销内部交易形成的无形资产原价中包含的未实现内部销售损益。

借：未分配利润——年初　　　　　　　　　　　　　　1 400 000
　　贷：无形资产——原价　　　　　　　　　　　　　　　　　1 400 000

② 抵销以前会计期间内部交易形成的无形资产多计提的摊销。

借：无形资产——累计摊销　　　　　　　　　　　　　　840 000
　　贷：未分配利润——年初　　　　　　　　　　　　　　　　840 000

③ 抵销本期内部交易形成的无形资产多计提的摊销费。

借：无形资产——累计摊销　　　　　　　　　　　　　　280 000
　　贷：管理费用　　　　　　　　　　　　　　　　　　　　　280 000

(5) 2025年编制合并财务报表时应编制的抵销分录。

① 抵销内部交易形成的无形资产原价中包含的未实现内部销售损益。

借：未分配利润——年初　　　　　　　　　　　　　　1 400 000
　　贷：无形资产——原价　　　　　　　　　　　　　　　　　1 400 000

② 抵销以前会计期间内部交易形成的无形资产多计提的摊销。

借：无形资产——累计摊销　　　　　　　　　　　　　　1 120 000
　　贷：未分配利润——年初　　　　　　　　　　　　　　　　1 120 000

③ 抵销本期内部交易形成的无形资产多计提的摊销费。

借：无形资产——累计摊销　　　　　　　　　　　　　　280 000
　　贷：管理费用　　　　　　　　　　　　　　　　　　　　　280 000

第六节　内部债权债务的合并处理

一、内部债权债务抵销的原理

母公司与子公司、子公司相互之间的债权债务，一方面在其个别资产负债表中反映为资产，另一方面则反映为负债。但站在企业集团整体的角度，这只是集团内部的资金运动，既不能增加集团的资产，也不能增加负债，因此，在编制合并财务报表时应将内部债权债务项目抵销。常见的集团内部债权债务主要包括以下几类：①应收账款与应付账款。②应收票据与应付票据。③预付账款与预收账款(合同负债)。④债权投资、其他债权投资与应付债券。⑤应收股利与应付股利。⑥其他应收款与其他应付款。

二、内部债权债务抵销的会计处理

(一) 内部债权债务余额的抵销

母公司每年在编制工作底稿时，应当根据当年集团内部债务的金额编制抵销分录。由于集团内部的债权债务与集团外部的债权债务在个别业务的财务报表中以整体金额出现，往往需要借助母公司、子公司内部交易形成的债权债务的备查记录分析得出。具体抵销会计处理如下。

借：债务类报表项目
　　贷：债权类报表项目

【特别提示】
　　在某些情况下，债券投资企业持有的企业集团内部成员企业的债券并不是从发行债券的企业直接购进，而是在证券市场上从第三方手中购进的。在这种情况下，债权投资、其他债权投资与发行债权企业的应付债券抵销时，可能会出现差额，应计入合并利润表的投资收益或财务费用。

【例10-24】 2023年，烟台兴茂机械制造有限公司年末应收票据130 000元中有40 000元是其B子公司的应付票据，应收股利30 000元为应收B子公司当年宣告尚未发放的现金股利。

要求：若你是烟台兴茂机械制造有限公司的财务人员，请根据上述资料编制2023年合并财务报表工作底稿中相关的抵销分录。

解析：在合并财务报表工作底稿中进行内部债权债务抵销时，应使用报表项目，而不是会计科目。应收股利在资产负债表的"其他应收款"项目中反映；应付股利在资产负债表的"其他应付款"项目中反映。

借：应付票据　　　　　　　　　　　　　　　　　　　　　　40 000
　　贷：应收票据　　　　　　　　　　　　　　　　　　　　　　40 000

借：其他应付款——应付股利　　　　　　　　　　　　　　　30 000
　　贷：其他应收款——应收股利　　　　　　　　　　　　　　30 000

(二) 与内部债权债务相关的利息收益、利息费用的抵销

企业集团内部母公司与子公司、子公司与子公司之间可能发生持有对方债券等内部交易。在编制合并财务报表时，在抵销内部发行的应付债券和债权投资等的同时，还应将内部应付债券和债权投资等相关的利息费用与投资收益相互抵销。具体抵销会计处理如下。

借：投资收益
　　贷：财务费用/在建工程等

【特别提示】
　　债券发行方当年核算的利息费用金额和债券购买方当年核算的利息收益可能存在差异，一般以双方核算利息金额孰低作为抵销分录的金额。

【例10-25】 烟台兴茂机械制造有限公司为B公司的全资母公司。B公司2023年初平价发行一笔面值为2 000 000元、票面利率为4%、期限为5年、每年年末付息一次、到期还本的债券。烟台兴茂机械制造有限公司全部购入B公司发行的债券，分类为以摊余成本计量的金融资产。2023年年末收到当年利息。不考虑其他因素的影响。

要求：若你是烟台兴茂机械制造有限公司的财务人员，请根据上述资料编制 2023 年合并财务报表工作底稿中相关的抵销分录。

解析：烟台兴茂机械制造有限公司在其个别财务报表中确认的投资收益为 80 000 元（2 000 000×4%），B 公司在其个别财务报表中确认的财务费用为 80 000 元（2 000 000×4%）。

(1) 抵销内部债权债务的余额。

借：应付债券　　　　　　　　　　　　　　　　　　　　　　　　2 000 000
　　贷：债权投资　　　　　　　　　　　　　　　　　　　　　　　　2 000 000

(2) 抵销与内部债权债务相关的利息收益与利息费用。

借：投资收益　　　　　　　　　　　　　　　　　　　　　　　　　80 000
　　贷：财务费用　　　　　　　　　　　　　　　　　　　　　　　　　80 000

（三）内部应收账款计提坏账准备的抵销

在应收账款采用备抵法核算其坏账损失的情况下，某一会计期间坏账准备的数额是以当期应收账款为基础计提的。在编制合并财务报表时，随着内部应收账款的抵销，与此相联系也需要将内部应收账款计提的坏账准备抵销。具体抵销会计处理如下。

(1) 抵销内部应收账款坏账准备的期初余额。

借：应收账款——坏账准备　　　　　（内部应收账款期初坏账准备的余额）
　　贷：未分配利润——年初

(2) 抵销本期计提或转回的内部应收账款坏账准备金额。

借：应收账款——坏账准备　　　　　（本期计提的内部应收账款坏账准备金额）
　　贷：信用减值损失

若本期为转回内部应收账款坏账准备，则做与上述抵销分录相反的处理。

同样，对于集团内部母公司与子公司、子公司与子公司之间，相对应的应收票据和应付票据、应收股利和应付股利、其他应收款和其他应付款等，在编制合并财务报表工作底稿时，也应当采用上述相同的方法抵销所对应的坏账准备或减值准备。

【例 10-26】烟台兴茂机械制造有限公司按年末应收账款余额的 2% 计提坏账准备。2021 年年末烟台兴茂机械制造有限公司应收账款余额中有 50 000 元为应向子公司收取的货款，2022 年年末烟台兴茂机械制造有限公司应收账款余额中有 70 000 元为应向子公司收取的货款，2023 年年末烟台兴茂机械制造有限公司应收账款余额中有 40 000 元为应向子公司收取的货款。

要求：若你是烟台兴茂机械制造有限公司的财务人员，请根据上述资料编制 2021—2023 年各年年末合并财务报表工作底稿中相关的抵销分录。

解析：2021 年烟台兴茂机械制造有限公司个别财务报表中应计提的坏账准备为 1 000 元（50 000×2%）；2022 年烟台兴茂机械制造有限公司个别财务报表中应计提的坏账准备为 400 元（70 000×2%－50 000×2%）；2023 年烟台兴茂机械制造有限公司个别财务报表中应转回的坏账准备为 600 元（40 000×2%－70 000×2%）。

(1) 2021年合并财务报表工作底稿中的抵销处理。

① 抵销内部债权债务余额。

借：应付账款　　　　　　　　　　　　　　　　　　　　　　50 000
　　贷：应收账款　　　　　　　　　　　　　　　　　　　　　　　　50 000

② 抵销内部应收账款计提的坏账准备。

借：应收账款——坏账准备　　　　　　　　　　　　　　　　 1 000
　　贷：信用减值损失　　　　　　　　　　　　　　　　　　　　　　 1 000

(2) 2022年合并财务报表工作底稿中的抵销处理。

① 抵销内部债权债务余额。

借：应付账款　　　　　　　　　　　　　　　　　　　　　　70 000
　　贷：应收账款　　　　　　　　　　　　　　　　　　　　　　　　70 000

② 抵销内部应收账款坏账准备的期初余额。

借：应收账款——坏账准备　　　　　　　　　　　　　　　　 1 000
　　贷：未分配利润——年初　　　　　　　　　　　　　　　　　　　 1 000

③ 抵销本期计提的内部应收账款坏账准备金额。

借：应收账款——坏账准备　　　　　　　　　　　　　　　　 　400
　　贷：信用减值损失　　　　　　　　　　　　　　　　　　　　　　 　400

(3) 2023年合并财务报表工作底稿中的抵销处理。

① 抵销内部债权债务余额。

借：应付账款　　　　　　　　　　　　　　　　　　　　　　40 000
　　贷：应收账款　　　　　　　　　　　　　　　　　　　　　　　　40 000

② 抵销内部应收账款坏账准备的期初余额。

借：应收账款——坏账准备　　　　　　　　　　　　　　　　 1 400
　　贷：未分配利润——年初　　　　　　　　　　　　　　　　　　　 1 400

③ 抵销本期计提的内部应收账款坏账准备金额。

借：信用减值损失　　　　　　　　　　　　　　　　　　　　　 　600
　　贷：应收账款——坏账准备　　　　　　　　　　　　　　　　　　 　600

第七节　合并现金流量表的编制

一、合并现金流量表概述

现金流量表要求按照收付实现制反映企业经济业务所引起的现金流入和现金流出，其有关经营活动产生的现金流量的编制方法有直接法和间接法两种。我国已经明确规定企业对外报送的现金流量表采用直接法编制。在采用直接法的情况下，以合并利润表有关项目的数据为基础,调整得出本期的现金流入和现金流出金额,分别经营活动产生的现金流量、投资活动产生的现金流量、筹资活动产生的现金流量三大类,反映企业集团在一定会计期间的现金流量情况。

合并现金流量表的编制原理、编制方法和编制程序,与合并资产负债表和合并利润表的编制原理、编制方法及编制程序相同。首先,编制合并工作底稿,将母公司和所有子公司的个别现金流量表各项目的数据全部过入同一合并工作底稿;其次,根据当期母公司与子公司以及子公司相互之间发生的影响其现金流量增减变动的内部交易,编制相应的抵销分录,通过抵销分录将个别现金流量表中重复反映的现金流入量和现金流出量予以抵销;最后,在此基础上计算合并现金流量表的各项目的合并金额,并填制合并现金流量表。

二、编制合并现金流量表需要抵销的项目

编制合并现金流量表时,主要应对以下内部经济事项进行抵销。

(一)抵销集团内部以现金投资或收购股权增加的投资所产生的现金流量

母公司直接以现金对子公司进行的长期股权投资或以现金从子公司的其他所有者(即企业集团内的其他子公司)处收购股权,表现为母公司现金流出,在母公司个别现金流量表作为"投资活动现金流出"列示;子公司接受这一投资(或处置投资)时,表现为现金流入,在其个别现金流量表中反映为"吸收投资收到的现金"或"收回投资收到的现金"。从企业集团整体来看,母公司以现金对子公司进行的长期股权投资实际上相当于母公司将资本拨付下属核算单位,并不引起整个企业集团的现金流量的增减变动。因此,在编制合并现金流量表时,应将母公司当期以现金对子公司长期股权投资所产生的现金流量予以抵销。

借:投资支付的现金①
　　贷:吸收投资收到的现金/收回投资收到的现金

(二)抵销集团内部取得投资收益收到的现金与分配股利、利润或偿付利息支付的现金

母公司对子公司投资以及子公司之间进行投资分配现金股利或利润时,在股利或利息收取方表现为现金流入,在其个别现金流量表中作为"取得投资收益收到的现金"列示;在股利或利息支付方表现为现金流出,在其个别现金流量表中作为"分配股利、利润或偿付利息支付的现金"列示。从整个企业集团来看,这种投资收益的现金收支,并不引起整个企业集团的现金流量的增减变动。因此,在编制合并现金流量表时,应将集团内部取得投资收益收到的现金,与分配股利、利润或偿付利息支付的现金予以抵销。

借:分配股利、利润或偿付利息支付的现金
　　贷:取得投资收益收到的现金

(三)抵销集团内部以现金结算债权与债务所产生的现金流量

母公司与子公司之间、子公司相互之间当期以现金结算应收账款或应付账款等债权与债务,对于债权方来说表现为现金流入,在个别现金流量表中作为"销售商品、提供劳务收到的现金"或"收到其他与经营活动有关的现金"列示;对于债务方来说表现为现金流出,在个别现金流量表中作为"购买商品、接受劳务支付的现金"或"支付其他与经营活动有关的现

---

① 在合并现金流量表的抵销分录中,"借"表示现金流出的减少,"贷"表示现金流入的减少。

金"列示。从整个企业集团来看,这种现金结算债权与债务,并不引起整个企业集团的现金流量的增减变动。因此,在编制合并现金流量表时应将集团内部以现金结算债权与债务所产生的现金流量予以抵销。

  借:购买商品、接受劳务支付的现金/支付的其他与经营活动有关的现金等
    贷:销售商品、提供劳务收到的现金/收到的其他与经营活动有关的现金等

(四)抵销集团内部当期销售商品所产生的现金流量

  母公司向子公司当期销售商品或子公司向母公司销售商品或子公司相互之间销售商品,销售方表现为现金流入,在其个别现金流量表中作为"销售商品、提供劳务收到的现金"列示;购买方支付购货款,表现为现金流出,在其个别现金流量表中作为"购买商品、接受劳务支付的现金"(形成固定资产、在建工程、无形资产等资产的作为"购建固定资产、无形资产和其他长期资产所支付的现金")列示。从整个企业集团来看,这种内部商品购销现金收支,并不会引起整个企业集团的现金流量的增减变动。因此,在编制合并现金流量表时,应将母公司与子公司之间、子公司相互之间当期销售商品所产生的现金流量予以抵销。

  借:购买商品、接受劳务支付的现金
    购建固定资产、无形资产和其他长期资产所支付的现金等
   贷:销售商品、提供劳务收到的现金

(五)抵销集团内部处置固定资产等收回的现金净额与购建固定资产等支付的现金

  内部处置固定资产时,由于处置固定资产等所产生的现金流量,处置方表现为现金流入,在其个别现金流量表中作为"处置固定资产、无形资产和其他长期资产收回的现金净额"列示;购置方表现为现金流出,在其个别现金流量表中作为"购置固定资产、无形资产和其他长期资产支付的现金"列示。从整个企业集团来看,这种固定资产处置与购置的现金收支,并不会引起整个企业集团的现金流量的增减变动。因此,在编制合并现金流量表时,应将母公司与子公司之间和子公司相互之间处置固定资产、无形资产及其他长期资产收回的现金净额,与购建固定资产、无形资产及其他长期资产支付的现金相互抵销。

  借:购置固定资产、无形资产和其他长期资产支付的现金
    贷:处置固定资产、无形资产和其他长期资产收回的现金净额

三、合并现金流量表中有关少数股东权益项目的反映

  合并现金流量表编制与个别现金流量表编制相比,一个特殊的问题就是在子公司为非全资子公司的情况下,子公司与其少数股东之间的现金流入和现金流出的处理问题。
  子公司与少数股东之间发生的现金流入和现金流出,从整个企业集团来看,也影响其整体的现金流入和现金流出数量的增减变动,应当在合并现金流量表中予以反映。子公司与少数股东之间发生的影响现金流入和现金流出的经济业务包括:少数股东对子公司增加权益性投资、少数股东依法从子公司中抽回权益性投资、子公司向其少数股东支付现金股利或利润等。为了便于企业集团合并财务报表使用者了解掌握企业集团现金流量的情况,有必要将子公司与少数股东之间的现金流入和现金流出的情况单独予以反映。
  对于子公司的少数股东增加在子公司中的权益性投资,在合并现金流量表中应当在"筹

资活动产生的现金流量"之下的"吸收投资收到的现金"项目下"其中：子公司吸收少数股东投资收到的现金"项目反映。

对于子公司向少数股东支付现金股利或利润，在合并现金流量表中应当在"筹资活动产生的现金流量"之下的"分配股利、利润或偿付利息支付的现金"项目下"其中：子公司支付给少数股东的股利、利润"项目反映。

对于子公司的少数股东依法抽回在子公司中的权益性投资，合并现金流量表应当在"筹资活动产生的现金流量"之下的"支付其他与筹资活动有关的现金"项目反映。

需要说明的是，在企业合并当期，母公司购买子公司及其他营业单位支付对价中以现金支付的部分，与子公司及其他营业单位在购买日持有的现金和现金等价物应当相互抵销。可分为以下两种情况分别处理。

（1）子公司及其他营业单位在购买日持有的现金和现金等价物小于母公司支付的对价中以现金支付的部分，按减去子公司及其他营业单位在购买日持有的现金和现金等价物后的净额，在"取得子公司及其他营业单位支付的现金净额"项目反映。应编制的抵销分录为：

借：取得子公司及其他营业单位支付的现金净额
　　贷：年初现金及现金等价物余额

（2）子公司及其他营业单位在购买日持有的现金和现金等价物大于母公司支付对价中以现金支付的部分，按减去子公司及其他营业单位在购买日持有的现金和现金等价物后的净额，在"收到其他与投资活动有关的现金"项目反映。应编制的抵销分录为：

借：取得子公司及其他营业单位支付的现金净额
　　收到其他与投资活动有关的现金
　　贷：年初现金及现金等价物余额

课堂结账测试

(注:每章课堂结账测试设置为撕页式,便于保存。既可用作检验学生对知识点掌握情况,又可作为课堂点名,记入平时成绩)

班级_____ 姓名_____ 学号_____ 日期_____ 分数_____

一、单项选择题(每题 4 分,共计 20 分)

1. 第二期以及以后各期连续编制合并财务报表时,编制基础为( )。
   A. 母公司与子公司的个别财务报表
   B. 母公司和子公司的账簿记录
   C. 上一期编制的合并财务报表
   D. 上一期编制合并财务报表的合并工作底稿

2. 甲公司 2023 年 1 月 1 日以银行存款 2 200 万元购入乙公司 60%的有表决权股份,合并当日,乙公司可辨认净资产公允价值(等于账面价值)为 3 300 万元,甲、乙公司在合并前不存在任何关联关系。2023 年 5 月 8 日,乙公司宣告分派 2022 年度现金股利 200 万元。2023 年乙公司实现净利润 600 万元,甲、乙公司未发生内部交易。不考虑其他影响因素,则甲公司在 2023 年年末编制合并财务报表时,长期股权投资按权益法调整后的金额为( )万元。
   A. 2 200   B. 2 080   C. 2 440   D. 2 560

3. 甲公司是乙公司的母公司,2023 年乙公司出售库存商品给甲公司,售价 200 万元(不含增值税),成本为 160 万元(未减值)。至 2023 年 12 月 31 日,甲公司从乙公司购买的上述存货对外出售 40%,售价为 100 万元,假定期末结存存货未发生减值。则甲公司合并报表中下列处理不正确的是( )。
   A. 应抵销营业收入 200 万元
   B. 应抵销营业成本 176 万元
   C. 应确认营业收入 300 万元
   D. 应抵销存货 24 万元

4. 甲公司发行 1 000 万股普通股(每股面值 1 元,市价 5 元)作为合并对价取得乙公司 100%的股权,合并后乙公司维持法人资格继续经营,合并双方合并前无关联关系,合并日乙企业的可辨认资产公允价值总额为 5 000 万元,可辨认负债公允价值总额为 2 000 万元,则甲公司合并成本与享有被合并方所有者权益公允价值份额的差额应做如下处理( )。
   A. 计入商誉 3 000 万元
   B. 计入资本公积 3 000 万元
   C. 不作会计处理,编制合并财务报表时确认资本公积 2 000 万元
   D. 不作会计处理,编制合并财务报表时确认合并商誉 2 000 万元

5. 甲公司是乙公司的母公司,2022 年 6 月,甲公司将其产品以市场价格销售给乙公司,售价 150 万元,销售成本 100 万元。乙公司购入后作为固定资产使用,当日投入管理部门。预计该固定资产尚可使用的年限为 5 年,采用年限平均法计提折旧,预计净残值为 0。2023 年末编制合并财务报表时,固定资产应调整的金额为( )万元。
   A. −40   B. −35   C. −50   D. −45

二、多项选择题(每题 5 分,共计 25 分)

1. 下列各项中,有关合并财务报表合并范围的说法正确的有( )。
   A. 合并范围以控制为基础进行确认

B. 母公司所控制的单独主体应当纳入合并范围
C. 投资方能控制的被投资方可分割部分(单独主体)应当纳入合并范围
D. 如果母公司是投资性主体,则应仅将为其投资活动提供相关服务的子公司纳入合并范围

2. 合并财务报表与个别财务报表相比,具有( )特点。
   A. 反映对象不同　　B. 编制主体不同　　C. 编制基础不同　　D. 编制方法不同

3. 在判断投资方是否能够控制被投资方时,投资方应当具备的要素有( )。
   A. 拥有对被投资方的权力
   B. 通过参与被投资方的相关活动而享有可变回报
   C. 有能力运用对被投资方的权力影响其回报金额
   D. 参与被投资方的财务和经营政策

4. 非同一控制下控股合并,母公司在合并日应当编制的合并财务报表不包括( )。
   A. 合并利润表　　　　　　　　　B. 合并资产负债表
   C. 合并现金流量表　　　　　　　D. 合并所有者权益变动表

5. 在内部销售商品全部实现对外销售的情况下,编制抵销分录涉及的项目有( )。
   A. 存货　　　　B. 营业成本　　　　C. 未分配利润　　　　D. 营业收入

三、判断题(每题 3 分,共 15 分)

1. 合并财务报表的编制主体为母公司。　　　　　　　　　　　　　　　　　　　　(   )
2. 合并成本大于在被合并方可辨认净资产账面价值中所占份额的差额应确认为商誉。(   )
3. 合并日后,非同一控制下企业合并只需编制合并资产负债表。　　　　　　　　　(   )
4. "少数股东权益"在合并资产负债表中应作为负债项目单独列示。　　　　　　　(   )
5. 根据重要性原则,规模较小的子公司可以不纳入合并财务报表的合并范围。　　　(   )

四、实务题(共 40 分)

甲公司与乙公司为非同一控制下的两个企业。相关资料如下(不考虑相关税费的影响)。

(1) 2022 年 7 月 31 日,甲公司用账面价值为 400 万元,公允价值为 500 万元的库存商品和 800 万元银行存款取得乙公司 80% 有表决权的股份,以银行存款支付与合并相关的法律咨询费、评估费等共 12 万元。不考虑增值税、所得税。购买日,乙公司可辨认净资产账面价值为 1 200 万元(股本 200 万元,资本公积 300 万元,未分配利润 700 万元),公允价值为 1 260 万元,其差额为存货评估增值 10 万元和固定资产评估增值 50 万元。

(2) 2022 年甲将成本为 16 万元的商品以 20 万元的价格销售给乙公司,乙公司当年对集团外部销售其中的 60%。2023 年乙公司将 2022 年内部交易剩余存货的 50% 对集团外部销售。2023 年当年甲乙公司之间没有新的商品销售业务。

要求:根据上述资料,回答下列问题(以"万元"为金额单位)。

(1) 编制甲公司购买日与取得长期股权投资相关的会计分录。
(2) 根据资料(1),编制购买日合并财务报表工作底稿中有关的调整与抵销分录。
(3) 根据资料(2),编制 2022 年和 2023 年合并财务报表工作底稿中与内部存货交易相关的抵销分录。